中央财政支持地方高校建设项目"特殊群体权利保护与犯罪预防"

RESEARCH ON CRIMES AGAINST WOMEN'S RIGHTS AND INTERESTS

侵犯妇女权益的犯罪研究

李永升 龚义年 张飞飞 苏雄华 ◎著

中国法制出版社
CHINA LEGAL PUBLISHING HOUSE

作者简介

李永升，男，1964年生，安徽怀宁人，1986年7月毕业于安徽大学法律系，获法学学士学位；1986年9月考入西南政法学院研究生部，师从我国著名刑法学家董鑫教授，攻读刑法专业硕士学位，1989年7月毕业于西南政法学院研究生部，获法学硕士学位。现为西南政法大学教授、刑法专业博士生导师，博士后合作导师，重庆市高校优秀中青年骨干教师。兼任中国行为法学会理事、中国犯罪学学会常务理事、中国行为法学会金融法律行为研究会副会长等职。自任教以来，撰写、主编《刑法学的基本范畴研究》《和谐社会语境下的刑法观沉思》《刑法总论》《经济刑法学》等专著、教材、论文集100余部，于《中国法学》《法学研究》等刊物发表论文200余篇，其中被中国人民大学复印资料《法学》《刑事法学》和中国社会科学院法学研究所《中国法学研究年鉴》全文转载和摘登的论文有10余篇，以上成果有10多项荣获司法部、四川省、重庆市和西南政法大学社会科学优秀成果一、二、三等奖和优秀成果奖。曾荣获霍英东教育基金会第六届全国高等院校青年教师奖，西南政法大学优秀教师与优秀研究生导师等称号。

龚义年，男，1970年生，安徽六安人，西南政法大学刑法学博士，河南科技大学法学院副教授，硕士生导师，中国科技法学会理事，河南省律师学研究会常务理事，河南万基律师事务所兼职律师。主持司法部等省部级课题3项、厅级课题4项、校级课题4项，参研省部级以上课题多项。在《法学杂志》等刊物发表学术论文近30篇，撰写《刑法宽容论》等个人专著、合著6部，参编法学教材3部。

张飞飞，男，1988年生，山东兖州人，2011年考入西南政法大学，攻读刑法学专业博士学位，师从我国著名刑法学家李永升教授。2014年毕业后先后供职于浙江省宁波市人民检察院公诉处、侦查监督处、办公室，宁海县人民检察院等部门和单位，具有相对深厚的法学研究功底和熟练的司法专业技能。曾参与撰写《侵犯个人法益的犯罪研究》等著作，在《当代法学》等刊物发表论文10余篇。

苏雄华，男，1975年生，四川大竹人，西南政法大学刑法学博士，江西理工大学文法学院副教授，硕士生导师，吉林大学法学院刑法学在站博士后，江西省法学会理事及学术委员会委员、江西省犯罪学学会理事、江西省金融法学会理事、江西理公律师事务所兼职律师、江西公仁律师事务所及江西律嘉律师事务所顾问。在《政治与法律》《河北法学》等学术刊物上发表论文20余篇，撰写《犯罪过失理论研究》等学术著作、法学教材共9部，主持、参与省部级课题7项，获得江西省社会科学优秀成果奖二等奖、华东六省一市律师论坛一等奖、江西省法学会二等奖、江西省犯罪学会二等奖等奖励多项。

前　言

妇女是一个特殊的社会群体，为她们的身心健康与婚姻家庭创造一个良好的外部环境，不仅关系到每一个妇女、每一个家庭，而且关系到整个国家与民族的未来。为了保护每一个妇女的合法权益，我国颁布了一系列的法律对之加以保障。例如，《中华人民共和国宪法》《中华人民共和国妇女权益保障法》《中华人民共和国治安管理处罚法》《中华人民共和国刑法》均对妇女的合法权益以及侵犯妇女合法权益的违法犯罪行为作了较为详细的规定。除了我国相关法律的规定以外，《联合国宪章》《世界人权公约》还对妇女的合法权益作了较为详尽的规定，充分体现了联合国对妇女权益的高度关注。因此，对于侵犯妇女合法权益的行为，必须依法给予严厉的制裁。

我国现行《刑法》对侵犯妇女权益的犯罪并没有设立专门章节予以规定，而是散见于各个章节之中。归纳来讲，关于本类犯罪在理论上可以分为以下四个类型：一是侵犯妇女人身权利的犯罪，包括强奸罪（第236条）、奸淫幼女型强奸罪（第236条第2款）、强制猥亵、侮辱罪（第237条第1款、第2款）、拐卖妇女罪（第240条）、收买被拐卖的妇女罪（第241条）、聚众阻碍解救被收买的妇女罪（第242条）；二是侵犯妇女婚姻家庭的犯罪，包括暴力干涉婚姻自由罪（第257条）、虐待罪（第260条）、遗弃罪（第261条）；

三是侵犯妇女社会风化的犯罪，包括强迫卖淫罪（第358条第1款）、组织卖淫罪（第358条第1款）、协助组织卖淫罪（第358条第4款）、引诱、容留、介绍卖淫罪（第359条）、组织淫秽表演罪（第365条）；四是侵犯妇女权益的职务犯罪，包括不解救被拐卖、绑架的妇女罪（第416条第1款）、阻碍解救被拐卖、绑架的妇女罪（第416条第2款）。

本书以妇女权益的保护为切入点，对我国刑法分则各章规定的侵犯妇女权益的犯罪作了较为深入的研究。其主要内容包括侵犯妇女权益的犯罪概述与分述两个部分的内容。在概述部分主要对侵犯妇女权益的犯罪的概念和特征进行了具体、细致的研究。在分述部分主要针对刑法规定的个罪，分别对每个犯罪的概念、法源、构成特征和司法认定进行了较为深入的研究。为了做到理论联系实际，在分述部分，本书还结合个罪的理论对相关犯罪进行了案例分析与探讨，从而使本书不仅对于理论研究工作者具有重要的参考价值，而且对于司法实务工作者如何处理这一方面的案件也具有重要的指导意义。因此，本书的出版，无论在理论研究方面还是在司法适用方面都具有重要的理论价值和实践价值。

在我们的现实生活中，妇女权益频受犯罪侵害不仅挑战的是公众的视觉神经，更是对社会整体秩序以及法制底线的挑战。面对如此形势，《刑法》必须有所作为，但其基本前提必须是相关罪名的完善与合理。本书便是以此为初衷，试图对刑法中的关于侵犯妇女权益的犯罪进行梳理、解析，以期能够对司法实践及理论研究产生些许借鉴意义。当然，在写作过程中鉴于个人能力、资料收集等方面的原因，难免有所疏漏，诚挚地希望各位读者能多多批评指正并予以匡正！

李永升
2017年1月于杨公桥寓所

目 录

第一章　侵犯妇女权益的犯罪概述 / 001

　　一、侵犯妇女权益犯罪的概念 ……………………………………001
　　二、侵犯妇女权益犯罪的构成特征 ………………………………002

第二章　侵犯妇女人身权利的犯罪 / 006

　　一、强奸罪 …………………………………………………………006
　　二、奸淫幼女型强奸罪 ……………………………………………040
　　三、强制猥亵、侮辱罪 ……………………………………………063
　　四、拐卖妇女罪 ……………………………………………………100
　　五、收买被拐卖的妇女罪 …………………………………………124
　　六、聚众阻碍解救被收买的妇女罪 ………………………………135

第三章　侵犯妇女婚姻家庭的犯罪 / 143

　　一、暴力干涉婚姻自由罪 …………………………………………143
　　二、虐待罪 …………………………………………………………158
　　三、遗弃罪 …………………………………………………………174

第四章 侵犯妇女社会风化的犯罪 / 189

一、强迫卖淫罪 ································ 189
二、组织卖淫罪 ································ 211
三、协助组织卖淫罪 ···························· 230
四、引诱、容留、介绍卖淫罪 ···················· 246
五、组织淫秽表演罪 ···························· 264

第五章 侵犯妇女权益的职务犯罪 / 280

一、不解救被拐卖、绑架的妇女罪 ················ 280
二、阻碍解救被拐卖、绑架的妇女罪 ·············· 296

后记 / 311

第一章
侵犯妇女权益的犯罪概述

一、侵犯妇女权益犯罪的概念

侵犯妇女权益的犯罪,是指行为人故意侵犯妇女的合法权益,依法应当负刑事责任的行为。妇女是一个特殊的社会群体,为她们的身心健康与婚姻家庭创造一个良好的外部环境,不仅关系到每一个妇女、每一个家庭,而且关系到整个民族的未来。为了保护每一个妇女的合法权益,我国颁布了一系列的法律对之加以保障。例如,《中华人民共和国宪法》《中华人民共和国妇女权益保障法》《中华人民共和国治安管理处罚法》《中华人民共和国刑法》均对妇女的合法权益以及侵犯妇女合法权益的违法犯罪行为作了较为详细的规定。除了我国相关法律的规定以外,《联合国宪章》《世界人权公约》还对妇女的合法权益作了较为详尽的规定,充分体现了联合国对妇女权益的高度关注。因此,对于侵犯妇女合法权益的行为,必须依法给予严厉的制裁。

二、侵犯妇女权益犯罪的构成特征

（一）犯罪的同类客体

本类犯罪侵犯的同类客体是妇女的合法权益，包括妇女性的自主权、人身自由权、人格尊严不受侵犯的权利和婚姻家庭权利等具有人身专属性的权利。所谓妇女性的自主权是指妇女根据自己的意愿，在法律允许的范围内决定是否发生性行为、与谁发生性行为的权利。所谓妇女的人身自由权是指根据自己的意愿自由支配自己身体活动的权利，不仅包括自行活动的自由，也包括获得帮助进行活动的自由。所谓妇女人格尊严不受侵犯的权利是指妇女作为一个人应当受到社会和他人最起码的尊重的权利，是具有伦理性品格的权利。所谓妇女的婚姻权利，是指符合法定条件的妇女享有是否结婚、是否离婚、与谁结婚的权利及获得配偶忠实的权利。妇女的家庭权利是指妇女在家庭中依法享有的平等权、受扶养权、受监护权。关于本类犯罪侵犯的客体，有的是简单客体，如强奸罪只侵犯了妇女的性的自主权，拐卖妇女罪只侵犯了妇女的人身自由权，强制猥亵、侮辱罪只侵犯了妇女的身心健康权；有的是复杂客体，如暴力干涉婚姻自由罪既侵犯了妇女的婚姻自由权利，又侵犯了妇女的人身权利，虐待罪既侵犯了妇女的家庭平等权，又侵犯了妇女的人身权利。

本类犯罪侵害的对象是妇女。所谓妇女是指年满14周岁以上的未成年少女和年满18周岁以上的成年妇女。无论是上述哪个年龄段的妇女，均可成为该类犯罪所侵犯的对象。

（二）犯罪的客观方面

本类犯罪的客观方面表现为通过各种方式非法侵犯妇女合法权益的行为。

就具体的侵犯手段而言，既包括剥夺、损害、限制、破坏等暴力手段，也包括收买、拐卖等平和手段。从侵犯行为实施的方式观之，有的犯罪作为与不作为的方式都可能构成，如虐待罪等；有的犯罪只能以作为的方式实施，如强奸罪、拐卖妇女罪、强迫卖淫罪、组织卖淫罪等；有的犯罪只能以不作为的方式实施，如遗弃罪、不解救被拐卖、绑架的妇女罪。有的犯罪既能由一个人单独实施，也可以由二个以上的行为人共同实施，如强奸罪、拐卖妇女罪、强迫卖淫罪、组织卖淫罪等；有的犯罪则只能由二个以上的行为人共同实施，如聚众阻碍解救被拐卖的妇女罪。从犯罪的形态上来看，有的犯罪只有发生了危害结果才构成犯罪，如虐待罪、遗弃罪，而有的犯罪则只要行为实施到一定程度即成立既遂，如强奸罪等。从客观方面的行为结构来看，大部分侵犯妇女权益的犯罪行为只有一个实行行为，如强迫卖淫罪、组织卖淫罪、协助组织卖淫罪等，而有的犯罪是复行为犯，包括手段行为和目的行为，如强奸罪。

关于本类犯罪在理论上可以分为以下四个类型：一是侵犯妇女人身权利的犯罪，包括强奸罪（第236条）、奸淫幼女型强奸罪（第236条第2款）、强制猥亵、侮辱罪（第237条第1款、第2款）、拐卖妇女罪（第240条）、收买被拐卖的妇女罪（第241条）、聚众阻碍解救被收买的妇女罪（第242条）；二是侵犯妇女婚姻家庭的犯罪，包括暴力干涉婚姻自由罪（第257条）、虐待罪（第260条）、遗弃罪（第261条）；三是侵犯妇女社会风化的犯罪，包括强迫卖淫罪（第358条第1款）、组织卖淫罪（第358条第1款）、协助组织卖淫罪（第358条第4款）、引诱、容留、介绍卖淫罪（第359条）、组织淫秽表演罪（第365条）；四是侵犯妇女权益的职务犯罪，包括不解救被拐卖、绑架的妇女罪（第416条第1款）、阻碍解救被拐卖、绑架的妇女罪（第416条第2款）。

（三）犯罪的主体

本类犯罪中的大多数犯罪都是一般主体，即年满16周岁、具有刑事责任能力的人即可成为其犯罪主体，如拐卖妇女罪、暴力干涉婚姻自由罪、虐待罪、遗弃罪、强迫卖淫罪、组织卖淫罪、协助组织卖淫罪等；但也有个别犯罪要求已满14周岁不满16周岁的人也要承担刑事责任，如强奸罪。

本类犯罪中有些犯罪需要犯罪主体具备特殊的构成身份，才能侵犯相应的人身权利，如强奸罪的犯罪主体需要具备男性这一自然身份；虐待罪的主体必须是与被害人具有一定的血亲关系、婚姻关系或收养关系，并在一个家庭中共同生活的成员，包括祖父母、外祖父母、父母、子女、兄弟姐妹等，也包括自愿承担扶养义务的与其共同生活的其他亲友等。非家庭成员不能构成本罪的主体。遗弃罪的主体是对于年老、年幼、患病或者其他没有独立生活能力的人负有赡养、抚养、扶养义务的人，没有赡养、抚养、扶养义务的人不能构成本罪的主体。不解救被拐卖、绑架的妇女罪、阻碍解救被拐卖、绑架的妇女罪的主体均为负有解救被拐卖、绑架妇女职责的国家机关工作人员。包括各级人民政府的主管分管领导和公安机关的工作人员，由于他们直接担负着解救被拐卖、绑架的妇女的职责，当然属于负有解救职责的国家机关工作人员。其他部门如法院、检察、司法、民政等部门的工作人员在参与解救工作时，也属于负有解救职责的国家机关工作人员。非国家机关工作人员或者虽为国家机关工作人员但不负有解救职责的，不能构成本罪。

本类犯罪包括了聚众犯和对向犯这样的必要共犯，需要实施这类犯罪的行为人为二人以上时才可能成立此罪。如收买被拐卖的妇女罪则既需要行为人收买被拐卖的妇女，也需要他人有拐卖妇女的行为；聚众阻碍解救被收买的妇女罪既需要行为人实施聚众阻碍解救的行为，也需要国家机关工作人员实施解救被收买的妇女的行为。聚众阻碍解救被收买的妇女罪则要求阻碍解救的行为发生在聚众情势之下，但只处罚首要分子。还有的犯罪，如果实行犯罪的行为人是复数或者是犯罪集团的首要分子，则要加重处罚，如二人以上轮奸的，处10年以上有期徒刑、无期徒刑或者死刑；聚众强制猥亵、侮辱妇女、儿童的，处5年以上有期徒刑；拐卖妇女、儿童集团的首要分子，处10年以上有期徒刑、无期徒刑或者死刑。

（四）犯罪的主观方面

本类犯罪在主观方面表现为故意，即行为人明知自己的行为会侵犯妇女的合法权益，并且希望或放任这一危害结果发生的心理状态，在一般情况下，本类犯罪既可以由直接故意构成，也可以由间接故意构成。但有些侵犯妇女合法权益的犯罪只能由直接故意构成，并必须具有特定的犯罪目的，如强奸罪、奸淫幼女型强奸罪必须具有奸淫妇女或者幼女的目的，拐卖妇女罪必须具有出卖的目的等。

第二章

侵犯妇女人身权利的犯罪

一、强奸罪

（一）强奸罪的概念和法源

1. 强奸罪的概念

根据我国《刑法》第 236 条之规定，强奸罪是指行为人以暴力、胁迫或者其他手段，违背妇女意志，强行与妇女性交的行为。①

2. 强奸罪的法源

强奸罪作为一种古老的罪行，在世界各国的法律中都有着漫长的演变过程，我国也不例外。由于我国在几千年的发展历程中所产生的独特的文化、历史传统，我国强奸罪的立法演变过程也具有了与他国截然不同的伦理色彩。

作为注重伦理秩序的国家，我国对于强奸罪这种违反人伦常理的犯罪一直都是采取严厉打击的态度，我国古代早期的关于强奸罪的记述可以追溯到《路史·前纪》②中的记载。而到了秦汉时期，则出现了明确的对强奸行为进

---

① 这里所说的强奸罪的对象是指 14 周岁以上的女性，对于奸淫不满 14 周岁的幼女的，放在下文的奸淫幼女型强奸罪中加以讨论。
② 《路史·前纪》卷五：有巢氏时，实有季子，其性喜淫，昼淫于市，帝怒，放之于西南。转引自梁健：《强奸罪比较研究》，中国人民公安大学出版社 2010 年版，第 5 页。

行处罚的刑事立法，这在《汉书》①中有相关的记载。到了汉武帝时期，自从汉武帝采纳董仲舒之议，"罢黜百家，独尊儒术"后，中国进入了礼法合一的时代，中国的法律制度和传统的宗族礼制秩序融为了一体，所以在汉代，立法中明确地规定了强奸罪与普通的奸淫行为之间的界限，并对二者作出了不同的处罚规定，对强奸行为，最重可适用死刑的处罚。到了唐朝，唐律对奸淫型犯罪作出了比较细致、系统的规定，②作为我国古代立法最高水平代表的《唐律疏议》，对后面几个朝代的立法都产生了深远的影响。到了宋元时期，在承继了唐律立法精神的基础上，宋朝在规定强奸罪时加入了身份的元素，在伦理尊卑观念的指导下，宋朝的犯奸行为的处罚由于行为人的身份不同而不同，亲属相奸、主婢相奸行为的处罚异于普通的犯奸行为，这样的制度都是建立在中国"亲亲，尊尊"的伦理纲常观念的基础之上的。到了封建社会末期的明清时期，法典的修筑更趋完善，如在《大清律例》中，对于强奸罪的认定要求必须要有充分的证据："强奸须有强暴之状，妇女不能挣脱之情，亦须有人闻知，及损伤肌体，毁裂衣服之属方坐。"③

纵观中国古代封建社会对强奸罪，或者说奸淫行为的立法规定，无不透着浓厚的伦理礼制气息。由于在古代，妇女和男子的地位并不平等，妇女被视为男子的附庸，即"幼从父兄，嫁从夫，夫死从子"，以至于在此种观念的指导下建立起来的法律制度，对妇女权利的保护大都采取了漠视的态度。在当时的立法者看来，犯奸行为之所以有被惩罚规制的必要性，是因为其本身就是一种应受到道德谴责的行为，它与古代伦理观念是相悖的，其所侵犯的是受害妇女背后的夫权和宗族家庭秩序的稳定。而遭到侵犯的女子，往往无法得到足够的重视和同情，反而会被评价为"不贞"。毫无疑问，中国古代封建的立法精神与现代法治是相悖的，也违反了最基本的人性要求，是不可取的。

---

① 《汉书·王子侯表》：永光二年，庸侯端，坐强奸人妻，判死刑，后会赦，免死。转引自梁健：《强奸罪比较研究》，中国人民公安大学出版社2010年版，第6页。
② 《唐明律合编》卷26，《犯奸》：诸奸者，徒一年半，有夫者，徒二年，强者，各加一等。转引自梁健：《强奸罪比较研究》，中国人民公安大学出版社2010年版，第6页。
③ 张晋藩：《中国刑法史新论》，人民法院出版社1992年版，第464-466页。

随着封建统治的结束，到了民国时期，从 1912 年北洋军阀颁布的《中华民国暂行新刑律》，再到中华民国所颁布的《中华民国刑法》，都对强奸罪作出了规定，其中，《中华民国刑法》历经几次修订，至今仍在我国台湾地区沿用，这会在后文相关段落进行详细讨论，在此不予赘述。

自 1949 年新中国成立以来，为了解决立法规定滞后于司法实践的难题，我国的立法工作者一直致力于新中国刑法典的编纂。1950 年 7 月中央人民政府法制委员会起草的《中华人民共和国刑法大纲（草案）》中规定了奸淫幼女幼童罪，强奸轮奸罪。1957 年 6 月，全国人大常委会草拟的《中华人民共和国刑法草案（初稿）》分别规定了强奸罪、轮奸罪、奸淫幼女罪。1963 年 10 月，全国人大常委会草拟的刑法修正稿中将强奸罪、轮奸罪、奸淫幼女罪规定在了一个条文中。最终，在我国 1979 年颁布的刑法中，强奸罪被规定在了侵犯公民人身权利、民主权利罪一章中的第 139 条。这是新中国刑法第一次系统地对强奸罪作出了规定。我国现行的于 1997 年颁布实施的刑法在 1979 年刑法的基础上对强奸罪作出了修正，将该罪规定在了第 236 条。通过比较不难看出，我国现行的刑法相对于 1979 年所颁布的刑法对强奸罪最大的修改在于将法定的加重情节进行了规定，使得在司法实践中对强奸罪的量刑情节有了更加明确的认定标准。

新中国成立后的刑法将强奸罪规定在了侵犯人身权利和民主权利罪一章中，表明刑法规制强奸罪的目的不再是维护社会风化或者伦理秩序，而是维护受侵害的女性的人身权利，这一立法变动打破了我国封建观念的禁锢。1950 年新中国第一部婚姻法颁布，废除了封建的包办婚姻，男尊女卑的婚姻制度，实行男女平等、婚姻自由，禁止童养媳、纳妾等封建陋习，在法律上赋予了妇女与男子平等的社会地位，[①] 并且由于女性特殊的生理、心理特点，以及在社会家庭生活中所起到的重要作用，刑法给予女性性权利以重点的保护，这体现了我国刑法保护法益，保障人权的根本目的，也能够更有效地打击强奸犯罪。

---

① 李畠:《伦理变迁与强奸罪》，载《西部法学评论》2011 年第 1 期。

（二）强奸罪的构成特征

1. 客体特征

随着社会文明的发展，社会观念的转变，人们对强奸罪的客体认识，随着时代的进步而不断演绎变化，经历了"财产权益"→"社会法益"→"个人的性自由权利"的过程。在早期社会，女性因为没有独立的人格，被视为一种性财产权，在出嫁之前是父亲的财产，出嫁之后则是丈夫的财产。强奸妇女，被普遍认为是对男性（父亲或丈夫）性财产权的侵犯，而并非对被害妇女自身人身权利的侵犯。例如，在古希腊，被强奸过的妇女在婚姻交易市场上会大大地贬值，类似于是财产权缩水。到了18、19世纪，大多数资本主义国家认为，强奸罪是侵害社会法益的自然犯罪。例如，1871年《德国刑法典》中强奸罪被规定在第十三章"妨害风化的重罪及轻罪"中。[1] 1930年《意大利刑法典》将强奸罪视为"侵犯公共道德和善良风俗罪"中。1971年《瑞士联邦刑法典》将强奸罪归入第五章"风俗之犯罪"中。直到20世纪50—70年代，社会文明进步到一定程度，西方国家女权主义运动开始蓬勃发展，大多数人们的意识中被植入了男女平等、人人享有自由等观念，人们渐渐地认为强奸罪是一种侵犯妇女性自主权利的犯罪，即妇女可以按照自己的意志决定是否与他人发生性交行为，或者是否拒绝与他人发生性交行为的权利，这是刑法学界的通说。如果妇女自己决定不实施性交行为，而行为人强迫该妇女实施性交行为，则构成强奸罪。如果妇女决定实施性交行为，有人强迫其不实施性交行为的，则不构成强奸罪。[2]

侵犯性的自主权利，不但严重摧残妇女的肉体人身，而且会使妇女的人格名誉受辱，甚至会衍生出其他严重后果。美国学者斯蒂芬（Cf.Stephen J.Schulhofer）从精神上和基于个人的身体完整性和独立性的角度，分三个层面对性自主权利作了阐述：第一，具备成熟理性选择的能力；第二，保证自身不受强迫的自由；第三，行为人没有通过威胁去限制女方自由选择的权利，

---

[1] 萧榕：《世界著名法典选编》（刑法卷），中国民主法制出版社1998年版，第357页。
[2] 侯国云：《关于强奸罪直接客体的理论思辨》，载《现代法学》1997年第6期，第81页。

但如果他未能确定获得女方有效同意，仍与其发生性行为，这也侵犯了女方的性自主权利。[①] 从这三个层面上理解的性自主权利是一种消极自由。另外，性的自主权利是一种相对的权利，并不是没有任何羁绊的拒绝自由，必须从规范的角度理解性自主权利，而不能泛泛而谈。[②] 例如，处于现实社会中的人们往往面临着许多其他束缚，如经济压力。当富商对失业女青年说："如果和我发生性关系。那么可保你衣食无忧。"于是，该女性由于生活所迫放弃了尊严，这种基于经济压力而发生的性交行为不应该认为是侵犯了性的自主权利。又如，某女虽然倾心于某男，但并不愿意和其发生性交行为，于是男方开始疏远女方，最后以分手为要挟提出性交要求，女方虽然百般无奈，但为了维系感情，仍然与男方发生了性交行为，对此，法律就更无能为力了。

虽然采用强奸罪侵犯的是性自主权利较为妥当，但是在性的自主权利上不应该有性别上的划分，更不应该将男性的性自主权利处于法律真空状态。刑法将强奸罪规定在第四章侵犯公民人身权利、民主权利罪中，表明强奸罪是对人身权利的侵犯，只是这种对人身权利的侵犯是通过性的侵犯的形式体现出来。根据法律面前人人平等原则，任何人不论性别如何在法律上享有同等的权利，同等地受法律保护。因此，刑法在对性自主权利的保护上不应该有恻隐之心，更不应该有性别的划分，性自主权利既包括妇女性自主权利，又包括男性的性自主权利。

2. 客观特征

传统的强奸罪的立法模式和立法观念，在性解放思潮的冲击下，越来越不能适应现实需要。为了适应现实需要，立法不该再强调强奸罪中行为人和被害人的性别，而是要同等地将男性女性均作为强奸罪的犯罪对象，同等地纳入刑法的保护范畴。因此，应该将强奸罪的客观方面诠释为，违背被害人意志，以暴力、胁迫或者其他方法，与被害人发生性交行为。

（1）违背被害人意志。强奸罪，侵犯的是被害人的性自主权利，只有在

---

① Cf. Stephen J. Schulhofer, *Unwanted Sex: The Culture of Intimidation and Failure of Law ix*, Harvard University Press, 1998, p.11.

② 罗翔：《同意问题在性侵犯罪中的地位》，法律出版社2012年版，第29页。

被害人不同意的场合下，这种权利才会受到侵犯。"违背被害人意志"是强奸罪的核心构成要件，也是判断性交行为是否构成强奸罪的关键。在日常生活中，由于"意志"更多的是出自人内心的感受，同时人类行为具有复杂性，在很多时候，内心的感受与实际的表现很有可能是不一致的，因此如何证明性行为是违背被害人意志的，一直以来是司法实践中的难点。但由于人的心理活动往往具有复杂性、交流的含糊性，都会使同意、不同意之间的界限变得比较模糊。正如有的学者所言，"同意就像货币一样，货币有假币，同意也有'虚假'的同意"。① 被害人可能不想发生性行为，但由于害怕而惊慌失措，最后表现出同意，或者为了避免伤害而非常理性地决定"同意"，而那些潜意识想发生性行为的人却可能由于害怕，或者处于内心的罪恶感而"不同意"性交。因此，同意与否不能简单地从被害人是否口头答应性交来判断，而应该综合具体案情来全面分析。根据目的行为论，如果行为人使用的手段具有严重的强制性，手段本身就能推定行为人具有对被害人不同意的认识，从而表明其不法人格；若被害人没有同意能力，而行为人认识到或应当认识到被害人的身份，那与具有这种身份的被害人发生性行为就表明了其不法人格；而如果行为人所使用的强制手段不明显，那就需要通过被害人的反应才能让行为人认识到被害人的态度。在被害人拒绝的情况下执意为之，行为人的不法人格也就昭然若揭，其行为也就具备了犯罪性。目前，我国判断是否"违背被害人意志"的主要根据在于，被害人在遭受行为人袭击时是否有反抗、拒绝的表示，甚至是否与行为人展开过搏斗。但通常情况下，案情是复杂的，有的被害人因自身性格、心理状态或者行为人使用暴力程度的影响，会出现反抗不明显，甚至不敢反抗。此种情况下，在认定行为人是否违背被害人意志，应全面分析，不能片面地从行为人有无使用"暴力""胁迫"等方法，或者单纯地从表面上看被害人是否有拒绝或者反抗等表示，而是从被害人是否能够反抗、是否敢于反抗、是否知道反抗等情况上判断。具体而言，违背被害人意志主要包括两种情况：

1）法律上推定为违背被害人意志。如被害人由于年龄、精神状况等原

---

① 梁健：《强奸犯罪比较研究》，中国人民公安大学出版社2010年版，第42页。

因不能理解性交行为的意义而无性同意能力或者由于疾病、昏睡、灌醉、毒品等麻醉原因而无法作有效同意或者欠缺反抗能力时，行为人与之发生性行为显然是把被害人当成纯粹发泄性欲的客体，会对被害人造成严重的伤害，在道德层面上具有极强的可谴责性，在法律上必须受到严惩。即使被害人对性交行为表示同意，或者说性交行为的发生可能没有违背被害人的意志，但从保护弱势群体的社会利益出发，在法律上也被推定为违背被害人意志，行为人实施的性交行为就是一种犯罪行为。

2）事实上的违背被害人意志。如果行为人所使用的手段具有严重的强制性，由于严重的强制性本身就具有行为的过渡性，被害人的反抗可能会使自己受到更大的伤害，所以无须考虑被害人有无反抗、拒绝表示。即便被害人同意性交行为也是无效的，也当然地违背了被害人意志，被称为事实上的不同意。正如有的学者所言，"强制是一种恶，因为它据此把人视为无力思想和不能评估之人，实际上是把人彻底沦为了实现他人目标的工具"。[①] 如果行为人所使用的手段不具有明显的强制性，那么在判断行为人的行为是否具有过渡性，还必须依赖于被害人的反抗以给予行为人合理的警告，但这种反抗需要达到合理的反抗标准，否则就不值得刑法保护。在典型强奸案中，强奸通常随着强制手段的出现，但是把强制手段作为判断是否"违背被害人意志"的必备要素是不恰当的。强制手段只是一种外在表现形式，还需要依据被害人的拒绝来界定是否"违背被害人意志"。只有用强制手段使被害人屈从时，才是被刑法所禁止，因为强制手段没有独立存在的价值，没有实体上的意义，只是证明"违背被害人意志"的证据，刑法在文本上对这种证据的确认，使得它具有了实体意义，同时性行为中的强制本身也并非犯罪，因此强制手段只是为了证明"违背被害人意志"的存在。但也并非只要存在强制手段，性自主权就受到了侵犯，只有在被害人拒绝的情况下，行为人使用强制手段与其发生性交，才会侵犯被害人的性自主权。如果被害人由于某种偏好，自愿放弃自己拒绝的自由，例如，在受虐癖的情况，强制手段就根本没有侵

---

① [英]哈耶克:《自由秩序原理》，邓正来译，生活·读书·新知三联书店1997年版，第17-18页。转引自罗翔:《同意问题在性侵犯罪中的地位》，法律出版社2012年版，第27页。

犯被害人的性自主权，如果对这种行为进行刑事惩罚，显然是把权利之手伸得太长，是对公民的私人生活的干涉。在不存在强制手段的情况下，也并不能必然推定性交行为就不是强奸。例如，当被害人处于昏睡状态，或者被酒精、毒品等麻醉，或者由于心智原因，而对性交行为缺乏正常的理解或者缺乏反抗能力。如果行为人与这些人发生性交，即使没有使用强制手段，也构成强奸罪。这种行为构成强奸的关键，并非因为强制手段，而是因为被害人没有同意能力，不能对性交行为作出有效同意，因此虽然行为不具有强制性，但行为也可能构成强奸。

总之，"违背被害人意志"才是构成强奸罪的关键，无论是行为人的"强制手段"还是被害人的"无性同意能力""缺乏反抗能力"都只是为了判断是否"违背被害人意志"，在逻辑上，它们都不能与"违背被害人意志"并列存在。

（2）以暴力、胁迫或者其他手段。采取暴力、胁迫或者其他方法等手段，不仅是构成强奸罪的法定条件，而且也是判断性交是否违背被害人意志的主要外部特征。这些方法的共同特征是使被害人处于不能反抗、不敢反抗、不知反抗的境地，或者是利用被害人处于不能反抗、不敢反抗、不知反抗的状态。

1）暴力手段。暴力本身就具有行为的过渡性，因此，只要行为人使用了暴力，就无须考虑被害人是否反抗。虽然暴力必须是当场实施的严重危及人身安全的行为，足以排除被害人的反抗，但是为了区别于性行为本身所伴随的行为，应该从狭义上理解"暴力"。"暴力手段"作为强奸罪最典型、最常见的手段行为之一，是指行为人直接对被害人的身体采取诸如强拉硬拽、殴打、捆绑、拳脚相加、按倒、卡脖子、堵嘴等有形的打击或强制，使被害人不能反抗、不敢反抗。

暴力程度有大小强弱之分，并不一定会造成严重伤害，只要暴力达到被害人不能抗拒、不敢抗拒的程度，具有严重人身伤害的危险，从而使得被害人放弃反抗，就应视为强奸罪的暴力手段。强奸罪中的暴力可以是故意致人重伤的暴力，就是说行为人故意使用暴力导致被害人重伤，然后实施奸淫行为的，也成立强奸罪（致人重伤的结果加重犯）。强奸罪的暴力甚至可能导致被害人的死亡。但是，如果行为人先故意杀害被害人，然后再实施奸尸或者其他侮辱行为的，即使行为人在杀害被害人时具有奸尸的意图，也不宜认定为强奸罪，通常认定为故意杀人罪与侮辱尸体罪的数罪并罚；如果行为人为了强奸而故意杀害并实施足以使被害人死亡的暴力，在被害人死亡后奸尸，前行为是故意杀人罪与强奸（未遂）的想象竞合犯与后行为的侮辱尸体罪数罪并罚；如果行为人为了强奸被害人，而采取故意杀害并实施足以使被害人死亡的暴力，在被害人昏迷期间奸淫被害人的，不管被害人事后是否死亡，都应认定为故意杀人罪与强奸罪的想象竞合犯。此外，暴力是压制被害人意志的手段，必须直接针对被强奸的被害人实施。如果行为人为了强奸被害人，不仅对被害人实施暴力，而且对阻止其实施强奸行为的第三者实施暴力，则不仅构成强奸罪，而且构成另一独立的犯罪（故意伤害罪等）。

2）胁迫手段。胁迫是指行为人对被害人采取威胁、恫吓等精神上的强制，通常以恶害相通告，致使被害人产生心理恐惧而不敢反抗只能忍辱从奸，从而实现强行奸淫的犯意。胁迫通常无当场实施的可能性，主要包括以伤害、杀害、扬言行凶报复、散播隐私、损害名誉和人格、加害亲属等相威胁，或者利用迷信进行恐吓、欺骗，或者利用被害人孤立无援或其他特定的条件，对被害人采取挟制和迫害等。有学者提出，"如果行为人以加害自己通告对方的，不属于强奸罪胁迫的范畴"。[1] 例如，行为人对对方说"如果不同意性交我就自杀"的，不成立强奸罪。行为人以自杀相威胁的，并不会对对方产生紧迫的危险，该行为本身也不具有强制性。行为人很有可能认为，对方并非出于威胁，而是因为自己的魅力同意了性交行为的。因为这种胁迫与性关系并没有法律上的因果关系，法律不能期待行为人的预见能力高于一般人，因此行为人无法认知到性交行为时违背对方意志的，那么对行为人进行刑法规制显然是不公平的。如果行为人以封建迷信相威胁，被害人由于过分胆小，或者由于愚昧无知，放弃反抗，虽然被害人的反应不符合一般人的标准，但是如果行为人正是利用被害人的胆小，知道被害人会放弃反抗，那么这种威胁无论在被害人还是行为人看来，都是一种实质性的威胁，被害人虽然放弃反抗，但其不同意性行为的心态，行为人心知肚明，因而刑法应该对行为人

---

[1] 张明楷：《刑法学》（第四版），法律出版社2011年版，第779页。

的行为进行法律评价。

3）其他手段。其他手段，是指行为人采取暴力、胁迫以外的并与暴力、胁迫相同强制性的其他致使或者利用被害人处于不能反抗、不敢反抗、不知反抗的状态的方法、手段。典型形式包括用酒将妇女灌醉、用药物或者毒品麻醉的方法实施强奸；利用被害人患重病、熟睡时进行奸淫等。具体而言，包括两种常见类型：其一，利用被害人身体无助而不知反抗达到奸淫的目的。当被害人身体处于无助状态而不知反抗显然无法作出有效的同意。如果行为人利用了对方这种不知反抗的状态，把对方当成满足性欲的客体，那么显然严重侵犯了被害人的性自主权利，因而行为人的行为应受惩罚。一般来说，不知反抗的状态包括两种情况：一种是被害人处于无意识状态，如妇女患重病神志不清、熟睡之机或者失去知觉。只要行为人利用了被害人的无意识状态，就具有惩罚的正当性，被害人的无意识状态没必要是行为人造成的。同时，无意识状态本身就表明了被害人无法对性行为作出有效的同意，被害人事前对性行为的同意并不表明她会同意无意识状态下的性交。例如，卖淫女同意和行为人发生性交，但行为人在女方不知道的情况下使用了麻醉药品，将卖淫女迷倒，然后发生性交。对此，女方虽然同意发生性交，但是并没有同意在无意识的状态下发生此种行为。人们对性交行为的同意，并不等于对任何形态性行为的概括同意。将女方迷倒，让其处于无意识状态，显然是剥夺了女方在性交行为过程中拥有的拒绝自由，当然地侵犯了女方的性自主权。另一种是被害人无法有效地表达自己的拒绝，如被害人瘫痪在床或者由于醉酒、药物或毒品麻醉而失去辨认能力或控制能力无法正确表达自己的意识。被害人在缺乏语言或身体上表示拒绝的能力，而行为人利用其无助状况，行为人显然也剥夺了她们拒绝发生性行为的自由。其二，利用欺骗手段达到奸淫的目的。刑法并没有将一切性欺诈行为纳入调控范围，而是对三种典型的严重的性欺诈行为进行惩罚。正如有的学者所言，"刑法的惩罚不是无限制的，只惩罚最值得惩罚的行为；幻想用刑法来禁止所有性欺诈行为，不但会模糊道德与法律的界限，而且会让刑法不堪重负"。[①]一是行为属性的欺诈。

---

① 罗翔：《同意问题在性侵犯罪中的地位》，法律出版社2012年版，第164页。

例如，诊治医生采取欺骗手段让病人对性交行为产生错误认识，把正在进行的性交行为当成正常医治行为。被害人因受骗而误解了性交行为的属性，自身根本不接受性交行为，因此行为人侵害了被害人的性自主权利。二是身份欺诈。例如，冒充情人与被害人发生性关系，构成强奸罪。由于被害人同意性交的对象是情人，而不是行为人，如果被害人知道行为人并非情人，是不会接受性交行为的，因此行为人实际上是利用了被害人的认识错误，被害人对行为对象的认识错误导致对性交行为的同意无效。三是利用宗教、封建迷信进行欺骗。我国《刑法》明文规定，组织和利用会道门、邪教组织或者利用迷信蒙骗他人的，以强奸罪论。例如，安徽砀山县的一个农民自称是"大师"会移魂大法，能为别人消灾免祸。8名女大学生对该农民会算命、消灾的法术深信不疑，并对该农民争相膜拜，为其神魂颠倒，陪他开房过夜，纷纷被其花言巧语骗奸失身于床。行为人利用了被害人的愚昧无知，用宗教、封建迷信骗取性利益，显然是侵犯了被害人的性自主权利。此外，如果行为人承诺以调职、出国、恋爱、结婚等个人利益与被害人进行性利益交易，但是行为人在获得性利益后没有兑现对被害人的承诺的，由于被害人只是对性交行为的目的发生了误解的性欺诈行为而没有受到强制、胁迫，完全可以凭自己的意志自由抉择是否发生性交行为的，不能认为行为人的行为侵犯了被害人的性自主权利，不构成强奸罪。

3. 主体特征

依我国《刑法》第236条及相关司法解释之规定，本罪的主体仅限于14周岁以上的男性。根据《刑法》第17条第2款规定，作为强奸罪主体的直接正犯即具体实行犯的男子，是已满14周岁具有刑事责任能力的男性。14周岁以下的男性即使实施了强奸行为，依据我国刑法规定刑事责任能力不适格，因此其行为不构成犯罪。对行为人主要通过感化教育的方式，给予非刑罚化处理，纠正其在人生道路上所做出的错误选择。妇女可以成为强奸罪的教唆犯、帮助犯，也可以成为间接正犯与共同正犯。有些学者从不同的角度提出了自己的异议。其一，在共同犯罪中，妇女不只是以教唆犯、帮助犯的身份参与犯罪，也可以以实行犯的身份参与犯罪。因为强奸罪的犯罪事实由两个环节构成，一是实施的暴力、胁迫或其他手段行为，二是强行同妇女发生性交的行为，这二者紧密联系，共同构成一个完整的强奸行为。妇女虽然不能直接同妇女进行性交，但为了男人的强行性交得逞，可以直接实施构成强奸罪客观方面要件的暴力、胁迫等行为，因此可以成为强奸罪的实行犯（或方法行为实行犯）。[1]其二，妇女可以独立构成强奸罪主体。在妇女教唆男子实施强奸犯罪但男子没有犯意而未实施强奸的情况下，妇女独立构成强奸罪（未遂）的主体，在妇女教唆没有达到法定年龄的男子或不具有刑事责任能力的精神病男子实施强奸行为的情况下，被教唆的人只是该妇女的工具，该妇女便是强奸罪的间接正犯。[2]同时还有学者根据某些特殊的案件，认为精神正常、年满14周岁的女子也可以构成强奸罪主体。因为现实生活中确实存在有妇女采取利诱或其他方法违背男子意志，在男子不敢反抗、不能反抗的状态下，强行与之性交的行为，甚至有的女教师利用教师身份强迫男童与之发生性行为，等等，因此应当在立法上将强奸罪主体的外延扩大到妇女。[3]

本书认为，强奸罪的直接正犯仅限于14周岁以上的男性，在共同犯强奸罪中，妇女只能教唆、帮助男人实施强奸行为，而不可能自己去实施强奸行为。至于这种帮助行为，虽然可以表现为构成强奸罪客观方面的事实特征之一的暴力、胁迫或者其他方法手段，但是这类实行行为并不是决定其行为是强奸性质的事实特征，或者说这类行为并不是其行为构成强奸罪的主要方面而在共同强奸犯罪中起主导、决定作用，并且直接对妇女不实施性行为的自主权造成侵犯和损害的仍然是男子的奸淫行为，而女子因为其特定的生理特征，只可以给男子提供暴力、胁迫或其他手段的支持，只能是帮助行为，而不是该罪的犯罪构成所要求的独立的犯罪行为。强奸行为的本质内涵就是集中在强行性交这一点上，没有性交行为，仅有暴力、胁迫或其他手段，就不能说是强奸罪。在没有特定犯罪意图的情况下，单纯的方法行为对于定罪是没有任何意义的。至于在教唆犯强奸罪中，妇女独立构成强奸罪的问题，笔者认为，无论是在教唆未遂的情况下，还是在教唆无责任能力人犯强奸罪情

---

[1] 张明楷：《浅论强奸罪主体》，载《法学评论》1988年第5期；赵延光主编：《中国刑法原理》（各论卷），武汉大学出版社1992年版，第515页。
[2] 冯凡英：《论妇女作为强奸罪的主体》，载《安阳师范学院学报》2003年第1期。
[3] 张永清：《从若干案例看妇女能独立作为强奸罪的主体》，载《法律学习与研究》1990年第1期。

况下，对于教唆他人犯强奸罪的妇女以强奸罪论处，倒不是因为妇女本人实施了强奸的犯罪行为，而是因为她实施了教唆行为，所以在此种情况下对妇女单独定罪，并不意味着她是强奸罪的主体，而只是教唆犯罪的主体。在理论上，妇女成为间接正犯也是完全可能的，但所有这一切，也都是借各种不同的理论上的分析，使妇女具有强奸罪主体的"名"，而确无强奸罪主体之"实"。至于有学者主张扩大强奸罪主体，将妇女也涵括其中，也正是说明在现行立法背景之下，妇女还无法成为强奸罪的直接主体而采用的一种迫不得已的挽救办法。当然，对于女子使用各种方法主动与男子发生性关系的情况，因为我国立法中并没有明确规定，依据罪刑法定原则，在目前的法律框架下，还是不宜作为犯罪论处。

综上分析，我们认为，强调强奸罪的主体只能是男子，仍是具有一定道理的，即使在共同犯罪中，妇女可以成为男子的帮助犯、教唆犯或间接正犯，也仅是取得一个可以成为强奸罪主体的"名分"而已！

强奸罪的主体原则上是由男子构成的，但是在司法实践中又涉及这样一个问题，即丈夫能否成为强奸罪的主体？这是实践中不能回避的一个问题，也就是理论界所探讨的"婚内"强奸是否构成强奸罪的问题。对于丈夫能否成为强奸（妻子）罪的主体问题，刑法学界一直争论不休，可谓是仁者见仁，智者见智。婚姻关系的存在是否可以阻却性侵犯行为的犯罪性，我国刑法学界对此有过非常激烈的争论，大致形成了三种学说：其一，肯定说。由于我国刑法并没有把丈夫排除在强奸罪主体之外，因此在妻子拒绝的情况下，丈夫强行对妻子发生性交行为的，应构成强奸罪。其二，否定说。婚内强奸一般存在取证困难的问题，同时承认婚内强奸与传统社会观念不符，为了家庭和睦以及婚姻关系的稳定持续，所以不宜认定婚内性侵犯构成犯罪。另外，既然男女双方自愿登记结婚，那么就是对夫妻之间有同居的权利和义务作出了肯定性的承诺。因此，在婚姻关系存续期间，无论是合意性交，还是强行性交，夫妻之间的性交行为都不具有犯罪性。[1]换句话说，夫妻之间的性行为无论以何种方式出现，都只属于道德调整的范畴，而不应该介入刑法。如果

---

[1] 最高人民法院刑事审判庭：《刑事审判参考》，法律出版社2000年版，第28页。

丈夫为满足自身性需求，不顾妻子反抗，强行与之性交的行为，构成其他犯罪的（如虐待、伤害等），则另行考虑，以相应的罪名处理。[1] 其三，折中说。承认有限情况下的婚内性侵犯。婚姻关系内是否成立强奸，不该一概而论。在婚姻关系正常存续期间，丈夫不能成为强奸罪的单独实行犯，而在婚姻关系处于非正常存续状态（如提起离婚诉讼期间或者分居期间、法院一审已判决离婚），双方的权利义务应中止，如果丈夫对妻子强行实施性行为，妻子又坚持控告的，丈夫则可以成为强奸罪的单独实行犯。[2] 正如有学者所言，婚内强奸原则上不成立强奸罪，但是在夫妻感情确已破裂，婚姻关系名存实亡的特殊情况下，应以强奸罪论处。[3] 该说法是刑法学界的主流观点，也常常在司法实践中被采纳。

虽然夫妻双方有同居权利和义务，但这并不表明妻子就一次性地概括同意婚姻期间的任何时候任何方式的性交行为。因为同居权利只是一种请求权，而非形成权，仅有丈夫要求性交行为的意思表示而没有妻子同意性交的承诺行为是不能实现同居权利的。当妻子不履行同居义务的时候，丈夫并不能强制性要求妻子履行，而只能通过其他合法的方式寻求救济。正如英国首席法官阿普尔顿所言，"婚姻中的权利、义务、责任并不是依据契约，而是根据国家法律的一般性规定……其依据是法律，而不是合同"。[4] 婚姻法也并不认为妻子应该无条件地接受丈夫的性要求，因此，丈夫在有性需求时，应当得到妻子的同意，如果丈夫认为妻子的拒绝是不合理的，那么可以依据婚姻法主张救济，但是他不能用自己的方式进行私力救济。另外，在我国偏远落后地区，夫妻在家庭中地位不平等的现象和包办婚姻依旧存在，丈夫不顾妻子的反抗而强行发生性交行为的事件屡见不鲜。如果一刀切的否定婚内强奸的成立，那么势必不利于对妇女权益的保护。然而，如果完全承认婚内强奸，又不符合我国当前的社会状况。强奸罪在我国刑法中是严重的犯罪，对强奸罪可以实施特殊正当防卫，所以难免会为有的妇女谋杀亲夫找到借口。在现有

---

[1] 高铭暄：《新编中国刑法学》（下册），中国人民大学出版社1998年版，第696页。
[2] 最高人民法院刑事审判庭：《刑事审判参考》，法律出版社2000年版，第28页。
[3] 陈兴良：《刑法案例教程》（下卷），中国政法大学出版社1994年版，第212页。
[4] Jennifer Temkin, *Rape and the Legal Process*, Oxford University Press, 2002, p.77.

的司法资源下，婚内强奸的认定确实存在取证困难的问题，同时也为避免妻子因暂时的不和谐或者矛盾冲突而报复称丈夫强奸，在婚姻处于特殊状态的情况下承认婚内强奸较为妥当。

一般情况下，夫妻之间的性生活应该是自愿和谐的，但不排除现实生活中经常会发生夫妻之间短暂的不和谐或者暂时性的矛盾冲突，如果一概将夫妻之间的小矛盾作为强奸罪处理，无疑不利于家庭的和谐稳定，因此有必要具体情况具体分析。在婚姻关系正常的情况下，丈夫有正当的性交要求，即使当时妻子不愿意，但是丈夫强行与妻子发生了性交，通常情况下，妻子不会控告丈夫犯强奸罪，此时就没有必要认定丈夫犯强奸罪。在婚姻关系呈现非常态时，丈夫的强行发生性交行为达到了严重的社会危害性的程度，可以考虑成立婚内强奸。如果男女双方已经订婚，但双方没有登记，也没有同居的，男方强行与女方发生性交。由于订婚既不是法律手段，更不具有法律效力，当然不能证明夫妻关系的成立，所以行为人毫无疑问地构成强奸罪。如果男女双方履行了结婚登记手续但没有同居，女方后生悔意不愿同居的。虽然是合法婚姻关系，并且是在婚姻关系存续期间发生性交，但是婚姻登记手续只是夫妻双方婚姻的形式要件，实质上双方还没有过上正常的夫妻生活。在双方自愿同居前，如果一方反悔，对方在和好无望的情况下，就应该允许其提出解除婚姻关系的要求，尊重其重新选择的权利，而不能借口已有结婚登记证而强行进行性交。如果夫妻因感情破裂而已经长期分居，或者女方已向法院提出离婚诉讼，由于双方的感情已经出现裂痕，夫妻关系名存实亡，双方的关系基本上已经处于不可调和之境地，丈夫采取暴力等手段违背妻子意志，不顾妻子反抗而发生性交行为，后果严重的，亦可构成强奸罪。如果虽然婚姻关系正常，但是丈夫在公开场合强行与妻子发生性交，由于丈夫已经对夫妻关系的私密性不加顾及，公然贬损妻子及自己的人格，社会危害性严重，可以成立强奸罪。如果是丈夫教唆、帮助他人强奸自己的妻子，或者丈夫误将自己的妻子当作其他妇女予以强奸的，那么当然地构成强奸罪。

4.主观特征

犯罪的主观要件，是指行为人对自己的危害自然人、法人、社会的权益或利益的行为及其结果或状态所持的故意或过失的心理态度。显然，强奸罪主观方面只能是故意犯罪，过失不构成本罪。传统刑法理论认为，强奸罪的犯罪故意是指行为人明知自己的行为是奸淫妇女，行为人希望或追求该妇女被奸淫的结果，刑法学界普遍认为，本罪的主观方面只能是直接故意，间接故意不构成本罪。但当下在刑法学界也有学者持不同观点，有人对传统刑法理论认为强奸罪的犯罪故意是直接故意提出了质疑，认为强奸罪的主观内容包括直接故意，也包括间接故意，如放任与间歇性精神病人的性行为是以放任的态度与之发生性关系，这一心理状态，正是间接故意的表现，并将由间接故意构成强奸罪。他们认为，在特定情况下，间接故意也可构成本罪。强奸罪的间接故意则表现为行为人对犯罪对象在有无行为能力的认识上只是一种或然而不是高度概然性认识。因此，行为人主观上对自己的行为是否发生违背妇女意志的结果呈放任态度。例如，行为人甲与患有间歇性精神病的乙女发生性交。甲一方面不明知乙女一定是发作期，但是另一方面又知女方可能处于发作期，虽然甲不希望乙女在发作期，但以放任的态度打算与乙女发生性交，这种态度完全符合间接故意的特征。对此，笔者不能认同。第一，间接故意罪过下的行为人对结果持放任态度，即听之任之，无所谓的心态。本案中，甲是希望乙女精神正常，也就是说他希望乙女的同意性交的意思表示是真实有效的，这种心态与间接故意心态不相符合；第二，本案作有意义的讨论的前提是甲知道乙女有精神病史或有精神病，如果其根本不知道乙女有精神病史或精神病，也就不存在构成犯罪的可能；第三，要求甲对性交时乙女是否处于发作期作出判断过于苛刻。因为，即使水平极高的专业鉴定人员，都无法准确鉴定出哪时哪刻某人处于发作期，哪时哪刻处于正常期，更何况一个普通人。加之，性交到案发有一个过程，对一两天前发生的性交鉴定如果还算容易的话，那么事隔十天半个月以上的那就几乎不可能鉴定出来。换句话说，间接故意也可能构成强奸罪只有理论探讨意义，对实践没有指导作用，这是个不值得言说的伪命题。所以，笔者认为，强奸罪中行为人的主观方面只能由直接故意构成。

然而，讨论强奸罪的主观要件时，我们不能忽略行为人的认识错误。在实践中，基于强奸行为人的错误认识而发生的罪案在所有强奸案中占有一定比例。依我国刑法关于认识错误的基本理论，强奸罪的认识错误有如下两大类：一是对法律认识错误。常见的是14周岁以上智识等正常的男性与14周岁以下的幼女谈恋爱或"结婚"后二者发生了性交行为之情形。在这类案件中，行为人往往提出如下辩护理由：第一，双方发生性交行为是基于双方的完全自愿；第二，双方有较深的感情基础或已"结婚"；第三，在性交前及过程中均未使用任何暴力、胁迫或其他推定的暴力或胁迫方法，有的还是女方主动提出性交的。笔者认为，上述理由在女方为14周岁以上的女性时候，当然成立，行为人的行为此时不构成犯罪。但是，基于14周岁以下幼女享有的特权，无论幼女是否自愿，也不论行为采取了什么手段，都不影响行为人与幼女发生性交行为从而构成强奸罪的必然性，只要行为人明知、应知且可能知道对方是幼女。诚然，即使对方是幼女，上述理由在某种程度可以站得住脚。我们知道法律不可能让每个人都清楚地了解它，基于中国的特殊国情，在那些对刑法了解程度相对较差的地区，人们存在这样的误解是正常的，但是，刑法的威力不在于它的惩罚的严厉性，而在于它的确定性。某一地区的人们不知道14周岁以上的男性与14周岁以下的幼女发生性行为是犯罪行为，但是，只要有人做了这种事，刑法必然基于"有罪必处，有责必罚"之理念对其定罪处罚，这样做的目的在于在当地设定行为模式，借此告诉（规范指引）人们什么样的行为不可做，刑法从而通过其规范功能实现其社会功能，从而达到刑法的教育和预防效果。二是对事实认识错误。在强奸罪案中，事实认识错误主要集中于对象的错误。如某男子深夜在某市偏僻处将一女子强奸，并在强奸的过程中偷走了女子的钱包。行为完毕后，返回家将钱包顺手放在家中的桌子上，被后回家的妻子看到，其妻通过钱包认识到刚才强奸自己的人竟是自己的丈夫，遂向公安机关报案，如前所述该男子的行为显然构成强奸罪。

（三）强奸罪的司法认定

1. 本罪与非罪的界限
（1）恋爱过程中性交的定性
随着性观念的开放与性伦理标准的降低，许多未婚男女在恋爱中过程中因感情冲动，性爱欲求的驱动，常常会发生未婚性交或同居现象。一般而言，此类现象是男女双方两情相悦的结果，纯属道德问题，我国法律没有加以干预。但是，并非任何在恋爱过程中发生的性交，都一律不受法律评价。当性交并非出于恋爱双方的自愿，具有明显违背一方意志的，就不能排除构成强奸罪的可能性。具体情形如下：其一，在恋爱或交往过程中，双方虽曾发生过性交，以后女方明确提出断绝恋爱关系或交往，男方死缠烂打，强行与女方发生性交行为的，则应认定为强奸罪。其二，在恋爱过程中，男方通过强制性不明显的手段与女方发生性交，后两人因感情破裂分手，女方告发男方强奸的，不构成强奸罪。其三，如果第一次性交是在男方违背女方意志的情况下，以强制方法实施的，但事后女方非但未告发，反而又多次自愿与该男发生性交，甚至建立恋爱、家庭关系。对这类案件，应当认为随着事物的发展变化，其原有的社会危害性已经消失，从稳定现实社会关系的角度出发，基于刑事政策的考虑，一般不宜以强奸罪论处。但如果第一次强奸女方以后，又采取强制手段挟制女方，使女方不敢抗拒而只能不得已继续忍辱从奸的，则应以强奸罪论处。

（2）强奸与通奸的界限

通奸，是双方或者一方有配偶的男女之间，在双方的合意的基础上而自愿发生的性交行为。由于带有自愿性，不存在违背一方的意志的行为，所以一般没有进行法律规制，通常属于道德规范调整的范围，受舆论谴责。强奸与通奸均属于非婚内性交行为，但二者有本质上的区别。从理论上来讲，通奸与强奸并不难划分：强奸行为是违背一方意志，而通奸是双方的自愿行为；强奸一般要采取强制性手段，而通奸不存在使用强制手段；强奸犯主观上具有强行奸淫对方的故意，而通奸没有犯罪故意。但是，在司法实践中情况比较复杂，易于混淆。例如，有的女性在与人通奸，自愿发生性行为后，因双方关系恶化而翻脸，或者事情被暴露，出于保全自己的名誉，或者害怕夫妻关系破裂，或者恋爱关系破裂等种种原因，将通奸行为说成"强奸"，甚至向有关机关"告发"；有的行为人在强奸行为被揭发后，为推卸责任，逃避法律制裁，把强奸说成"通奸"。厘清强奸与通奸的关键在于，性交行为是否违背被害人意志。因此，在认定强奸罪时，必须进行大量的调查，掌握充分的证据，对双方平时的关系、性交的时间、地点、行为人是否采取强制性交手段、被害人事后的态度、告发原因等情况进行综合分析：如果第一次将被害人强奸，案件未能及时侦破，被害人也没有告发，后来被害人又自愿与行为人性交形成通奸关系的，不宜认定为强奸罪，但如果是行为人以暴力或者胁迫等强制手段继续霸占被害人的除外；如果男女之间原有通奸关系，但被害人出于种种原因而明确地表示要与行为人断绝通奸关系，不同意继续保持通奸关系的，而行为人继续纠缠不休，强行奸淫被害人的，应构成强奸罪。

（3）强奸未遂与求奸未成的区别

求奸，是指行为人具有与对方发生性关系的目的，并通过自己的行为或言语向妇女传达希望与其发生性关系的信息，以求达成双方进行性交的合意。虽然强奸与求奸在主观上都具有与对方发生性交行为的目的，但强奸的特征在于"强"，反映在客观上就是行为人实施暴力、暴力胁迫或其他手段致使被害人不能反抗、不敢反抗、不知反抗进而强行发生性交行为。而求奸的行为方式在于"求"，以言词或行为挑逗，或哀求或者死死纠缠等方式来达到与对方发生性交行为的目的。求奸，一般是通过口头提出要求，或者是在举动上进行挑逗、搂抱、拉扯，甚至猥亵，一经被害人拒绝或者反抗，行为人就即刻停止了行为。因此，在区分强奸未遂与求奸未成时，要考察行为人是否采用了明显的强制性手段，是否适时停止了行为，停止行为的原因，以及要考察被害人的态度与举止。一般情况下，强奸罪的客观行为是采取有形的强制性方法对被害人实施人身强制，而求奸的客观行为是以较为缓和的方式，如软磨硬泡，纠缠不休。如果是行为人求奸，手段行为没有达到与暴力、胁迫这些明显能够抑制被害人反抗的方法的，肯定构不成强奸罪。如果是行为人求奸，被害人承诺，则可以阻却行为人行为的违法性，不构成强奸罪。但是，如果被害人对性交主体产生了错误，则承诺无效，构成强奸罪。例如，一道士谎称一女子死去的丈夫已附其身，要求与其发生性交行为，构成强奸罪。

（4）"半推半就"的定性

关于"半推半就"的概念，不同学者有不同的看法。有学者认为，"半推半就"是指行为人的强制手段不明显，被害人既不明确同意又不明确反对的行为。①另有学者认为,"半推半就"就是指被害人对于发生两性关系,既有不愿意的行为或语言表示,又有同意和接受的表示的一种情形。②对此,有学者提出了反驳,"就被害人对性交的态度而言,要么同意,要么不同意,不存在一半同意,一半不同意的情况"。③"半推半就"的性交行为通常是发生在相互认识或者具有某种特定关系的人之间,在绝大多数情况下,行为人不会先问对方是否同意性交,而一般是以一定方式的身体接触开始,进而发生性交。如果被害人先有"推"的表示,但正在进行性交行为时,被害人没有"推"的表示。这种情形被称之为"半推半就"。此时,被害人对行为人要求性交的行为,既有不同意的表示——推,也有同意的表示——就,这是一种犹豫不决的心理。"推"又可以分为"真推"与"假推"。"真推"是违背被害人意志的,但为了照顾面子的"假推"就不然。例如,在男女恋爱过程中,女方对男方的性要求本来想拒绝,开始有"推"的行为,但又鉴于双方的恋爱关系,最终对性交行为的发生不再反对的,当然不宜定强奸罪。但为了保护和尊重被害人性的自主权利,当被害人对性交说"不",进行推托时,行为人应该尊重被害人说"不"的权利。如果行为人不顾被害人的反对,继续对被害人进行性进攻,被害人虽然进行了一些抵抗,但在进行性交时,可能不再有反抗的表示,对这种情况,应结合双方平时的关系,发生性交的场合等综合判断。如果认为被害人实施了"推"的行为,并且"推"得很认真,即使在进行性交时,被害人没有进行反抗,也可以认为违背了被害人的意志。因为,后来被害人不再有反抗的表示,一方面,可能是被害人认为反抗已经没有必要,如果反抗,可能会造成更大的风险,还不如不反抗的好;另一方面,被害人对性交不再坚持反抗,可能是与被害人生理上的反应有关。

"半推半就"案件的主客观情况极为复杂,不能一概视为强奸或通奸,因为这种情况下行为人强制手段不明显,不都是违背被害人意志。因此,必须认真调查研究,进行综合分析,切实查明与被害人发生性交的行为时是否违

---

① 李邦友:《性犯罪的定罪与量刑》,人民法院出版社2001年版,第84页。
② 王然冀:《强奸犯罪的认定与防治》,中国华侨出版公司1990年版,第34页。
③ 梁健:《强奸犯罪比较研究》,中国人民公安大学出版社2010年版,第71页。

背其意志，正确判断行为人的行为是否符合强奸罪的犯罪构成，才能得出合乎实际情况的结论。如果被害人只是出于害羞或被人发现，而犹豫不决，但在行为人的恳请、拉扯、软磨硬泡等非明显的暴力、胁迫手段下，"半推半就"地与行为人发生了性行为，由于被害人内心不反对与行为人发生性行为，同时行为人在主观上认为自己的行为并没有违背被害人的意志的，把被害人"推"的表示视为被害人羞愧的表现，就不能认定为强奸罪。如果被害人内心其实并不愿意与行为人发生性行为，行为人并未对被害人实施身体或精神上的强制，但被害人因行为人常给予好处而情面难却态度暧昧，或者起初被害人不同意，后来在行为人的纠缠下勉强同意的，由于没有违背被害人意志，不符合强奸罪的犯罪构成要件。如果行为人采取强制性手段与被害人发生性交行为，明知自己的行为违背被害人意志的，被害人因处在不利的时间、地点和环境中，为自保而违心屈从而"半推半就"的，因为违背被害人意志，所以构成强奸罪。

（5）与精神病患者、痴呆症者发生性关系的认定

这里探讨的是行为人在获得女精神病患者或女性痴呆症者同意的情况下，与其发生性交行为的认定问题。因为，如果行为人未征得上述人群的同意而强行发生性交行为的，当然构成强奸罪。

精神病、痴呆症，都是一种心理活动障碍的大脑疾病。精神病患者或痴呆症者一般缺乏对性交行为的认知能力、同意能力、控制能力以及防卫能力，从而对性行为的同意是无效。法律在一般情况下不会干涉公民的私生活自由，只有公民侵犯他人的自由，法律才会进行适当干预。刑法所保护的性自主权利是一种拒绝与他人发生性交行为的消极自由，精神病患者或痴呆症者由于心智不全而丧失了辨认和控制自己行为的能力，无法正确理解性行为的实质意义，不能有效地表示同意性交行为，因此不论行为人采取何种手段，也不管对方有无"同意"表示，与之发生性交行为显然就侵犯了他们的性自主权利，均构成强奸罪。但是对方只是有较为轻微的智能缺陷，尚未丧失辨认是非能力，还能够表达自己意志的，或者间歇性精神病人在精神正常时自愿与他人发生性交的，行为人则不构成强奸罪。在判断对方是否能正确地表达自己的意志，应以患者病态类型、发病史、病情的轻重程度、表现方式、患者

与行为人是否相识等方面来分析认定。如果患者病情不严重、病态反映不明显、行为人与其接触中察觉不出有反常之处，就不能认定是丧失了辨别是非能力。

与精神病人、痴呆者发生性关系是否构成强奸罪的问题，关键在于行为人与其发生性关系时，是否明知精神病人正处于发病期或是否属于严重痴呆者。如果行为人明知精神病人正处于发病期或者属于严重痴呆者，却利用对方这种病态，乘机进行性交的行为，不管使用何种手段，也不论被害人是否有"同意"表示，均应以强奸罪论处。因为对方患病，不能正确表达自己的意志，即使对方口头上同意，行为人也没有采取暴力等强制手段，但对方口头上的同意性交的表示并不是其真实意思的流露，客观上其实是违背被害人意志的。如果行为人不明知精神病人正处于发病期或者属于严重痴呆者，也未采用暴力、胁迫等手段，经对方同意与之发生性交，因行为人没有乘对方患病之际进行奸淫的故意，行为人缺乏构成强奸罪主观方面的构成要件而不构成强奸罪。但是而后，行为人知道了对方系患病的精神病人、痴呆者，又与其继续进行性交的，对后来的性交行为，成立强奸罪。如果行为人获得处于精神正常时期间歇性精神病人的同意，因为对方具有完全的辨认和控制自己行为的能力，对其自身的性行为具有完全的决定能力，因此对行为人不能以强奸罪论处。

法律对精神病患者或痴呆症者的特殊保护是防止有人利用他们的弱势地位攫取性利益，并不是干涉其在私生活中的积极自由。假如行为人并没有利用被害人的弱势地位，行为人与被害人在自愿的情况下发生性交行为，法律就不该对其干预。例如，某女在精神病发作期间，潜入一男子家中，见该男子赤身躺在床上睡觉。该女因性欲冲动，脱光衣服卧在男子身旁，欲与该男子发生性交行为，该男子惊醒之时未觉察到她有精神病，与之发生性交关系。由于该男子不存在利用精神病女子的心智不全的缺陷，所以就不存在处罚的前提。另外，婚内发生的性行为通常不存在利用对方缺陷的情况，不存在可罚性。例如，妻子婚前患有精神病，而丈夫不知，在结婚之后才发现对方有精神病，但仍然要与之发生性交。行为人不存在利用对方的弱势地位的主观故意，故刑法就不该过多地干预家庭生活。再如，妻子本来精神正常，但在婚后患了精神病，病后夫妻双方仍有性行为的发生，也不能以犯罪论处。在这两个例子中，丈夫作为妻子的监护人，有照顾妻子的义务，但丈夫也有正当的性要求，同时丈夫与精神病妻子性交的行为并不具有严重的社会危害性。因此，即使承认婚内可以成立强奸罪，也不能借口其精神病缺乏性同意能力而将丈夫入罪处罚。

（6）特定条件下强奸妇女与基于相互利用发生性关系之间的界限

基于相互利用发生性关系是指，男女双方相互利用，各有所图，女方甘愿放弃操守以肉体作为换取私利的条件，从而性交。例如，单位领导以给下属女性好处，如提干、调工作、发展入党等手段引诱女性与其性交，则不宜以强奸罪论处。即使后来领导的诺言没有兑现，也不能定领导犯强奸罪。因为该妇女对性交行为的性质具有清醒的认识。但如果行为人是利用职务上的从属关系或教养关系进行打击、迫害、要挟、刁难或者乘人之危，逼迫妇女违心屈从与之发生性交的，应认定为强奸罪。

区分特定条件下强奸妇女与基于相互利用发生性关系的界限，关键在于行为人是否利用了特定关系迫使妇女违背自己意志与其发生性交，而不在于是否存在特定关系。通过威胁获取性利益，这种行为在事实上剥夺了人的选择自由，使得被害人无从拒绝，因而是强制。如果对方仍然有选择的自由，只是出于某种利益考虑放弃拒绝的自由，那就是交易。例如，男方以不再给失业的女友提供经济支持相威胁，要求发生性行为。这种威胁也许让一般人无从反抗，但很难说这种行为构成犯罪。理由并非是威胁的程度不大，而是这只是交易的一部分。[①] 他给对方提供了两个选择：一个是离开，而另一个是留下来，留下来的代价则是发生性行为。因此，男方的行为并非强制，而是一种交易，也就不构成犯罪。

根据权利理论，当人们有权利决定是否做某事时，他可以自由地决定是否通过放弃这种权利而得到一定的补偿，这种通过放弃权利而得到的补偿的做法就是交易。[②] 从相对方的角度来说，如果必须在行为人所提供的两个自己

[①] 罗翔：《同意问题在性侵犯罪中的地位》，法律出版社2012年版，第152页。

[②] Dennis Patterson, *A Companion to Philosophy of Law and Legal Theory*, Blackwell Publishers, 1996, p.92.

都拥有权利的行为中进行选择，那么则是强制，如行为人以杀死女方为要挟获得性利益，显然女方对于性和生命都拥有权利，那么行为人的行为是强迫而不是交易。换言之，为了某种利益，自愿放弃行使权利，应该理解为交易。从相对方而言，如果必须在行为人所提供的两种她都享有的权利的事情之间作出选择，那么她就丧失了选择的自由。例如，男监护人以断绝女性亲属生活费等方式进行威胁，从而使女性屈从而发生性交的，可以认定为强奸罪。再如，教师以不给辅导功课，以给学生不及格学习成绩等手段威胁已满14周岁以上的女生，使女生服从性交的，教师可以构成强奸罪（如果女生未满14周岁，则无论教师是否采用胁迫手段，一律构成强奸罪）。又如，有的生父或养父以不发生性交就不给予生活费而迫使女儿与其乱伦的，应定强奸罪。

2. 此罪与彼罪的界限

（1）本罪与强制猥亵、侮辱妇女罪[①]的界限

本罪和强制猥亵、侮辱妇女罪有诸多共同点。两罪侵犯的法益都是妇女性自主权，都使用了暴力、胁迫或其他方法，犯罪本质都是违背妇女意志，尤其是在强奸罪未遂时都未发生性交行为。但是，两罪的区别还是比较明显的：①行为内容不同。强奸行为是强行与妇女发生性交，猥亵行为是针对妇女强行实施性交以外的猥亵、侮辱行为。但是，这种不同不是绝对的，性交行为在某些情况下也可以是猥亵行为。例如，强行与妇女或者幼女性交的行为，成立强奸罪，妇女强行同男童进行性交的行为就应当认定为猥亵。从理论上来看，将与男童性交的行为解释为猥亵行为，符合罪刑法定原则。即使对猥亵概念不做规范性理解，按照汉语词义和普通大众的理解为淫乱、下流的语言、动作或者行为，性交也应该是最淫乱、最严重的猥亵行为。并且强

---

① 需要说明的是，由于强制猥亵、侮辱罪的对象分为两种，强制猥亵行为针对的对象是他人，包括男性与女性，而强制侮辱行为的对象仍为妇女，所以该罪在修改过程中，对于强制侮辱行为没有作较大改动，请注意。另外，本书研究的对象主要是侵犯妇女权益的犯罪，因此，对于该罪也主要突出其研究的对象——妇女，而对强制猥亵男性的行为没有涉及，以便突出本书的主题。再者，虽然该罪的罪名按照"两高"的解释为"强制猥亵、侮辱罪"，但是，我们觉得该罪应当分为两个罪名更为恰当，即"强制猥亵罪"与"强制侮辱妇女罪"。所以本书的写作为突出本罪对妇女的侵害，主要内容仍为"强制猥亵、侮辱妇女罪"。这不是对1997年刑法罪名的继续沿用，而是根据本书的写作需要所做的选择。

制猥亵、侮辱妇女罪与强奸罪侵犯的法益都是妇女性自主权,二者并不是对立关系,而应该是特别关系,应该将强奸罪理解为强制猥亵、侮辱妇女罪的一种,但由于刑法特别规定了强奸罪,所以对强奸罪不再认定为强制猥亵、侮辱妇女罪。根据上文对猥亵行为下的定义,猥亵行为应当包含刑法目前没有作出规定的侵害妇女性自主权的行为,由于强奸罪单独成罪,故将强奸罪不再认为是一种猥亵行为。但是,从实践上来看,如果一概认定猥亵行为必须是性交行为以外的行为的话,会出现妇女对幼男实施的性交以外的行为构成猥亵儿童罪,但妇女实施更严重的同幼男性交的行为反而不是犯罪,这同罪责刑相一致的原则又不相符了。②主体不完全相同。强奸罪的直接实施主体只能是男子,女子可以作为共犯或者间接正犯成为强奸罪的主体。强制猥亵、侮辱妇女罪的主体男女都可以成为直接实施者。③主观故意不同。强奸罪以发生性交为目的,强制猥亵、侮辱妇女罪以刺激、兴奋、满足性欲为目的,但没有发生性交的目的。④行为内容不同。强奸罪的行为是强行同妇女发生性关系,强制猥亵、侮辱妇女罪的行为是除去性交以外的其他性行为。

由于两者在行为上相重叠,尤其是在强奸罪的未完成形态时,强奸行为与猥亵行为在外表上看十分相似。因此,确定行为人主观内容,是判断行为是属于强制猥亵、侮辱妇女罪还是强奸罪(未遂)的关键。根据上文所述,将强奸行为理解为强制猥亵行为的一种特殊情况,在二者行为相近时,仍然要坚持客观主义,立足客观行为探寻主观故意。在实践中,认定行为人有无"性交目的",应当根据案件的证据材料进行分析判断,可以从以下几个方面加以综合考量:①作案的时空条件。强奸行为以发生性交为目的。性交行为客观上是一个过程,作案者必然需要一定的时间和地点条件。强奸罪作案者大都愿意选择夜晚和相对偏僻、隐蔽的时空条件。强制猥亵、侮辱妇女犯罪的作案者,由于实施猥亵行为相对性交行为对时空条件的要求大都较低,一般不会刻意选择作案时间和追求作案地点的隐蔽性。当然,时空条件不是必然能区分强奸罪和强制猥亵、侮辱妇女罪的,强奸罪也可以公然进行(我国关于强奸罪的加重构成中就有公然强奸),因此还需要结合其他方面判定。②行为人的言语、动作表示。强制猥亵、侮辱妇女罪的行为人在实行犯罪时的言语和行为不会表现出发生性交的目的,主要以抠摸、搂抱、亲吻的动作或调戏妇女的语言进行，而强奸罪的行为人在实行犯罪行为时，会用言语或者动作向被害人传递威胁或胁迫的信息，从而表达强行与妇女性交的故意和目的，如有的行为人对妇女说，"你要是不让我干，我就杀了你""陪我睡一下，我就饶了你"，或者在强制脱掉妇女的衣物后马上脱自己的衣物，等等。行为人的语言或者动作能够直接或间接地体现行为人发生性交的主观目的。③性交行为是"能而不欲"还是"欲而不能"。强奸罪的行为人一般不会主动放弃性交，一般来说，行为人有足够的时间和条件进行性交的情况下，没有同被害人进行性交，而是仅对妇女进行了调戏或猥亵，那么这就是"能而不欲"，应按本罪论处。相反，如果行为人的言语和动作表现出了行为人进行性交的目的，而因为没有足够的时间和条件进行，这就是"欲而不能"，应当按强奸未遂处理。

最后，必须承认，根据客观因素推断主观故意不是必然能得到结果，因为主观因素含有行为人大脑中的想法，并且不是静止不变的，这些想法不一定全部表现在了客观行为中。实践中，一些模糊难以确定行为人主观目的的情况是客观存在的。例如，某甲傍晚在路边散步，见某乙醉酒坐在路边，某甲见路上没人，走到某乙身边叫某乙，见其仍无反应，对其进行亲吻搂抱，捏摸乳房，抠摸下身，某乙随即醒来反抗并高声呼喊，某甲害怕被别人看见，就停止行为仓皇逃走。本案例中，某甲的行为目的就并不明显，他趁某乙神志不清对其进行亲吻、搂抱、捏摸乳房、抠摸下身等，这符合强奸未遂的行为特征，但是，从他实施的行为来看，又符合猥亵的特征，也就是说，本案中某甲的主观目的很难判定，在这种无法证明行为人主观故意的情况下，要基于刑法保障法益的机能，按照刑法理论上的"疑罪从轻，疑罪从无"的原则，由于强奸罪的法定刑重于本罪，所以应定强制猥亵、侮辱妇女罪。

司法实践中，还应注意以下情况：①本罪转化为强奸罪（未遂）的情况。行为人实施犯罪之初，只具有猥亵、侮辱妇女的主观故意，在开始实施犯罪行为中又产生了强奸的故意，继而实施强奸行为的，这种情况应当认定为犯意转化，对行为人以后行为定罪处罚。②强奸未遂和强制猥亵、侮辱妇女罪并罚的情况。例如，行为人在对被害人实行强奸的过程中，发现被害人来月经就改变犯意，对被害人实施猥亵行为。这种情况下，行为人在强奸行为中止后,又起了猥亵的犯意,应当认定为另起犯意,对行为人应当以强制猥亵、侮辱妇女罪和强奸罪(中止)进行并罚。

(2)本罪与猥亵儿童罪的界限

二者的主要区别在于:第一,现行法律规定强奸罪的对象只能是妇女及幼女;而猥亵儿童罪的对象是未满14周岁的幼女和幼男。第二,强奸罪的主体现行法律规定只能是年满14周岁的男性;而猥亵儿童罪的主体既可以是年满16周岁的男性,也可以是年满16周岁的女性。第三,强奸罪和猥亵儿童罪的主观方面都是故意。第四,强奸罪的犯罪客体是妇女性的不可侵犯性的权利;猥亵儿童罪的犯罪客体是儿童的身心健康。第五,强奸罪的客观方面表现为以暴力、胁迫或者其他方法,违背妇女意志,强行与之性交的行为或者奸淫幼女的行为;而猥亵儿童罪中不能有与儿童发生性关系的行为,且本罪中猥亵行为可以采用强制方式,也可以不采用强制方式。

3. 本罪的共犯问题

强奸罪的共犯,是指二人以上基于共同的强奸故意,相互联系,相互支援,相互促进,进而强迫性地对被害人妇女进行奸淫。这里主要探讨强奸罪共犯的未完成形态问题。在单个人强奸犯罪中,将中止与既遂、未遂与既遂区分开相对较易,难点在于如何区分共同犯罪中犯罪既遂、犯罪中止与犯罪未遂,这在理论界和实务界都有争议。一种意见认为,在共同犯罪的情况下,个人中止、未遂的成立,以有效阻止所有共同犯罪人的犯罪行为或者有效防止共同犯罪结果发生为要件。虽然个人停止了原本可以完成的奸淫行为,或者因意志以外的原因未得逞,但是,其他共犯实施强奸既遂,则个人已经失去了中止、未遂成立的条件。[1] 另一种意见认为,在共同强奸犯罪中,应当以强奸是否得逞来划分犯罪既遂与未遂,参与者虽然未有效阻止共犯的行为,但只要他中止了个人的犯罪行为,即可使被害女性免遭重复奸淫的侵害,如果仍对该人以既遂评价,与罪刑相适应原则不符。[2] 故认为,对共同犯罪情况下犯罪中止成立要件的把握,既要考虑一般共同犯罪的情况,又要注意刑法

---

[1] 叶高峰主编:《共同犯罪理论及其运用》,河南人民出版社1990年版,第235-238页。
[2] 陈兴良:《刑法适用总论》,法律出版社1999年版,第519-520页。

创立该项制度的意旨（即鼓励犯罪分子及时停止犯罪）。因此，在属于实行犯的强奸犯罪这种特殊场合，个人虽然没有有效阻止其他共犯者的行为，但只要他自己有效放弃了奸淫行为，同样符合"犯罪中止减免刑罚"这一制度鼓励犯罪分子悬崖勒马、防止犯罪后果扩大的立法目的。

本书认为，按照共同犯罪的法理，在轮奸犯罪中，如果部分共同犯罪人已实施奸淫既遂，则共同犯罪均已既遂，所有参与共同犯罪者均应负既遂的刑事责任。将参与者个人放弃奸淫的行为认定为犯罪中止，与刑事法理的逻辑不符。因为这样认定犯罪形态，存在着一个不可克服的矛盾：一方面，既然认定是共同犯罪，则所有参与者的行为属于共同犯罪不可分割的有机组成部分，每个人的行为（从预备开始到奸淫完毕）均与共同犯罪的结果有原因力（不管他本人有无实施奸淫），每个人的意志均对共同犯罪有支配力，每个人在共同犯意支配下的行为造成的结果均属于共同犯罪的结果，一人既遂则全案既遂（只要不存在超限行为）；另一方面，在认定系共同犯罪的同时又认定共犯中的个人可以成立犯罪中止，则意味着该人在共同犯罪中有单独的犯罪构成，他只对自己单个人的犯罪构成负责，只要自己在犯罪中放弃了与在单个犯罪中属于犯罪结果相当的那部分行为，就可成立中止。这样的话，就使共犯中的个人行为从共同犯罪中游离出来，同时也就必然意味着司法机关割断了该人行为与共同犯罪结果的因果关系、否定了该人犯意与共同犯罪故意之间的联系。

首先，在共同犯罪中，各共犯的行为都是在同一个共同故意支配下，相互联系、相互支援、相互促进而形成的一个有机联系的整体，每个人的行为构成共同犯罪整体行为的一部分。其中任何一个共犯行为达到既遂状态，都包含了其他共犯的协同努力，因此对其他共同实行犯也应当作为既遂犯看待。认定强奸罪的共同犯罪的既遂形态，当然也应遵循这一原理。对虽然没有实施奸淫行为，但实施了帮助行为使其他犯罪人完成奸淫的强奸共犯，也应当按照整个共同犯罪的进程，认定为犯罪既遂。

其次，对于强奸罪的共同犯罪来说，只要某一共同犯罪人实施了奸淫行为并达到两性器官结合的程度，就标志着以性交为内容的妇女的性人格尊严受到了实际损害，整个强奸共同犯罪即达到完成状态，而不在于各个犯罪人奸淫妇女的目的是否实现。至于在共同犯强奸罪的情况下，是一人实施了奸淫，还是数人实施了奸淫，所反映的只是强奸共同犯罪对被害人是否实施了重复侵害。因此，在共同强奸案件中，犯罪人在帮助他人完成奸淫后，意图轮奸但未能实施奸淫的，属于轮奸这种加重处罚情节的未实现，而非强奸罪的犯罪未遂。

最后，强奸罪也存在复杂共同犯罪，除了实行犯之外，还可能包括教唆犯、帮助犯等其他共同犯罪人，这些共同犯罪人甚至还有可能是根本不能成为强奸正犯的女性犯罪人。如果认为强奸罪的实行犯中部分人实施了奸淫而部分人未能实施奸淫的，要分别定为犯罪既遂与犯罪未遂的话，那么，对这种未能完成奸淫行为的实行犯所科以的刑罚同帮助犯、教唆犯等其他共同犯罪人相比，则明显偏轻。因为就未能完成奸淫的实行犯而言，其社会危害性程度并不比帮助犯、教唆犯更小。对于一个实施了帮助他人完成强奸行为但自己并不想或者根本不可能奸淫妇女的共同犯罪人，要对其按既遂犯论处；而对于一个不仅帮助他人完成了强奸而且自己也企图强奸，只是由于意志以外的原因而未能奸淫的共同犯罪人，却要按未遂犯论处，显然与法理不符。①

4. 本罪的罪数问题

强奸罪作为一种严重的刑事犯罪，一般情况下，在与其他犯罪并行时，不可能出现牵连关系，均应与其他犯罪实行数罪并罚，如强奸后又起意杀死被害人的，就构成了强奸罪与故意杀人罪；如入室盗窃临时起意强奸被害人的，则构成盗窃罪与强奸罪；在抢劫过程中强奸被害人的则构成抢劫罪与强奸罪。这在实践中并不难以理解。但是，我国刑法也存在一些不够严密的地方，如有些条款的规定与现行刑法理论相冲突，导致独立的强奸行为没有被定罪处罚。《刑法》第240条规定，拐卖妇女的行为人在拐卖妇女的过程中，奸淫被拐卖的妇女的，作为拐卖妇女罪的一种从重情节，而不是按照拐卖妇女罪和强奸罪数罪并罚。本书认为，这种规定是不科学的，它违反了刑法理论中的犯罪构成理论和数罪并罚理论，理由如下：首先，区分一罪和数罪的

---

① 叶高峰主编：《共同犯罪理论及其运用》，河南人民出版社1990年版，第235-238页。

标准是犯罪构成的个数。行为人在拐卖妇女的过程中，实施强奸被拐卖妇女的行为，在主观上，有奸淫的目的，在客观上，行为人实施了奸淫被拐卖的妇女的行为，其行为独立完整地构成了强奸罪。因此，行为人在拐卖妇女的过程中，奸淫被拐卖的妇女，构成拐卖妇女罪和强奸罪。其次，在拐卖过程中，奸淫被拐卖妇女的行为，是出于完全不同的犯意，实施的是完全不同的具体行为，与拐卖妇女的行为，无牵连关系，二者不能吸收。再次，有人认为，把奸淫行为作为一种严重情节，可以判处10年以上有期徒刑直至死刑的刑罚，也完全能够达到"严惩"的目的。但是，"严惩"应体现在定罪和量刑两个方面，定罪是指准确定性和不漏罪，量刑是指根据犯罪的情节依法从重处罚。触犯两个罪名，只定一个罪名，就是形式上和理论上的"从轻"。最后，《刑法》第241条规定，收买被拐卖的妇女，强行与其发生性关系的，按照收买被拐卖妇女罪和强奸罪数罪并罚，而奸淫被拐卖的妇女的却按一罪处罚，有失偏颇。因此，笔者建议，再次修订刑法时，对第240条应作修改，将第1款第3项取消，不能将奸淫被拐卖妇女的行为作为从重处罚情节，应该依刑法理论实行数罪并罚。

5. 本罪的停止形态问题

根据刑法对于故意犯罪停止形态的法律规定，停止形态包括一种已完成形态，即犯罪既遂，还包括三种未完成形态，即犯罪预备、犯罪未遂、犯罪中止。[①] 其中，犯罪预备与犯罪未遂都是由于客观原因而导致犯罪停止；犯罪中止是由于主观原因而停止。

犯罪既遂是故意犯罪停止形态的已完成形态，是指故意犯罪已经具备了刑法分则所规定的某种犯罪构成全部要件的犯罪形态。[②] 不同性质的犯罪，犯罪既遂的标准也各有不同。我国刑法规定强奸罪是违背妇女意志，使用暴力、胁迫或其他手段，强行与妇女性交的行为。强奸罪的既遂就是指行为人在实施强奸过程中已经具备了强奸罪的完整的构成要件，即实现了性器官的进入（此处仅针对成年女性的强奸行为而言）。我国刑法对于强奸罪的既遂标准并

[①] 王作富主编：《刑法》，中国人民大学出版社1999年版，第115页。
[②] 马克昌主编：《犯罪通论》，武汉大学出版社1999年版，第489页。

没有明确的规定，但是对于强奸罪的行为方式做了具体的解释，1984年最高人民法院、最高人民检察院、公安部颁发的《关于当前办理强奸案件中具体应用法律的若干问题的解答》将强奸的客观行为确定为性交行为，那么性交通行的标准就是是否进入，即将"插入说"作为确定强奸罪既遂的标准。

强奸罪的预备形态是指行为人为强奸行为创造条件、准备工具，由于意志以外的原因而使强奸未实行的犯罪停止形态，而强奸罪的既遂是强奸行为已经具备完整的犯罪构成条件，已经实现了性器官的进入或已经以自己的性器官接触到幼女的性器官。二者本质的区别在于一是行为是否已经开始着手实行，二是行为是否出现意志以外的原因而使犯罪停止。强奸罪是一种复合型犯罪，其行为既包括使用暴力、胁迫或其他行为，也包括发生性行为，因此在认定强奸行为是否已经进入实行阶段，既要考虑性行为是否已经开始实施，也要考虑暴力行为是否已经开始。如果行为人还没有实施具体性行为，但是已经开始使用暴力、胁迫或其他手段，那么也应该认定实行行为开始，若此时行为由于意志以外的原因而停止，不能认定是犯罪预备，而应该认定是犯罪未遂。

强奸罪的未遂形态是指行为人已经开始着手实行强奸行为，但是由于意志以外的原因而未得逞。对于未得逞的理解，很多学者提出不同意见，但是通说认为，未得逞即未能完成该行为。[①]结合强奸罪既遂采用犯罪构成说标准，未遂的未完成则是指强奸行为没有具备完整的犯罪构成要件。根据目前我国刑法的规定，不考虑被害对象是幼女的情况，强奸罪的既遂与未遂区别的关键就在于是否已经完成性器官的进入。由于我国并没有相应的法律条文或者司法解释对于"插入说"的插入具体是指哪些器官的插入做明确的规定，那么就目前来看，只能按照人们的一般认识，仅指男性的阴茎进入女性的阴道。因此，强奸罪的未遂就是指由于意志以外的原因，男性的阴茎未能进入女性的阴道。强奸未遂是由于行为人意志以外的原因，也就是客观不利因素导致其强奸行为未达到既遂。这种客观不利因素可以是实际存在的不利因素，

---

① 张耕主编：《刑事案例诉辩评审——强奸罪拐卖妇女儿童罪》，中国检察出版社2005年版，第35页。

也可以是行为人基于错误认识而自以为的不利因素。法官在判断行为人是否基于意志以外的原因而停止时，一般考虑是否存在导致行为人不能继续实施强奸行为的实质性障碍，如行为人在实施强奸时，发现被害人正处在月经期，于是停止了继续行为，这样的案例是不应该认定犯罪未遂的，因为女性月经期并不是阻碍性交的实质性障碍，如果行为人坚持实施强奸，可以实现性器官进入的犯罪后果。

犯罪中止有两种类型，一种是主动放弃的中止，包括在预备阶段放弃，也包括在实行阶段放弃；另一种是自动有效防止危害结果发生的中止，必须发生在行为完成之后到结果出现之前，这种类型的中止，要求其行为必须具有有效性。由于强奸罪是行为犯，行为犯不是一着手即告完成的，按照法律的要求，这种行为要有一个实行的过程，要达到一定的程度，才能视为行为的完成。[①] 而强奸罪行为的完成即指性器官已经进入，所以强奸罪不存在自动有效防止危害结果发生的中止。另外主动放弃的中止强调行为人的主动性，这种主动停止也包括客观上不能进行，但是行为人错误地认为行为还能得逞而主动停止的情况。强奸罪既遂与中止关键的区别是看强奸行为是否已经完成，即是否已经实现性器官的进入，即使有停止，也要看行为停止在什么程度。针对成年女性的强奸，如果仅仅是性器官的接触即停止，应当认定中止而不是既遂；如果性器官已经进入，但是由于妇女的哀求或妇女以可能造成怀孕劝说，行为人停止继续性交行为，没有射精。这种情况仍然可以认定强奸罪的既遂而不是中止。

（四）强奸罪的刑罚适用

根据《刑法》第 236 条之规定，犯本罪的，处 3 年以上 10 年以下有期徒刑。犯本罪有下列情形之一的，处 10 年以上有期徒刑、无期徒刑或者死刑：（1）强奸妇女情节恶劣的。这里所称情节恶劣，是指强奸妇女手段残忍，在社会上造成很坏影响等。（2）强奸妇女多人的。所谓强奸妇女多人，是指强

---

① 高铭暄主编：《刑法学》，北京大学出版社 1999 年版，第 113 页。

奸妇女三人以上。(3)在公共场所当众强奸妇女的。这里所谓公共场所，是指车站、码头、民用航空站、商场、公园、影剧院、展览会、运动场等公众聚集的地方；当众强奸妇女，一般是指有二人以上在场的情况下公然强奸妇女的行为。(4)二人以上轮奸的。所谓轮奸，是指二男以上出于共同强奸的故意，在同一时间，轮流对同一妇女实行奸淫的行为。轮奸，是强奸罪中一种严重的犯罪形式，不是独立的罪名，对于轮奸妇女的，应以强奸罪定罪量刑。(5)致使被害人重伤、死亡或者造成其他严重后果的。"致使被害人重伤、死亡"，是指行为人作实施强奸犯罪过程中，因使用暴力而直接导致被害人性器官严重损伤，或者造成其他严重伤害，甚至当场死亡或者经治疗无效而死亡的。如果在实施奸淫行为之后，为了报复、灭口等动机而将被害人重伤或杀死的，不属于奸淫致人重伤、死亡，而应当分别定强奸罪、故意伤害罪或故意杀人罪，然后实行数罪并罚。"造成其他严重后果"，是指因强奸妇女引起被害人自杀、精神失常以及其他严重后果。

（五）强奸罪的案例研析

1. 案情介绍

2013年6月的一天，犯罪嫌疑人马某、李某、陈某在蓝天旅馆结识了在某天龙洗浴中心坐台的杨小姐。该四人在蓝天旅馆的房间内聊天、玩耍。过了一会儿，马某首先强行与杨小姐发生了性关系。在马某、李某的起哄下，陈某也欲与杨小姐发生性关系，但因生理原因而未得逞。随后，马某、李某、陈某等四人一起到饭店吃饭。在就餐过程中，杨小姐称，她被自己的男朋友王某欺负，请马某、李某、陈某等人去教训自己的男朋友王某。次日，马某、李某、陈某纠集了十余名社会小青年将杨小姐的男朋友王某痛打了一顿，因逃跑不及时，被当地派出所处以罚款5000元的治安处罚。后来，陈某与杨小姐二人谈朋友，并在旅馆内开房间共同居住了一个多星期，后因二人关系不和而分手。之后，马某向杨小姐索要被处罚的5000元钱。并派人强迫、控制杨小姐在某旅社卖淫还钱。后杨小姐因长期卖淫身体不堪而报警，遂案发。

2. 分歧意见

对于陈某的行为是否以强奸罪定罪处罚，有两种不同的意见：

第一种意见认为，马某、李某、陈某三人以上共同强奸杨小姐，属于强奸罪的加重情节（轮奸），情节恶劣，应当以强奸罪（轮奸）进行定罪量刑。

第二种意见认为，陈某的行为不构成强奸罪，陈某与杨小姐发生性关系后，二人自愿谈恋爱，并共同在旅馆居住，虽后来二人分手，但是对于第一次强迫发生关系的行为属于事前不可处罚行为，不应以强奸罪论处。

3. 研究结论

笔者同意第二种观点。马某、李某、陈某三人共同强行与杨小姐发生性关系，从外表上来看，符合轮奸的情形。但是，还应当看到三人的犯罪主客观要件构成都不一样。陈某与杨小姐发生性关系，并非是在奸淫动机支配下的行为，而是为了怕马某、李某嘲笑而做出的，并且其行为未实施完毕。最重要的是，陈某与杨小姐在其后的一段时间内作为男女朋友，自愿交往，这一情节已经消磨了陈某最初行为的社会危害性，杨小姐也已经从心理上认可了陈某，多次表示其并不愿意控告陈某。由此可见，陈某第一次与杨小姐发生性关系的行为属于事前的不可罚行为。当然，在共同犯罪问题上，陈某、马某、李某的行为已经构成强奸罪的共同犯罪。但是，就陈某个人而言，由于其独特的犯罪情节及其与杨小姐的感情发展状况，陈某的行为已经不具有社会危险性，根据刑法的规定，犯罪的成立必须有两个不可或缺的要素——刑事违法性和依法应受刑罚处罚。陈某的行为由于缺少了刑事违法性，而不应当再以犯罪论处。此外，最高人民法院专门有司法解释对此作出了规定。根据1984年4月26日最高人民法院、最高人民检察院、公安部《关于当前办理强奸案件中具体应用法律的若干问题的解答》第3条第2项的规定，第一次性行为违背妇女的意志，但事后并未告发，后来女方又多次自愿与该男子发生性行为的，一般不宜以强奸罪论处。

二、奸淫幼女型强奸罪

(一)奸淫幼女型强奸罪的概念和法源

1. 奸淫幼女型强奸罪的概念

奸淫幼女型强奸罪是指行为人与不满14周岁的幼女发生性关系的行为。何为幼女？我国刑法在有关性侵害的犯罪中，以14周岁为分界点，将犯罪对象区分为妇女和幼女。未满14周岁的女性被称为幼女；已满14周岁的女性则是刑法意义上的妇女。幼女由于年龄较小，在身体及心智方面区别于妇女，表现为体力、认知能力、识别能力、分辨能力的有限性；她们不具有对性及性行为的基本认知，也没有有效的拒绝和反抗的能力，因此更容易受到来自外界的侵害。

2. 奸淫幼女型强奸罪的法源

我国古代对于涉及性交的犯罪叫作"犯奸"，根据古代律法"犯奸"主要有三种："强奸""和奸"和"刁奸"。根据张斐所注的《晋律》可以得知："和奸"就是我们现在常说的通奸；"强奸"与我们今天的强奸相似，使用暴力进行奸淫；"刁奸"则是指卖淫嫖娼行为。但是直到元代才有对性侵害幼女犯罪的明文规定。即无论幼女是否同意，都构成强奸罪，且加重处罚，并且明确规定应根据被害人年龄的不同作出相应的惩罚，被害人年龄越小的惩罚越重。元代律法对于幼女规定为10岁以下。《大清律例》对于性侵害被害人的年龄划分更为细致，分为10岁以下、10岁以上12岁以下。[1]并且对于所侵犯的女性年龄不同，刑罚也不同。同样是强奸，被害人年龄越小，行为人的刑罚越重。

新中国成立后，我国有关性侵幼女犯罪的立法经历了一个曲折的发展过

---

[1] 高潮、马建石：《中国历代刑法志注译》，吉林人民出版社1994年版，第713页。

程。1979年7月1日，由全国人大第二次会议通过，7月6日颁布的刑法中，规定的关于性侵幼女的犯罪主要体现在第139条强奸罪（包括奸淫幼女的行为）。对于"1979年刑法"中第139条的强奸罪（奸淫幼女的行为）是对于奸淫幼女的行为无论用何手段、无论幼女是否同意，都按强奸罪处罚。1997年3月14日八届人大五次会议通过的现行刑法，其中关于性侵害幼女犯罪的罪名：第236条的强奸罪和其中的奸淫幼女行为来源于1979年刑法的第139条的强奸罪。2002年3月15日，最高人民法院、最高人民检察院通过了《关于执行〈中华人民共和国刑法〉确定罪名的补充规定》中，将第236条只确立为强奸罪，取消了奸淫幼女罪的罪名。从此，司法实践中奸淫幼女的行为一律定为强奸罪。

（二）奸淫幼女型强奸罪的构成特征

1. 客体特征

在性侵害犯罪中，对于14周岁以上的妇女，犯罪客体是妇女性自由的权利，在这一点学术上没有分歧。但是对于性侵幼女犯罪中犯罪客体是什么，学术界一直都有争论：通说认为是幼女的身心健康权利。因为未满14周岁的幼女对性行为缺乏理解力，没有性承诺的权利、没有性自由决定的行为能力。因此，此类犯罪侵害的是幼女身体和心理正常发育和健康成长的权利；[1]张明楷认为，此类犯罪侵犯的是妇女（包括幼女）的性的决定权；[2]我国台湾地区、香港地区以及国外也都未对幼女和妇女的犯罪客体区别化，都是以侵犯性自由决定权对客体进行描述。笔者支持通说的观点，因为幼女自身的特点，没有实行性权利的能力。从社会学角度而言，幼女的生理、心理和智力等方面尚处于发展阶段，对性及性行为的含义几乎没有概念，更无法理解什么是性承诺和性权利；从生理学角度而言，幼女生殖器官的发育尚不成熟，面对突如其来的伤害不明所以，不知应如何拒绝，很容易形成逆来顺受的局面。即

---

[1] 高铭暄主编:《刑法学》，北京大学出版社2010年版，第521页。
[2] 周折:《奸淫幼女犯罪客体及其既遂标准问题辨析》，载《法学》2008年第1期。

使行为人没有使用强迫性的暴力手段，在奸淫幼女的过程中往往也会导致幼女生殖器官的损害；从心理学角度而言，幼女的心理承受能力与妇女相比甚低。在受到性侵害后，会产生忧郁、冷漠、恐惧、胆小、神情恍惚等反应，被精神科称之为"创伤后应激障碍"。被性侵后的幼女得此精神障碍类疾病的比率也远远高出被性侵的妇女；从社会实践的角度而言，幼女中确实有身体发育较早、心智也较成熟的，已经理解性及性行为的幼女，但是刑法作为一种公共规则，体现的是社会各种利益的平衡，不会因为少数早熟的幼女，而漠视绝大多数需要保护的幼女。因此，笔者认为，在性侵害幼女的犯罪中，该罪的犯罪客体仍是幼女的身心健康权利。

2. 客观特征

奸淫幼女行为（强奸罪）是指行为人侵害了幼女的身心健康权利与之发生性行为的犯罪，为了最大限度地保护幼女的权利，法律规定无论行为人使用何种手段，只要与幼女发生性行为即入罪。针对幼女，行为人无论是用暴力还是广义上的非暴力手段，一旦发生性侵行为即入罪。按我国现有法律的相关规定，性侵幼女的行为主要表现为以下几种：一是奸淫手段。一般说来，行为人在性侵犯过程中通常采用的奸淫手段是伴随着暴力或者与暴力性质相同的其他强制性手段。包括掐脖、捆绑、殴打等致使被害人不能反抗的手段。用这样强制性手段奸淫幼女的，不仅会给幼女的生殖器官造成严重伤害，还会对幼女的心理上造成无法弥补的伤害。二是引诱手段。是指行为人为了自己得到性利益（奸淫），或是以性为手段攫取其他金钱、物质利益（引诱幼女卖淫）采取的非暴力的，以言语、行为、欺骗或诱导被害人作出出卖自己身体的行为。引诱手段看似平和，没有给幼女带来性侵害以外的身体伤害；但是这种行为在本质上给幼女带来的伤害是一样的，都是对其身心健康权利无情践踏的行为。三是嫖宿手段。是指行为人以金钱或其他物质利益诱骗受害人承诺与行为人发生性关系的行为。此手段与引诱相似，看似以一种平和的方式达成的交易（以金钱等利益换取性服务）。但是，对于幼女而言，她们尚没有性承诺的能力，因此性承诺应该是无效的。在《刑法修正案（九）》废除嫖宿幼女罪之后，在司法实践中，对于行为人故意引诱不能成为性承诺主体的人做出性承诺的行为，以达到和平奸淫目的的案件，应被认定为奸淫幼女型强奸罪。2013年10月23日最高人民法院、最高人民检察院、公安部和司法部联合发布《关于依法惩治性侵害未成年人犯罪的意见》（以下简称为《意见》)，该《意见》指出，"以金钱财物等方式引诱幼女与自己发生性关系的；知道或者应当知道幼女被他人强迫卖淫而仍与其发生性关系的，均以强奸罪论处"。

3. 主体特征

根据我国《刑法》第17条第2款的规定，本罪的主体是14周岁以上的自然人。未满14周岁的人对此类犯罪不承担刑事责任，这个阶段的儿童人身心发育尚未成熟、辨别善恶、分析是非的能力欠缺、对性及性行为没有清楚的认知，其做出的侵犯幼女的行为往往出于好奇、无知，应当主要以教育的方式对行为人的身心、智力的发展进行良性引导；已满14周岁不满16周岁的未成年人只对奸淫幼女的行为（强奸罪）负刑事责任，对于其他的性侵害行为不负刑事责任。随着社会上和学校里早恋现象的屡禁不止，未成年恋人对偷尝"禁果"的好奇，往往成为他们逾越雷池的诱因，基于双方的"恋爱"关系对已满14周岁不满16周岁的未成年人与同是未成年的女性恋人或幼女恋人发生性关系，定强奸罪不符合情理、不符合社会现实，这样的定性也不符合对未成年男性权利的保护。由于他们自身并没有犯罪的主观恶性，如果接受刑罚处罚会对其一生蒙上阴影，不当的刑罚甚至会使他们走向真正的犯罪道路。通过对实践的总结分析，最高人民法院、最高人民检察院、公安部、司法部于2013年10月24日出台的《关于依法惩治性侵害未成年人犯罪的意见》第27条规定"已满十四周岁不满十六周岁的人偶尔与幼女发生性关系，情节轻微，未造成严重后果的，不认为是犯罪"。16周岁以上的行为人要对自己的性侵害行为负刑事责任，因为这个年龄段的未成年人体力及智力都已有了相当的发展，社会知识及分辨能力也达到一定水平，对性和性行为有了一定的理解，应当对幼女实施性侵害的行为承担相应的刑事责任。

4. 主观特征

关于本罪是否要求行为人在主观上明知被奸淫的对象是幼女的问题，我国刑法理论界在20世纪80年代中期曾出现过激烈的争论。概括起来，主要有三种观点：一是否定说，认为刑法规定奸淫幼女罪是出于对幼女的特殊保护，只要对不满 14 周岁的幼女实施了奸淫行为，不论行为人是否明知被奸淫的对象是幼女，一律构成奸淫幼女罪。① 二是肯定说，认为按照主客观相统一原则，构成奸淫幼女罪除了要实施对幼女的奸淫行为之外，行为人主观上还必须明知被害人是不满 14 周岁的幼女。三是折衷说，认为明知被害人是未满 14 周岁的幼女，固然构成奸淫幼女罪，不是明知，但可以认识被害人是幼女的，也构成奸淫幼女罪；显然无法认识其为幼女的，则不构成犯罪。② 当时的通说是持一种吸纳了折衷说部分合理主张的肯定说，即虽然要求行为人明知被害人是幼女，但"并非要求其确切知道幼女的年龄，或者知道肯定是幼女，而是只要行为人具有奸淫幼女的目的，或者明知可能是幼女，而对其奸淫，就可以定奸淫幼女罪"。③ 笔者赞成肯定说，认为有必要对通说的合理性作进一步论证。

其一，我国《刑法》第 14 条第 1 款规定："明知自己的行为会发生危害社会的结果，并且希望或者放任这种结果发生，因而构成犯罪的，是故意犯罪。"奸淫幼女构成的强奸罪是一种故意犯罪，行为人只有明知自己的行为是奸淫幼女并会发生危害幼女身心健康的结果，而又希望或放任这种结果发生，才能认为有奸淫幼女这种特殊强奸罪的故意，也才可能构成强奸罪。因此，要求行为人明知奸淫对象是幼女，是《刑法》总则第 14 条所提出的要求。

有论者提出，"我国刑法分则中明确'明知'的条款计有 26 个。因此，依据明示排除默示规则，凡没有规定'明知'的应当推定是可能有过失犯罪或严格责任犯罪的"。由于我国《刑法》第 236 条第 2 款规定，"奸淫不满十四周岁幼女的，以强奸论，从重处罚"，并没有要求"明知"，所以奸淫幼

---

① 1979 年刑法施行时期，刑法理论和司法实务界均认为，奸淫幼女罪是强奸罪之外的独立的罪名。
② 马克昌：《论奸淫幼女罪》，载《刑法学论文集》，中国法学会刑法学研究会，1984 年编印。
③ 高铭暄主编：《中国刑法学》，中国人民大学出版社 1989 年版，第 469 页。

女是一种法定强奸罪，属于严格责任犯罪。[①]笔者认为，这种观点值得商榷。事实上，刑法分则明确规定"明知"的，只是表明法律要求行为人对某种构成要件事实的认识在程度上要更确定一些，并不意味着没有规定"明知"的就不要求行为人对构成要件事实有认识，甚至没有故意或过失也可能构成犯罪。相反，从我国《刑法》第15条第2款规定"过失犯罪，法律有规定的才负刑事责任"可以看出，我国刑法根本不承认严格责任犯罪，并且对刑法分则没有明文规定过失也能构成的犯罪，只能理解为故意犯罪。由此可见，奸淫幼女只可能是故意犯罪，不可能是过失犯罪，更不可能是所谓严格责任的犯罪。

其二，从刑法理论而言，当刑法把某种犯罪对象作为犯罪构成要件时，对犯罪对象的认识就成为该种犯罪故意不可缺少的内容。我国《刑法》第236条第1款是关于普通强奸罪的规定，第2款是关于特殊强奸罪（即奸淫幼女）的规定，普通强奸罪的对象是妇女，特殊强奸罪的对象是不满14周岁的幼女。因此，普通强奸罪的故意，只要求行为人对强奸的对象是妇女有认识即可，不要求对被害人的年龄有认识，但法律规定特殊强奸罪的对象仅限于不满14周岁的幼女，因而特殊强奸罪的故意，要求行为人对奸淫对象是不满14周岁的幼女有认识。

其三，有论者提出，《刑法》第236条第2款所规定的奸淫幼女只是强奸罪的从重情节，[②]既然只是一种情节，只要行为人奸淫了不满14周岁的幼女，不论其主观上是否认识到对方是幼女，也都符合这一情节的要求，因而都应"以强奸论，从重处罚"。这或许是否定论者的一个基本立足点。但是，从刑法理论而言，法定从重情节的适用前提是行为必须符合相关犯罪的构成要件，而不采用暴力、胁迫等强制性手段奸淫，并不符合普通强奸罪的构成要件。由此可见，我国《刑法》第236条第2款并非仅仅只是对强奸罪的一个法定从重处罚情节的规定，而是包含有对该条第1款规定的强奸罪的

[①] 苏力：《司法解释、公共政策和最高法院——从最高法院有关"奸淫幼女"的司法解释切入》，载《法学》2003年第8期。
[②] 苏彩霞：《"奸淫幼女"行为罪名之再确定》，载《上海市政法管理干部学院学报》2002年第3期。

构成要件予以修正或补充的内容，即不采用暴力、胁迫等强制性手段奸淫不满14周岁的幼女，也构成强奸罪。既然"奸淫不满14周岁的幼女"是强奸罪的一种特殊类型，是有关强奸罪构成要件的修正或补充性规定，那么对作为构成要件内容的犯罪对象（即幼女）的认识，就成为这种特殊强奸罪的故意所不可缺少的内容。当然，也不能否认该款同时还包含有奸淫幼女要"从重处罚"的内容，从某种意义上来说，"奸淫不满14周岁的幼女"既是强奸罪的一种特殊表现形式（或者说是有关特殊强奸罪的构成要件的规定），又是强奸罪的一个法定从重情节，不能否定其中任何一方面。之所以特别强调这一点，是因为还有论者提出，"我国现行刑法中有十余个条款均涉及对未成年的被害人的年龄规定，如猥亵儿童罪、拐骗儿童罪、拐卖（妇女）儿童罪、绑架（妇女）儿童罪、偷盗婴幼儿罪、教唆不满18岁的人犯罪、向不满18岁的人传播淫秽物品，等等。这些犯罪在主观要件上均不应要求犯罪人对被害人年龄须是'明知'，不明知不能成为免责理由；在个案中仅仅只应根据被害人的实足年龄来确定行为的具体性质"。[①] 这显然是把作为构成要件的被害人的年龄与作为量刑情节的被害人的年龄混为一谈，以后者不要求行为人对被害人年龄有认识，来证明前者也不要求对被害人年龄有认识。但是，当刑法把某种犯罪对象限定为不满一定年龄的未成年人时，对特定犯罪对象（包含年龄）的认识，就成为该种犯罪故意的必备内容。反过来，如果刑法规定不满一定年龄的未成年人成为被害人时，仅仅只是影响处罚的轻重（不影响犯罪的成立），则不论行为人是否认识到被害人是不满一定年龄的未成年人，均不影响犯罪故意的成立，并且也不妨碍作为量刑情节来认定。例如，"向不满18周岁的未成年人传播淫秽物品"，纯粹只是一种从重处罚的情节，无论行为人是否认识到自己传播淫秽物品的对象是未成年人，都不影响传播淫秽物品罪的成立，并且即便是未认识到对方是不满18周岁的未成年人，也仍然应当从重处罚。

其四，有论者提出，奸淫幼女既可能采用暴力、胁迫等强制性手段奸

[①] 冯亚东、黄维智：《论奸淫幼女罪的"明知"问题》，载《法学评论》2000年第2期。

淫，也可能采用非强制性手段奸淫，在前一种场合，如果要求行为人明知被害人是不满 14 周岁的幼女，明显是不合理的。因为在采用暴力等强制性手段奸淫妇女的场合，并不要求对被害人的年龄有认识，而在采取同样手段奸淫幼女的场合，反而提出过高的要求（即要求对幼女年龄有认识），这与对幼女实行特殊保护的立法精神相悖。[1] 笔者认为，这种指责表面上似乎有一定道理，但却是建立在对法条有误解的基础上的。我国《刑法》第 236 条第 1 款规定，"以暴力、胁迫或者其他手段强奸妇女的"，构成普通强奸罪。而该款对被强奸的"妇女"的年龄未作任何限制，这就意味着幼女、少女和成年妇女等各种年龄层次的女性都包含其中。[2] 因此，采用暴力、胁迫等强制性手段强奸妇女（包含幼女），构成普通强奸罪，只要行为人认识到强奸的对象是"妇女"即可，不要求对被害人的年龄有认识。也就是说，采用暴力、胁迫等强制性手段奸淫幼女的，由于完全符合普通强奸罪的构成要件，直接构成《刑法》第 236 条第 1 款规定的普通强奸罪，不存在要"以强奸论"的问题，因而与普通强奸罪在主观要件上也只能作同样的要求。反过来，不采用强制性手段奸淫幼女，本来不具备普通强奸罪的客观要件，不能构成普通强奸罪，只是为了对幼女实行特殊保护，法律才规定对这种行为"以强奸论"。"以强奸论"本身就表明其与强奸有差异。正如前文所述，把不采用强制性手段的奸淫幼女行为，视为一种特殊类型的强奸罪，要求行为人在主观上认识奸淫的对象是幼女，这是合理的。如果行为人误认幼女是 14 周岁以上少女或成年妇女，未采用暴力、胁迫等强制性手段，在幼女"自愿"的情况下，与之发生了性交，则因为无奸淫幼女的故意而不能"以强奸论"。

---

[1] 苏力：《司法解释、公共政策和最高法院——从最高法院有关"奸淫幼女"的司法解释切入》，载《法学》2003 年第 8 期。

[2] 这样理解"妇女"一词的含义，与立法精神是相吻合的。因为对《刑法》第 236 条第 3 款第 3 项"在公共场所当众强奸妇女的"中的"妇女"，显然不能理解为不包含幼女。事实上，在公共场所当众强奸不满 14 周岁的幼女的案件早就发生过，其社会危害性更大，没有理由不作为强奸罪的严重情节看待。况且，在立法者把"在公共场所当众强奸妇女"已作为强奸罪的严重情节予以明文规定的情况下，不可能不考虑到还会发生在公共场所当众强奸幼女的案件。合理的解释是：该条中的"强奸妇女"是从广义而言的，包含强奸幼女、少女和成年妇女等各种年龄层次的女性。

关于如何认定"明知"对方是幼女的问题，《意见》第 19 条指出，"知道或者应当知道对方是不满十四周岁的幼女，而实施奸淫等性侵害行为的，应当认定行为人'明知'对方是幼女。对于不满十二周岁的被害人实施奸淫等性侵害行为的，应当认定行为人'明知'对方是幼女。对于已满十二周岁不满十四周岁的被害人，从其身体发育状况、言谈举止、衣着特征、生活作息规律等观察可能是幼女，而实施奸淫等性侵害行为的，应当认定行为人'明知'对方是幼女"。笔者认为，对于幼女年龄的"明知"，应当根据社会一般观念进行判断，只有合理的认识错误才能使行为人免于罪责。这个合理的认识错误是：对于一般行为人而言，只要行为人对于已满 12 周岁未满 14 周岁的未成年人尽了一般注意义务，如从外表形体、第二性征、身份等客观特征等角度进行判断即可。只要行为人尽了充分注意义务，仍无法避免的认识错误，则应当免其罪责，避免冤假错案发生。但是，对于那些与未成年女性有一定信任关系的，如亲友、邻居、老师等具有"特殊身份"的群体则负有更高的注意义务，因为他们无论是基于亲友关系、相邻关系还是职业关系，对于受害的未成年人较为熟悉，对她们年龄判断应该更为准确，不能排除行为人的故意。

（三）奸淫幼女型强奸罪的司法认定

1. 本罪与非罪的界限

奸淫幼女属于强奸罪的一种表现形式，但它与前述普通强奸存在区别。刑法明确规定，奸淫幼女的，比照强奸罪从重处罚。由于幼女的身心发育尚未成熟，缺乏识别事物、表达意志和反抗防卫的能力，法律规定在认定奸淫幼女的强奸罪时，不要求行为人必须使用了暴力、胁迫或其他手段，也不问幼女是否表示同意或有无反抗表示，只要与幼女发生了性行为，行为人便可能入罪。在实践中，如何认定奸淫幼女的强奸罪，亦即在奸淫幼女案件中如何区分罪与非罪，是一个难以把握的问题。奸淫幼女是一种严重的刑事犯罪，应依法予以严厉打击。但是，又要看到这类案件存在许多特殊问题，需要区别对待，慎重处理。我们应当根据具体情况具体分析，不能认为凡是与不满

14周岁的幼女发生性行为的,一律都认定为强奸罪,这在实际上也是对"明知论"要件的一个肯定。奸淫幼女的强奸罪必须以"明知"对方是幼女为其构成要件,不明知对方是幼女,又没有使用暴力胁迫或者其他手段的,不构成强奸罪。这种强奸罪的严重社会危害性,也就是通过行为人对被害人的认识是明知为幼女体现出来的。但"明知"不是"确知","明知"导致的认识结果或许同事实情况会有较大的出入,明知对方确实是幼女或明知对方可能是幼女,而故意与之发生性关系,都应定为奸淫幼女的强奸罪。[①] 由于法律对16周岁以下少男与幼女发生的性行为有特殊规定,下面笔者拟作两个层次的探讨。

(1) 16周岁以上男子与幼女发生性行为的处理

对成年行为人来说,成年人心理、智力的发育已经成熟,对自己行为的后果能够有较为全面的认识,同时,成年人的认识能力亦已达到有理智的正常人水平,控制自己行为的能力较强,因此对成年人行为的对象、后果的认识应当有较高的标准。当成年人与妇女特别是少女发生性行为时,当性交伙伴有可能是幼女时,有必要赋予成年行为人更多的注意义务,即注意自己的性交伙伴的年龄应在14周岁以上,以避免对幼女的身心健康造成伤害。成年人是否充分履行了注意义务,就成为判断知道或可能知道的标准,该注意义务的充分履行,应当以成年行为人对性交伙伴的充分询问或其他途径的了解,而不是仅凭成年行为人的判断。特别是如今的儿童生长发育较以往提前,儿童身体早熟的现象已属正常,要求行为人对性交伙伴的年龄是13岁、14岁还是15岁作出准确的判断既不现实,也缺乏可操作性,在对性交伙伴年龄难以作出准确判断的情况下,更要求成年行为人对自己的性行为有所克制,对性交伙伴的年龄较从前应尽更多的注意义务,不因对性交伙伴的错误选择害及幼女的身心健康。该充分注意义务是否履行的举证责任,由成年行为人承担,当行为人能够证明其已经履行充分注意义务,但仍无法避免误认性交伙伴为14周岁以上时,不构成强奸罪;如果成年行为人未履行充分注意义务或举证不能,则与14周岁以下幼女自愿发生性行为构成强奸罪。

---

① 张明楷:《间接故意也可构成奸淫幼女罪》,载《法学季刊》1984年第3期。

1）不知对方是幼女而进行奸淫，如果行为人在实施犯罪行为时遇到了幼女拒绝，而行为人却使用了暴力、胁迫或其他强制性手段从而达到奸淫目的，与普通强奸罪无异，显然构成奸淫幼女的强奸罪。

2）幼女发育早熟，身材高大，谈吐举止得当，且虚报年龄，从五官、外形上无法与成年妇女区分，使行为人凭其经验完全无法得出对方可能是幼女的结论，则此时行为人承担注意义务的前提不存在，不应苛求行为人承担超越其预见可能性的义务，经幼女同意发生性行为的，不能认定为强奸罪。因为尽管从形式上看行为人的确同幼女发生了性关系，但是行为人并不明知对方是幼女，缺乏奸淫幼女的故意，性行为的社会危害性无从体现，只能视为普通的性交行为。如果对此认定为强奸罪，则违背了主客观相统一的定罪原则，有客观归罪之嫌，如幼女发育尚未成熟，则无论是否隐瞒年龄，因行为人凭借判断即可得出结论，行为人疏于判断，使完全可能知道的情况不得而知，行为人构成强奸罪，如幼女发育成熟但从五官、外形上尚与成年妇女有异（类似少女），未报年龄而成年行为人未予核实，则行为人未履行充分注意义务，构成强奸罪。

3）不知对方是幼女而与之发生性行为，并且幼女也并未表示反抗，同时行为人也并没有对幼女使用暴力、胁迫或其他手段等强制性措施就达到了奸淫目的，一般情况下不宜认定为强奸罪（但是，在这种情况下，对于行为人到底对幼女年龄是否"明知"，要认真查证才可以确定）。因为刑法对幼女的特殊保护，并不意味着可以离开主客观相统一的原则，可以脱离刑法总则规定的指导，如果对幼女的年龄确属不知道，并且也不可能知道，要求其仍然负奸淫幼女的强奸罪的刑事责任，是缺乏刑事责任的主观根据的。

4）明知对方是幼女而实施奸淫，不论幼女有无劣迹，是否同意，行为人是否采用了暴力、胁迫或其他手段等强制性措施，都可以构成奸淫幼女的强奸罪。有学者认为，个别幼女染有淫乱习性，主动与多名男子发生性交的，对这些男子也不宜以强奸罪论处。[①] 本书不同意这种观点，因为在这种情况下，行为人奸淫幼女的主观故意明显，为保护幼女的合法权益，幼女自身的

---

① 李邦友主编：《性犯罪定罪量刑案例评析》，中国民主法制出版社2003年版，第40页。

缺陷不能作为行为人出罪的理由。

综上所述，对于成年男子与幼女发生性行为是否构成强奸罪，应当以主观认识为中心，以明知论为判断标准，区别不同人群的认识能力、主观动机，确立以注意义务为核心的认识体系，以正确区分该行为罪与非罪的界限。

（2）未满16周岁的少男与幼女发生性行为的处理

由于未满16周岁的少男与幼女间的性行为有其特殊性，它和成年人与幼女性行为在定性和处理上不同。鉴于少男与幼女性行为案件在实践中发生的频率较高，及这类行为有其特殊性，有必要对此作一研讨。

1）已满14周岁不满16周岁的男少年，与幼女交往密切，双方在交友、早恋的过程之中自愿发生的，或者因受某些不良影响，与幼女自愿发生性交的，一般不宜以强奸罪论处。2006年1月23日，最高人民法院颁布实施《关于审理未成年人刑事案件具体适用法律若干问题的解释》（以下简称《解释》）第6条规定："已满十四周岁不满十六周岁的人偶尔与幼女发生性行为，情节轻微、未造成严重后果的，不认为是犯罪。"《意见》第27条也明确规定："已满十四周岁不满十六周岁的人偶尔与幼女发生性关系，情节轻微、未造成严重后果的，不认为是犯罪。"有人认为《解释》第6条的出台，就好比最高人民法院送给了行为人一支随时可射向幼女的利箭。该条款一经公布即成为热点而引起了法律界和社会大众的广泛关注，并围绕着少男与幼女性行为应否一律以强奸罪论，该条款是否违反刑法规定等相关问题进行了激烈争论，说法颇多，理由各异。其实，《解释》第6条并不是全新的司法解释，司法机关对少男与幼女间性行为的处理态度由来已久。回顾有关司法解释的规定，我们可以看到，1984年最高人民法院、最高人民检察院、公安部《关于当前办理强奸案件中具体应用法律的若干问题的解释》规定，14岁以上不满16岁的男少年，同不满14岁的幼女发生性行为，情节显著轻微，危害不大的，依照刑法第10条（旧刑法）的规定，不认为是奸淫幼女罪，责成家长和学校严加管教；1984年11月14日最高人民法院研究室《关于已满14岁不满16岁的人犯强奸罪是否应负刑事责任问题的电话答复》规定：凡已满14岁不满16岁的人犯强奸罪，是否都应负刑事责任，不宜一概而论，应从情节、手段、对社会危害性等方面来具体、全面地分析；1995年5月2日最高人民法院颁布的《关于办理未成年人刑事案件适用法律的若干问题的解释》规定："以下情形，可以不认为是犯罪：……3. 已满 14 岁不满 16 岁的人偶尔与幼女发生性行为，情节轻微、尚未造成严重后果的。"2000 年 2 月 24 日实施的最高人民法院《关于审理强奸案件有关问题的解释》规定：对于已满 14 周岁不满 16 周岁的人，与幼女发生性关系，情节轻微、尚未造成严重后果的，不认为是犯罪；直到 2006 年《解释》第 6 条的规定。从十多年来的有关司法解释规定看出，最高人民法院对待少男与幼女间性行为的定性和处理，在解释文字上虽有不同，但基本精神是一样的。只要情节轻微、未造成严重后果（也即危害不大）的，不作犯罪处理。换言之，《解释》中第 6 条是由上述司法解释修改而成的。《解释》体现了对未成年人"教育为主、惩罚为辅"的原则。由于未成年人生理和心理不成熟的特殊性，决定了法律给予未成年人特殊的保护。数十年的司法实践经验表明，"教育为主、惩罚为辅"是预防未成年人犯罪的有效措施。《解释》对未成年少男与幼女性行为的处理，也充分贯彻"教育为主，惩罚为辅"的原则，也符合构建以人为本的和谐社会理念。法律应给予这类群体更大的宽容。

当今司法实践中能否正确认定 16 周岁以下少男与幼女发生性行为是否构成强奸罪，关键在于执法者如何正确理解《解释》中的"情节轻微、尚未造成严重后果"。不同的理解往往造成截然相反的法律后果，严重影响了法律的统一正确实施。该解释对此类未成年人构成强奸罪的定罪标准没有明确，而赋予执法者更多自由裁量的空间，以至于同一案件在不同地域由不同的人办理会产生不同的处理结果。但笔者认为，这里所指的性行为的"情节轻微"，应该指双方自愿发生的性行为，行为人主观上既没有强奸的故意，客观上也没有采取暴力、胁迫及其他手段。因为 14 周岁至 16 周岁未成年人身心发育不成熟，认知能力有限，认识能力更加欠缺，对性行为的后果与意义难以作出正确辨别，更不可能要求所有少男具有明知对方是幼女的认知能力，这是少男的客观生理特性。因此，要求其对与他人的自愿性交行为作出正确的价值判断实属强人所难，因其无法认识自己行为的违法性而不具有刑法上的可惩罚性，因此在此类未成年人与幼女自愿发生性关系时，不应以强奸罪论处。同时，刑法总则规定了他们属于限制刑事责任能力人，只对几类特别严重的犯罪承担刑事责任，其中包括强奸罪，但笔者认为，并非指所有的强奸罪，而是与故意杀人罪、抢劫罪、爆炸罪等相当的主观恶性很强的犯罪，才应当追究刑事责任，而自愿性交行为的主观恶性，显然不能与上述犯罪相提并论，因而不宜以犯罪论处。在现实生活中，少男与幼女间的性行为多数发生在早恋、交友过程中，且相当普遍。一般来说，这些少男与幼女间的性行为，少男很少怀有伤害幼女的故意或者说存在恶意，只是由于他们情窦初开，交往中双方的互相吸引而自愿发生了性关系。如果用对成年人性行为的处理原则，来对待这些性意识不成熟、不能完全控制自己行为的少男而一概以犯罪论，是非常不公平、不人道的，属于客观归罪，没有充分考虑行为人的主观罪过，违背主客观相统一的刑法原则。另外，若对此一概论罪，将会引发重复恶性伤害的社会效果。对缺乏认知能力的少男和幼女自愿发生的性关系，少男被判处强奸罪，如此重刑的惩罚，他能信服吗？他完全可能因此而敌视法律、敌视社会和敌视女性，出狱后重新走上犯罪道路，进而发展成为真正的成年强奸犯。而且，以强奸犯罪来惩罚少男，还会造成被害幼女心理的伤害。一是幼女基于钟情对少男有愧疚感；二是被害幼女背负着被强奸之名，令其名誉受损，造成心理伤害。更值得担心的是，遭此打击后，幼女以后的身心健康，尤其是性心理的发展很可能会扭曲。相比之下，如果说她早恋而自愿发生的性关系，而不是被强奸，对她的名誉和心理影响则有很大的不同，造成幼女心理的伤害应当比定强奸的要轻。显然，这种重复恶性伤害的效果，并非我国法律和社会所期待的。时下有的观点一味强调《解释》对少男不作强奸犯罪论处，受害最大的是幼女。这种观点正是缺乏对重复伤害社会效果的理性研究，是只见树木不见森林。因此，将未成年少男与幼女性行为的处理与成年人犯罪的处理区别开来，符合这类行为的特点。

2）少男与幼女间性行为也可构成犯罪。已满14周岁不满16周岁的少男，与年龄偏小女童发生性行为，应以强奸罪论处。有的学者担心，某些不良少男与幼女性交后利用《解释》第6条而逃脱法律制裁，纵容了犯罪。笔者认为，这种担心完全没有必要。第一，《解释》虽然只规定少男与幼女性行为不认为是犯罪的情形，但《解释》并不排除这类行为可构成犯罪。换言之，只要少男与幼女性行为不符合"情节轻微"和"未造成严重后果"等要求，比如少男采取明显暴力手段，造成幼女性器官严重损害和精神痛苦后果的，即以强奸罪定罪处罚。第二，《解释》规定的不构成犯罪，必须具备一定条件。《解释》明确规定少男与幼女性行为作无罪处理，应当具备三个必要条件：一是偶尔发生性关系；二是情节轻微；三是未造成严重后果。如果有其中的一个或两个条件是不充分的，将作为强奸犯罪来认定。从《解释》规定的这些限定条件来看，作无罪处理的条件是较为严格的，其意也旨在严格防止放纵犯罪的现象。所以，我们不必担心《解释》会放纵犯罪。当然，《解释》并没有对何为"偶尔""情节轻微""未造成严重后果"等词句作进一步解释。这需要对案件作具体和全面的分析来认定，在这种情形下，法官具有一定的自由裁量权，也给律师的辩护带来一定空间。而事实上，同时具备这三个条件的案件，一般都属于情节显著轻微危害不大的情形，我们不必一律以犯罪论处。

基于已满14周岁不满16周岁行为人人格的再塑性，最高法院出于人文关怀，给出了行为人在一定条件下可以重新选择人生道路的机会这样一种信号。然而，这种机会的成本是不能以牺牲幼女的权益为代价的。并不是所有的与幼女自愿性交的行为都不以强奸罪处罚，而应当赋予该类未成年人最基本的注意义务，即只需作简单的判断就可得出对方的年龄十分幼小（如10岁以下）或者身体发育很不成熟的而与之性交，此时可以推断行为人的主观恶性较强，应以强奸罪定罪处罚。因为在这种情况下，被害人与行为人年龄相差较大，只有几岁的被害人还非常幼稚，对行为的性质没有丝毫的认识与理解能力，根本就是一个被动的受害者，对性行为的认识与一名痴呆女子无异，此时的行为人恰恰是利用了被害人的年幼无知来达到实施奸淫的目的，主观恶性较深，虽然没有使用暴力胁迫及其他强制手段，从表面上看不符合强奸罪的要件，但是恰恰是其利用了被害人的年幼无知来达到实施奸淫的目的这一点，我们可以将其理解为暴力胁迫以外的"其他手段"。否则，一味强调《解释》对少男不作强奸犯罪论处，无异于给已满14周岁不满16周岁的行为人开了可以与幼女滥交（虽然用了"偶尔"之话语对性交的频率进行了限制）的许可证，这使得现实中的幼女面临更大危险，幼女本来享有的特权会受到大幅度地减损。法律在强调对少男的保护时，不能够顾此失彼，否则受害最大的是幼女。惟有如此，我们才不必担心那支交给特定行为人手中的利箭，因为毕竟弓还在法官手中。这张弓就是对何谓"情节轻微、未造成严重后果"的认定权的正义把持、正确把握。至于《解释》以是否造成严重后果作为罪与非罪的标准，混淆了定罪与量刑情节的区别，将刑法分则中加重处罚的条件作为定罪的条件，笔者认为，是不可取的。司法机关处理这类行为时，在罪与非罪上明显区别于成年人，已经考虑到行为主体和对象的特殊性，也体现了办理未成年人刑事案件贯彻"教育为主，惩罚为辅"的原则。

2. 此罪与彼罪的界限

在实践中，需注意区分奸淫幼女罪（未遂）与猥亵儿童（女童）罪的界限。奸淫幼女罪在主观上具有与幼女发生性关系的犯罪故意和目的，在客观方面表现为与幼女发生性关系的行为，其实行犯罪的手段行为可以是暴力、胁迫的。奸淫幼女罪的犯罪构成是主观奸淫目的和客观奸淫行为的统一，这种主客观统一的要件是否具备，是奸淫幼女罪（包括既遂和未遂）与猥亵幼女（包括一般违法和犯罪）相区别的标准。

在奸淫幼女罪未遂的情况下，与既遂一样，行为人主观上也具备奸淫幼女的犯罪故意和目的，虽然法律只要求达到两性器官接触，就构成奸淫幼女罪的既遂，但是行为人的奸淫目的决不只是要接触，而是要奸入，甚至要达到满足其性欲的程度；从客观上来看，构成奸淫幼女罪（未遂）的行为人已开始实施暴力、胁迫或非暴力、胁迫的手段行为，也可能已发展到正要以其性器官接触、奸入幼女性器官的程度，只是由于行为人意志以外的原因，而未能在开始实施直接的奸淫行为或未能达到两性器官接触的程度。而在猥亵女童行为的场合，行为人主观上只有猥亵女童、以猥亵行为发泄其性欲的故意，而无奸淫（即奸入）的目的；客观上可以表现为对女童实施亲吻、抠摸、性器官顶蹭甚至在女童性器官外部摩擦等强制的或非强制的猥亵行为，但决不能表现为企图奸入的行为。区分奸淫幼女罪的未遂与猥亵女童行为，必须根据上述的二者不同的主客观要件和特征。因为猥亵女童行为，也可以表现为两性器官的接触摩擦，而奸淫幼女达到两性器官接触程度就属既遂，因此，两性器官已达接触程度的情况，就一定不是奸淫幼女罪的未遂，这时应结合主客观情况，考察判定是奸淫幼女罪的既遂，还是猥亵女童行为，其关键在于查明行为人为什么没有奸入，是未来得及奸入、奸不入，还是根本没有打算奸入。如果属于前者，应认定为奸淫幼女罪的既遂；如果属于后者，应认定为猥亵儿童（女童）罪。应该特别指出，在与女童性器官刚刚接触，就出现意志以外的原因，而迫使危害行为停止的情况下，决不能轻信行为人的口供就认定其只有猥亵女童的故意，而无奸淫幼女的目的。在这种情况下，要综合全部案情查明行为人有无奸淫的目的，有奸淫目的的，是奸淫幼女罪的既遂；只有确凿地证明行为人确实无奸淫目的的，才可定猥亵儿童（女童）罪。

3. 本罪的共犯问题

强迫卖淫罪的对象包括幼女，因此，对于强迫幼女卖淫的，应依照《刑法》第358条的规定定罪处罚，即应以强迫卖淫罪定罪，不构成奸淫幼女罪的共犯。此外，引诱不满14周岁的幼女卖淫的行为，构成引诱幼女卖淫罪，并不构成奸淫幼女罪的共犯。

4. 本罪的罪数问题

根据1997年《刑法》第358条的规定，强奸后迫使卖淫的，只定强迫卖淫罪一罪，而不另定强奸罪，不实行数罪并罚。根据这一规定，强奸幼女后迫使幼女卖淫的，亦只定强迫卖淫罪一罪，而不另定奸淫幼女罪，不实行数罪并罚。由于这一立法规定不科学，将应当实行数罪并罚的两罪只定为一罪。因此，2015年8月29日全国人民代表大会常务委员会颁布的《刑法修正案（九）》第42条第3款对这一规定进行了修订，对犯有强迫卖淫罪的行为人又实行强奸犯罪行为的，依照数罪并罚的规定处罚。因此，自2015年11月1日起，对于行为人在强迫卖淫的过程中又实行强奸行为的，应当实行数罪并罚，而不再按强迫卖淫罪一罪从重处罚。对于此前实施的行为，按照《刑法》第12条关于溯及力的规定，依"从旧兼从轻"的原则处理。

5. 本罪的停止形态问题

（1）强奸幼女既遂的法律规定。我国刑法将幼女的年龄确定为不满14周岁，针对幼女实施的强奸行为，在我国1979年制定的刑法中是以奸淫幼女罪定罪的，2002年最高人民法院、最高人民检察院联合发布了《关于执行〈中华人民共和国刑法〉确定罪名的补充规定》。在这个补充规定中取消了奸淫幼女罪的罪名，规定奸淫幼女的行为适用强奸罪定罪，1997年我国刑法修改时对于奸淫幼女的行为并没有修订。早在1994年我国最高人民法院、最高人民检察院、公安部颁布的《关于当前办理强奸案件中具体应用法律的若干问题的解答》中明确规定奸淫幼女罪既遂的标准是"只要双方生殖器接触，即应视为奸淫既遂"。虽然之后在2002年将奸淫幼女罪并入强奸罪中，但是关于针对幼女的强奸行为既遂的标准却仍然沿用了《关于当前办理强奸案件中具体应用法律的若干问题的解答》中确定的标准，即采用"接触说"来确定奸淫行为是否既遂。也就是说，在奸淫幼女的过程中，只要行为人与被害人有性器官的接触，既构成强奸罪的既遂。对于针对成年妇女的强奸罪，刑法理论与司法实践中通行的惯例是采用"插入说"确定既遂的标准。由于强奸幼女采用"接触说"确定既遂的标准，就使我国刑法规定的强奸罪，由于被强奸的对象的不同，而不得不采用二元标准来确定行为是否构成既遂。

（2）接触说的不当之处及立法完善

长期以来，关于奸淫幼女的既遂，我国司法实务界和刑法理论界都是采取"接触说"，即只要行为人的阴茎与幼女的性器官相接触，就构成奸淫幼女既遂；而普通强奸罪既遂的标准是采取"插入说"，认为只有行为人的阴茎插入妇女的阴道才是既遂。[1] 笔者认为，这种观点值得商榷。其一，"奸淫"的本意是男子的阴茎插入女子的阴道，如果完全没有插入，只是两性器官有所接触就认为是奸淫既遂，这既不符合"奸淫"的本意，也与人们的一般观念不一致。其二，从刑法理论而言，奸淫幼女行为对幼女性的权利和身心健康造成侵害的标志，仍然是行为人的阴茎插入幼女的阴道，如果行为人意图插入而实际上未插入，则意味着实际侵害结果并未发生，只是有造成侵害结果的危险性，应当认定为强奸未遂。另外，从行为人的主观心理状态来看，也是想通过性器官的插入来满足性欲，只有在已经插入（包含部分插入）的场合，才能说犯罪已得逞。其三，奸淫幼女既然只是强奸罪的一种表现形式，

---

[1] 马克昌主编：《刑法学》，高等教育出版社2003年版，第487页。

与普通强奸罪既遂的标准也就应该相同。如果对同一种性质的犯罪,采用不同的认定犯罪既遂的标准,这也是违反刑法理论的。的确,幼女与成年妇女不同,其性器官往往未发育成熟,行为人大多不易插入,有的甚至不可能插入,但只要其有插入的意图,并实施了相应的行为,就可以按强奸未遂定罪,不存在放纵犯罪的问题。并且,根据我国《刑法》第23条的规定,对于未遂犯,只是"可以比照既遂犯从轻或者减轻处罚",对少数情节恶劣的奸淫幼女的未遂犯,也可以不从轻处罚,因而,也不会出现处罚过轻的不合理现象。其四,日本刑法对奸淫幼女的规定与我国相似,日本的判例和理论上的通说对奸淫幼女既遂的认定,都是采取"插入说",即以行为人的阴茎部分插入幼女的阴道为既遂的标志(不要求全部插入)。[1] 这也在一定程度上说明,"插入说"具有合理性与可行性。其五,如果采取"接触说",不仅会使奸淫幼女既遂的时间过于提前,而且也不利于区分奸淫幼女与猥亵儿童罪的界限。因为猥亵是性交以外的刺激或满足性欲的行为,包含两性性器官的接触。况且,把那种主观上不想与幼女性交、客观上只是用阴茎在幼女的外阴部摩擦或接触的行为,认定为奸淫幼女并不合适,相反地,定性为猥亵儿童则能准确揭示行为的实质。其六,从刑罚的预防功能考虑,形式上看,"接触说"较之于"插入说"为重罚,似乎更有利于一般预防,警示那些社会不稳定分子放弃强奸幼女的欲望。但是,分析行为人的主观心理,针对幼女的行为一定是以性交为目的的,因为如果不以性交为目的,就可以考虑适用猥亵儿童罪或伤害罪等罪名予以惩戒。那么,既然行为人主观上希望实现对幼女的性插入,而法律的规定是只要接触性器官,即使不插入,也会以强奸罪既遂来认定。在此前提下,行为人是否努力插入,完成自我希望的强奸行为则完全靠行为人的觉悟与技巧了。两害相争取其轻,这是人类处世的本能,现在强奸幼女的法律规定中,没有较轻缓的情节给予犯罪人选择,也就是法律没有设定一个让犯罪人选择善良行为的情节,那么这种认定标准的恶果明显多于善果,更不利于对被害人的救济和保护。

综上所述,对于针对幼女所实施的强奸行为,在既遂标准上,也应该

---

[1] [日] 大塚仁:《刑法解释大全》(第7卷),青林书院1991年版,第70页。

采用强奸罪通行的既遂标准，即以性器官的插入作为判定强奸罪既遂的唯一标准，既有利于对幼女的保护，又符合法制的公平和正义，因此建议废除 1994 年我国最高人民法院、最高人民检察院、公安部颁布的《关于当前办理强奸案件中具体应用法律的若干问题的解答》中关于奸淫幼女罪只要双方生殖器接触即应视为奸淫既遂的认定标准，而统一实行强奸罪的既遂认定标准。

（四）奸淫幼女型强奸罪的刑罚适用

根据《刑法》第 236 条之规定，犯本罪的，在 3 年以上 10 年以下有期徒刑的幅度内从重处罚。犯本罪有下列情形之一的，处 10 年以上有期徒刑、无期徒刑或者死刑：（1）奸淫幼女情节恶劣的。这里所称情节恶劣，是指奸淫幼女手段残忍，在社会上造成很坏影响等。（2）奸淫幼女多人的。所谓奸淫幼女多人是指奸淫幼女三人以上。（3）在公共场所当众奸淫幼女的。这里所谓公共场所，是指车站、码头、民用航空站、商场、公园、影剧院、展览会、运动场等公众聚集的地方，当众奸淫幼女，一般是指有二人以上在场的情况下公然奸淫幼女的行为。当然，根据《意见》的规定，这里所谓的"当众"，是指"只要有其他多人在场，不论在场人员是否实际看到"。（4）二人以上轮奸的。所谓轮奸，是指二男以上出于共同强奸的故意，在同一时间，轮流对同一幼女实行奸淫的行为。轮奸，是奸淫幼女罪中一种严重的犯罪形式，不是独立的罪名，对于轮奸幼女的，应以奸淫幼女罪定罪量刑。（5）致使被害人重伤、死亡或者造成其他严重后果的。"致使被害人重伤、死亡"，是指行为人在实施奸淫犯罪过程中，因使用暴力而直接导致被害人性器官严重损伤，或者造成其他严重伤害，甚至当场死亡或者经治疗无效而死亡的。如果在实施奸淫行为之后，为了报复、灭口等动机而将其重伤或杀死的，不属于奸淫致人重伤、死亡，而应当分别以（奸淫幼女型）强奸罪、故意伤害罪或故意杀人罪，然后实行数罪并罚。"造成其他严重后果"，是指因奸淫幼女引起被害人自杀、精神失常以及其他严重后果。

《意见》第 25 条明确规定，针对未成年人实施强奸犯罪的，应当从重处罚，具有下列情形之一的，更要依法从严惩处：（1）对未成年人负有特殊职责的人员、与未成年人有共同家庭生活关系的人员、国家工作人员或者冒充国家工作人员，实施强奸犯罪的；（2）进入未成年人住所、学生集体宿舍实施强奸犯罪的；（3）采取暴力、胁迫、麻醉等强制手段实施奸淫幼女犯罪的；（4）对不满十二周岁的儿童、农村留守儿童、严重残疾或者精神智力发育迟滞的未成年人，实施强奸犯罪的；（5）多次实施强奸犯罪的；（6）造成未成年被害人轻伤、怀孕、感染性病等后果的；（7）有强奸、猥亵犯罪前科劣迹的。同时，该《意见》第28条第1款还规定："对于强奸未成年人的成年犯罪分子判处刑罚时，一般不适用缓刑。"

（五）奸淫幼女型强奸罪的案例研析

1. 案情介绍

2013年7月，被告人温某某（1995年3月22日出生）与朱某某（女，1999年12月28日出生）通过朋友介绍认识后，双方发展为恋人关系。2013年7月的一天下午，被告人温某某约朱某某见面，当日16时许，被告人温某某与朱某某在龙胜县龙胜镇都坪村同井沟组公路边一石堆处发生了一次性关系。次日下午，被告人温某某又约朱某某见面，两人又发生了一次性关系。2013年7月的一天下午，被告人温某某在龙胜县城"佳缘招待所"开房后，打电话约朱某某见面，朱某某来到该招待所305号房间，两人发生了一次性关系。2013年8月的一天下午，被告人温某某打电话约朱某某到龙胜县三门镇玩耍。当日17时许，两人在三门镇"花坪森林旅馆"开房，并在该旅馆302号房间发生了一次性关系。2013年8月31日，被告人温某某将朱某某接到龙胜县三门镇洪寨村洪寨组温某某家中。当晚21时许，被告人温某某与朱某某在温某某的房间发生了一次性关系。

需要说明的问题是：2013年7月，被告人温某某与被害人朱某某正式发展成为男女朋友关系，后二人通过手机QQ聊天时，朱某某为方便交往把年龄稍微讲大了一点，告知被告人自己已满14周岁，之后二人自愿发生三次性关系，也就是公诉机关指控的前三次强奸。至8月初的一天，被害人朱某某的母亲在电话里告知被告人被害人系未满14周岁的幼女,之后被告人温某某与朱某某发生了两次性关系,即公诉机关指控的后两次强奸。此外,在审理本案期间,合议庭通过对被害人朱某某进行观察,了解到被害人身高比较高,有一米六以上,身材比较壮,穿着成人化,有自己独立的思想,对自己所做的事情敢于承认,不管从其言谈举止还是穿着打扮,总体上感觉比较成熟,比较成人化。

2. 分歧意见

《刑法》第236条第2款规定,奸淫不满14周岁的幼女的,以强奸论,从重处罚。但是,第236条没有明确规定奸淫幼女犯罪需要行为人明知被奸淫对象为不满14周岁的幼女。因此,在本案强奸次数的认定上,出现两种意见:

第一种意见认为,我国刑法对奸淫幼女犯罪是严格责任,双方自愿发生性关系,只要被奸淫对象的年龄不满14周岁,行为人就构成强奸罪,本案应认定五次强奸;

第二种意见认为,根据主客观相统一原则,双方自愿发生性关系,只有行为人明知被奸淫对象为不满14周岁幼女的情况下,才能构成强奸罪,本案应认定两次强奸。

3. 研究结论

对于以上两个方面的争议意见,本书同意第二种意见,其理由如下:

奸淫幼女构成犯罪是否以主观上的明知为条件,是由来已久的问题。这个问题出自对刑法条款的理解。《刑法》第236条第2款规定,奸淫不满14周岁的幼女的,以强奸论,从重处罚。由于刑法没有"明知"的明文规定,奸淫幼女构成犯罪是否以"明知"为条件的问题,并没有在司法实践中得到真正解决。

主客观相统一原则是我国刑法的基本原则,根据主客观相统一原则,在认定犯罪时,不仅要求行为人的行为对刑法所保护的社会关系造成相当严重的危害或威胁,而且要求行为人有刑事责任能力和主观上有罪过(故意或过失);否则,就不可能构成犯罪。《刑法》第14条规定,明知自己的行为会发生危害社会的结果,并且希望或者放任这种结果发生,因而构成犯罪的,是故意犯罪。故意犯罪，应当负刑事责任。第 15 条规定，应当预见自己的行为可能发生危害社会的结果，因为疏忽大意而没有预见，或者已经预见而轻信能够避免，以致发生这种结果的，是过失犯罪。过失犯罪，法律有规定的才负刑事责任。《刑法》第 16 条规定，行为在客观上虽然造成了损害结果，但是不是出于故意或者过失，而是由于不能抗拒或者不能预见的原因所引起的，不是犯罪。可见，我国刑法反对客观归罪。根据刑法总则统领分则的原理，奸淫幼女构成强奸罪，自然不能例外，如果行为人确实不知对方是不满 14 周岁幼女而双方自愿地发生性关系，此时行为人并非明知自己的行为是与不满 14 周岁幼女发生性关系的行为，故不能构成刑法上的故意犯罪，阻却了犯罪的成立。

《意见》第 19 条第 1 款规定，知道或者应当知道对方是不满 14 周岁的幼女，而实施奸淫等性侵害行为的，应当认定行为人"明知"对方是幼女。第 2 款规定，对于不满 12 周岁的被害人实施奸淫等性侵害行为的，应当认定行为人"明知"对方是幼女。第 3 款规定，对于已满 12 周岁不满 14 周岁的被害人，从其身体发育状况、言谈举止、衣着特征、生活作息规律等观察可能是幼女，而实施奸淫等性侵害行为的，应当认定行为人"明知"对方是幼女。可见，《意见》在认定犯罪时坚持了主客观相统一原则，坚持了行为人与幼女自愿发生性行为构成强奸罪的主观要件为明知对方是幼女，又具体规定了推定"明知"的情况：(1) 对于不满 12 周岁的被害人实施奸淫的，应当认定行为人"明知"对方是幼女。(2) 对于已满 12 周岁不满 14 周岁的被害人实施奸淫的，从其身体发育状况、言谈举止、衣着特征、生活作息规律等观察可能是幼女，应当认定行为人"明知"对方是幼女。

根据《意见》，本案中，公诉机关指控的前三次强奸，由于被害人已明确告知被告人其已满 14 周岁，且从被害人的身体发育状况、言谈举止、衣着特征等观察，不能证实被告人温某某主观上明知被害人是不满 14 周岁的幼女。因此，被告人温某某与被害人朱某某在谈恋爱期间双方自愿发生的前三次性关系，不宜以强奸罪论处。公诉机关指控的前三次强奸不能成立。被告人温某某在被害人的母亲明确告知被害人未满 14 周岁的情况下，仍与被害人发生了两次性关系，依法应当以强奸罪定罪处罚。

三、强制猥亵、侮辱罪

（一）强制猥亵、侮辱罪的概念和法源

1. 强制猥亵、侮辱罪的概念

强制猥亵、侮辱罪，是指以暴力、胁迫或者其他方法，强制猥亵他人（包括妇女）或者侮辱妇女的行为。

该罪名是由以前的"强制猥亵、侮辱妇女罪"演变而来，那么现在的新罪名是否准确呢？这个问题值得探讨。《刑法修正案（九）》第13条将《刑法》第237条第1款"以暴力、胁迫或者其他方法强制猥亵妇女或者侮辱妇女的，处五年以下有期徒刑或者拘役"修改为"以暴力、胁迫或者其他方法强制猥亵他人或者侮辱妇女的，处五年以下有期徒刑或者拘役"。即将强制猥亵的对象由"妇女"扩大为"他人"，而维持了"侮辱妇女"的规定。显然，此前的强制猥亵、侮辱妇女罪这一罪名已经不能准确概括修正后的条文规定。有鉴于此，理论界在《刑法修正案（九）》颁布后试图将《刑法》第237条第1款归纳为"强制猥亵罪""强制侮辱妇女罪"两个罪名。[①] 最高人民法院、最高人民检察院（以下简称"两高"）在罪名的征求意见稿中亦采用了这种观点。然而，在"两高"2015年10月30日正式发布的《关于执行〈中华人民共和国刑法〉确定罪名的补充规定（六）》中，《刑法》第237条第1款则被确定为"强制猥亵、侮辱罪"。那么应如何评价这一司法罪名呢？

众所周知，罪名的确定应遵循合法性、概括性、科学性的原则。将本罪确定为强制猥亵、侮辱罪，固然简洁明快，避免了冗长烦琐，但在合法性和科学性上则有不足。首先，确定罪名应该严格根据刑法分则对罪状的描述，

---

① 李立众主编：《刑法一本通》，法律出版社2015年版，第320页。

既不得超出罪状的内容，也不能片面反映罪状的内容。《刑法》第237条第1款将强制猥亵的对象扩大为"他人"，而强制侮辱的对象维持为"妇女"，从而使猥亵与侮辱在侵害对象的问题上发生了根本性的变化。"强制猥亵、侮辱罪"这一罪名则容易使人误解猥亵与侮辱行为在侵害对象上没有差异，与刑法条文的规定之间存在落差。

此外，"强制猥亵、侮辱罪"这一罪名也与"两高"通常的罪名概括方式不相一致。纵观"两高"历年来确定罪名的规定或补充规定，如果犯罪对象未做特别限定，则多予以省略。例如，"组织出卖人体器官罪""组织卖淫罪""强迫卖淫罪"，都省略了作为犯罪对象的"他人"；而当犯罪对象被限定为特定人群或物品时，则往往在罪名中加以强调。例如"拐卖妇女、儿童罪""盗窃、抢夺枪支、弹药、爆炸物、危险物质罪"等。尤其是当刑法相关条文被修改时，"两高"概括罪名时会注重对修改内容的强调。例如，将"盗窃、侮辱尸体罪"修改为"盗窃、侮辱、故意毁坏尸体、尸骨、骨灰罪"。而本罪的确立则特意省略了对犯罪对象的描述，如果猥亵与侮辱行为的侵害对象都是"他人"，则这种省略不无道理。但在两者侵害对象有别的情况下，单纯删除原罪名中"妇女"一词，会让人想当然地认为本罪将各种行为方式的侵害对象扩大为"他人"，从而丧失罪名概括的科学性。

再次，将犯罪对象截然不同的两种行为确定为一个选择罪名，也与选择罪名的含义不符。对于罪状所包括的犯罪构成的具体内容比较复杂的条文，理论和实务界在概括罪名时往往采用选择罪名的方式。选择罪名大致包括几种情况："第一是行为选择，即罪名中包括了多种行为，如引诱、容留、介绍卖淫罪，包括了三种行为，可以分解为多个罪名。第二是（广义的）对象选择，即罪名中包括了多种对象，如上述拐卖妇女、儿童罪。第三是行为与对象同时选择，即罪名中包括了多种行为与多种对象，如非法制造、买卖、运输、邮寄、储存枪支、弹药、爆炸物罪，包括五种行为和三种对象，可以分解成诸多罪名。"[①]据此考察修正前后的《刑法》第237条第1款，修正前的条文"以暴力、胁迫或者其他方法强制猥亵妇女或者侮辱妇女的……"可以概

[①] 张明楷：《刑法学》，法律出版社2016年版，第668页。

括为"强制猥亵、侮辱妇女罪"这一选择罪名，即罪名中包括两种行为以供选择；但修正后的条文"以暴力、胁迫或者其他方法强制猥亵他人或者侮辱妇女的……"则不宜概括为选择罪名，因为它所涉及的两种对象并非可以和两种行为任意组合使用的。如果概括为"强制猥亵、侮辱他人、妇女罪"或"强制猥亵、侮辱他人罪"都会导致将侮辱妇女以外的他人认定为本罪而违背刑法的规定；而如司法解释这样在罪名中省略掉对犯罪对象的描述，仅将其视为行为选择型选择罪名，既违背了法条的规定，又同样无法避免误导之可能。可见，《刑法》第237条第1款罪状的设置方式决定了它不应属于选择罪名的类型，而应当分别定罪。

最后，将本罪确定为"强制猥亵、侮辱罪"会对罪数的认定产生不利影响。依照司法解释，《刑法》第237条第1款只规定了"强制猥亵、侮辱罪"这一个罪名，并不是学界多数观点所认为的"强制猥亵罪""强制侮辱妇女罪"两个罪名。那么，当行为人既对男性实施了强制猥亵行为，又对女性实施了强制侮辱的行为，基于我国同种数罪不并罚的通常认识，就只能认定为一个"强制猥亵、侮辱罪"，在"五年以下有期徒刑或者拘役"这一幅度内量刑，容易出现罪刑不相适应的问题。而如果认为"强制猥亵罪"与"强制侮辱妇女罪"是两个不同的罪名，则可以对行为人进行数罪并罚。当然，或许可以认为，《刑法修正案（九）》还对《刑法》第237条第2款做了修正，增加了"或者有其他恶劣情节的"加重处罚规定，即除了"聚众或者在公共场所当众实施"之外，"有其他恶劣情节的"也可以判处五年以上有期徒刑。而上述这种情况就可以被视为"有其他恶劣情节的"，从而实现对行为人的重罚。诚然，刑法对"有其他恶劣情节的"补充规定，一定程度上弥补了将《刑法》第237条第1款只认定为一罪的可能缺陷。但这种弥补主要局限于行为人同时猥亵或者同时侮辱多名性别相同的被害人的情况。例如，司法实务中较为常见的教师猥亵多名女生或者多次猥亵女生的情况。如果行为人既对多名男性实施了强制猥亵行为，又对多名女性实施了强制侮辱的行为，按照司法解释确定的罪名，仍然只能将行为人认定为一个"强制猥亵、侮辱罪"，只不过视其为情节恶劣而在五年至十五年之间量刑。但如果将其认定为两个罪名，同样能够适用"有其他恶劣情节的"规定，不仅分别在五年至十五年之间量刑，而且可以根据限制加重的原则进行数罪并罚。这并不意味着对重刑的追求，面对复杂的司法实务，用好用足法律的规定终归是最佳的选择。

综上所述，笔者认为，将《刑法》第237条第1款概括为"强制猥亵罪""强制侮辱妇女罪"两个罪名是一种更符合法律规定和更有利于实现刑法基本原则的归纳。不过，毕竟"两高"已经发布司法解释，对罪名做出了有约束力的规定，那么我们也只能对这种概括与归纳保持尊重。因此，以下部分就以司法罪名为依据展开论述。

2. 强制猥亵、侮辱罪的法源

强制猥亵、侮辱罪是在强制猥亵、侮辱妇女罪的基础上，经《刑法修正案（九）》修正而来的。在我国1979年刑法中并无强制猥亵、侮辱妇女罪这一罪名，强制猥亵、侮辱妇女行为只是"流氓罪"的一种犯罪行为表现形式。1984年"两高"《关于当前办理流氓案件中具体应用法律的若干问题的解答》规定，用淫秽行为或暴力、胁迫的手段，侮辱、猥亵妇女多人，或人数虽少，后果严重的，以及在公共场所公开猥亵妇女引起公愤的，属于侮辱妇女情节恶劣构成流氓罪。1997年刑法修订时，作为三大"口袋罪"之一的流氓罪被取消，将其中一些行为独立成罪，强制猥亵、侮辱妇女罪即为其中之一。1997年《刑法》第237条规定，"以暴力、胁迫或者其他方法强制猥亵妇女或者侮辱妇女的，处五年以下有期徒刑或者拘役"。为了适应社会情况的变化，2015年8月29日，全国人民代表大会常务委员通过的《刑法修正案（九）》对1997年《刑法》第237条进行了修改，扩大了强制猥亵的对象范围——由原来的"妇女"扩大为"他人"，明确规定"以暴力、胁迫或者其他方法强制猥亵他人或者侮辱妇女的，处五年以下有期徒刑或者拘役"。

（二）强制猥亵、侮辱罪的构成特征

1.客体特征

刑法学界对强制猥亵、侮辱妇女罪[①]的客体，观点各异，大致有以下几种：一种观点是妇女的有关人身权利，具体指"妇女的身心健康权利"[②]"妇女性的不可侵犯权利"[③]；一种观点认为是社会管理秩序，如性道德、健全的性风俗[④]；还有一种观点认为是复杂客体，即妇女的人身权利和社会管理秩序。如有的教材认为，本罪的客体是"妇女的人身权利、人格尊严和社会秩序"。[⑤]有的论著认为本罪"一方面侵害了妇女的人身权利，另一方面侵害了社会管理秩序"。[⑥]有的学者基于立法背景的分析，认为"立法者将某种犯罪从原来所归属的类罪中分离出而将其并入其他类罪中，并不一定必然排除该罪具有的原来类罪所具有的属性，只是立法者认为将其并入其他类罪中更合适，更能体现立法的原意。如同1997年刑法将许多诈骗犯罪从侵犯财产罪的诈骗罪中分离出来而归入破坏金融秩序的犯罪和扰乱市场秩序的犯罪中，并不是说此类诈骗犯罪就不侵害公私财产所有权，只是犯罪客体由原来的单一客体演化为复杂客体。对于强制猥亵、侮辱妇女罪而言，刑法将其归入侵犯公民人身、民主权利罪中，强调的是其侵害妇女的人身权利的性质，但也并不排除

[①] 需要说明的是，由于强制猥亵、侮辱罪的对象分为两种，强制猥亵行为针对的对象是他人，包括男性与女性，而强制侮辱行为的对象仍为妇女，所以该罪在修改过程中，对于强制侮辱行为没有作较大改动，请注意。另外，本书研究的对象主要是侵犯妇女权益的犯罪，因此，对于该罪也主要突出其研究的对象——妇女，而对强制猥亵男性的行为没有涉及，以便突出本书的主题。再者，虽然该罪的罪名按照"两高"的解释为"强制猥亵、侮辱罪"，但是，我们觉得该罪应当分为两个罪名更为恰当，即"强制猥亵罪"与"强制侮辱妇女罪"。所以本书的写作为突出本罪对妇女的侵害，主要内容仍为"强制猥亵、侮辱妇女罪"。这不是对1997年刑法罪名的继续沿用，而是根据本书的写作需要所做的选择。

[②] 肖中华：《侵犯公民人身权利罪》，中国人民公安大学出版社2003年版，第238页。

[③] 张明楷：《法益初论》，中国政法大学出版社2003年版，第227页。

[④] 欧阳涛、刘德法：《当代中外性犯罪研究》，社会科学文献出版社1993年版，第237、239页。转引自赵秉志：《刑法分则问题专论》，法律出版社2004年版，第349页。

[⑤] 高铭暄主编：《刑法学》，北京大学出版社1998年版，第408页。

[⑥] 高西江主编：《中华人民共和国刑法的修订与适用》，中国方正出版社1997年版，第535页。

对于侮辱妇女的行为而言，其具有侵犯社会管理秩序的性质"。① 可见，对于本罪客体的不同观点中，是否将社会管理秩序纳入客体内容是争议的焦点。

本书认为，本罪的犯罪客体是单一客体，即侵犯了妇女的性自由权。理由如下：

（1）认为本罪的犯罪客体是妇女的人身权利的观点过于笼统而有失科学性。我们研究具体罪的客体，通常是指其侵害的直接客体，以确定该具体罪的"个性"；而不是指其侵害的同类客体或一般客体，因为同类客体或一般客体都是某类犯罪或者犯罪整体的"共性"问题。显而易见，人身权利是故意杀人、故意伤害、诽谤罪等罪及本罪的共同客体，而且人身权利本身又是一个包含着身体权、健康权、生命权、自由权等多个内容的概念。故人身权利不能或不宜成为强制猥亵、侮辱妇女罪的直接客体。

（2）强制猥亵、侮辱妇女的行为在侵犯妇女性自由权利的同时往往伴随着对妇女人格、尊严的侵犯，但是对于妇女而言，其性的权利远远重于一般的人格、尊严权，因而需要法律的特别保护。同时，其存在的这种关系也使得人格、尊严权、身心健康权作为本罪的客体略显多余。正如杀人行为必然伴随着对他人人身健康的侵犯，因而故意杀人罪无须再将他人的人身健康权作为该罪的客体。② 所以妇女的人格、尊严、身心健康权利亦可不作为本罪的犯罪客体。

（3）对于本罪的犯罪客体是否包括有社会管理秩序，持赞同意见的论者认为，"聚众或当众强制猥亵妇女往往会引起公众的强烈不满和责难及对暴力的恐慌。一方面公众的性情感受到了伤害；另一方面公众对暴力色彩的猥亵的不满责难和恐慌会引起社会正常生活秩序的动荡"。③ 因而本罪在侵害妇女性自由权利的同时，还可能侵害到社会管理秩序。

本书认为是否将社会管理秩序作为本罪的客体，这里首先涉及犯罪直接客体的确定性问题。所谓直接客体的确定性，是指某种犯罪行为一旦实施，

---

① 赵秉志：《刑法分则问题专论》，法律出版社 2004 年版，第 350 页。
② 程岩：《强制猥亵、侮辱妇女罪若干问题比较研究》，载《河南科技大学学报》（社会科学版）2005 年第 2 期。
③ 张影：《强制猥亵妇女罪立法比较和特征分析》，载《现代法学》2000 年第 3 期。

在任何情况下都确定无疑地直接侵犯某种特定法益的性质。直接客体的确定性要求，在研究和界定具体罪和直接客体时，必须确定具体罪与某种具体法益（或某几种具体法益）之间具有固定的内在的、直接的联系，只有在此情况下才能认为该具体法益是该具体罪的直接客体；相反，如果具体罪与某种或某几种法益之间没有这种联系，而是有时有联系有时没有联系，则不能判定该具体法益是该具体罪的直接客体。[①] 就强制猥亵、侮辱妇女罪而言，只有当强制猥亵、侮辱妇女是在聚众或当众场合下才可能会侵犯社会管理秩序，如在非公开场所私下暗地里强制猥亵、侮辱妇女时，却可能不侵犯社会管理秩序。显然，社会管理秩序不符合这一条件，故不是本罪的犯罪客体。换个角度讲，社会管理秩序包括：社会秩序、生产秩序、工作秩序、教学科研秩序和人民的生活秩序等，涉及国家对社会各个方面的管理活动。从广义上说，任何犯罪都在某种程度上破坏社会管理秩序，但只有不宜列入刑法分则其他各类犯罪的犯罪行为才纳入"妨害社会管理秩序"这类犯罪。[②] 认为强制猥亵、侮辱妇女罪侵犯的客体是社会管理秩序的观点，主要以修订前刑法中将流氓罪归入妨害社会管理秩序一章为依据。但新刑法中流氓罪已不存在，强制猥亵、侮辱妇女罪被纳入"侵害公民人身、民主权利罪"中，这种由侧重于对国家社会利益的保护转向到侧重于对公民个体利益的保护，无疑是健全法制的必然要求与反映。因此，将社会管理秩序作为本罪的直接客体是不适当的。

（4）本罪的客体也不应当包括善良的社会性风俗、性道德。首先，认为良好的社会性风俗、性道德为本罪的客体的观点，更多倾向于道德层面的评价，而哪种行为符合性风俗、性道德，现实中并没有统一的价值评判标准，性道德、性风俗本身随着生活的变化而不断变化，同时社会成员受所处环境、自身经历、教育程度等诸多因素的影响，对性道德的认识亦有差别。故将性风俗和社会道德风尚作为犯罪客体的提法本身值得商榷。其次，强制猥亵、

---

① 魏东：《刑法各论若干前沿问题要论》，人民法院出版社2005年版，第426页。
② 高铭暄主编：《刑法学》，北京大学出版社1989年版，第607页。转引自巩海平、李刚：《对强制猥亵妇女罪的思考》，载《甘肃政法学院学报》2004年第6期。

侮辱妇女罪中，猥亵行为、侮辱妇女行为作为本罪的目的行为，其对社会良好的性道德风尚的违反是不可否认的，但是它并不是本罪的犯罪化原因，只有那些违背妇女自由意志的强制猥亵、侮辱行为才构成本罪。由此可见，本罪保护的客体是妇女的性自由权利，而非社会性风俗和性道德。值得特别注意的是，国内刑法学界有不少人认为，将本罪的客体界定为妇女性的自由权，容易让人产生似乎性权利对女性来说是可以完全自由行使的一项权利。这是对"性自由"的内涵的误解，是仅把"性自由"简单地等同于可以随心所欲地乱搞两性关系。笔者认为，将强制猥亵、侮辱妇女罪客体要件表述为侵犯妇女的性自由权，是比较科学合理的。因为刑法只是从消极的方面保护妇女，即保护妇女不受任何约束的、违背其意志的性强迫、性辱虐，没有也不可能把妇女同意的选择性行为的权利纳入自己的保护范围；从积极的方面看，妇女可以选择按照自己的意志决定自己的正当的、不正当的性行为，但这种选择行为与刑法无关，刑法亦不可能对之保护。把强制猥亵、侮辱妇女罪的客体界定为妇女的性自由权，可以明确地说明刑法所保护的权利内容，避免了上述种种表述中的不足。

2. 客观特征

根据《刑法》第237条的规定，强制猥亵、侮辱罪的客观要件是"以暴力、胁迫或者其他方法强制猥亵他人或者侮辱妇女"。这意味着本罪的手段行为是暴力、胁迫或者其他强制方法，而目的行为是猥亵或者侮辱。

（1）"强制"的理解

成立强制猥亵、侮辱罪的前提是行为人的行为必须具有强制性，即行为人必须使用暴力、胁迫或者其他强制方法。强制的本质特征是违背对方的意志。其中的暴力指的是不法对被害人行使有形力，使其不敢反抗、不能反抗或不知反抗。胁迫则是以恐吓、威胁的手段使被害人产生恐惧心理而不敢反抗。其他手段指的是以暴力、胁迫以外的使被害人不敢反抗、不能反抗或不知反抗的手段，例如用酒灌醉、用药物麻醉、冒充其配偶等。本罪的暴力、胁迫或其他手段，虽不要求达到压制被害人反抗的程度，但必须使被害人的反抗显著困难。未达到该种程度的行为，例如男女谈恋爱时，男方为亲吻女方而将对方搂入怀中，在对方拒绝后马上放弃的行为不构成本罪的暴力行为；

以恋爱分手迫使对方同意实施猥亵行为的，同样不构成本罪的胁迫。非强制性的猥亵与侮辱行为，例如故意在异性面前讲黄色笑话、在公共场所公然露阴等，虽然属于猥亵或侮辱行为，但因缺乏强制性，不构成本罪。在有的情况下，暴力行为与猥亵行为可能重合，即暴力行为本身就是猥亵行为，或者说猥亵行为就是暴力行为。例如，突然强行亲吻陌生女性或者抚摸对方乳房的行为。

（2）"猥亵"的含义

由于《刑法修正案（九）》将强制猥亵的对象规定为"他人"，所以关于猥亵行为的具体内涵也需要做相应的调整。

在国外，强制猥亵罪的行为可能表现为以下几种情况：一是强制对他人实施猥亵行为；二是强制他人对自己实施猥亵行为；三是强制他人与第三者实施猥亵行为；四是强制他人忍受第三者对之实施猥亵行为。总之，既可以是强制他人以积极的举动实施猥亵行为，也可以是强制他人消极地忍受猥亵行为。[1]问题的关键在于如何理解猥亵的含义。

关于猥亵的含义，各国刑法的规定有较大差别。美国模范刑法典第213.3条（强制猥亵罪）规定："与非配偶之他人作性的接触，或使他人与自己作性的接触即为猥亵。"所谓性的接触，是指"以刺激或满足任何一方性欲为目的，接触他人性器官或其他身体之秘密部分之一切行为而言"。根据该定义，猥亵是指为了刺激或满足任何一方的性欲，而实施的除性交以外的相关性行为。意大利刑法第529条规定："按普通观念，可认为凌辱贞节之行为物品，刑法上视为猥亵。艺术或科学作品，不视为猥亵。但其动机非出于研究，而对未满18岁人贩卖或以其他方法使其取得者，不在此限。"根据这一概念，猥亵不仅仅包括一些抠摸、亲吻等色情行为，而且也包括鸡奸，制作、贩卖猥亵物品等行为。[2]德国审判实践认为，猥亵行为是在性方面与正常的、健康的、整体平均感情相矛盾的行为。日本判例则认为，所谓猥亵是指无益地兴奋或刺激性欲，损害普通人对性的正常的羞耻之心，违反良好的性道德观念

---

[1] 张明楷：《外国刑法纲要》，清华大学出版社1999年版，第531页。
[2] 韩轶：《强制猥亵、侮辱妇女罪的几个问题》，载《河南公安高等专科学校学报》2002年第3期。

的行为。[1]我国香港特别行政区的刑法对猥亵行为规定了一系列罪名，如非礼罪、鸡奸罪、严重猥亵罪，男子同性严重猥亵罪，猥亵暴露身体罪等。由于立法上没有明确规定猥亵的具体定义，一般认为，猥亵行为就是粗犷淫秽行为。判断某种行为是否为猥亵行为时，应当采取香港的正直人的认识标准。香港的正直人以庄重的礼节道德为准则，认为某种行为具有淫亵性，该行为即属猥亵行为。刑法理论上认为，当一个男子触及女子的身体时，被触及的部位何在，是决定该行为是否具有猥亵性的重要因素。例如，触及女子的乳房和阴部，即猥亵行为。除此，在实践中，判断某些行为是否属于猥亵行为，应当综合考虑多方面的因素。如行为实施时的环境，行为人与对方之间的关系，尤其是行为人的主观动机等。[2]

虽然各国及地区对猥亵的含义有不同的认识和判断标准、方法，但通过归纳可看出"猥亵"具有以下共同或相近的特点：

1）猥亵是一个历史性的概念。猥亵概念随着时代的变化而变化，换言之，随着人们的性道德观念和社会的性风尚的变化，人们的性的羞耻感情是会发生变化的，猥亵行为的外延也会发生变化。过去认为是猥亵行为的，现在则不一定被认为是猥亵行为。例如，20年前，男女自愿接吻或者搂抱的行为，必然会遭到社会大众的遣责，如果被他人发现，当事人定然产生羞耻感。但现在这种现象已经随处可见。在大学校园里，一些男女学生也敢于在守旧的老师面前公然搂抱、接吻。所以，原本属于猥亵行为的，经过同时代的解释，已经不再是猥亵行为了。正如日本学者町野朔所说："强制猥亵罪的猥亵概念和猥亵文书罪中的猥亵概念一样，不免随着时代的变化而变化。M·E·Mayer曾经认为，行为人用手挽着穿紧身上衣的妇女的腰部的行为构成强制猥亵罪，但现在的日本已经没有人这样认为了。"[3]相反，过去没有出现或少见的猥亵行为现在出现了，具有相对稳定性的刑法对猥亵方式的限制又可能导致扩大打击面或者桎梏刑法保护功能的后果。美国16世纪早期法律仅

---

[1] 张明楷：《外国刑法纲要》，清华大学出版社1999年版，第532页。
[2] 韩轶：《强制猥亵、侮辱妇女罪的几个问题》，载《河南公安高等专科学校学报》2002年第3期。
[3] 张明楷：《刑法分则的解释原理》，中国人民大学出版社2004年版，第106-107页。

限定两种猥亵方式，一是兽奸，一是鸡奸，随着社会的发展，在司法实践中猥亵行为已扩大到了其他反自然性侵害行为。可见，猥亵的内涵与外延是随着历史发展而变化的。[1]

2）猥亵行为又是个相对性的概念。每个人的性情感因个人修养、文化程度、知识水平、传统意识、情感特征、适应能力等因素的不同而表现一定的差异性。在处于相对封闭环境下的两人之间，有些性动作可能会被认为是正常的、有益的。也就是说，同一动作会引起两个相反的结果，即接受和拒绝接受。正是因为猥亵行为的相对性和产生结果的复杂性，也就不能以猥亵行为本身作为衡量行为社会危害性的标准。而应以承受方的意志和情感是否受到摧残和伤害为标准。[2]

3）猥亵是一种受道德评价的行为，应根据社会的普通观念来认定猥亵，但其本身不具有刑事可罚性。刑法上的猥亵具有强制性和公然性特点。我们不能说两个人非当众做出的符合两个人意愿的性动作是"下流"的，对社会有危害性的。即使这些动作从第三者或社会一般公众眼光看是下流的，但这也仅仅是道德评价而非法律评价。鉴于此，各国（地区）刑事立法的着眼点没有放在猥亵动作的方式和程度上，而是放在了猥亵行为承受者的感受及对公众的直观影响上。即注重看行为的承受者是否情愿接受，是否被强制接受，而不以道德评价来确定行为的刑法上的性质。

4）猥亵是与性有关的行为，否则不能认为是猥亵行为。对这里所讲的行为，国外有的学者认为"猥亵行为除了动作表现之外，还应当包括使用猥亵的语言"。而台湾学者林山田则认为，"行为人虽有实施强制行为，但仅以言语或不接触被害人之举动，调戏被害人，则亦非本罪之强制猥亵行为，只系依据违警罚法第六十五条第二款'以猥亵之言语或举动调戏异性'之规定可加处罚之违警行为"。[3]

5）猥亵行为是人们按照已形成的性道德风尚所认定的不正当、不道德的

---

[1] 张影：《强制猥亵妇女罪若干问题的探讨》，载《浙江省政法管理干部学院学报》1999年第3期。
[2] 张影：《强制猥亵妇女罪若干问题的探讨》，载《浙江省政法管理干部学院学报》1999年第3期。
[3] 安翱、杨彩霞：《侵犯公民人身权利罪比较研究》，中国人民公安大学出版社2005年版，第197页。

非自然性行为。广义的猥亵行为也包括强奸行为，但由于刑法对强奸罪另行规定，故对本罪的猥亵只能从狭义上进行理解，而将自然性交排除在外。

我国现行刑法没有对强制猥亵、侮辱妇女罪中的"猥亵"的含义作出规定，目前也没有相应的司法解释对此予以明确。对该罪中的"猥亵"的理解问题，刑法理论界则有各种不同的见解。有的学者指出，猥亵是指奸淫行为以外的一切刺激、兴奋、满足自己的性欲，或者能刺激、兴奋、满足他人性欲的伤风败俗的行为。猥亵行为通常表现为抠摸、舌舔、吸吮、亲吻、搂抱、鸡奸、兽奸、手淫等。[1] 有的学者认为，猥亵是指能够使行为人自己或他人受到性欲上刺激、兴奋或者满足，而又不同于奸淫的违反健康的性风俗的行为。在学理上，猥亵罪有广义和狭义两种理解。狭义上的猥亵罪，只包括抠摸、舌舔、吸吮、亲吻、搂抱等行为；广义上的猥亵罪，则包括奸淫行为以外的所有伤害风化的色欲行为。我国刑法规定猥亵罪手段限于强制猥亵，对象仅限于妇女，因此大体上采用的是以狭义的猥亵罪的概念为主，以广义的猥亵罪的概念为辅的原则。为此，兽奸、同性恋不包括在猥亵罪概念之内，而鸡奸、手淫等则可以包含在内。[2] 有的学者指出，猥亵妇女，是指对妇女实施奸淫行为以外的，能够满足性欲和性刺激的有伤风化的淫秽行为，例如，搂抱、接吻、抚摸乳房、抠摸下身等。[3] 有学者主张，猥亵妇女，是针对妇女实施的，能够刺激、兴奋、满足行为人或第三人性欲，损害善良风俗、违反良好的性道德观念且不属于奸淫的行为。[4]

上述对"猥亵"的理解相比较而言，共同的认识有两点：第一，都认为猥亵是违反健康的性风俗、良好的性道德观念的行为；第二，猥亵是除了奸淫以外的，刺激或满足性欲的行为。不同的是对猥亵方式的列举的广狭不同，有的列举范围是广义的，有的则是狭义的。笔者着重就以下几个问题展开探讨：

1）淫秽下流的语言是否被包括在猥亵之内。笔者认为淫秽下流的语言也

---

[1] 陈兴良：《刑法疏议》，中国人民公安大学出版社1997年版，第401页。
[2] 高西江主编：《中华人民共和国刑法的修订与适用》，中国方正出版社1997年版，第536、539页。
[3] 高铭暄主编：《新编中国刑法学》，中国人民大学出版社1998年版，第702页。
[4] 肖中华：《侵犯公民人身权利罪》，中国人民公安大学出版社2003年版，第241页。

可构成猥亵。猥亵，从词义上看，包括淫乱或下流的言语或行为。[①] 如果行为人以强制手段限制妇女人身自由后，通过持续的淫秽下流的语言猥亵对方当然可以伤害该妇女的性羞耻心。这种行为具有严重的社会危害性，自然应成立强制猥亵、侮辱妇女罪。但如果是单纯地以语言对妇女进行挑逗、调戏，虽然具有刺激性欲的意思，则由于不具备强制猥亵妇女所要求的强制性，不应认为是本罪的猥亵行为。

2）能否将性交行为解释为猥亵行为。按照汉语词义理解猥亵为淫乱、下流的语言或动作，那么不正当的性交应当是最淫乱、最下流的行为，可见，广义的猥亵行为本来是包括强奸行为的，只是由于刑法对强奸罪有特别规定，所以才导致猥亵行为不包括强奸行为。但是在刑法没有对其他不正当性交行为作出特别规定的情况下，其他不正当性交行为是否当然应该包括在猥亵概念之中。笔者认为，这里涉及猥亵概念的相对性问题，即在不同的猥亵罪中，猥亵行为的范围并不相同。在强制猥亵妇女和猥亵幼女的行为中，只能是性交以外的行为，性交理所当然不应属于猥亵行为的一种。对于男女双方彼此同意自愿在公共场所发生性交的行为，在有些国外刑事立法上被视为犯罪，但在我国刑法中，此行为既不符合强制猥亵妇女罪的犯罪构成，也不构成聚众淫乱罪、组织淫秽表演罪，而是一种刑法无明文规定的行为，体现了刑法的谦抑性的价值取向。而在另一种情况下，猥亵幼男的行为，则应包括性交行为，即已满16周岁的妇女与幼男发生性交的，构成猥亵儿童罪。强制猥亵妇女和猥亵儿童罪中的"猥亵"不同之处，应注意区别和理解。

3）鸡奸、兽奸行为。兽奸可以包括广义的鸡奸在内。有的国家和地区将其规定在鸡奸犯罪内，也有些国家和地区将其单独规定为犯罪。在英国，鸡奸是指一个男人跟一个女人或跟另一个男人之间的阴茎进入肛门的性交行为。而兽奸是指男人或女人跟动物之间性交（进入肛门或阴道）的行为。[②] 对于一个男子以暴力、胁迫或其他方法强行鸡奸妇女的行为，笔者认为，显然构成强制猥亵妇女罪，在这里鸡奸应作为猥亵妇女的行为方式之一。兽奸是否属

---

① 《现代汉语词典》，商务印书馆1996年版，第1186页。
② 赵秉志等编：《英美刑法学》，中国人民大学出版社2004年版，第312、313页。

于猥亵要具体分析，如果行为人本人与兽成奸，虽然伤风败俗，但因为缺乏人作为受害对象，因而不具有社会危害性，不能认定为猥亵。我们之所以把某些猥亵行为纳入刑法的视野，主要在于它违背了他人的自由意志，对他人的人身权利造成了损害。如果行为人以兽强行奸入妇女生殖器或强迫妇女与兽成奸，都应认定为本罪中的猥亵行为。

猥亵行为具有相对性，这在《刑法修正案（九）》之前已为人所知。例如，强制猥亵妇女和猥亵幼女的行为，只能是性交以外的行为。而猥亵幼男的行为则包括性行为。这是由于刑法仅针对女性设置有强奸罪的缘故，所以人们对于强制猥亵、侮辱妇女罪与猥亵儿童罪中的猥亵含义做了不同理解。《刑法修正案（九）》生效以后，强制猥亵的对象由"妇女"变成了"他人"。这就意味着不仅异性，甚至同性之间都可以成立强制猥亵罪。只是当被害人是女性时，猥亵行为不包括性行为。即如果强制发生了性行为，则应该认定为强奸罪。但如果被害人是 14 周岁以上的男性而侵害人是女性的话，仍然认为猥亵行为不包括性交行为，那么女性对男性强制实施性交以外的行为构成强制猥亵罪，而与男性发生性交行为反而不构成犯罪。这种解释显然不合理。因此，有必要认为猥亵行为在特殊情况下包括性交行为。即当女性强制猥亵男性时，猥亵行为可以包括性交行为。至于女性猥亵女性、男性猥亵男性的情况，由于我国对于性交行为的概念采取了最狭隘的定义，因而他（她）们的行为都不会被视为性交行为而只可能被归类为传统的猥亵行为。

（3）"侮辱"的含义

与国外刑法相比，我国《刑法》第 237 条强制猥亵、侮辱妇女罪并列规定了两种行为：一是强制猥亵妇女行为，二是强制侮辱妇女行为。这可谓是一大特色。国内刑法学界关于"侮辱"的含义、"猥亵"与"侮辱"的区别争议也较多。

1）关于侮辱的理解

关于"侮辱"的理解，目前理论界大致有以下几种观点：第一，侮辱妇女是指以各种淫秽下流的语言或动作伤害妇女性羞耻心且不属于奸淫的行为。①第二，侮辱妇女是指对妇女实施奸淫行为以外的，损害妇女人格、尊严的淫秽下流的、伤风败俗的行为。例如，在公共场所用淫秽下流语言调戏妇女；剪开妇女裙、裤，使其露丑；向妇女显露生殖器；强迫妇女为自己手淫；扒光妇女衣服示众；等等。②第三，侮辱妇女是指行为人以淫秽语言、下流动作损害妇女人格、尊严，伤害妇女性羞耻心的行为。③第四，侮辱妇女的含义是指根据1984年最高人民法院、最高人民检察院、公安部制发的《关于当前办理流氓案件中具体应用法律的若干问题的解答》的规定，包括：追逐、堵截妇女造成恶劣影响，或者结伙、持械追逐、堵截妇女的；在公共场所多次偷剪妇女的发辫、衣服，向妇女身上泼洒腐蚀物、涂抹污物，或者在侮辱妇女时造成轻伤的；在公共场所故意向妇女显露生殖器或用生殖器顶擦妇女身体，屡教不改的；用淫秽行为或暴力、胁迫手段，侮辱妇女多人，或人数虽少，后果严重的行为。④

上述观点的共同之处是：首先，认为本罪中的侮辱行为是除了奸淫以外伤害妇女性羞耻心，损害妇女人格、尊严的淫秽下流的行为；其次，侮辱的行为方式既包括动作又包括语言。而差异之处则在于对侮辱内容的列举略有不同，但可看出上述列举的内容均带有原刑法流氓罪中"侮辱妇女"的各种情形的痕迹。尤其是第四种观点不加区分地将原来属于流氓罪中的"侮辱妇女"的行为全部纳入本罪的客观行为方式中，是不妥当的。

"侮辱"也是日常生活中经常使用的概念，刑法在几处使用了该概念。除本罪之外，还有《刑法》第246条的侮辱，《刑法》第302条的侮辱尸体。可以肯定，第246条的侮辱与第302条的侮辱具有各自的含义，不可能统一理解。第246条中的侮辱，一般指以暴力或者其他方法公然毁损他人名誉的行为。所谓毁损他人名誉，是指对他人予以轻蔑的价值判断的表示，表示方法包括暴力、言词与文字。而《刑法》第302条的侮辱尸体，是指直接对尸体实施凌辱行为，如损毁尸体，分割尸体，奸污女尸，使尸体裸露等。以言词、

---

① 肖中华：《侵犯公民人身权利罪》，中国人民公安大学出版社2003年版，第241页。
② 高铭暄主编：《新编中国刑法学》，中国人民大学出版社1998年版，第702页。
③ 王作富主编：《刑法分则实务研究》（上），中国方正出版社2003年版，第1040页。
④ 高西江主编：《中华人民共和国刑法的修改与适用》，中国方正出版社1997年版，第539页。

文字等方式侮辱死者名誉的，不成立侮辱尸体罪。

问题是，《刑法》第 237 条的强制侮辱妇女与《刑法》第 246 条的侮辱是否具有统一性，即对二者应否作相同解释？目前，刑法理论界和司法实践中普遍认为：本罪中的侮辱行为与《刑法》第 246 条侮辱罪中的侮辱行为既有联系又有区别。两者都是贬低他人人格，损害他人名誉和人格尊严的行为；客观方面都采用暴力或者其他方法。区别的关键是主观方面不同，强制侮辱妇女必须出于性的刺激、兴奋、满足的动机或目的。而《刑法》第 246 条的侮辱是为了达到贬低他人人格，毁坏他人名誉的目的。而有些论者则认为，二者的区别在于强制侮辱妇女是采用淫秽下流的言语或举动伤害妇女的性羞耻心，侵犯其性的不可侵犯权；而《刑法》第 246 条的侮辱是行为人采用淫秽下流以外的言语或举动侵犯妇女的性羞耻心、性权利以外的其他人身权。即凡是使用暴力、胁迫等强制手段损害妇女的性的羞耻心，侵犯妇女的性的自我决定权的行为，就不再属于《刑法》第 246 条的侮辱行为，而属于《刑法》第 237 条规定的侮辱行为。[①] 笔者对第一种观点持赞同意见。

2）猥亵与侮辱是否同义反复

从历史沿革来看，《刑法》第 237 条是从 1979 年《刑法》第 160 条流氓罪中分解出来的一个单独罪名。因而，现行刑法在 1997 年生效后，理论和实务界就对强制猥亵、侮辱妇女罪中猥亵与侮辱的含义进行了探讨，大体形成了三种意见。

第一种观点可称为区分说，它认为猥亵和侮辱具有不同含义。"这里的猥亵，是指除奸淫以外的能够满足性欲和性刺激的有伤风化、损害妇女性心理、性观念，有碍其身心健康的性侵犯行为。通常表现为强逼妇女对自己的性敏感区或者行为人在妇女的性敏感区抠摸、舌舔、吸吮。所谓侮辱妇女，是指实施具有挑衅性有损妇女人格或者损害其性观念、性心理的行为。如公开追逐或者堵截妇女、强行亲吻、搂抱妇女等，以及在公共场所多次向妇女身上泼洒腐蚀物、涂抹污物，在公共场所向妇女显露生殖器或者用生殖器顶擦妇

---

① 安翱、杨彩霞:《侵犯公民人身权利罪比较研究》，中国人民公安大学出版社 2005 年版，第 199 页。

女身体等行为。"①

第二种观点可称为同义说，它认为猥亵和侮辱是同一种行为，立法的规定是同义反复而已。"但笔者认为，这两种行为是同一的，即侮辱行为并不是独立于猥亵行为之外的一种行为……现在的问题是，可否从形式上或行为方式上对二者做出区分？答案也是否定的。因为猥亵行为包括了伤害妇女的性的羞耻心、违反善良的性道义观念的一切行为，而侮辱行为无论如何也不可能超出这一范围；任何针对妇女实施的与猥亵行为性质相同的侮辱行为，都必然伤害妇女的性的羞耻心、违反善良的性道义观念。……必须承认《刑法》第237条的猥亵行为与侮辱行为没有区别。"②

第三种观点可称为折中说，它一方面认为猥亵与侮辱行为没有本质上的区别，另一方面又试图划分出猥亵与侮辱行为的界限。"猥亵和侮辱行为没有本质上的区别，猥亵是指奸淫行为以外的，为寻求性刺激而对他人实行的淫秽性的行为，具体表现为抚摸妇女的乳房或者阴部、为妇女拍摄裸体照、将异物强行插入妇女的肛门、女性强行与其他女性发生变态性行为等。猥亵行为的特色是行为人的身体与被害人的身体直接发生接触，通过这种接触来满足奸淫以外的性欲或者性刺激。侮辱行为的具体表现有追逐或者堵截妇女，在公共场所多次偷剪发辫、衣服使其丢丑，向妇女身上泼洒腐蚀物、涂抹污物，用淫秽举动侮辱妇女等行为，行为的实施不以与妇女发生身体接触为前提。"③这种观点实际上是认为猥亵与侮辱行为虽没有本质上的区别，但具有形式上的差异。

区分说的观点主要源于1984年11月2日"两高"《关于当前办理流氓案件中具体应用法律若干问题的解答》。它是在沿袭该解答有关侮辱妇女行为内涵外延的基础上对侮辱与猥亵行为做了进一步的细分，也因此被同义说的学者批评为无视立法变迁的机械套用。的确，有一些行为，如"在公共场所向妇女显露生殖器"在设有公然猥亵罪的国家和地区历来被视作标准的公然猥

---

① 高铭暄、马克昌主编：《刑法学》，北京大学出版社、高等教育出版社2014年版，第465页。
② 张明楷、黎宏、周光权：《刑法新问题探究》，清华大学出版社2003年版，第257-259页。
③ 周光权：《刑法各论》，中国人民大学出版社2011年版，第32页。

亵行为，将其仅归入侮辱的范畴不尽合理。而"强行亲吻、搂抱妇女""用生殖器顶擦妇女身体"的行为都完全可能被视为猥亵妇女的行为。区分说的观点难以对这些问题做出合理说明。至于"公开追逐或者堵截妇女""在公共场所多次向妇女身上泼洒腐蚀物、涂抹污物"，这些行为未必都具有性的色彩，多数情况可能属于《刑法》第 246 条侮辱罪中的侮辱行为，而非本罪的侮辱行为。

　　折中说事实上也可以列为另一种意义上的区分说，因为它至少承认猥亵和侮辱行为是具有形式上的差异的。这种形式上的差异，折中说认为关键在于是否与妇女发生身体接触："猥亵行为的特色是行为人的身体与被害人的身体直接发生接触……侮辱行为……的实施不以与妇女发生身体接触为前提。"可问题在于，一方面，猥亵行为也完全可以不进行身体接触，正如论者所列举的作为猥亵行为的"为妇女拍摄裸体照"的行为就完全可能不接触妇女身体；另一方面，所谓"侮辱行为的实施不以与妇女发生身体接触为前提"的表述含义也十分模糊，不以发生身体接触为前提，究竟意味着是不能发生身体接触还是通常不发生身体接触？如果是后者，显然排除不了异常的情况；如果是前者，那么它既不能区分未发生身体接触情况下的猥亵与侮辱行为，也无法解释"偷剪发辫"等显然有身体接触的行为为何仍是侮辱行为。何况，这种观点所认为的"侮辱行为的具体表现有追逐或者堵截妇女，在公共场所多次偷剪发辫、衣服使其丢丑，向妇女身上泼洒腐蚀物、涂抹污物……"也存在与区分说同样的问题，即上列行为未必具有性的色彩和侵犯被害人的性权利。

　　在笔者看来，刑法对于分则罪名构成要件客观行为的设置一定是规范和严肃的。即便在《刑法修正案（九）》之前，猥亵和侮辱也是被作为并列的两种行为加以规定的，因而这两种行为之间必定具有内涵和外延上的差别，否则刑法就只需要规定其中之一即可。同义说的学者对此的解释是，1997 年刑法修订时的指导思想是"注意保持刑法的连续性与稳定性，可改可不改的尽量不改"。所以尽量保留了 1979 年刑法中"侮辱妇女"的表述，以保持刑法的连续性并防止人们误解旧刑法第 160 条中的侮辱妇女不再是犯罪行为。"如果不考虑刑法的延续性，刑法完全可以仅规定内涵明确、外延全面的'强制猥亵'一语，而不必并列适用'侮辱妇女'一词。"①然而，立法者究竟是否有这一考虑，从目前资料看是一个无法证实也无法证伪的问题，以此来做解释是比较牵强的，也与论者一贯提倡的客观解释反对探求立法者原意的主观解释的基本立场不相一致。而且即便承认论者的这一结论在刑法修正前具有合理性，那么在《刑法修正案（九）》明确地将猥亵行为的对象扩大为他人而维持了侮辱妇女的规定后，猥亵和侮辱行为的内涵和外延也必定需要加以区分。何况立法者改变了猥亵行为的对象而不修改侮辱行为的对象，也意味着在立法者看来猥亵和侮辱应该是两种不同的行为，否则就应该两者都改或删除其一了。

同义说存在的缺陷并不能反证目前区分说或折中说观点的正确。如前所述，区分说或折中说这两种观点虽然在方法论上是正确的，但所提出的具体标准却无法成立，因而在面临同义说的批评时难以自圆其说。事实上，同义说提出的一个观点，即"猥亵行为包括了伤害妇女的性的羞耻心、违反善良的性道义观念的一切行为，而侮辱行为无论如何也不可能超出这一范围"，是有一定道理的。也正因如此，折中说也承认"猥亵与侮辱行为没有本质上的区别"。但这两种观点都犯了同样的错误，即仅将猥亵与侮辱理解为客观的行为，而忽略了对行为主观面的考察。从纯客观面来看，猥亵行为与侮辱行为的确可能重合。例如，"为妇女拍摄裸体照"的行为既可以理解为是对女性的猥亵行为，也可以理解为是对女性的侮辱行为。但不能因此就认为猥亵行为与侮辱行为没有区别。因为行为是主观和客观的统一体，剥离主观因素就会使行为成为"无血的幽灵"。正如故意伤害行为和故意杀害行为在客观面上都可以表现为开枪、刀刺，但不能仅凭客观上的相似就认为二者没有区别。问题的核心应该转向对行为的主观因素的考察②。

3. 主体特征

本罪的主体为一般主体，即年满16周岁、具有刑事责任能力的自然人。但是，以下两个问题值得讨论。

---

① 张明楷、黎宏、周光权：《刑法新问题探究》，清华大学出版社2003年版，第257-259页。
② 详见本罪主观特征的论述。

（1）妇女可否成为本罪的主体

在国外刑法中，强制猥亵罪的主体与强奸罪不完全相同，即本罪的主体完全可以是女性。概括起来有如下情形：男性对女性实施猥亵行为，男性对男性实施猥亵行为，女性对男性实施猥亵行为，女性对女性实施猥亵行为。[①]

我国刑法强制猥亵、侮辱妇女罪将犯罪对象限定为妇女，自然凡年满16周岁，具备刑事责任能力的男子成为本罪的主体不成问题。关键是，妇女除可构成本罪的共同犯罪外，是否能构成该罪的独立犯罪主体。对此，笔者持肯定回答。首先，刑法条文中并没有明确限定本罪主体仅可由男子构成，那么自然不应将妇女也可成为本罪主体排除在外，否则会人为地缩小刑法的调控范围。其次，强制猥亵妇女罪与强奸罪不同，后者要求独立的犯罪主体只能是男性，是由于性行为的单一性决定的，而猥亵行为方式具有多样性，并不要求性器官的接触，因而从理论上讲，妇女可以成为猥亵行为的实施者。最后，现实生活中，女性同性间尤其是有同性恋倾向的女性强制猥亵妇女的现象逐渐增多，需要运用刑罚予以惩治和预防，理由同下文中论及的男子同性间强制猥亵。因此，女性也可成为本罪的主体。

（2）丈夫强制猥亵、侮辱妻子能否构成本罪

丈夫对妻子强制猥亵、侮辱，能否成立强制猥亵、侮辱妇女罪的主体？对此问题，目前国内刑法学界存在两种观点：

持否定说的观点认为，如同强奸罪一样，合法婚姻关系中的丈夫不能成为强奸妻子的主体，合法婚姻关系中的丈夫原则上对其妻子亦不能成为强制猥亵、侮辱妇女罪的主体。例如，行为人强迫其妻子与之口交，事实上是一种强制猥亵行为，但从有利于社会秩序和家庭稳定的角度出发，对这种下流低级的性行为，不以犯罪论处为宜，造成严重后果，符合其他犯罪构成要件的，以其他犯罪论处。[②]

持肯定说的观点认为，承认丈夫强行奸淫妻子不能构成强奸罪，不能必然导出丈夫不能成为强制猥亵、侮辱妇女罪的主体。夫妻之间婚姻关系的缔

---

① 张明楷：《外国刑法纲要》，清华大学出版社1999年版，第531页。
② 李邦友：《性犯罪的定罪与量刑》，人民法院出版社2001年版，第104页。

结意味着双方有同居的义务，但这种义务是以正常的性生活为内容的。超过这种正常性生活的内容的其他反自然的性行为，如口交、肛交等都不是夫妻同居义务的必然内涵。而且强奸的方式毕竟仍然是自然性交，妻子即使被丈夫"强奸"后，根据我国的风俗观念和伦理感情，妻子的身心伤害程度也是有限的，但是超过这种自然性交的强制猥亵行为，给妻子身心的摧残，使妻子感受到的伤害比强奸要深得多，因而不能以牺牲妻子的身心健康为代价换取家庭的稳定，丈夫应该能够成为本罪的主体。[1]

本书认为，对于丈夫能否构成本罪主体的问题，上述两种不同观点，是站在各自不同的立场上进行阐述的，均有一定说服力。肯定说观点更侧重于应然的层面，侧重于妻子首先作为一名妇女的个体合法权益的保护；而否定说的观点则更侧重于社会现实层面，着重考虑社会秩序和家庭稳定。笔者认为，在合法婚姻存在，正常同居生活期间丈夫强制猥亵妻子的行为，侵犯了妻子的性自由权，并且刑法条文也未将丈夫排除于本罪主体范围之外，至少从表面上看，是符合强制猥亵、侮辱妇女罪的构成要件的。但现阶段我们是否一定将这种行为犯罪化呢？这不仅仅是一个法律问题，一个纯粹的科学问题，而是牵扯太多因素，它不仅要解决伦理道德、人们的习俗观念、法律操作问题，而且要慎重考虑此项法律在实际执行中所遇到的困难和对社会关系的重大影响。在我国，家庭仍然承担了较多的社会职能，性和情爱在婚姻中所占的比重还不足以成为婚姻与家庭的核心内容。虽然中国妇女的社会地位在不断提高，女性要求被平等对待，尤其是对性权利的追求和获得，权利意识逐渐增强是个不争的事实，但是被限定在一个较小的范围内，与西方女权运动的充分发展相比，还只是停留在一种本能的、自发的阶段。"婚内强奸""丈夫强制猥亵妻子"并未作为一个概念被公众所认知，并得到社会的强力支持。诚如持肯定说的学者所言，丈夫强制猥亵妻子会给妻子造成身心的摧残，但如果我们漠视我国的特殊实际情况，而仅是从法律上、逻辑上进行职业理性的分析论证，那么通过对丈夫强制猥亵、侮辱妻子的行为予以犯罪化来保护妇女的性权利将成为空谈，甚至还会引发一系列的问题。综上所

---

[1] 肖中华：《侵犯公民人身权利罪》，中国人民公安大学出版社2003年版，第243页。

述,从现实层面上,本人不赞同现阶段把丈夫强制猥亵妻子的行为予以犯罪化。但对于误把妻子当作其他妇女而强制猥亵、侮辱;出于某些目的,而伙同他人,帮助他人强行猥亵、侮辱妻子;当众或以极其残忍、野蛮的方式猥亵、侮辱妻子;在夫妻离婚诉讼期间,强制猥亵、侮辱妻子等特例,按现行刑法规定丈夫应构成强制猥亵、侮辱妇女罪。

4. 主观特征

本罪在主观方面只能是故意,且只能是直接故意。关于本罪主观方面具体内容理解上的分歧,主要集中在本罪主观上有无特定犯罪意图或目的限制,或本罪是否属于外国刑法理论所称的"倾向犯"。猥亵类犯罪的成立是否以行为人具有特定的刺激和满足性欲的倾向作为必要条件,即本罪是否属于倾向犯,国内外都存在激烈的争论。

肯定说认为本罪是倾向犯,如果行为人不是出于刺激和满足性欲的倾向,而是基于报复、虐待等目的而实施行为,则不构成本罪。德国刑法理论普遍将倾向犯的内心倾向作为主观的违法要素,日本过去的通说与判例也是如此。例如,日本最高法院曾经认为,行为人出于复仇的意图而强迫拍摄对方女性的裸照的行为,不构成强制猥亵罪。[①] 否定说则认为,猥亵罪的保护法益是性的羞耻心。只要对此进行侵害并具有侵害的认识,行为人就应当构成该罪。满足性欲这种意思,只不过是犯罪的动机而已,并非犯罪成立的要件。一般而言,结果无价值论者多持否定说,如日本的山口厚、曾根威彦、西田典之,我国的张明楷、黎宏等教授均是如此。行为无价值论者则多持肯定说,如德国的多数学者、日本的大塚仁等。但也有行为无价值论者认为,"如果站在新行为无价值的立场,承认行为是违反规范进而对法益造成损害,那么,法益侵害对于违法性判断的关键作用也需要得到肯定。立足于行为的法益指向性和侵害性,而不是站在社会伦理规范违法的基点上,对猥亵行为(以及伪证罪等)完全可以不再把主观倾向(或内心表现等)作为构成要件要素,而从客观的法益侵害是否存在的角度思考违法性、正当化事由是否存在等问

---

① 参见日本最高裁判所 1970 年 1 月 29 日判决书,载日本《最高裁判所刑事判例集》,1970 年第 24 卷第 1 页。

题，从而否认倾向犯、表现犯等概念。那么，在实施医疗过程中，即便行为人主观上在治疗目的之外还有追求性刺激的意思，但只要正当医疗行为的其他条件同时都能够满足的，也可以认为行为不具有猥亵犯罪的违法性；基于报复、虐待的目的对女性拍摄裸体照的，对法益的侵害仍然是存在的。因此，是否追求性刺激，是否有猥亵倾向，不是本罪的主观构成要件要素和违法要素，没有必要承认本罪是倾向犯"。[1]

本书认为，确定猥亵罪是否属于倾向犯，既需要依据刑法的基础性理论，也需要考虑各国的具体刑事立法。以此而论，在我国将强制猥亵罪视为倾向犯是适宜的。首先，我国《刑法》不仅在第237条规定了强制猥亵、侮辱罪，还在第246条规定了侮辱罪。由此，强制侮辱罪和侮辱罪的区分就一直成为理论和实务上的一个重要问题。可以认为，两者在侵害的具体法益上是存在不同的，即强制侮辱罪侵犯的是妇女的性的羞耻心或者说性的自我决定权，而侮辱罪侵犯的是他人性以外的名誉权。侵犯妇女性的羞耻心当然也会伤害到其名誉权，但刑法做了特别的规定，因而应该依照强制侮辱罪论处。其次，强制猥亵、侮辱罪侵犯的是他人或妇女的性的羞耻心，因而似乎否定说是有道理的。因为只要能伤害到性的羞耻心，行为人主观上是否有特定倾向看起来就不重要了。这也是否定说的主要理由之一。然而，我国刑法不仅规定了强制猥亵罪，还规定了强制侮辱罪，猥亵与侮辱是选择罪名中的并列行为方式。如前所述，刑法对猥亵与侮辱行为分别规定了不同的犯罪对象，这就意味着两者必然存在差别，因此我们还有必要进一步区分猥亵与侮辱行为。但诚如同义说的论者所言，"猥亵行为包括了伤害妇女的性的羞耻心、违反善良的性道义观念的一切行为，而侮辱行为无论如何也不可能超出这一范围"，这就意味着二者无法单纯从客观面加以区分，而只能借助于主观面进行区别。由此可以得出结论，强制猥亵、侮辱罪中的猥亵行为，是指行为人基于刺激和满足性欲的倾向而实施的性行为以外的侵犯他人性的羞耻心的行为，而侮辱行为则是指行为人非基于刺激和满足性欲这种特定倾向而实施的侵犯他人性的羞耻心的行为。

---

[1] 周光权：《刑法各论》，中国人民大学出版社2011年版，第32页。

在我国，否定强制猥亵罪是倾向犯的学者也提出了不少具体理由。在本书看来，这些理由共同的前提是，为我所用地选择性套用国外有关猥亵罪的规定，而无视我国刑法中对于强制猥亵与强制侮辱行为的区分。因此，这些理由都难以成立。具体而言：否定说的第一个理由是，完全可以从客观上区分是否是猥亵行为，不需要借助主观倾向。"例如，是治疗行为还是猥亵行为，从外部来看就可以区别。"[1]但是，否定说在这里存在一个混淆主客观认定次序的问题。医生检查病人身体的行为是否属于猥亵行为，首先得考察其是否属于正常、必要的医疗行为。如果完全符合医学上的必要性与相当性，则不可能被认为猥亵行为，也毫无必要去揣测其内心的动机与倾向。哪怕该医生内心确有刺激或者满足性欲的倾向，因其外在行为在职业相当性范围之内，仍不可能被作为犯罪加以处理。这是客观主义刑法理论的必然要求。否则事事皆去推测动机，那么劝人外出旅游的行为都可能涉嫌故意杀人罪（行为人完全可能希望对方外出被车撞死），社会就无法正常运转了。所以，当我们具体考察行为人是否具有特定倾向时，一定是该行为已经偏离了社会标准或专业标准而侵犯了他人性的权利。例如，病人嗓子不舒服，医生却去检查其下体，这就会涉嫌强制猥亵、侮辱罪的问题。而在这一类行为中，再去考察其主观倾向就成为必要。

否定说的第二个理由是，要求行为人主观上出于刺激或满足性欲的倾向，会导致与《刑法》第246条的侮辱罪的不平衡，而且有违反罪刑相适应原则之嫌。论者举例说："甲为了羞辱损毁妇女的名誉，而当众剥光妇女衣裤。乙为了刺激或者满足性欲，而在没有第三者在场的情况下剥光妇女的衣裤。显然甲的行为对被害人的法益的侵害远远重于乙的行为，对甲的处罚应当重于对乙的处罚。但如果认为强制猥亵、侮辱罪是倾向犯，那么，由于甲主观上没有刺激或者满足性欲的倾向，只能认定为侮辱罪（以被害人告诉为前提），在'三年以下有期徒刑、拘役、管制或者剥夺政治权利'的法定刑内量刑。而乙由于具有特定的内心倾向，被认定为强制猥亵、侮辱妇女罪，在'五年

---

[1] 张明楷、黎宏、周光权：《刑法新问题探究》，清华大学出版社2003年版，第257-259页。

以下有期徒刑或者拘役'的法定刑内量刑。这是何等不均衡！"①但这并非将强制猥亵罪解释为倾向犯的缺陷，而是论者将猥亵与侮辱行为等同的缺陷。按照笔者的观点，甲的行为由于没有刺激或者满足性欲的倾向，所以不构成强制猥亵罪；但其行为侵犯到了女性性的羞耻心，所以成立强制侮辱罪而不是侮辱罪。乙的行为则当然构成强制猥亵罪。这样，甲、乙的行为在法定刑上完全均衡。

否定说的第三个理由是，要求行为人主观上出于刺激或者满足性欲的倾向，会导致不当扩大或缩小处罚范围。②否定说的学者以日本发生的基于报复的目的拍摄女性裸体照片的案件为例，在日本，即使认为强制猥亵罪要求行为人主观上出于刺激或者满足性欲的倾向，对该行为也可以认定为强要罪。而在我国，如果做出同样的要求，则因为没有规定强要罪，而导致该行为无罪。可是，该行为如果发生在我国，完全可以将其认定为强制侮辱罪，不可能出现无罪的局面。

综上所述，将强制猥亵罪认定为倾向犯，既有利于区分强制猥亵与强制侮辱两类不同的行为，也有利于区分强制猥亵、侮辱罪与侮辱罪两罪的界限。

对笔者观点可能的质疑是：如果行为人基于报复或其他动机侮辱男性，如脱光其衣服示众等，在这种情况下，由于行为人不是基于刺激或满足性欲的倾向，所以不能认为强制猥亵罪，又由于强制侮辱罪的对象只限于女性，所以行为人的行为也不构成强制侮辱罪。那么应该如何处理？笔者认为，此种情况应该认定为《刑法》第246条的侮辱罪。基于生理和社会的因素，男女在性观念上客观存在差异。《刑法修正案（九）》之所以将猥亵的对象加以扩大而维持了侮辱妇女的规定，就是对这种差异的认可。所以刑法对于女性性权利的保护重于男性是一个客观事实，也符合国民当下的普遍意识。目前对男性性权利的侵犯主要表现为基于刺激或满足性欲的倾向的猥亵行为。至于不基于刺激或满足性欲的倾向而针对男性所实施的行为，既不多见，事实

---

① 张明楷、黎宏、周光权：《刑法新问题探究》，清华大学出版社2003年版，第257-259页。
② 张明楷、黎宏、周光权：《刑法新问题探究》，清华大学出版社2003年版，第257-259页。

上也难以实际侵犯到男性的性权利。就以捉奸行为而论，将所谓奸夫淫妇裸体示众，意图羞辱的其实还是女性性的羞耻心；对于被示众的男性，细究行为人的主客观，与其说是要侵犯男性的性权利，还不如说是意图及实际侵犯的是男性的名誉权。所以将这种行为认定为侵犯名誉权的侮辱罪而非侵犯性权利的强制猥亵、侮辱罪更具有合理性。而且如果行为人仅是单纯将所谓"奸夫"裸体示众，那只需认定为侮辱罪；如果行为人同时将所谓"奸夫淫妇"裸体示众，那么可以认定行为人的行为同时触犯强制侮辱罪与侮辱罪，从一重罪即强制侮辱罪处断，不会发生罪刑不均衡的问题。

（三）强制猥亵、侮辱罪的司法认定

1. 本罪与非罪的界限
（1）强制猥亵行为与性骚扰的界限

"性骚扰"的这一词由美国的女权主义者麦金农发明，她在她的著作《职业妇女性骚扰：一个性别歧视案例》提出了性骚扰的概念："性骚扰是指处于权力不平等关系下强加的、使人产生厌恶感的性要求，其中包括口头的性侵犯或性挑逗，不断向对方发出性信号及性符号，强行抚摸对方身体或强行进行性行为，用下流的方式或失业的威胁作后盾，提出不合理的性要求并实施不合理的性举动的行为。"19世纪80年代，性骚扰现象出现在亚洲日本，之后逐渐成为日本的一大社会问题。随着物质文化生活水平的不断提高和男女平等观念的深入人心，女性逐步成为工作和社交环境中的重要成员，我国社会中性骚扰事件也时有发生，性骚扰的受害者不仅限于女性，男性也同样遭遇性骚扰的困扰。在西方发达国家，男性遭受性骚扰的现象非常严重，大多发生在职场的同事或者上司之间。并且性骚扰不仅限于异性之间，同性之间也发生了此种现象。我国虽然性骚扰的现象没有西方国家严重，但是发展趋势已愈演愈烈，应及时予以关注。性骚扰的形式多样，有言语上的，也有身体上的，甚至是在精神上的。人们对于怎样解决性骚扰问题越发关心。在我国的立法中仅在《妇女权益保护法》中规定了："不得对妇女进行性骚扰。"这个规定过于原则性，没有具体的为性骚扰下定义和制定处罚措施，不能很好

地规范性骚扰行为。

虽然我国法律没有规定概念,但是通过对外国法律规定进行借鉴之后结合我国公民对性骚扰的一般理解,性骚扰就是违背他人意愿,通过文字、身体动作、语言或其他方式,对他人实施的性诱惑、性暗示、性挑逗、性侵犯等含有"性"内容,但并不属于强奸行为或强制猥亵行为。从定义上看,似乎性骚扰和猥亵行为完全没有重叠,但事实上这个概念是人为规定为了区分猥亵行为和性骚扰行为的(甚至广义上的性骚扰包含了猥亵行为),现实中两者的界限相对模糊,二者都不是倾向犯,都不要求主观上有满足性欲的倾向。在司法实践中,一些严重的性骚扰行为就被认为是猥亵行为。笔者认为,二者的区别包含以下几点:1)侵犯法益不同。猥亵行为侵犯的是妇女的性自主权,而性骚扰行为并没有严重到侵犯妇女性自主权的地步,虽然也带有性的意义,但是应当认为性骚扰行为侵犯的是受害者的人格尊严。2)达到目的的手段不同。猥亵行为的行为人采取暴力、胁迫或者其他方法压迫妇女意志,从而使猥亵行为得逞;性骚扰的行为人大都采取工作、社交中形成的便利条件使行为得逞。3)行为内容不同。猥亵行为的行为内容为对妇女进行亲吻、搂抱、抠摸、舌舔、吸吮等淫秽行为;性骚扰的行为内容大都不如猥亵行为直接,包含性暗示、性挑逗、性贿赂、性要挟等间接地含有性内容行为。4)行为对象不同。猥亵行为在我国刑法典中的行为对象只有妇女和儿童,性骚扰行为除了妇女和儿童,还包含成年男性。

本书认为,目前不用将性骚扰单独定罪。如前所述,性骚扰的法益侵害性低于猥亵行为,对于轻微的性骚扰,我国民法、治安管理处罚法设立了条款来追究行为人的民事、行政责任,对于性骚扰入刑要做深入的论证,目前学理上对此仍有争议,司法实践中也不倾向于将轻微的性骚扰入罪。我国民众对性骚扰的认识,也停留在相对初级的阶段。因此,考虑到我国对性骚扰行为侵害的法益已有保护、目前人们的法律意识和接受能力,我国现阶段尚不宜规定性骚扰罪。

（2）强制猥亵行为同性虐待的界限

刑法学意义上的性虐待行为是指以满足非正常性欲为目的,以暴力、胁迫或者其他手段对他人进行肉体折磨或者精神虐待的一种行为。不包含受虐方同意和双方自愿情况下的广义性虐待。从刑法学的视角上来评价性虐待行为的概念，应当具备以下几个特点：1）以满足非正常性欲为目的。性虐待之性施虐者以对受虐者施加虐待性手段代替正常的性交行为来获得愉悦、快感和满足，以促成性的高潮的实现，这必然导致性行为的极度扭曲。2）施虐手段多样化。用暴力、胁迫或其他手段对客体进行肉体或精神上的折磨和蹂躏，为达成满足性欲之目的，施虐者主体将充分发挥人的想象力，用尽各种残忍、冷酷的手段，其行为方式五花八门。3）损害了被虐待者的生命健康权和性自主权。性施虐者通过暴力、胁迫或者其他行为，侵害了被虐待者的生命健康权和性自主权。

根据上文对猥亵行为定义的总结，同本部分的性虐待定义相比较，可知两者行为手段上有共同点，其他方面也有以下不同：1）侵犯的法益不同。根据前文所述，猥亵行为侵犯的法益是妇女的性自主权。性虐待行为侵犯的法益是被虐待者的生命健康权和性自主权。2）行为动机的内容不同。性虐待行为主观上必须出于刺激或者满足非正常性欲的主观倾向，其目的在于通过各种性虐待行为来取得非正常的性心理的刺激和满足。猥亵行为人一般也有刺激或者满足性欲的内心倾向，但这个内心倾向不是构成该行为的主观要件，实践中经常有出于报复被害人的动机，外表上却是实施的抠摸阴部等猥亵行为。因此，虽然行为人不具有刺激或者满足性欲的内心倾向，但因为其客观上实施了侵害被害人的性自主权的行为，仍应认定为猥亵行为。在具体的行为方式上，根据上文，猥亵行为（狭义的）的具体行为方式包括亲吻、搂抱、抠摸、舌舔、吸吮等行为，性虐待行为本身就是一种暴力行为，极有可能包含上述的猥亵行为，具体来说包含三种类型：1）限制型。主要表现为将被害人拘禁限制起来，并且使用暴力伤害被害人，如刺、割被害人的性敏感部位来获得性满足。2）袭击型。主要表现为在僻静场所用尖锐的利器诸如刀片、钢针、锥子等突然袭击被害人，刺划被害人的性敏感部位，造成被害人性器官的损伤。3）虐杀型。这种类型本属于限制型的一种，但由于其暴力手段极度恶劣，故单列出来。色情虐杀者大都拘禁被害人时间较长，热衷于通过折磨的方式延长被害人痛苦的时间直至被害人死亡，他们热衷于欣赏被害人被虐时绝望恐惧的表情、痛苦呻吟的声音和享受自己处于统治被害者生命的地位，往往被害人肉体上越痛苦、精神上越绝望，行为人得到的性满足程度也越高。从上述表现形式上看，性虐待行为一般是比猥亵行为的暴力程度要严重得多，对被害人造成的侵害也大得多。

综上所述，性虐待行为和猥亵行为的关系为侵犯的法益和具体的行为方式部分重叠，性虐待行为的暴力程度一般要大于猥亵行为，鉴于目前我国性虐待行为没有入罪，根据罪刑法定原则，只有性虐待行为构成刑法分则上的其他罪名时才能定罪处罚，性虐待行为往往作为量刑情节；没有构成刑法分则上其他罪名的性虐待行为不是犯罪行为，某些性虐待妇女的行为就可以定强制猥亵妇女罪，性虐待致人死亡或轻伤以上的可以定故意杀人罪或故意伤害罪，某些针对家庭内部的性虐待则可以定虐待罪。

（3）强制猥亵、侮辱妇女罪与一般猥亵、侮辱妇女行为的界限

强制猥亵、侮辱妇女罪，在刑法理论上属于行为犯，并且《刑法》第237条对本罪的构成也没有规定"情节严重"的要件。但并不是说所有的猥亵、侮辱妇女行为都构成本罪。在司法实务中认定强制猥亵、侮辱妇女罪，要注意以下两点：首先，不能将情节显著轻微，危害不大的猥亵、侮辱妇女行为视为犯罪。根据《刑法》第13条"但书"的规定，对于情节显著轻微，危害不大的不以犯罪论处。因此，对于偶尔实施轻微的一般性的猥亵、侮辱妇女行为，如亲、摸妇女的脸，搂抱妇女等不应以本罪处之。认定本罪时，要从行为人使用强制手段的程度、实施的时间、地点，造成的后果等情节综合认定。对于不构成本罪但构成治安处罚违法行为的，应依《治安管理处罚法》处罚。其次，要注重考察行为的"强制性"。对于猥亵、侮辱妇女时，没有使用暴力、胁迫或其他强制方法的，因为不具备刑法要求的"强制性"则不能视作犯罪，例如行为人向妇女显露生殖器后就跑开。

（4）利用职权、教养、从属关系实施的猥亵妇女行为能否构成本罪

认定利用职权、教养、从属关系实施的猥亵妇女行为能否构成本罪，不可一概而论，应视具体情况而定。关键必须明确行为人是否利用了这种特定关系，对妇女进行了胁迫。如果行为人声称给一妇女提职等引诱对方，女方基于相互利用而同意或容忍行为人对其猥亵的，这是一种交易行为，不能认定构成本罪。如果行为人利用上述特定关系，威胁妇女致其不敢反抗的，则

该行为构成本罪。

2. 此罪与彼罪的界限

在实践中，要注意区分本罪与侮辱罪的界限。《刑法》第246条规定了侮辱罪，以暴力或者其他方法，公然贬损他人人格、名誉，情节严重的行为。本罪与侮辱罪有着一些相同点，例如犯罪主体都是具有完全刑事责任能力的自然人；主观方面都表现为故意；客观方面都表现为使用暴力或者其他方法。具体行为方式中都包含侮辱行为，而且都可以针对妇女而实施。虽然有一些共同点，但是两罪的区别还是比较明显的：第一，侵害法益不同。强制猥亵、侮辱妇女罪中的"侮辱"和"猥亵"具有同一性，该罪侵犯的法益是妇女的性自主权，而侮辱罪中的"侮辱"侵犯的法益是人格尊严权、名誉权。第二，犯罪对象不同。本罪的行为对象仅限女性，侮辱罪的主体是一切自然人。第三，行为方式不同。本罪中的侮辱行为不要求公然发生，侮辱罪要求侮辱行为必须公然进行。第四，行为的内容不同。本罪的行为内容是"具有性的意义"的行为，例如模仿性交、抠阴部、摸乳房、搂抱、亲吻、舌舔等色欲行为。而侮辱罪的行为不一定"具有性的意义"，例如，写大字报进行人身攻击、污蔑、在网上散布谣言贬损受害者名誉等。诚然，侮辱罪的行为也可以"具有性的意义"，在侮辱行为也"具有性的意义"时，能够成立侮辱罪的前提是行为不足以构成强制猥亵、侮辱妇女罪。例如，甲男和乙女在公园发生争吵，甲男为了羞辱乙女脱下裤子对着乙女，引来众人观看然后声称是乙女的男友，乙女为了钱将其抛弃，人群中有人指责乙女导致乙女羞愧难当，回家后精神恍惚。在这个案例中，甲男是不能成立强制猥亵、侮辱妇女罪的，因为并没有侵害妇女的性自主权，该行为属于捏造事实，公然侮辱他人，造成了严重后果，应成立侮辱罪。

3. 本罪的共犯问题

根据我国《刑法》第17条的规定，我国的刑事责任年龄的一般起点是年满16周岁，但是，已满14周岁不满16周岁的人，犯故意杀人、故意伤害致人重伤或者死亡、强奸、抢劫、贩卖毒品、放火、爆炸、投毒罪的，应当负刑事责任。可见，在我国刑法中，只有故意杀人、故意伤害致人重伤或者死亡、强奸、抢劫、贩卖毒品、放火、爆炸、投毒罪8种犯罪的刑事责任年龄起点为年满14周岁，其他犯罪的刑事责任年龄起点一律为年满16周岁。就上述8种犯罪而言，已满14周岁的人才可以构成共同犯罪；对于其他犯罪而言，已满16周岁的人才可以构成共同犯罪。本罪的主体是一般主体，即年满16周岁。在实践中，经常出现已满14周岁未满16周岁的人与已满16周岁的人一起实施强制猥亵、侮辱妇女的情形，对于这种案件，由于已满14周岁未满16周岁的人实施强制猥亵、侮辱妇女的行为属于无刑事责任能力人，因而不能以共同犯罪论处。但是，如果已满14周岁未满16周岁的人与已满16周岁的人一起实施强制猥亵、侮辱妇女的过程中，故意导致被害妇女重伤乃至死亡的，则构成故意伤害罪的共犯，而不是强制猥亵、侮辱（妇女）罪的共犯。

4. 本罪的罪数问题

（1）强制猥亵、侮辱妇女致人重伤、死亡的定性问题

由于强制猥亵、侮辱妇女的行为可以以暴力手段实施，因此从理论上讲，强制猥亵、侮辱完全可能导致妇女重伤、死亡。从司法实践上看，也确实存在强制猥亵、侮辱致人重伤乃至死亡的现象。而我国刑法对本罪的加重结果却未作相应的规定，司法解释也没有相应的规定。对此如何处罚，学者们意见不一。有的主张按强制猥亵、侮辱罪的法定刑处罚，有的主张数罪并罚；有的主张按想象竞合犯，从一重处罚。[①] 笔者赞成后一种观点。

主张将强制猥亵、侮辱妇女致人重伤、死亡的行为，仍认定为强制猥亵、侮辱罪的做法明显违背了罪刑均衡原则。根据法条的规定，该罪除了"聚众和在公共场所"实施的以外，其法定刑为"5年以下有期徒刑和拘役"。如果行为人强制猥亵、侮辱妇女致人重伤、死亡，但不具备"聚众和在公共场所"的条件，按上述观点就意味着对如此严重的犯罪，只能在5年以下有期徒刑和拘役的法定刑幅度中量刑，这显然不能做到罪刑相适应。因此，这种做法为我们所不取。

将强制猥亵、侮辱妇女致人重伤、死亡的行为认定为数罪，也不合适。主张这种观点的学者认为在强制猥亵、侮辱妇女致人重伤、死亡的情况下，有两个犯罪构成，完全符合数罪的特征。因此，应按案件的实际情况，对强

---

① 丁友勤、胡月红：《强制猥亵、侮辱妇女罪争议问题研究》，载《中国刑事法杂志》2007年第1期。

制猥亵、侮辱妇女致人重伤的，按强制猥亵、侮辱罪和过失致人重伤罪或故意伤害罪并罚；对强制猥亵、侮辱妇女致人死亡的，按强制猥亵、侮辱罪和过失致人死亡罪或故意杀人罪并罚。并且认为，这样处罚既符合刑法中的数罪并罚原理，又体现了罪责刑相适应的刑法基本原则。[1] 对此，笔者不敢苟同。首先，在强制猥亵、侮辱妇女致人重伤、死亡的情况下，不可能有符合两个犯罪构成的行为。因为致人重伤、死亡的行为，要么是暴力行为所致，要么是猥亵、侮辱行为本身所致，而前者是本罪法定的手段行为，后者是本罪法定的目的行为，即都是强制猥亵、侮辱罪的构成要件的行为。也就是说，在此种情况下，只有一个行为。其次，在强制猥亵、侮辱妇女致人死亡的情况下，认定为故意杀人罪，也不合适。因为既然行为人是出于强制猥亵、侮辱妇女的故意，实施本罪行为，就表明行为人不可能有杀人的故意，对于没有杀人故意而导致他人死亡的行为，当然不能认定为故意杀人罪。如果行为人以杀人的故意致妇女死亡后，再实施猥亵、侮辱行为的，则应以故意杀人罪与侮辱尸体罪并罚。如果行为人实施强制猥亵、侮辱的行为后，为灭口或报复杀人，理当也为两罪，即本罪与故意杀人罪。上述的两种情形，均不属于这里讨论的强制猥亵、侮辱妇女致人死亡的现象。最后，即使将本罪与过失重伤罪、过失致人死亡罪实行并罚，因受数罪并罚制度中的限制加重原则的限制，在许多场合也未必能做到罪刑相适应。

本书认为，对于强制猥亵、侮辱妇女致人重伤、死亡的，应当视为一个行为触犯了两个罪名，即成立强制猥亵、侮辱妇女罪和故意伤害罪的想象竞合犯。首先，如前所述，强制猥亵、侮辱致人重伤、死亡的结果，要么是暴力行为所致，要么是猥亵、侮辱行为本身所致。既然行为人的客观行为已经导致他人重伤、死亡，就表明行为本身已经具有了伤害的性质，或者至少包含了伤害的内容，符合了故意伤害罪的客观要件。其次，由于暴力猥亵或侮辱行为本身就有伤害的性质，行为人实施这种行为时，主观上就具有了伤害的故意，即行为人明知自己的行为会发生他人伤害的结果，并且希望或者放任这种结果发生。当然，在司法实践中，行为人对伤害的结果较多的是间接

---

[1] 韩轶:《强制猥亵、侮辱妇女罪的几个问题》，载《河南公安高等学校学报》2002年第3期。

故意。在这种情况下，行为人只实施了一个强制猥亵、侮辱妇女的行为，而该行为具有双重属性——既侵犯了妇女的性的不可侵犯权，又是伤害行为；同时，该行为造成了双重结果——既侵犯了妇女的性的不可侵犯权，又伤害了妇女的身体健康。因此，是一个行为触犯了两个罪名——强制猥亵、侮辱妇女罪和故意伤害罪。对于想象竞合犯，当然是从一重处罚。根据刑法的规定，当行为人强制猥亵、侮辱妇女致人重伤、死亡时，按照"从一重"的原则处理有以下三种情况：第一，不管是否聚众或者是否在公共场合强制猥亵、侮辱妇女，只要造成妇女死亡的，就应认定为故意伤害罪，适用故意伤害致死的法定刑。因为故意伤害致死的法定刑重于强制猥亵、侮辱妇女的加重法定刑；第二，非聚众并且在非公共场合强制猥亵、侮辱妇女致妇女重伤的，由于故意伤害致人重伤的法定刑重于强制猥亵、侮辱妇女罪的基本法定刑，所以应以故意伤害罪论处；第三，聚众或者在公共场合强制猥亵、侮辱妇女致妇女重伤的，仍应认定为强制猥亵、侮辱妇女罪，因为该罪的加重法定刑重于故意伤害致人重伤的法定刑。

（2）强制猥亵妇女罪与猥亵儿童（女童）罪的一罪与数罪

强制猥亵妇女罪与猥亵儿童（女童）罪的一罪与数罪，在司法实践中主要集中在以下几个问题：

1）行为人既猥亵妇女又猥亵儿童（女童）的如何处理。行为人既猥亵妇女又猥亵儿童（女童）的情况可以划分为两种情况：一种是在不同的时刻，分别猥亵妇女、儿童（女童）；另一种是在同一时间，既猥亵年满14周岁的女性，又猥亵不满14周岁儿童（女童）的情况。对于上述两种情况，有的观点认为以强制猥亵妇女罪一罪从重处罚即可。其理由为两罪同属于《刑法》第237条的规定，两罪的基本性质相同，从立法精神和审判实践来看，一般情况下，同一条款不宜按数罪并罚原则判处。与两罪情况相类似的，如最高人民法院2000年2月16日发布的《关于审理强奸案件有关问题的解释》中，就明确规定行为人既实施强奸又实施奸淫幼女行为的，以强奸罪从重处理。因而对于行为人既实施猥亵妇女、又猥亵儿童（女童）的，也同样应以此例处之。但是，也有观点认为，强制猥亵妇女罪与猥亵儿童（女童）罪是两种不同的犯罪，行为人既强制猥亵妇女，又猥亵儿童（女童）的，应当数罪并罚。笔者认为，行为人既实施强制猥亵妇女犯罪行为，又实施猥亵儿童（女童）犯罪行为的，分别为独立的不同的犯罪行为，应当属于行为人实施了数个犯罪行为，但问题在于行为人的数个犯罪行为触犯刑法一个条文中两个罪名的情况，是否可以作为处断一罪处理。刑法理论和司法实践一般认为，对于行为人反复多次的侵犯同一或相同直接客体的犯罪形态，不适用数罪并罚。笔者认为，从强制猥亵妇女罪和猥亵儿童（女童）罪的基本性质和立法精神、现行审判实务来看，以一罪从重处罚较宜，因而，行为人既强制猥亵妇女又猥亵儿童（女童）的，以强制猥亵妇女罪一罪从重处之即可。

2）行为人在被害女性14周岁前后均对之猥亵的如何处理。这里也可以分为几种情况：一是被害人在14周岁前同意行为人对其猥亵，14周岁后不同意行为人强制猥亵的；二是被害人在14周岁前后均同意行为人对其猥亵的；三是行为人在被害人14周岁前后均强制猥亵的；四是被害人在14周岁前被行为人强制猥亵，而14周岁后又同意行为人对其猥亵的。由于猥亵儿童罪并不以行为人是否强制，是否违背被害人意志为构成要件，不管被害儿童是否同意，有无违背其意志，都构成猥亵儿童罪。但强制猥亵妇女罪则必须以行为人实施强制手段违背被害人意志为要件，因而经被害人同意对其猥亵的，不构成犯罪。因而对第二、四种情况以猥亵儿童罪定罪即可。对于一、三种情况则均可以构成强制猥亵妇女罪和猥亵儿童罪。是否应数罪并罚呢？我们认为此种情况以一罪即强制猥亵妇女罪从重处罚为宜。其理由与行为人既猥亵妇女又猥亵儿童的定罪理由相同。

（3）强制猥亵、侮辱妇女罪与拐卖妇女罪的一罪与数罪

拐卖妇女犯罪过程中往往易伴随着其他违法犯罪行为的发生。如对被拐卖的女性实施奸淫或强迫其卖淫，根据《刑法》第240条之规定，该行为只作为拐卖妇女罪从重处罚的特别情节，而不构成强奸罪或强迫卖淫罪，不实行数罪并罚。尽管这种规定的科学性值得探讨，但适用时却必须严格遵守。但是，如果行为人在拐卖妇女过程中，对被拐卖妇女进行强制猥亵、侮辱，是否构成强制猥亵、侮辱妇女罪，实行数罪并罚。二者相比较，奸淫行为、强迫被拐卖妇女卖淫的行为比强制猥亵、侮辱行为更为严重，那么既然奸淫行为、强迫卖淫行为都不再定罪，按照"举重明轻"原则，是不是就可视为

强制猥亵、侮辱妇女行为也不再另行定罪。对此，笔者持否定意见。首先，刑法并没有明文规定强制猥亵、侮辱妇女行为是拐卖妇女罪的"严重情节"之一，若以普通情节处之，则显然会轻纵罪犯；其次，行为人所实施的拐卖妇女和强制猥亵、侮辱妇女行为均构成犯罪时，两者之间并无牵连、想象竞合及吸收关系，符合数罪特征，故应数罪并罚。其他的，如行为人在实施非法拘禁、绑架过程中，在聚众淫乱过程中，对被害妇女实施强制猥亵、侮辱行为的，也应当数罪并罚。

5. 本罪的停止形态问题

本罪是行为犯，行为达到一定程度后为既遂，在未达到一定程度以前为未遂。那么，对该罪的犯罪预备、中止和既遂的区分的关键是确定何时开始"着手"实施实行行为。犯罪的本罪是侵犯法益，故没有侵犯法益的行为不可能构成犯罪，当然也不可能是未遂犯。不仅如此。即使某种行为具有侵害法益的危险，但是当这种危险还十分微小而不可能实质上对法益产生危险前，刑法也不能给予处罚。另外，刑法处罚犯罪预备行为，是因为这种预备行为也具有侵害法益的危险。因此，当侵害法益的危险达到紧迫程度时，即将要发生刑法上的危险结果时，就是着手。换言之，只有当某种行为产生了侵害法益的具体危险状态时才是着手。至于具体到每个罪名中，应当根据不同犯罪、不同案件的具体情况加以判断。根据上述理论，由于采取暴力、胁迫或者其他方法排除被害人的反抗和性自主权的法益侵害紧密相连，采取暴力、胁迫或者其他方法之时，妇女性自主权的法益面临的危险达到了紧迫的程度。所以，强制猥亵、侮辱妇女罪的着手，以行为人开始实行暴力、胁迫或者其他方法之时为开始。因此，可以得出，在犯罪预备阶段，行为人着手实行暴力、胁迫或者其他手段之前，由于行为人意志以外的原因而不得不停止犯罪行为的，是犯罪预备，由于行为人自动放弃着手行为的，是犯罪中止（预备中止）；在犯罪实行阶段，行为人采取暴力、胁迫或者其他方法达到压迫被害人反抗的程度时，为犯罪既遂；由于行为人意志以外的原因，采取暴力、胁迫或者其他方法未达到压迫被害人反抗的程度时，为犯罪未遂；采取暴力、胁迫或者其他方法未达到压迫被害人反抗的程度时，行为人出于自己的意志，自动放弃犯罪的，是犯罪中止（实行中止）。当然，行为人实施暴力、胁迫或者其他方法，不是基于单纯伤害被害人的暴力，而是为了压制被害人反抗以达到顺利进行猥亵的目的。

（四）强制猥亵、侮辱罪的刑罚适用

根据《刑法》第237条之规定，犯本罪的，处5年以下有期徒刑或者拘役。聚众或者在公共场所当众犯本罪的，或者有其他恶劣情节的，处5年以上有期徒刑。在这两个加重情节中，要注意以下两点：第一，"聚众"应当同聚众淫乱罪中的聚众做相同理解，即三人以上为众，两人对妇女强行猥亵的，不能认定为聚众。虽然没有司法解释多少人以上为聚众，但是根据我国刑法中所有对"当众"的理解均为三人以上，根据体系解释，也应当将本罪中的众理解为三人以上。第二，在公共场合当众犯罪应当理解为在能够为不特定的多数人看到的场合犯此罪。虽然是公共场合，但是结合当时具体的时空条件并不可能为不特定的人看到的情况下，不能认定为加重情节。例如，深夜在人烟稀少的公园对被害人进行猥亵，虽然公园也是公共场合，但是客观上不可能为不特定的多数人看到，不能认定为加重情节。"当众实施"也同样指可能为不特定的多数人看到，并不是指现实中已经有多数人看到，因为规定这个加重情节是因为在公共场合猥亵妇女进一步侵害了妇女的性羞耻心，同时对善良风俗的影响更加明显，在公共场合实施本罪更说明了犯罪人的主观恶性更强，会对不特定的人产生影响。

（五）强制猥亵、侮辱罪的案例研析

1. 案情介绍

被告人倪某，男，30岁，某公司职工。2001年10月至2002年3月，倪某于夜晚下班后，骑摩托车在某公路流窜，伺机尾随骑自行车或摩托车上下班的女工，然后乘前后无人之机，从左侧加速追至并排，伸左手抓摸妇女乳房后即很快逃离。先后作案十余起。

2. 分歧意见

在本案中，对倪某的行为应当如何定性，存在着以下三种不同的观点：

第一种观点认为，倪某的行为构成寻衅滋事罪。其理由是：倪某的行为虽然是针对妇女的行为，但没有强制性，不构成强制猥亵罪，而是一种追逐、拦截他人的行为，侵犯的客体是社会管理秩序。所以，从倪某行为的特征和侵犯的客体来看，倪某的行为构成寻衅滋事罪。

第二种观点认为，倪某的行为构成强制猥亵、侮辱罪。其理由是：倪某的行为侵犯的对象是专门针对妇女的。其尾随并乘机抓摸妇女乳房的行为，是乘妇女不备的猥亵行为，妇女不知要反抗且来不及反抗，具有强制性，应当认定为强制猥亵行为。由于其尾随妇女的行为是一种追逐、拦截妇女的行为，而追逐、拦截妇女是一种强制侮辱妇女的行为，强制猥亵、侮辱罪是选择性罪名。所以，倪某的行为应认定为强制猥亵、侮辱罪。

第三种观点认为，倪某的行为构成强制猥亵罪。其理由与第二种观点中构成强制猥亵罪的理由基本相似。但认为，此行为不属于追逐、拦截妇女行为。

3. 研究结论

本书认为，对于倪某的行为，应当以强制猥亵罪定罪处罚。其理由如下：（1）倪某的行为是专门针对妇女的行为，最直接侵犯的对象是妇女。虽然其行为扰乱了社会秩序，但更是一种侵犯妇女权益的行为。倪某的行为既符合寻衅滋事罪的特征，也符合强制猥亵罪的特征，属于想象竞合犯。比较寻衅滋事罪和强制猥亵罪，明显是后者重，所以应定为后罪。（2）倪某的行为具有强制性。第一种观点认为倪某的行为不具有强制性，是简单理解了"强制"应有的含义。倪某的行为表面上是没有强制性的。一般情况下，妇女被一陌生人抓摸乳房肯定是不情愿的，倪某也是知道的。为了防止反抗，倪某采取的是一种乘人不备的方法，使妇女来不及反抗，是违背妇女意志的一种强制手段。（3）倪某的行为不是追逐、拦截行为。从字面上理解，即可知："追逐"一般是在被追逐人明知的情况下，对某人紧追不放，使被追逐人欲避让不能；或像猫抓老鼠一样，抓抓放放，玩弄他人；或用要打人抓人的架势，追赶他人，使他人害怕而惊慌失措而逃避；或靠用摩托车等机动车做出要压人的架势使人惊慌失措而避让等。现代汉语词典对"拦截"的解释是：中途阻挡，不让通过。[①]刑法上的理解一般应是故意拦住不让走；或拦住某人不让经过某地，或故意拖延他人赶往某地的时间。倪某尾随妇女并抓摸妇女乳房的行为不具有上述特征。(4)本案中倪某每起行为的情节只能算是较轻或是一般，但其连续多次在公路上乘隙猥亵妇女，严重扰乱了社会秩序和侵犯了妇女的人身权利，具有严重的社会危害性，构成犯罪，应当追究其刑事责任。

四、拐卖妇女罪

(一) 拐卖妇女罪的概念和法源

1. 拐卖妇女罪的概念

拐卖妇女罪，是指行为人以出卖为目的，拐骗、绑架、收买、贩卖、接送、中转妇女的犯罪行为。

2. 拐卖妇女罪的法源

拐卖妇女、儿童行为相关的罪名在我国可谓起源之早，我国是最早明文以立法形式来禁止贩卖人口的国家。在封建社会时期，类似的罪名就已经有相关的规定。主要起始于唐朝，在唐律《贼盗》中就规定了略卖罪，最高处绞刑，最低处流二千里。以后各个封建王朝均规定了禁止贩卖人口相关方面的罪名。可见，买卖人口的行为历史渊源之久、持续之久，也足见其危害之大。我国自古以来就非常重视拐卖人口的问题，且制定了相应的法律。但是，由于受各种因素的局限性，拐卖人口的现象并未得到彻底地肃清。

新中国成立以后，我国对拐卖人口犯罪一直采严厉打击之势，随着社会稳定和司法严厉打击，拐卖人口犯罪得到了遏制。1978年开始改革开放，随着经济的快速增长，中西部经济发展差距与社会贫富差距拉大，使人口买卖

---

① 中国社会科学院语言研究所词典编辑室编：《现代汉语词典》，商务印书馆2005年版，第810页。

有了旺盛的市场需求，拐卖人口所得的巨大经济利益使得拐卖人口的犯罪行为在全国范围内愈演愈烈、日益猖獗，严重损害了人民的合法权益，造成了极其恶劣的社会影响。为此，我国 1979 年《刑法》第 141 条规定了拐卖人口罪，并规定了最高的量刑幅度，即 5 年以上有期徒刑。从某种程度上来说，量刑幅度着实显得比较低下、惩罚力度不大。但与此同时，不可否认的是，这也是新中国首次以立法形式确立拐卖人口罪。其里程碑式的意义也标志着法律对拐卖罪的正式宣判。

随后，社会形势的复杂、变化多端，拐卖人口犯罪的现象也随之越发的严重。为应对这一困难局势，1983 年 9 月 2 日全国人大常委会专门通过了《关于严惩严重危害社会治安的犯罪分子的决定》，加大了刑罚的处罚力度，把法定最高刑提升至死刑，对犯罪分子予以严厉打击。与此同时，为了在司法实践中正确适用法律，严厉打击拐卖人口行为，1984 年，最高人民法院、最高人民检察院、公安部联合颁布了《关于当前办理拐卖人口案件具体应用法律若干问题的解答》，该解答明确规定了拐卖人口罪中"情节严重"的行为以及"情节特别严重"的行为，同时详细列举了拐卖人口犯的多种处刑情况及划分拐卖人口罪同某些近似的犯罪、违法行为的界限等，着实给日后的司法实践带来了一系列的便利。

在现实生活中，虽然法律给予了明确的禁止，但拐卖人口的犯罪率仍居高不下，拐卖人口的犯罪行为并未真正得到有效遏制。相反，拐卖妇女和儿童的犯罪行为却愈演愈烈、尤其突出。为了解决这一现实问题，实现保护妇女、儿童的合法权益的最大化，1991 年 9 月 4 日全国人大常委会又通过了《关于严惩拐卖、绑架妇女、儿童犯罪分子的决定》，该决定作出了重大修改补充，主要是针对拐卖人口罪的某些方面的规定，如新增了拐卖妇女、儿童罪，把绑架妇女、儿童罪单独规定为一个新的罪名等。此时，刑法中拐卖妇女、儿童罪与拐卖人口罪并存的局面开始形成。这一决定虽然有利于保护妇女、儿童的权益，但是在立法上却使得对一些行为的重复定罪，也有其不合理之处，给具体的司法实践带来了混乱，使得此罪与彼罪的区分相混淆。为解决这一难题，1992 年，最高人民法院、最高人民检察院在拐卖决定的基础上颁布了《关于执行〈全国人民代表大会常务委员会关于严惩拐卖、绑架妇女、儿童的犯罪分子的决定〉的若干问题的解答》（以下简称"两高"《解答》），该解答为进一步正确认识拐卖妇女、儿童行为提供了法律依据。同时，"两高"《解答》中，确定了构成拐卖妇女、儿童罪的具体几种情形，对现在仍有着重要的理论和实践意义，有利于司法实践中正确区分罪与非罪以及此罪与彼罪的界限。

在1997年刑法中，只规定了拐卖妇女、儿童罪，取消了拐卖人口罪，至此拐卖人口罪与拐卖妇女、儿童罪并存的局面彻底结束。此外，还取消了绑架妇女、儿童罪，将有这类犯罪特征的行为统一归类为拐卖妇女、儿童罪中，并作为本罪的加重情节。另外也将"偷盗婴幼儿"的行为吸纳到拐卖妇女、儿童罪中，也作为本罪的加重情节之一，实施加重处罚；还将拐卖妇女、儿童罪定义为：拐卖妇女、儿童是指以出卖为目的，有拐骗、绑架、收买、贩卖、接送、中转妇女、儿童的行为之一的。此定义将本罪的既遂标准从出卖提前到上述任何一个行为的完成，加大了打击力度；还赋予"绑架罪"一个独立的罪名，即只要以勒索财物为目的，进而实施绑架他人的行为，则以"绑架罪"定罪处罚。至此，拐卖妇女、儿童罪的侵害对象就仅限于妇女和儿童。

（二）拐卖妇女罪的构成特征

1. 客体特征

任何一种行为之所以被法律所禁止、摒弃，称之为犯罪行为，其必然是违反了法律所保护的某种关系、侵犯了法律所保护的合法利益。在我国刑法学界，关于本罪所保护的法益主要有以下几种观点：（1）妇女的人身不可买卖的权利；[1]（2）被拐卖妇女的人身自由和人格尊严；[2]（3）妇女的人身自由和人格尊严，同时破坏了他人的婚姻家庭关系；[3]（4）他人的人身自由

---

[1] 高铭暄、马克昌：《刑法学》，北京大学出版社、高等教育出版社2000年版，第468页。
[2] 肖中华：《侵犯公民人身权利罪》，中国人民公安大学出版社2003年版，第289页。
[3] 赵秉志：《刑法新教程》，中国人民大学出版社2001年版，第635页。

权利；[1]（5）他人的人格尊严。[2]

犯罪的本质是对法益的侵害[3]，鉴于拐卖妇女罪的最本质特征，笔者同意第五种观点，即本罪所侵犯的法益是他人的人格尊严，理由如下：

第一，认定拐卖妇女罪所侵犯的法益是他人的人身自由不够全面。我国宪法明文规定了每一位公民都享有其人身自由。人身自由权是每一位公民神圣而不可侵犯的权利。在拐卖妇女罪中，犯罪行为人采取暴力、胁迫、欺诈等方式将妇女拐骗、绑架、收买、中转、接送等，将其处于行为人的控制之下，其必然剥夺或限制了妇女的人身自由，但这种限制剥夺并非拐卖妇女罪行为人的拐卖行为的特性。[4]在一些具体的司法实践中，一些被害人出于金钱、工作等目的往往自己主动要求被拐卖，而被害人同时具有一定的控制能力和辨认能力。因此，从此种程度上来说，很难将该行为认定为侵犯了其人身自由。另外，拐卖妇女罪的目的一般是将被害人进行贩卖，剥夺或限制其人身自由只是为达此目的的一个环节，贩卖过程中必然侵犯了被害人的人格尊严，这时若仅仅认定为侵犯了人身自由未免太过武断，有片面之嫌。

第二，认定拐卖妇女罪所侵犯的法益包括他人的婚姻家庭关系有失偏颇。家庭婚姻关系毫无疑问只是本罪所发生的一个伴随结果，一般来说，拐卖妇女的犯罪活动必然会造成一定的危害结果，如妻儿被拐卖势必会破坏了家庭的完整性和幸福感，对婚姻关系和抚养关系造成了一定的影响。但其只是该罪的危害结果，而并非本罪的侵犯客体，如强奸罪所侵犯的客体是被害人性的不可侵犯的权利，基于传统道德观念的束缚，被害妇女在被犯罪行为人实施强奸行为后，其丈夫往往会因此而冷落，心里有很大的阴影，从而导致双方之间产生矛盾，进而影响到彼此间的婚姻关系。但是，刑事理论和司法实践中并未将婚姻关系认定为强奸罪的侵犯客体。可见，客体与危害结果是不可同日而语的。

第三，人身不可买卖的权利并非拐卖妇女罪所侵犯的权利。人身不可买

---

[1] 周道鸾：《中国刑法分则适用新论》，人民法院出版社1997年版，第366页。
[2] 赵秉志主编：《刑法争议问题研究》，河南人民出版社1995年版，第277页。
[3] 张明楷：《法益初论》，中国政法大学出版社2000年版，第196页。
[4] 赵秉志主编：《侵犯人身权利犯罪疑难问题司法对策》，吉林人民出版社2001年版，第278页。

卖性是站在国家政策立场上的一种说法，认为人不是商品，不能像普通商品一样进行买卖。但是"人身不可买卖性"只是国家政策的一种规定，并非法律所规定的某项权利。将其认定为本罪所侵犯的法益很难自圆其说，缺乏法律依据。

第四，人格尊严权反映了拐卖妇女罪的最本质特征。在现代文明高度发达的社会，人格尊严日益受到重视。人权呼声的高涨，从某种层面上来说就是对重视人格尊严的一种很好诠释。人格尊严权是最基本的人权之一。人格尊严，是指人之所以为人而与生所具有的一种为社会和他人尊重的最基本的社会地位。[①]这也与我国宪法精神相一致，2004 年宪法修正案中，"国家尊重和保障人权"已经写入宪法，同时也与以人为本的和谐社会相得益彰。而在拐卖妇女罪中，"出卖"的犯罪目的是构成本罪必不可少的主观要素，将人当作商品一样进行买卖，无疑是对人格尊严的重大践踏。

综上所述，拐卖妇女罪的社会危害性根本体现在将"人"作为商品进行交易，严重侵犯了"人之为人"的人格尊严权。在拐卖过程中，必然会侵犯他人的人身自由、破坏他人的婚姻家庭关系，这些是本罪的伴随结果，但是，不可否认人身自由、家庭婚姻关系以及人身不可买卖的权利都不能周延犯罪行为所包括的所有情形。而在我国的拐卖妇女罪中，"出卖"是其最严重的危害形式，"卖"是其构成要件行为，即使实施诱骗等行为，也是以出卖他人为目的。出卖他人的行为，则无论如何都是对他人人格的贬低和践踏，与此同时他人的人格尊严是本罪所侵犯的法益，也必然会是情理之中。

2. 客观特征

本罪的客观方面表现为以出卖为目的，有拐骗、绑架、收买、贩卖、接送、中转妇女行为。拐骗，是指行为人用虚假事实表述或掩盖事实真相，或者用各种实惠好处为诱因，使用强制或非强制性办法使受害者脱离家庭或监护人，脱离原居住地的行为。[②]多表现在行为人谎称为受害者找工作，赚大钱、跨地区旅游以开阔眼界、介绍异性朋友，夸大宣扬外省市比现居住地更

---

① 刘宪权主编：《打击拐卖人口犯罪的法律对策》，上海人民出版社 2003 年版，第 110 页。
② 郭敏：《浅析拐卖妇女、儿童罪》，载《法治视野》2009 年第 5 期。

为优厚的经济和生活环境，致使受害人思想麻痹并作出错误决定，最终脱离家庭或居住地。绑架，是指行为人使用暴力、威胁或麻醉等手段，致使受害人不知反抗、不能反抗、不敢反抗并脱离监护人或居住地。其中暴力手段指对受害人实施殴打、束缚、强行抱走或架走等身体强制办法，威胁是指对受害人采取精神层面上的压制恐吓，致使妇女心理产生恐惧而不敢反抗，多为暴力威胁。麻醉手段是指行为人采用注射，引诱服用麻醉食品或药品、灌酒等方法致使受害人完全或部分丧失大脑机能，处于昏迷或昏睡状态而没有意识进行反抗。在此应该注意一点，上述的拐骗和绑架，是犯罪主体为达到出卖妇女目的而采取的行为手段，与拐骗罪和绑架罪性质不同。仅仅是主观故意不同，行为方式和客观方面完全相同，却构成性质不同的两个罪名。接送、中转是指行为人提供临时场所得以安置被拐卖妇女；运输受害人至特定地点并送达特定的接应人或者隐藏、看守、转移受害人等中介行为。行为人主观方面应为明知，笔者认为也包括间接故意的心态。通常情况下，接送或中转的行为人客观上没有实施拐骗、绑架、收买、贩卖妇女的行为。但是他们主观上却有帮助他人出卖的直接故意，学界有争议的地方在于，负责接送、中转的行为人在客观方面没有出卖的实行行为，只是为出卖的主行为人提供帮助，或其他便利条件，是构成共同犯罪的帮助犯，还是单独构成此罪的正犯（实行犯）。笔者认为，两种观点的差异是由于对"拐卖妇女罪"概念的不同理解所致。前者将拐卖作狭义的理解，认为拐卖就是出卖行为。而后者是对拐卖作广义的解释。既然我国刑法分则中已经对该罪以叙明罪状的方式作出了解释，所以接送或中转的行为应作扩大解释，只要以出卖为目的，就是拐卖妇女罪的实行犯即正犯。但如果行为人没有出卖或帮助他人出卖的目的，只是在客观方面表现为接送、中转的行为，是否可以推论出行为人不构成犯罪，值得商榷。收买是指行为人以出卖为目的，从他人手中将妇女买入，等待出售的行为。如果行为人购买妇女是为了与之形成结婚、收养关系，并且购买前明知妇女是被拐卖的，那么行为人不构成此罪，而构成收买被拐卖妇女罪。如果收买时并不知情，则不构成犯罪。有些学者将收买理解为低价购入并期待赚取高额差价的行为。[①]笔者认为有失偏颇，以出卖为目的，不代表必须包含以营利为目的。贩卖是指，行为人将受自己控制的妇女卖出获取钱财或其他利益的行为。

这里需要讨论的问题是，违背被害人的意志是否为本罪客观要件。对此，目前理论界有肯定说与否定说。

肯定说认为，拐卖妇女、儿童罪必须以违背被害人的意志为必要，肯定说中一般又分为两种观点。一种观点认为，人身自由权是拐卖妇女、儿童犯罪所侵犯的客体，行为人通过诱惑、胁迫、欺骗等种种手段，把被拐妇女、儿童像商品一样进行交易的前提必须是违背了他们的真实意志，但需特别注意的是不能简单的以被拐卖妇女、儿童是否同意作为是否违背他们真实意志的标准。此观点把被害人意志和被害人同意区别开来，两者意思并不等同，也就是说被害人同意被出卖并不能代表被害人愿意被卖的意志，就像生命权不能承诺放弃一样，而需要根据当时所处的具体情况、具体环境来进行综合分析和判断。当被拐卖妇女受到较强的强制时，应当认定被害人并未作出真实的意思表示其同意被卖，而是在犯罪分子的强制力压制控制的情况下实施的迫不得已的行为。例如，某妇女 A 被拐骗之后虽发现了被拐这一事实，但由于害怕遭到不法分子的毒打且慑于不法分子人多势众的情况下，为了暂时保护自己的安危而在被卖时作出了同意被卖的意思表示。此种情况下的被害人同意的意思表示无疑是不能体现其真实意志的。以上情况一般发生于被害妇女被拐之后，在不法分子的强制力下出于一定情有可原的理由而同意被卖的是不能把这种同意当成被拐妇女的真实意志的。然而当被拐妇女没有受到不法分子控制和压迫时，而是出于本人真实的意愿要求被卖的，应认定为被拐妇女的真实意志。例如，某妇女 B 由于生活比较贫困，希望走出大山去外面嫁个经济条件稍好的家庭，而积极要求将其卖出。在这种情况下，因为是被拐妇女的真实意愿，可以看成一种相亲的行为，而不宜认定为构成拐卖妇女罪。另一种观点认为，拐卖妇女、儿童犯罪通常以"违背被害人的意志"为构成要件，因为这类犯罪的手段毕竟是"拐卖"，若不以"违背被害人的意

[①] 王作富主编：《刑法分则实务研究》，中国方正出版社 2006 年版，第 931 页。

志"为必要条件,将无法体现出"拐卖"行为的实际特征,而变成了"出卖"行为。"违背被害人的意志"为"显性条件",就算刑法没有明文规定但也应该注意理解的条件。[①]张明楷教授认为,在现实生活中,一些妇女因为生活贫困等原因,愿意甚至主动让他人将自己出卖,出卖者的行为原则上是不构成拐卖妇女罪的。

否定说认为,法律必须维护公民最基本的人身权利和尊严,不能将人作为特殊商品进行买卖,即便被拐妇女出于某种自身的原因,同意将自己出卖,没有违背她们的真实意志,也不能改变这种行为的犯罪性质,只要以出卖为目的且实施了拐卖妇女、儿童的行为,就应定拐卖妇女、儿童罪。[②]拐卖妇女、儿童的行为并不以违背被害人的意志为前提。这种观点认为被拐妇女是不可能作出真正同意的意思表示的,人身的买卖不能由她们说了算,不可能发生不违背被害人意志的情况。从维护人的尊严和保护人权的角度出发,应推定一切的拐卖行为都是违背了被拐妇女的意志的,这样就可以合理解释为什么即使被害人同意将其出卖,而行为人仍然构成拐卖妇女、儿童罪的原因。否定说虽然从公民的人身权利和人格尊严出发对在拐卖妇女儿童的行为中被害人的意志进行分析,认为本罪的构成不以被害人意志为必要条件,却没有对被害人同意与被害人意志进行区分,有着一定的局限性。

本书认为,人格尊严权是本罪要保护的法益,人格尊严权是不能进行交易的,"人不是商品,也不应被视为商品,买卖人口,不管是买卖男人、女人、老人抑或儿童,从根本上都是对人格尊严和基本人权的侵犯,为现代文明社会所不容"。[③]人格尊严权就像生命权一样超出了个人法益,不能自主选择,就算被拐妇女同意也不能将这种行为排除在犯罪之外。虽然从人身自由权的角度来看,现实生活中也可能存在不违背被拐妇女意志的少数特殊情况,如被害人真心情愿,不排除甚至积极主动地要求别人把自己卖了,如果说这样违背了被害人的意志是牵强的、无理的,但同样不能排除其社会危害性。

[①] 刘嘉洛:《拐卖妇女、儿童罪中被害人意志》,载《法制与社会》2011年第7期。
[②] 刘嘉洛:《拐卖妇女、儿童罪中被害人意志》,载《法制与社会》2011年第7期。
[③] 赵俊甫、孟庆甜:《关于修改〈刑法〉收买被拐卖妇女儿童犯罪相关条款的思考》,载《公安研究》2014年第2期。

被害人同意仅仅排除了法秩序规定的法益享有人所具有的处置权以内的伤害行为的违法性。因为，这里仅仅涉及他本人自身的利益，而没有涉及他人或其他公众的利益。理论上，由于被害人的同意意思表示能够阻却违法，必须具备"被害人的同意是出于有益于社会的意图"的条件。但被拐妇女同意不法分子将自己当作特殊商品进行交易，不仅践踏了人权，更不符合公序良俗。因为不管怎样，将人作为特殊商品进行随意买卖，事实上无疑侵犯了人格尊严权，在落实保障人权、尊重人格尊严的现代社会，是不能容忍这种行为存在的，应当认定为犯罪。但要注意的是"自愿被卖"与"违背被害人意志"的社会危害性根本不同，要体现出"宽严相济"的刑事政策，保护不法分子的权益，量刑时就应该加以区别对待。有学者认为妇女自愿被卖虽不能免除拐卖者的刑事责任，但可以在量刑时考虑从轻处罚。因此，在妇女作出自愿被卖甚至积极主动要求被卖的真实意思的表达情况下，如前面所提到的有的妇女因家庭生活困难或在家中受虐待、家庭暴力等不堪忍受精神上的折磨而急于脱离自己的家庭，主动地让他人将自己拐卖，让自己生活得更加美好，也无可厚非。所以，对犯罪分子也应当从轻处罚。

3. 主体特征

本罪的主体为一般主体，凡是年满 16 周岁，具备刑事责任能力的自然人均可以成为本罪的主体。但有一点需要注意，14 周岁以上不满 16 周岁的人实施拐卖妇女、儿童的犯罪行为，如果同时伴随有强奸、故意杀人、故意伤害致人重伤或死亡情节的，虽然行为人不构成拐卖妇女、儿童罪，但仍然需要承担强奸罪、故意杀人罪、故意伤害罪的刑事责任，其法律依据是全国人大法工委曾给最高人民检察院答复:《刑法》第 17 条第 2 款规定的八种犯罪，是指具体犯罪行为而不是具体罪名。

4. 主观特征

本罪的主观方面只能是直接故意，并且是具有出卖的目的。实施接送、中转行为的犯罪主体在主观上虽然没有将受害人直接出卖的目的，但却有帮助他人出卖的目的，这并不影响本罪的成立。如果行为人将成年男性误认为是男童，或者将"两性人"误认为是妇女，如何界定行为人的主观故意对正确定罪起着至关重要的作用。笔者认为，拐卖成年男性及"两性人"的行为可以根据行为人的主观是否为明知分为两种情形：一种情形是行为人确实不知受害人的实际年龄或身体存在特殊体质，这里的"不知"排除直接故意和间接故意。比如说由于受害男性身体发育晚熟，行为人对其侵犯时错误认为是儿童，且在一般人的眼中大多数会直观感觉对方为儿童，在这种条件下，行为人对其实施了拐卖行为。这样的情形在刑法理论中称之为事实认识错误，就是行为人的认识事实和实际发生的事实不一致，即行为人对自己行为后果有不正确的认识。上述对受害人年龄或特定体质的错误认识属于事实认识错误中的对象错误。刑法学界又将事实认识错误根据错误是在同一犯罪构成之内还是横跨不同的犯罪构成，将其分为具体事实认识错误和抽象事实认识错误。首先，具体符合说的观点不能在此运用，因为它要求认识的事实和实际发生的事实具体细节上必须完全一致，否则行为人不成立故意犯罪。受害人的年龄或特殊体质肯定事先未被行为人认识，行为人想拐卖儿童却拐卖了成年男性，行为人想拐卖妇女却拐卖了"两性人"。这种认识上的偏差否定了细节一致。行为人的拐卖行为已经侵害了受害人的人身权益，如果按照无罪处理并不妥当。其次，法定符合说的观点也同样不能适用，因为它要求认识的事实和实际发生结果要在法定范围内即犯罪构成范围内一致，可是拐卖成年男性或"两性人"的行为在我国刑法分则中没有规定，"法无明文规定不为罪"，这已从前提条件上否定了法定符合说的实际运用。最后，我国刑法学界将此问题归纳到犯罪未遂中的对象不能犯未遂是当前比较稳妥的司法实务认定。犯罪未得逞是犯罪未遂成立的必要条件之一，比照犯罪既遂的"构成要件齐备说"通说观点，本罪的犯罪未得逞就是犯罪行为没有具备拐卖儿童罪的犯罪构成全部要件。也可以进一步理解为没有实现行为人所追求的、作为本罪的犯罪构成要件：出卖妇女儿童的危害结果。此处的危害结果应该限定为狭义的危害结果，是对刑法分则中规定的本罪所保护的对象造成的现实侵害。另一种情形是行为人明知或应知受害人为成年男性或"两性人"而有意进行拐卖行为。按照当前的司法实务，如果行为人在拐卖过程中同时伴有对特定受害人的绑架等限制人身自由的情节，可以按照非法拘禁罪论处。

（三）拐卖妇女罪的司法认定

1. 本罪与非罪的界限

关于本罪与非罪的界限主要应弄清拐卖妇女罪与以介绍婚姻索取财物行为之间的界限。在当下经济一体化，市场全球化的大背景下，中国的人口迁徙、商品和资本的流通成为改革开放以来我国社会发展的主要标志。人口迁徙有多方面的表现方式，婚迁是其中之一。现实中常有经济较发达地区的人以为本地区未婚男女介绍朋友，促成婚姻为由，来到偏远山区或其他经济不发达地区有目的地搜寻"目标"，大多数情况下行为人与两地双方当事人直接或间接相识，甚至为亲朋关系。行为人将未婚女性带回需求地并安置在男性家中后，向"婚姻需求方"索取辛苦费、劳务费、路途费、酬金或其他礼物作为对其劳动的等价交换。上述行为是否构成拐卖妇女罪，笔者认为需要根据行为人的主观意图而定。如果有些人主观上出于好意或显示自身能力或其他目的，给双方未婚男女建立联系的机会途径，甚至从外省直接将男方带至女方居住地以便相识，最后促使女方完成跨地域婚迁，此时行为人向"需求方"即男方索要一定酬金、好处费等名义费用的，不能与拐卖妇女罪混为一体。拐卖妇女罪成立的主观要件中，行为人以出卖为目的是必不可少的，也就是说无论行为客观上以何种表现形式，只要有出卖的目的，均构成此罪。现实案例中，经常有行为人打着介绍婚姻的幌子，用欺骗的方式将妇女从家庭中脱离，[①]带入"买方"手中，并向买方索取钱财或其他物质利益。此处的财物实质上是作为被拐妇女的身价交换，而非婚姻介绍费或其他好处费。拐卖妇女罪与通过介绍婚姻为名索取财物行为的区别主要有以下几个方面：（1）前者通常违背妇女的意志，强制"婚迁"，而后者是经过妇女的认可自愿同意婚迁。但也有一点需要注意，前者也有以拐骗方式，使被拐妇女产生错误认识，实质上仍为违背妇女的意志的犯罪行为。前者中即使被害人最终同意成立婚姻关系，也大多出于对陌生环境的恐惧或对既成事实的屈服等主客观原因。此时拐卖行为已成既遂状态，不影响犯罪的成立。而后者，婚姻

---

① 李海燕：《论拐卖妇女罪之妇女自愿》，载《法制时空》2010年第4期。

关系的决定权还是掌握在妇女本人的手中。（2）前者通常表现为行为人用花言巧语进行欺骗，使被害人脱离家庭或居住地并加以出卖。陈述的虚假内容与真实情况相差迥异。后者大多表现为行为人如实向妇女表明男方的个人及家庭条件与婚迁地环境，虽然可能其中会有一些虚假不实之词，但说明的情况一般都是真实的，不实的地方也不是出于行为人最终控制被害妇女并予以出卖的目的，而是为积极促成婚姻关系的成立。（3）从索取或收取财物的性质上来看，前者中行为人获取的利益就等同于被害人的身价，普遍数额较高，而后者索取的财物是答谢、酬谢的性质，数额普遍偏低，多表现为路途费、好处费、中介费等形式，后者也可能存在数额较高的情况，但财物本质上不是被害人的身价。前者中索取财物的行为涉及的是妇女的人身不可买卖性，而后者涉及的是男方家庭的财产权益。

2. 此罪与彼罪的界限

（1）本罪与绑架罪的界限

绑架罪，是指行为人以勒索财物为目的绑架他人，或以勒索财物为目的偷盗婴、幼儿，或者绑架他人作为人质的行为。在绑架罪中，绑架妇女的行为往往与拐卖妇女罪中的绑架妇女的行为相混淆，两者主要存在以下区别：第一，主观目的不同。前者的主观目的是将被害人出卖；而后者的主观目的则是向被绑架人的近亲属或他人勒索财物或者绑架妇女作为人质。第二，犯罪对象不同。前者的犯罪对象具有局限性，仅包括妇女；而后者的犯罪对象具有广泛性，将其扩大为包括妇女在内的任何自然人。第三，获取财物的渠道不同。前者的渠道主要是将被害人置于自己的控制之下，进行贩卖而获得财物；而后者则主要是通过向被害人以外的亲属或单位勒索获得。

在具体的司法实践中，拐卖妇女罪与绑架罪的认定基本一致，但也存在部分争议，主要集中在罪数形态方面，如肖中华教授在其所编著的《拐卖妇女、儿童罪基本特征的认定》中认为，当犯罪行为人在实施绑架行为时勒索财物不成或者又提出一些非法要求未达到其终极目的后，又将被害人进行出卖的，在此种情形下，犯罪行为人应以绑架罪和拐卖妇女罪实行数罪并罚。但是，赵秉志教授却认为，对于上述这种情况不应实行数罪并罚，只需将其作为拐卖妇女罪的加重处罚情节,从而施以相应的加重处罚即可。[1]在这里,笔者同意肖中华教授的观点,原因在于:首先,从绑架罪的犯罪类型来说,绑架罪是一种行为犯,即一旦行为人实施了绑架行为,将被害人置于自己的实际控制之下,该行为即告既遂,而不管行为人是否成功利用被害人的威胁获得财物,达到行为人的终极目的。而对于行为人绑架妇女,进行勒索财物未得逞或提出的不法要求未实现时,因行为人已将绑架行为实施完毕,则该行为即告既遂,行为人若又将妇女出卖的,则必然是又实施了另一新的行为,理应受到刑法的再次评价,前罪与新罪应数罪并罚。其次,绑架妇女的目的是出于勒索财物,而拐卖妇女罪则是以出卖为目的,二者目的不同不可能构成刑法理论上的牵连关系。因此,也不存在从一重或加重处罚的问题。

（2）本罪与协助组织卖淫罪的界限

在实践中,拐卖妇女的犯罪分子在利益的驱使下,手段越来越残忍,完全不顾及被害人的人身安全及其他人身权利。在犯罪过程中,常常诱骗、强迫被拐卖的妇女卖淫或者将被拐卖的妇女卖给他人迫使其卖淫,现行刑法将这一行为规定为拐卖妇女罪的加重情节。其表现形式上与协助组织卖淫罪存在某些相似之处,如均有诱骗强迫妇女卖淫等现象,必须加以正确区分。第一,犯罪客体不同。前者侵犯了被害人的人格尊严以及人身自由和身心健康;后两者主要侵犯的是社会主义的道德风尚。第二,主观目的不同。前者以出卖为目的;后两者不以营利目的为必要要件且也无出卖目的。第三,犯罪对象不同。前者仅限于妇女;而后者对象中,1992年12月11日最高人民法院、最高人民检察院《关于执行〈全国人民代表大会常务委员会关于严禁卖淫嫖娼的决定〉的若干问题的解答》明确规定了"组织、协助组织、强迫、引诱、容留、介绍他人卖淫中'他人'主要指女人,也包括男人"。第四,行为方式不同。前者主要是通过诱骗和强迫手段使得妇女进行卖淫,且妇女均是基于非自愿;组织卖淫的行为人则主要是通过招募、雇佣、引诱、容留等方式,且卖淫者一般为自愿,协助组织卖淫的行为人则是通过充当打手等形式为组织者提供协助、帮助。第五,行为人是否与组织卖淫人系共犯不同。协助组

---

[1] 赵秉志主编:《侵犯公民人身权利、民主权利罪》,法律出版社2001年版,第175页。

织卖淫人与组织卖淫人本是共同犯罪，刑法将从犯的帮助行为正犯化，专门规定罪名认定。故，如查明行为人与组织卖淫人未形成共犯关系，则构成拐卖妇女罪，如张某是承包某酒店的承包人，因酒店生意清淡，张某招募数名妇女控制其从事卖淫活动，李某、王某得知张某还需要卖淫妇女，李某、王某以雇佣保姆名义骗得两名妇女带到张某酒店，张某给李某、王某二人3000元钱。因事前或事中李某、王某并未与张某共谋，二人不属于张某组织卖淫罪共犯，李某、王某构成拐卖妇女罪而非协助组织卖淫罪，如果是受张某之托，专门为其找寻妇女获好处，则构成协助组织卖淫罪而非拐卖妇女罪。以上区别中，此点是最本质的区别。

（3）本罪与诈骗罪的界限

两罪的区别较为明显。前罪的表现方式之一是行为人编造虚假事实，隐瞒真相以骗取受害人或其亲属的信任从而实际控制受害人的人身并最终予以出卖。后罪的表现方式为行为人捏造不存在的事实，隐瞒客观存在的真相，骗取收买人信任，使其主观陷入错误认识，并自愿交出财物给行为人。显而易见，前罪中行为人虚构事实是为了掌控他人的人身自由，通过出卖他人人身最终获得财物。而后罪中行为人虚构事实是为了直接骗取财物的所有权。所以说，拐卖妇女、儿童罪侵害的客体之一是被害人的人身自由权利，而诈骗罪侵犯的客体是唯一客体，即他人财物的所有权。在现实中经常出现以下案件，"拐卖"行为人与妇女相互勾结，事前共谋后，以妇女的人身做诱饵，将妇女"出卖"给他人，等到取得对价钱财后，带领妇女按计划逃离，造成收买人的人财两空。上述行为在现实中也被称为"骗婚"行为。这种手段俗称为"放飞鸽"，又叫"放小鹰"，实质上行为人与妇女分别扮演了人贩子和被拐妇女的虚假角色，对收买人隐瞒了事实真相，获得收买人信任后使其自愿交出"人妻"对价的财物。行为人与妇女通常情况下都达到了刑事责任年龄，具备刑事责任能力，主观方面出于共同的犯罪故意，在行为上分工负责，互相配合，形成统一犯罪整体，构成诈骗罪的共同犯罪，均为共同正犯。但也不排除假如妇女为精神病患者，不承担刑事责任能力，那么只由行为人即"拐卖者"单独构成诈骗罪。

3. 本罪的共犯问题

在刑法理论上，共同犯罪是指二人以上共同故意犯罪。共同犯罪的主体，必须是两个以上达到刑事责任年龄、具有刑事责任能力的人和单位。要构成共同犯罪还要有共同的犯罪行为，即各行为人的行为都指向同一犯罪，互相联系、互相配合，形成一个统一的犯罪活动整体。从犯罪的主观方面来看构成共同犯罪必须是两人以上具有共同的犯罪故意。

共同的故意和二人以上的人数界定相对比较容易。问题主要在于对拐卖妇女罪共同犯罪行为的界定。从以上共同犯罪行为的概念中可以看出，要构成共同犯罪必须是在一个犯罪中。因而判定拐卖妇女罪是继续犯还是状态犯就显得尤为重要。对拐卖妇女罪的客体认识不同会导致对其是状态犯还是继续犯的判断不同。如果认为本罪侵害的合法权益是监护关系，就很容易得出结论认为其是状态犯。如果认为本罪侵犯的是人身自由，则很容易得出结论认为是继续犯。[1]在日本刑法上，对于略取、诱拐罪历来存在着以上两种观点的对立，但通说的观点认为本罪应属于继续犯。[2]但是，即使是在立法例上采取明确区分妨害家庭犯罪的略诱、和诱罪和妨害自由犯罪的略诱、和诱罪二分制的我国台湾地区，主流的观点仍然认为该罪是继续犯。[3]笔者比较赞同继续犯的观点。笔者认为，本罪的客体是被拐卖妇女"人之为人"的人格尊严，行为人拐取妇女之后，只要是被害人仍然在行为人的实力支配之下，不仅客体的侵害状态仍然存在，而且对客体侵害的行为本身也仍然在继续，因而拐卖妇女罪应当属于继续犯。由此可以说，只要两人以上，具有共同的出卖妇女的目的，实施了《刑法》第 240 条所规定的行为方式中的一种行为或几种行为，就应该构成拐卖妇女罪的共同犯罪。另外，以出卖为目的，教唆他人拐卖妇女的，也应构成拐卖妇女罪的共同犯罪，这种情况属于共同犯罪中教唆犯的情况。除此之外，以出卖为目的，帮助他人拐卖妇女的，也应构成拐卖妇女罪的共同犯罪，这种情况属于共同犯罪中帮助犯的情况。仔细分析，拐

---

[1] [日]木村龟二主编：《刑法学词典》，顾肖荣、郑树周译，上海翻译出版公司 1991 年版，第 648 页。
[2] [日]大谷实：《刑法各论》，黎宏译，法律出版社 2003 年版，第 70 页。
[3] 曾荣振：《刑法总整理》，台北三民书局股份有限公司 1998 年版，第 270 页。

卖妇女罪规定的六种行为方式中的接送、中转等行为方式也属于严格意义上的帮助行为，但刑法为了强调拐卖妇女罪的严重社会危害性将这两种行为也规定到刑法中，使其上升为实行行为。因而，此处的帮助行为则只能是除接送、中转之外的帮助行为。

4. 本罪的罪数问题

在拐卖妇女犯罪过程中，往往易伴随着其他违法犯罪行为的发生，如对被拐卖的女性实施奸淫或强迫其卖淫，根据《刑法》第240条之规定，该行为只作为拐卖妇女罪从重处罚的特别情节，而不构成强奸罪或强迫卖淫罪，不实行数罪并罚。尽管这种规定的科学性值得探讨，但适用时却必须严格遵守。但是，如果行为人在拐卖妇女过程中，对被拐卖妇女进行强制猥亵、侮辱，是否构成强制猥亵、侮辱罪，实行数罪并罚。二者相比较，奸淫行为、强迫被拐卖妇女卖淫的行为比强制猥亵、侮辱行为更为严重，那么既然奸淫行为、强迫卖淫行为都不再定罪，按照"举重明轻"原则，是不是就可视为强制猥亵、侮辱妇女行为，也不再另行定罪。对此，笔者持否定意见。首先，刑法并没有明文规定强制猥亵、侮辱妇女行为是拐卖妇女罪的"严重情节"之一，若以普通情节处之，则显然会轻纵罪犯；其次，行为人所实施的拐卖妇女行为和强制猥亵、侮辱妇女行为均构成犯罪时，两者之间并无牵连、想象竞合及吸收关系，符合数罪特征，故应数罪并罚。

5. 本罪的停止形态问题

关于本罪既遂、未遂问题，主要有以下几种观点：

第一种观点认为，拐卖妇女罪是行为犯，只要行为人实施了拐骗、收买、贩卖、接送、中转行为之一的，就构成既遂；不论被害妇女是否被出卖，行为人的目的是否实现，都不影响本罪既遂状态的成立。[1]

第二种观点认为，应以犯罪分子是否把受害人贩卖出去作为区分该罪既遂、未遂标准，已贩卖出去的是犯罪既遂，因犯罪分子意志以外的原因而未能将受害人贩卖出去的属于犯罪未遂。[2] 无论是拐卖妇女、儿童的单独犯罪还

---

[1] 赵秉志：《中国特别刑法研究》，中国人民大学出版社1997年版，第688-689页。
[2] 郭立新、杨迎泽主编：《刑法分则适用疑难问题解》，中国检察出版社2000年版，第162页。

是共同犯罪，也不论是犯罪由哪个法定的实行行为组成，拐卖妇女、儿童罪的既遂与未遂的区分标准是统一的，只能是以妇女、儿童是否被出卖给他人为标准。①

第三种观点认为，拐卖妇女罪的既遂、未遂应根据不同阶段行为的特点来认定，犯罪分子无论实施了哪个阶段的行为都构成犯罪，但实施不同阶段的行为，其既遂与未遂的标准却不同。实施手段行为的，只要将被害人置于行为人自己的控制之下即达到既遂；实施中间行为的，应以行为人将被害人送到指定地点或交给指定人员即已脱手完成中转、接送为既遂；结果行为应以行为人将被害人贩卖出手，"所有权"转移给收买人为既遂成立，否则应认定为未遂。②

第四种观点认为，如果是一人拐卖妇女、儿童的，采取上述第一种观点较为合理；如果是共同犯罪的，则采取上述第三种观点较为合理。③

第五种观点认为，拐卖妇女罪的既遂与未遂的区分，应分两种情况来定：（1）对于单一的拐卖妇女、儿童犯罪，行为人仅将被害人拐骗到手，使其处于自己的控制之下，还不能认定为犯罪既遂，如果此时由于被害人死亡、逃跑或者行为人受到追究等犯罪分子意志以外的原因，使其未能将被拐卖的妇女卖出，应认定为犯罪未遂；如果行为人认识到了自己的罪错而主动放弃未竟的犯罪活动，则应认定为犯罪中止，只有其将被害人出卖后才是犯罪既遂。（2）对于有明确组织分工的共同犯罪，情况则有所不同，只要行为人完成了其分工范围内的拐骗、收买、接送、中转妇女的行为，不论被害人最终是否被出卖，其行为都应为犯罪既遂。如果行为人由于上述两种原因而未能完成其"分工范围"内的犯罪活动，则根据具体情况分别认定为犯罪未遂或中止。④

我国刑法学界通说认为，犯罪既遂是指着手实行的犯罪行为具备了具体

---

① 肖中华主编：《侵犯公民人身权利罪》，中国人民公安大学出版社2002年版，304页。
② 高西江主编：《中华人民共和国刑法的修订与适用》，中国方正出版社1997年版，第551页。
③ 周光权：《刑法各论讲义》，清华大学出版社2003年版，第41页。
④ 柯良栋、尉默楠主编：《关于严惩拐卖、绑架妇女、儿童的犯罪分子的决定释义》，群众出版社1992年版，第80页。

犯罪构成全部要件的情况,并根据我国刑法分则对各种直接故意犯罪构成要件的不同规定,将犯罪既遂主要分为以下四种类型:结果犯,指不仅要实施具体犯罪构成客观要件的行为,而且必须发生法定的犯罪结果才构成既遂的犯罪;行为犯,指以法定的犯罪行为的完成作为既遂标志的犯罪;危险犯,指以行为人实施的危害行为造成法律规定的发生某种危害结果的危险状态作为既遂标志的犯罪;举动犯,指按照法律规定,行为人一着手犯罪实行行为即告犯罪完成和完全符合构成要件,从而构成既遂的犯罪。[1]可见,根据刑法分则各种直接故意犯罪构成要件的不同而将犯罪既遂分为了结果犯、行为犯、危险犯和举动犯。这里有一个因果的逻辑关系,是根据具体犯罪的构成要件来判断具体的既遂类型,因此我们判断一个具体犯罪是四种类型中的某一具体类型时必须从刑法分则中规定的构成要件出发。其一,由于拐卖妇女、儿童罪的罪状表述中将单独犯罪与共同犯罪的行为方式进行了混合规定,而共同犯罪的既遂、未遂判断与单独犯罪并不完全相同,因此探讨拐卖妇女罪的既遂、未遂问题时,不能忽略这一细节问题。其二,拐卖妇女的犯罪行为社会危害性严重,各国普遍重视,连以未遂处罚为例外的一些国家,如日本,对于拐卖妇女的犯罪行为的未遂犯也处罚,因此,某一具体犯罪既遂、未遂问题不单纯是一个刑法学问题,也体现着一国对该罪所采取的态度。其三,拐卖妇女罪是否应以妇女的卖出为既遂的标准,可谓是争议之焦点。

第一种观点直接从行为犯出发,就此推出只要行为人实施了拐骗、收买、贩卖、接送、中转行为之一的,就构成既遂,有上述所说的因果逻辑颠倒的嫌疑;另外,也并没有将"接送""中转"共同犯罪中的帮助行为与诸如"拐骗"等实行行为作区分。

第二种观点将出卖给他人作为拐卖妇女罪的既遂标准,将本罪视为结果犯,但《刑法》第240条拐卖妇女罪并没有"出卖给他人"的表述。

第三种观点根据拐卖妇女过程中不同阶段中的行为特点来认定既遂、未遂问题,显然会导致共同犯罪情况下,违反共同犯罪理论,得出共同犯罪人

---

[1] 高铭暄、马克昌主编:《刑法学》,北京大学出版社、高等教育出版社2000年版,第149-151页。

既遂、未遂同时存在的荒谬结论。

第四种观点虽然作了单独犯罪与共同犯罪的区分，但仍然没有注意到"接送""中转"不可能发生在单独犯罪中。

第五种观点认为在单一的拐卖妇女罪的情况下，以被害人出卖为既遂标准，在有明确组织分工的共同犯罪中，则不以将出卖被害人为既遂标准，以完成"分工范围"内的犯罪活动为既遂的标准，同样会得出共同犯罪人既遂、未遂同时存在的荒谬结论，并且导致拐卖妇女单独犯罪与共同犯罪既遂标准的不统一。

对于《刑法》第240条的规定，应该认定是行为犯还是结果犯？刑法理论中的结果犯中的"结果"是指具体、有形的实害结果，并非指抽象、无形的结果。如果将抽象、无形的结果也视为结果犯中的结果，则行为犯与结果犯就无法区分，应为任何行为犯作为一种犯罪都会侵害到犯罪客体，造成抽象结果，从而将所有行为犯都作为结果犯看待了。[①] 故笔者认为，从其罪状表述来看，即拐卖妇女是指以出卖为目的，有拐骗、绑架、收买、贩卖、接送、中转妇女、儿童的行为之一的，并没有将被害人出卖的结果表述在内，将其认定为行为犯比较恰当。因此，只要拐卖妇女的行为完成就构成本罪的既遂。另外，构成拐卖妇女罪，要求行为人具有出卖的目的，本罪属于典型的目的犯是没有争议的，而目的犯的既遂、未遂不以目的是否实现为标准，因此不能以被害人出卖作为拐卖妇女罪的既遂标准。再者，我国1997年刑法将拐卖妇女罪从拐卖人口犯罪中分立出来单独成罪名，是为了突出现实社会拐卖妇女的严重危害性，而且拐卖妇女罪始终是严重危害社会治安的"严打"重点犯罪对象之一，因此，将拐卖妇女罪的既遂标准采取行为犯说，不以危害结果为既遂，而以刑法规定的行为之一"完成"为既遂形态，较结果犯说相应缩小了该罪的未遂范围，体现了严惩制裁的立法精神。

如此，既然将拐卖妇女罪认定为行为犯，行为犯应以行为实行到一定程度作为犯罪既遂的标准，其有一个量变到质变的过程——从不充分到实行充分的过程，那么判断行为完成的标准又是什么？有学者认为拐卖妇女罪以拐

---

① 刘宪权主编：《打击拐卖人口犯罪的法律对策》，上海人民出版社2003年版，第167页。

卖者的出卖为行为完成，即本罪行为的完成包括"拐"和"卖"两个过程，只有当"卖"的行为完成（目的的实现），才成为既遂。固然，笔者认为拐卖妇女罪的法益是人格尊严权，拐卖妇女的犯罪行为的社会危害性从根本上体现在"出卖"上。正由此有论者基于人格尊严权而认为拐卖妇女、儿童罪的既遂只能是以妇女是否被出卖给他人为标准。[1] 但是，拐卖妇女、儿童罪的社会危害性及其危害程度根本上体现于"出卖"上但并非最终决定于"出卖结果"，而且采取以出卖行为完成作为该行为犯的行为完成的标准，不利于对被害人法益的提前保护，同样也不符合严惩的立法精神。拐卖妇女的犯罪行为，简单可以描述为一个以出卖为目的，将被害人控制，然后出卖的过程。因此，拐卖妇女的犯罪行为完成的标准应该是犯罪分子以出卖为目的将被害妇女控制于自己之下即告行为完成，也即达到既遂，而由于犯罪分子意志以外的原因，没有将妇女置于自己控制之下的为未遂。结合《刑法》第240条所列手段，具体体现在，当实施的是拐卖、绑架、收买的行为时，被害人必须置于犯罪分子的实际控制之下才为既遂。当实施的是贩卖的行为时，理论界存在对"贩卖"理解的不同，一种观点认为，贩卖是指将被拐卖妇女、儿童买进再卖出的行为。[2] 另一种观点认为，贩卖是指出卖妇女、儿童以获取非法利益。[3] 本罪中"贩卖"含义规定的确实比较模糊，笔者认为，对这一行为，应分两种情况来考虑：(1) 单独犯罪与无分工的共同犯罪的"贩卖行为"。在这种情况下，贩卖行为不可能就是"出卖"行为孤立存在，因此包括买进和卖出两个过程（同第一种观点）。但行为人只要完成了买进行为，即收买行为，就已经构成了该罪既遂。(2) 有分工的共同犯罪的"贩卖行为"。这种情况下，由于犯罪分子存在明显的分工，贩卖可以是指仅仅的"卖出"行为（同第二种观点）。但由共同犯罪理论，只要其他行为人完成了拐骗、绑架、收买行为的（既遂），不论负责贩卖的人是否将被害人卖出去，都已经构成既遂。至于"接送""中转"行为，属于共同犯罪的帮助行为，"接送"是指拐

---

[1] 陈洪兵、钱嘉禾、安文录：《人身买卖犯罪的司法适用及立法评析——兼析最高院颁布的两个案例》，载《河南科技大学学报》（社会科学版）2005年第1期。
[2] 陈圣勇：《拐卖妇女、儿童罪立法存在明显疏漏》，载《检察实践》2000年第6期。
[3] 陈兴良主编：《刑法学》，复旦大学出版社2003年版，第36页。

卖妇女的共同犯罪中，接收、运送妇女的行为，"中转"是指在拐卖妇女的共同犯罪过程中，为拐卖妇女的罪犯提供中途场所的行为。由于接送者或中转者得以接送或中转的前提是其他共犯将被害人控制于其之下，由于其他共犯已经既遂，所以按照共同犯罪理论，接送者或中转者也既遂，若其他共犯由于意志以外的原因，没有将被害人置于自己控制之下未遂的，则接送者或者中转者也未遂。当然，如果行为人根本不知道他人出卖妇女，客观上为人贩子提供了接送、中转等便利的，不构成拐卖妇女罪。

由上分析，可以看出，拐卖妇女罪属于行为犯，不以"卖出"为既遂标准，只要犯罪分子以出卖为目的，将妇女置于自己控制之下的即为既遂。在司法实践中大多数案件也没有以妇女的卖出来认定既遂的标准，这是符合现实需要的，有利于打击拐卖妇女的犯罪，有利于对妇女这些弱者的保护。

（四）拐卖妇女罪的刑罚适用

1997年修订后的《刑法》第240条规定，犯拐卖妇女罪的，处5年以上10年以下有期徒刑，并处罚金；有下列情形之一的，处10年以上有期徒刑或者无期徒刑，并罚罚金或者没收财产；情节特别严重的，处死刑，并处没收财产：（1）拐卖妇女集团的首要分子；（2）拐卖妇女三人以上的；（3）奸淫被拐卖的妇女的；（4）诱骗、强迫被拐卖的妇女卖淫或者将被拐卖的妇女卖给他人迫使其卖淫的；（5）以出卖为目的，使用暴力、胁迫或者麻醉方法绑架妇女的；（6）造成被拐卖的妇女或者其亲属重伤、死亡或者其他严重后果的；（7）将妇女卖往境外的。关于拐卖妇女罪的刑罚适用主要应注意以下几个方面的问题：

第一，拐卖妇女、儿童集团的首要分子的认定。首要分子是指在拐卖妇女、儿童犯罪集团中起组织、策划、指挥作用的犯罪分子。需要指出，在一起案件中，首要分子既可能是一个，也可能是几个。凡符合法定特征的，都要认定为首要分子。根据本法第26条第3款的规定，对组织、领导犯罪集团的首要分子，按照集团所犯全部罪行处罚。

第二，拐卖妇女、儿童3人以上的认定。拐卖妇女、儿童3人以上，既可以是一次拐卖妇女、儿童3人以上，也包括多次拐卖妇女、儿童3人以上；行为人既可以是实施拐骗等6种行为之一而对象为3人以上，也可以是两种以上行为而对象总计为3人以上，如拐骗1人，中转过另外2人。但是，实践中往往出现被拐卖的妇女自愿随带自己不满14周岁的子女的情况，对此应如何认定行为人拐卖的人数，跟随被拐卖妇女的儿童能否计入总数？我们认为，关键要看行为人是否有将儿童一并出卖的目的，对此要考察行为人是否有以妇女所带儿童作价，与他人讨价还价的行为。对于没有一并出卖儿童的行为和目的的情况，不应将儿童计入拐卖的人数之中。

第三，奸淫被拐卖的妇女的认定。根据1992年"两高"《关于执行〈全国人大常委会关于严惩拐卖、绑架妇女、儿童的犯罪分子的决定〉若干问题的解答》的规定，这是指拐卖妇女的犯罪分子在拐卖过程中，与被害妇女发生性关系的行为，而不论行为人是否使用了暴力或者胁迫手段，也不论被害妇女是否有无反抗行为，都应当按此项规定处罚。但是，如果不违背妇女意志的奸淫行为，则不在此列。例如，妇女自愿被他人拐卖，在拐卖过程中又自愿地与拐卖人性交，任拐卖人奸淫，就奸淫而言，并不具有侵犯妇女人身权利之性质，不应适用本法第240条第1款"奸淫被拐卖的妇女"之规定。当然，如果被拐卖的对象是不满14周岁的幼女，行为人明知而与之性交的，即便幼女自愿，也具有奸淫幼女犯罪的本质，应适用该项规定。总之，这里的"奸淫被拐卖的妇女"，必须是在性质上已构成强奸罪或奸淫幼女罪的奸淫行为（但奸淫既遂与未遂在所不问）。

第四，诱骗、强迫被拐卖的妇女卖淫或者将被拐卖的妇女卖给他人迫使其卖淫的认定。这里实际上包括两种情况：（1）诱骗、强迫被拐卖的妇女卖淫，即指采用引诱、欺骗、强迫方法使被拐卖的妇女卖淫。笔者认为，这种行为应限于拐卖过程中，如果行为人是先有引诱、强迫妇女卖淫的行为，尔后又起意将妇女出卖的，或者拐卖妇女之后，又通过各种途径对该被拐卖的妇女引诱、强迫而使其卖淫的，应以拐卖妇女罪与引诱卖淫罪（当对象为不满14周岁少女时，则为引诱幼女卖淫罪）或强迫卖淫罪对行为人实行数罪并罚。（2）将被拐卖的妇女卖给他人迫使其卖淫。这一情节中，要求拐卖人明知收买人迫使该妇女卖淫。如果行为人确实不知收买人将妇女买去是迫使其卖淫，对行为人追究这一行为的刑事责任（表现为从重处罚）没有合理根据，违背了刑法主客观相一致的刑事责任原则。

第五，造成被拐卖的妇女或者其亲属重伤、死亡或者其他严重后果的认定。这是指在拐卖过程中，行为人为制止被拐卖人或其亲属的反抗而实施捆绑、殴打行为，或者被拐卖人及其亲属因犯罪分子的拐卖行为、拐卖中的殴打、侮辱、虐待、强迫卖淫、奸淫等行为而在精神上遭受打击，造成重伤、死亡或者精神失常等情况，包括引起自杀在内。如果在拐卖过程中，行为人故意对被拐卖的妇女实施杀害或重伤，对行为人应以故意杀人罪或故意伤害（重伤）罪与拐卖妇女罪实行数罪并罚。

第六，以出卖为目的，使用暴力、胁迫或者麻醉方法绑架妇女的认定。绑架的实质在于以实力控制他人的行为。"以出卖为目的，使用暴力、胁迫或者麻醉方法绑架妇女"之所以被作为拐卖妇女罪法定刑升格的事由加以规定，是因为这种行为造成了对妇女人格尊严和人身自由的双重严重侵犯。绑架型拐卖妇女、儿童罪中绑架方法所指向的对象，既可以是被绑架者本人，也可以是与被绑架者有特定关系的人。

第七，将妇女卖往境外的认定。在有分工的共同犯罪中，不论行为人是实施拐卖妇女罪法定的客观行为中之何种，只要其具有将妇女卖往境外的目的，均与此情节符合，而不要求实际上已将妇女卖至境外，离开国境线。"境外"是指我国国境以外的国家和地区，以及回归之前的台、港、澳地区，香港、澳门已经回归中国，因此不应包括在"境外"之中。

（五）拐卖妇女罪的案例研析

1. 案情介绍

2012年10月，被告人刘淑某伙同李某，在北京市崇文门劳务市场，以招工为名，将安徽省来京的女青年吴某某拐骗到河北省徐水县政村乡大宫村，卖给农民孟某为妻，得款人民币10万元，刘淑某分得5万元。同期，刘淑某伙同李某及被告人王某，在北京市崇文门地铁站附近，以招工为名，将四川省来京的女青年刘某某（16岁）拐骗到河北省徐水县广门乡广门村，卖给17

岁的农民苏某为妻。因苏某是李某的亲戚，故未收钱。苏某强迫刘某某与他同居 10 余天，后被害人逃离。此间，刘淑某还伙同王某，在北京市崇文门劳务市场，以雇工为名，将广西来京的女青年石某某（18 岁）拐骗到河北省怀来县旧庄窝乡旧庄窝村，卖给农民师某为妻。师某因怕受骗，要求将石某某的户口转来，结了婚再付款，故未卖成。案发后，刘淑某、王某坦白部分犯罪事实，认罪态度尚好；刘淑某所得的 5 万元赃款已被追缴。

2. 分歧意见

在本案中，对被告人刘淑某、王某的行为构成拐卖妇女罪没有异议，但对他们拐卖石某某的犯罪行为是既遂还是未遂，却有两种不同的观点：

第一种观点认为，在这起拐卖妇女的活动中，被告人因意志以外的原因没有得到钱，出卖石某某的目的未能得逞，其行为应认定为犯罪未遂。

第二种观点认为，被告人以出卖为目的，用欺骗手段将石某某拐走，控制了石某某的人身自由，后来又找到了买主，其拐卖行为已经实施完毕，应认定为犯罪既遂。

3. 研究结论

本书认为，只要行为人以出卖为目的，实施拐骗、绑架、收买、贩卖、接送或者中转妇女的任何一种行为，即构成本罪。因此，凡是以出卖为目的，实施了上述行为之一的，不论被告人最终是否得到钱款，均构成拐卖妇女罪。认定拐卖妇女罪的既遂、未遂，应当以行为人是否以出卖为目的，实施了拐卖妇女的行为为标准，而不以行为人是否获得钱财为标准。本案中，被告人刘淑某、王某已经实施了拐骗石某某的行为，并且欲将她出卖，虽未得到钱款，但其犯罪行为已经实施终了，应认定为拐卖妇女罪的既遂。

五、收买被拐卖的妇女罪

（一）收买被拐卖的妇女罪的概念和法源

1. 收买被拐卖的妇女罪的概念

收买被拐卖的妇女罪，是指行为人不以出卖为目的，收买被拐卖的妇女的行为。

2. 收买被拐卖的妇女罪的法源

收买被拐卖的妇女罪，规定于我国现行《刑法》第241条，它是由1991年9月4日公布施行的全国人大常委会《关于严惩拐卖、绑架妇女、儿童的犯罪分子的决定》中的"收买被拐卖、绑架的妇女、儿童罪"修改而成。把人作为商品进行买卖，是反人性与反人道的严重事件，与现代文明格格不入，早已为世人所唾弃，可悲的是，这种事件在世界各国仍屡屡发生。就我国而言，买卖人口亦相当猖獗。同时，因买卖人口而导致的诈骗、伤害、强奸、非法拘禁犯罪也呈上升势头。应当说，党和国家对买卖人口的问题也相当重视，不仅在1979年刑法中规定了拐卖人口罪，而且还责成该案件多发的省市成立由各级政府领导的专门的"打拐办"。但由于认识的局限，长期以来，对买卖人口的犯罪中注重对"卖"者的打击，却对"买"者听之任之。买卖相依，由于有"合法"的买方市场，卖方市场当然有它的活动空间了。为了堵源截流，全国人大常委会在1991年9月4日公布施行的《关于严惩拐卖、绑架妇女、儿童的犯罪分子的决定》中对拐卖人口罪作了重大修改，结合当时买卖人口的对象绝大多数为妇女、儿童的现状，将拐卖人口罪改为拐卖妇女、儿童罪，同时增加了收买被拐卖、绑架的妇女、儿童罪等几个新罪名，力图全方位对买卖人口的犯罪进行遏制。1997年《刑法》第241条对收买被拐来的妇女罪作出了较为详细的规定。《刑法修正案（九）》又对第241条进行了修改，加大了对收买被拐卖的妇女罪的处罚力度。

（二）收买被拐卖的妇女罪的构成特征

1.客体特征

本罪侵犯的客体是行为人收买的被拐卖的妇女的人身自由权利。收买者一般表现为人性观念淡漠，把妇女、儿童当作商品买来后，就认为属于自己的私有财产，可随意支配。被拐卖的妇女，他们是上当受骗或者被强迫的受害者，被收买完全违背了自己意愿，怎样才能早日恢复人身自由，回到亲人身边是他们的迫切愿望。在被收买及被看管的过程中，妇女的人身自由权利被剥夺了。

2.客观特征

本罪在客观方面必须具有利用金钱、财物等手段，向拐卖、绑架妇女、儿童的犯罪分子收买被拐卖的妇女的行为。至于行为人已向拐卖妇女的犯罪分子付出现金或财物之后，是否实际接受、控制被拐卖的妇女，则不影响本罪的成立。需要强调的是，行为人收买被拐卖的妇女的途径，不是与被买者直接交易，而是与拐卖妇女的犯罪分子进行交易。假使行为人收买行为的完成，不是由于拐卖妇女的犯罪分子出卖被拐卖的妇女，而是行为人与被买者直接交易的结果，则不构成本罪，如某妇女见行为人家境富裕，为摆脱贫困，过上安逸舒适的生活，直接与行为人进行交易，甘愿以自身换取行为人的金钱、财物，到行为人家或作妻子，或作保姆，等等。在上述情况下，对行为人均不能以收买被拐卖的妇女罪论处。至于行为人是采取现金交易，还是实物交换，并不影响本罪的成立。也即是说，行为人用以收买被拐卖的妇女的等价物，既可以是现金，也可以是实物，如彩电、冰箱、金银首饰等。

3.主体特征

本罪的主体为一般主体，即年满16周岁、具有刑事责任能力的人。对于共同参与收买被拐卖的妇女的，尤其是全体家庭成员或亲友共同商量决定的案件，一般只追究主犯的刑事责任，对其他参与者，如果情节显著轻微的，不以犯罪论处。

4.主观特征

本罪在主观方面只能由直接故意构成，且不具有转手出卖的目的，即行为人明知用金钱、财物去收买被拐卖的妇女，是侵犯妇女人身权利的行为，将造成严重的社会危害，却仍然希望和追求这种结果的发生。具体而言，行为人主观方面的直接故意在内容上主要有两个明显的特征：一是行为人对犯罪对象的明知，即构成本罪的行为人必须是明知其收买的对象是被拐卖的妇女。这里就涉及一个如何客观判断行为人对犯罪对象是否明知的问题。笔者认为，这里的明知，既可以是直接明知，即被买者、出卖者或者其他有关人明确告知行为人；也可以是间接明知，即行为人从被拐卖的妇女当时的处境、情形客观地必然得知，如妇女被捆绑着出卖给行为人，等等。二是行为人主观上具有收买的意图，即行为人得知对方系被拐卖的妇女之后，决意用金钱或财物与拐卖妇女的犯罪分子进行交易，将妇女予以收买，以求自己或他人能与被拐卖的妇女建立某种"合法"或非法的人身关系。行为人这种以求自己或他人能与被买妇女建立某种人身关系的愿望，表现了行为人犯罪动机的多样性。有的行为人是为了使自己或他人能与被买妇女建立"合法"的夫妻关系，还有的行为人是为了使自己或他人能与被买妇女建立非法的奴役关系，等等。不同的犯罪动机，对构成本罪均无影响。但是，如果行为人收买被拐卖的妇女的目的是为了转手出卖，则应按拐卖妇女罪论处。

（三）收买被拐卖的妇女罪的司法认定

1. 本罪与非罪的界限

（1）本罪与行为人给婚姻关系介绍人一定钱财行为的界限。在实践中有些人由于婚姻问题难以解决，就托请他人从外地为自己介绍对象，在这一过程中，请托者往往出于感激的心理或者被介绍人索要而给付一定的钱财。对这种行为，不能认定为收买被拐卖的妇女罪。这两种行为的区别可归结为四点：第一，向介绍人给付一定的钱物，其性质属于酬谢或酬劳，给付的对象是介绍人；而收买被拐卖的妇女罪的收买人给付的钱物，其性质属于被拐卖者的"身价"，给付的对象是拐卖妇女的犯罪分子。第二，给付介绍人一定的钱物，并不影响被介绍妇女自主的选择对象的自主权，是否同意嫁于对方，决定权在被介绍者，而收买被拐卖的妇女案件中，被收买者是被拐卖而来的，他们被作为"物"出卖和收买，没有决定自己去向的决定权。第三，妇女的来源不同。因介绍婚姻而给付介绍人一定的钱物，其妇女是被介绍来的，尽管介绍的过程中往往有一定的欺骗行为，如将男方不好的经济条件说成是经济优越，将男方的年龄由30岁说成25岁，等等，但这里的"骗"与拐卖中的骗是有本质区别的；而收买被拐卖的妇女罪中，其妇女是被拐骗、收买或贩卖而来的。第四，从数额上来看，给介绍人酬谢或酬劳的，一般数额较少，而收买被拐卖的妇女的，一般数额较大。

（2）本罪与买卖婚姻的界限。买卖婚姻是指第三者（包括父母）以索取大量财物为目的包办强迫他人（包括子女）婚姻的行为，收买被拐卖的妇女罪的行为主体多是以与之结婚为目的。两者在某些方面有相似之处：男方都支付了较大量的钱财，都可能违背妇女意愿。但是，两者是不同性质的两种行为：收买妇女成婚的财物受益者是人贩子，而买卖婚姻中的财物受益者是妇女的父母等亲属；收买被拐卖的妇女罪侵害的客体是妇女的人身自由权利，而买卖婚姻危害的则是妇女的婚姻自由权利；收买被拐卖的妇女是一种犯罪行为，买卖婚姻属一般违法行为，只有其中以暴力方法干涉婚姻自由的，才按暴力干涉婚姻自由罪处理。

2. 此罪与彼罪的界限

关于此罪与彼罪的界限主要应弄清本罪与收买被拐卖的妇女罪之间的界限。依据我国刑法规定，拐卖妇女罪包括拐骗、绑架、收买、贩卖、接送和中转这六种行为。其中收买行为与收买被拐卖的妇女罪中的收买行为极为相似。因此，在实践中必须明确划分两者之间的界限。两者的区别如下：第一，犯罪目的不同。前者主要是以出卖为目的，其在于通过将妇女作为商品的买卖获取差额、赚取利润；而后者的犯罪目的是与被收买者建立婚姻关系或者其他稳定的家庭关系。第二，客观方面不同。前者包括拐骗、绑架、收买、贩卖、接送和中转这六种行为；而后者仅有收买这一种行为。"拐卖"与"收买"在实际生活中还是比较好区分的，主要从二者最本质的特征出发，即鉴别二者之犯罪目的的不同。虽然在拐卖妇女的活动中，也存在着收买这一行为，但是，此收买非彼收买，拐卖行为中的收买行为，其最终目的是为了出卖，通过出卖受害人已获得利润，收买行为仅仅是其中的一个环节、一个步骤。而在收买拐卖妇女的过程中,该收买行为的终极目的并非是为了出卖,其往往是通过收买行为而与被收买者建立婚姻关系或者其他稳定的家庭关系。

3. 本罪的共犯问题

2010年3月15日,最高人民法院、最高人民检察院、公安部、司法部联合发布《关于依法惩治拐卖妇女儿童犯罪的意见》,该意见规定,明知他人收买被拐卖的妇女,仍然向其提供被收买妇女的户籍证明、出生证明或者其他帮助的,以收买被拐卖的妇女罪的共犯论处。认定是否"明知",应当根据证人证言、犯罪嫌疑人、被告人及其同案人供述和辩解,结合提供帮助的人次,以及是否明显违反相关规章制度、工作流程等,予以综合判断。

4. 本罪的罪数问题

(1)关于行为人实施收买行为后,又非法剥夺、限制被买人人身自由行为的并罚问题

《刑法》第241条第3款规定,收买被拐卖的妇女、儿童,非法剥夺、限制其人身自由或者有伤害、侮辱等犯罪行为的,依照本法的有关规定定罪处罚。第4款规定,收买被拐卖的妇女、儿童,并有第2款、第3款规定的犯罪行为的,依照数罪并罚的规定处罚。

依上述规定,对收买被拐卖的妇女、儿童后,又非法剥夺、限制其人身自由的,必须实行数罪并罚。本书认为,这一规定值得商榷。

首先,非法剥夺、限制人身自由行为和伤害、侮辱行为与收买行为之间的关系不同。伤害、侮辱行为可以完全独立于收买行为,而非法剥夺、限制人身自由行为与收买行为之间具有极为密切的关联性。行为人收买被拐卖的妇女,无论是为了与被收买的妇女结婚,还是为了奴役使唤,只有把被收买人控制起来才能实现其目的。因此,剥夺、限制人身自由行为是收买行为的必然伴随结果。而伤害、侮辱行为则有所不同,被拐卖的妇女、儿童被拐后,必然会反抗,因此行为人往往会对被买人实施一些伤害、侮辱行为,但其伤害必须限于轻微伤害,侮辱必须限于一般性的辱骂,如果行为人故意实施了符合刑法分则条文规定的伤害、侮辱行为,则这些行为无法为收买行为所包容。

其次,从我国刑法相关条文的规定来看,《刑法》第318条规定:"组织他

人偷越国（边）境的，处二年以上七年以下有期徒刑，并处罚金；有下列情形之一的，处七年以上有期徒刑或者无期徒刑，并处罚金或者没收财产……（四）剥夺或者限制被组织人人身自由的；……"按照该条规定，在实施组织他人偷越国（边）境行为的过程中，又实施了剥夺或限制被组织人人身自由的行为，对后一行为不按照其独立构成的《刑法》第238条规定的非法拘禁罪定罪处罚，而仅以前一行为定罪，只是按照较重的法定刑处罚。而《刑法》第241条却对伴随收买行为的非法剥夺或限制被收买人人身自由的行为单独定罪，并实行数罪并罚，法律前后规定难以协调。依照《刑法》第318条的立法原理，非法剥夺、限制被收买人人身自由的行为，也应作为收买被拐卖的妇女、儿童罪的一个量刑情节。

最后，从理论层面上来看，收买被拐卖的妇女、儿童罪的犯罪构成是由收买行为一个实行行为组成，还是由收买行为和拘禁行为两个实行行为组成？对此，我们必须结合构成行为与实行行为的关系加以分析。所谓构成行为，是指"刑事法律规定的犯罪构成客观方面的行为"。[1]它具有整体性和不可分性，一个犯罪的客观构成行为只有一个，无法用复数来衡量；但是，对于某些具体犯罪来讲，其构成行为却可包含数个行为，每个行为当然可以称作部分构成行为。所谓实行行为，是指刑法分则规定的某种具体犯罪构成的客观方面的行为。[2]它具有具体性和可数性，如共犯形态中的行为。任何犯罪只能有一个构成行为，却可以有数个实行行为，组成构成行为的数个实行行为必须结合成整体，才能起到评价具体犯罪是否成立的作用，彼此不能分离。

收买被拐卖的妇女、儿童罪中，单独一个收买行为很难确定其行为的性质，如果行为人收买是为解救，则其收买行为不具社会危害性，不是犯罪行为；如果行为人收买是为出卖牟利，则构成拐卖妇女、儿童罪。当然有人会认为上述分析违背了主客观相统一的原则，然而，仅有一个收买行为，我们又从何判断其主观目的？事实上，恰好是收买后的行为为我们提供了判断其主观目的的依据：收买后主动送返，说明是有利于社会的行为；收买后出卖，

---

[1] 吴振兴：《罪数形态论》，中国检察出版社1996年版，第22页。
[2] 陈兴良主编：《刑事法评论》（第4卷），中国政法大学出版社1999年版，第317页。

说明是刑法规定的拐卖行为；收买后既不出卖又不释放，我们才据此判断其收买是为己所用。据此，我们可以说，收买被拐卖的妇女、儿童罪的犯罪构成行为应包含收买行为和拘禁行为，其中，收买行为是主行为、目的行为，拘禁行为是从行为。一个犯罪构成行为中的一个实行行为同时又是另一罪的构成要件行为的情况，不但现实中存在，而且法律竞合的理论说明法律也承认其可能性。脱离前行为即收买行为，而对后面的剥夺、限制被收买人人身自由的行为单独评价，并主张与前行为实行数罪并罚，在这里显然缺乏合理性。然而，我们也应看到，这里的剥夺、限制被收买人人身自由的行为，与组成构成行为的一般单独难以定性的实行行为相比，具有特殊性。它既是收买被拐卖的妇女、儿童罪构成行为中的从行为，同时本身又符合《刑法》第238条的规定，从现象上来看，可以独立成一罪。因此，对前后两个行为作进一步探析是必要的。

从形式上来看，收买行为与剥夺、限制他人人身自由行为之间具有牵连关系。根据牵连犯的理论，所谓牵连关系，是指行为人所实施的数个行为之间具有方法与目的或者原因与结果的关系，数行为分别表现为目的行为、方法行为或者结果行为，以目的行为为轴心，方法行为在前，目的行为在次，结果行为在后。[①]收买被拐卖的妇女、儿童罪中，目的行为在前，而伴随目的行为的结果行为即剥夺、限制人身自由的行为在后，形式上完全符合牵连犯的特征。然而，在这里，牵连犯从一重罪处罚的一般处断原则，难以解决前后行为的定性问题。《刑法》第241条第1款规定，收买被拐卖的妇女、儿童的，处3年以下有期徒刑、拘役或者管制；《刑法》第238条第1款规定，非法拘禁他人或者以其他方法剥夺他人人身自由的，处3年以下有期徒刑、拘役、管制或者剥夺政治权利。两者对比，很难选择适用哪一条规定，因为无论适用哪一条，似乎都有宽纵罪犯之嫌。若法律规定数罪并罚，表面上看，虽然解决了罪刑法定原则的问题，可是，这样处理的法律依据在哪里呢？如前所述，实行数罪并罚的话，还会出现法律对同一性质的前后两种情况规定矛盾的现象。因此，牵连犯的理论难以解决本款规定的这种情况的法律适用

[①] 高铭暄：《刑法问题研究》，法律出版社1994年版，第227-232页。

问题。

本书认为,伴随收买行为的非法剥夺、限制被收买人人身自由的行为属于刑法理论中的不罚的后行为。所谓不罚的后行为,是指行为人实行一个犯罪行为后,又实行了一个后行为,而且这个后行为是在原法益的范围内,对主行为所造成的状态加以利用或保持,其不法内涵也包括在主行为的处罚范畴内的行为。不罚的后行为在适用上必须注意三点:1)不罚的后行为必须是违反刑法分则规范规定的行为;2)必须是对主行为所造成的不法状态予以利用或保持,而且未侵害到新的法益;若另外侵害了其他法益,则不在不罚的后行为之列;3)该行为不仅不得侵害新的法益,也不得对主行为所侵害之法益予以加深或扩大,即主行为的不法内涵包括后行为。① 本罪中,非法剥夺、限制被收买人人身自由的行为是《刑法》第238条禁止的行为;如前所述,收买行为是主行为、目的行为,非法拘禁行为是从行为,非法拘禁行为是为了收买目的的实现。收买行为侵害的法益是被拐卖的妇女、儿童的人身自由权利;非法拘禁行为侵害的也是他人的人身自由权利,具体说,就是公民依法享有的按照自己的意志,支配自己行为的权利。② 非法拘禁行为未对收买行为所侵害的法益予以加深或扩大,非法拘禁行为侵害的是人的自由支配自己行动的权利,收买行为侵害的既有人的自由支配自己行动的权利,同时也侵害了其他权利,如人所拥有的不被当作商品一样出卖的权利。从这些方面来看,伴随收买行为的非法拘禁行为完全符合刑法理论中不罚的后行为的特征,因此,对非法拘禁行为可以不单独定罪处罚,只要把非法拘禁行为作为从重处罚的一个情节即可。刑法制裁收买行为的刑罚,已足以威慑非法拘禁行为,对这里的非法拘禁行为没有单独定罪并与前行为实行数罪并罚的必要,这样处断不但有法理依据,同时能保持刑法前后规定的统一、协调。

(2)对为了收买、教唆或者参与他人拐卖妇女、儿童行为的定性问题

行为人为了收买需要,而教唆或参与他人拐卖妇女、儿童,然后又收买了该被拐卖的妇女、儿童时,应如何处断?理论界对此意见不一。一种观点

---

① 战谕威:《吸收犯初探——法规竞合引疑》,载《刑事法杂志》1994年第6期。
② 高铭暄主编:《新编中国刑法学》,中国人民大学出版社1998年版,第705页。

认为,应按一重罪处理,因为两者之间具有原因与结果的牵连关系。① 另一种观点认为,应当数罪并罚,因为教唆、参与行为与收买行为是两种不同性质的行为,前者并不能包括后者。②

对于上述两种观点,本书倾向于前一种,即从一重罪处理。首先,无论认为前后行为之间具有牵连关系,还是独立关系,关键在于对行为人实施的前后行为特征的理解。从行为人实施的行为层面分析,前后行为包括教唆或者参与他人拐卖行为、出卖行为、收买行为。不过,这种情况下的出卖行为具有特殊性:即相对于其他拐卖行为人来说是出卖行为,而对教唆或者参与人来说,他人的出卖行为就是他的收买行为,两者在这里重合,同时实行。其中,教唆或者参与他人拐卖妇女、儿童行为,教唆人或者参与人有共同的犯罪故意,对妇女、儿童被拐后遭出卖的结果是明知且希望这种结果发生,以便达到其收买的目的,因此,行为人的教唆或者参与行为与他人的拐卖行为构成共犯关系。被拐的妇女、儿童虽然被卖给共犯中的教唆人或者参与人,但不能否认其把人当作商品一样买卖的非法性。与出卖行为同时实施的收买行为是教唆人或者参与人实现其目的的目的行为,这一目的行为又触犯了《刑法》第241条收买被拐卖的妇女、儿童罪的规定。由此可知,在此情况中,行为人的两个行为符合两个罪的客观要件,且主观上又都是出于故意,成立两罪。其次,行为人教唆或者参与他人拐卖妇女、儿童,他人肯定有出卖的目的,教唆人或者参与人是否有出卖的目的呢?自己参与犯罪取得的财物能否卖给自己?恐怕不能,最起码相对于他自认为自己该得的那一份来说不存在出卖这种现象,除了这一份之外是其他犯罪人认为属于他们的,他们出卖的是自认为属于他们的那部分,他们对这部分有出卖目的,而教唆人或参与人对这一部分却无出卖目的,因为这一部分不属于他"所有",他自己的那一部分还归他"所有"。伴随出卖行为而进行的收买行为,其目的非常明显,或为婚姻,或为奴役。因此,教唆人或参与人在犯罪过程中,只有一个收买的目的。最后,综合上面两个层面的分析可以发现,教唆人或者参与人

---

① 林山田:《刑法通论》(下),台湾三民书局1987年版,第405页。
② 张明楷:《刑法学》(下),法律出版社1997年版,第721页。

在犯罪过程中，实施了两个行为，符合刑法分则两个条文的规定，成立两罪。但是，后一个行为是目的行为，前一个行为是为实现这个目的的方法、手段行为，两者之间具有牵连关系，根据牵连犯从一重罪处断的一般原则，教唆人或参与人在这种情况下，应以拐卖妇女、儿童罪定罪处罚。

5. 本罪的停止形态问题

根据《刑法》第241条规定的精神和本罪的具体特点，构成收买被拐卖的妇女罪，必须是行为人已经将被拐卖的妇女收买，即行为人已经从拐卖妇女的犯罪分子手中买得了妇女。如果行为人意图收买被拐卖的妇女，但由于讨价还价使得"交易"没有成功，或者由于其他原因并没有买到被拐卖的妇女，则对行为人不宜以犯罪论处。因为，在这种情况下，未遂行为并没有造成实际的危害，如果对这种未遂行为定罪处罚，难免会造成打击面过宽，不利于对群众进行教育。

（四）收买被拐卖的妇女罪的刑罚适用

根据《刑法》第241条的规定，收买被拐卖的妇女的，处3年以下有期徒刑、拘役或者管制。收买被拐卖的妇女，强行与其发生性关系的，依照本法第236条的规定定罪处罚。收买被拐卖的妇女，非法剥夺、限制其人身自由或者有伤害、侮辱等犯罪行为的，依照本法的有关规定定罪处罚。收买被拐卖的妇女，并有第2款、第3款规定的犯罪行为的，依照数罪并罚的规定处罚。收买被拐卖的妇女又出卖的，依照本法第240条的规定定罪处罚。收买被拐卖的妇女，按照被买妇女的意愿，不阻碍其返回原居住地的，可以从轻或者减轻处罚。所谓"按照被买妇女的意愿，不阻碍其返回原居住地"，即行为人收买被拐卖的妇女后，并没有强迫其与自己共同生活，当被买妇女要返回原居住地时，行为人未强行阻碍。如果被买妇女与收买人已经成婚，并愿意留在当地与收买人共同生活。这种情况，对收买人应视为"按照被买妇女的意愿，不阻碍其返回原居住地"，也可以从轻或者减轻处罚。

(五) 收买被拐卖妇女罪的案例研析

1. 案情介绍

被告人王某因妻子不能生育而欲收买妇女为其生子。2013年6月，王某以1万元从张某、武某（均系同案被告人，已判刑）处将被害人杨某（女，患有精神分裂症）收买回家。为防止杨某逃跑，王某将杨某关在家中杂物间，并用铁链锁住杨某的双脚，将杨某的一只手锁在一块大石头上。其间，王某多次与杨某发生性关系。同年7月12日，杨某被公安机关解救。

2. 分歧意见

对于被告人王某实施的行为应当如何定罪，主要存在以下两种不同的观点：

第一种观点认为，被告人王某的行为构成收买被拐卖的妇女罪。其理由是：(1) 王某收买被害人杨某的目的就是为了"为其生子"，因此多次与杨某发生性关系不足为奇；(2) 为了防止杨某逃跑，将其关在家中杂物间，这是收买行为的自然结果。

第二种观点认为，被告人王某的行为构成强奸罪。其理由是：(1) 王某收买被害人杨某之后，为了防止其逃跑，将其关在家中杂物间，这是收买行为的自然结果，被收买行为所吸收；(2) 王某收买被害人杨某的目的就是为了"为其生子"，因此多次与杨某发生性关系，因此收买行为与奸淫行为之间存在着牵连关系，即收买杨某是手段行为，奸淫行为是目的行为，按照牵连犯的"择一重罪从重处罚"原则，以强奸罪定罪处罚。

3. 研究结论

本书认为，对于一个案件中存在数个行为，是定一罪还是定数罪，应当具体问题具体对待：在刑法没有明文规定的情况下，可以按照罪数理论来解决；但是，在刑法已有明确规定的情况下，应当遵守罪刑法定原则，严格按照刑法规定处理。根据我国《刑法》第241条第2款规定，"收买被拐卖的妇女，强行与其发生性关系的，依照本法第二百三十六条的规定定罪处罚"；第3款规定，"收买被拐卖的妇女、儿童，非法剥夺、限制其人身自由或者有伤害、侮辱等犯罪行为的，依照本法的有关规定定罪处罚"；第4款规定，"收买被拐卖的妇女、儿童，并有第二款、第三款规定的犯罪行为的，依照数罪并罚的规定处罚"。因此，就本案来说，被告人王某收买被拐卖的妇女后非法限制其自由，明知该妇女患有精神病，还多次与其发生性关系，其行为分别构成收买被拐卖的妇女罪、非法拘禁罪和强奸罪，应依法实行数罪并罚。

六、聚众阻碍解救被收买的妇女罪

（一）聚众阻碍解救被收买的妇女罪的概念和法源

1. 聚众阻碍解救被收买的妇女罪的概念

聚众阻碍解救被收买的妇女罪，是指行为人纠集多人阻碍国家机关工作人员解救被收买的妇女的行为。

2. 聚众阻碍解救被收买的妇女罪的法源

国家机关工作人员在解救被拐卖、绑架的妇女时遭到阻碍，甚至受到聚众围攻是一个较为普遍的现象，直接导致了解救困难。为制止这种行为，保障解救工作的顺利进行，1991年9月4日第七届全国人民代表大会常务委员会第二十一次会议通过《关于严惩拐卖、绑架妇女、儿童的犯罪分子的决定》（以下简称《决定》）。该《决定》第4条第1款规定，"任何个人或者组织不得阻碍对被拐卖、绑架的妇女、儿童的解救……"；第2款规定，"以暴力、威胁方法阻碍国家工作人员解救被收买的妇女、儿童的，依照刑法第一百五十七条（指1979年《刑法》，该条规定的罪名是妨害公务罪——笔者注）的规定处罚；协助转移、隐藏或者以其他方法阻碍国家工作人员解救被收买的妇女、儿童，未使用暴力、威胁方法的，依照治安管理处罚条例的规定处罚"；第3款规定，"聚众阻碍国家工作人员解救被收买的妇女、儿童的首要分子，处五年以下有期徒刑或者拘役；其他参与者，依照本条第二款的规定处罚"。由此可见，聚众阻碍解救被收买的妇女罪首次出现在《决定》中。1997年修订刑法时，把这一罪名纳入了刑法典。1997年《刑法》第242

条第2款规定:"聚众阻碍国家机关工作人员解救被收买的妇女、儿童的首要分子,处五年以下有期徒刑或者拘役;其他参与者使用暴力、威胁方法的,依照前款的规定处罚。"自此以后,聚众阻碍解救被收买的妇女罪这一罪名在刑法中占据一席之地。

(二) 聚众阻碍解救被收买的妇女罪的构成特征

1. 客体特征

本罪所侵犯的客体为复杂客体,既包括国家机关工作人员依法解救被收买的妇女、儿童的公务活动,同时又包括被收买妇女、儿童的人身权利。其是通过对国家机关工作人员依法执行解救被收买妇女、儿童的职务活动的侵害,来实现其对被收买的妇女、儿童的人身权利的侵害的。

本罪侵害的对象,是正在依法执行解救公务的国家机关工作人员,即在法律、法规规定的职务范围内实施解救工作,以使被收买的妇女、儿童摆脱他人的非法控制,解除其与买主关系的国家机关工作人员。(1)本罪的犯罪对象必须是国家机关工作人员。各级人民政府对被拐卖、绑架的妇女、儿童负有解救职责,解救工作由公安机关会同有关部门负责执行。从实践中看,解救人员主要是公安人员、妇联组织工作人员、人民政府部门、村乡干部等,也包括受解救机关委托协助执行解救公务的人员,如受聘为解救工作开车的司机、带路群众等。(2)必须是依法执行解救被收买的妇女的国家机关工作人员,如国家机关工作人员解救的是受家庭成员虐待的妇女,而不是被收买来的妇女,不构成此罪的犯罪对象。另外,执行解救公务必须是依法进行,如解救人员以胡乱抓人、殴打他人方式解救遭到群众阻碍,不宜以本罪论处,对阻碍者宜作行政处罚。(3)必须是正在执行解救职务的国家机关工作人员。所谓"正在执行"是指解救工作已经开始尚未结束的过程之中,如某行为人对曾经执行过解救职责的某公安人员不满,看见该公安人员路过,纠集多人围攻谩骂该公安人员,这公安人员就不是正在执行解救公务。

2. 客观特征

本罪在客观方面表现为聚众阻碍国家机关工作人员解救被收买的妇女的

行为。聚众阻碍，是指有预谋、有组织、有领导地纠集多人阻碍国家机关工作人员解救被收买的妇女的行为。根据实践经验，只要纠集三人以上阻碍解救工作的进行，就应当认为是聚众，构成本罪，行为人聚众阻碍国家机关工作人员解救被收买的妇女的具体行为多种多样，有的是组织、指挥多人以暴力方式侵害执行解救公务的国家机关工作人员的身体；有的是砸毁、扣押解救用的车辆、器械；有的是组织、指挥众人以非暴力的方式围截、干涉国家机关工作人员的解救工作，等等。无论具体行为方式如何，只要行为人客观上实施了聚众阻碍国家机关工作人员解救被收买的妇女的行为，即构成聚众阻碍解救被收买的妇女罪。

3. 主体特征

本罪的主体为特殊主体，必须是年满16周岁以上的聚众阻碍解救被收买的妇女公务的首要分子。实际上因本罪客观行为特征决定了要有一定威望、号召力的人，故少有未成年人成为该罪主体，由于本条规定的限定，构成该罪的主体必须是首要分子。所谓首要分子，是指起组织、纠集、策划、指挥、煽动作用的分子。根据案件事实的不同，首要分子可能是一个人，也可能是几个人。依照《刑法》第242条第2款之规定，其他参与者使用暴力、威胁方法的，依照《刑法》第277条妨害公务罪论处。由此可知，使用暴力、威胁方法的其他参与者不能构成本罪主体。

4. 主观特征

本罪在主观方面表现为直接故意。在聚众阻碍解救被收买的妇女罪中，行为人故意的内容具体表现为，明知对方是国家机关工作人员，并且正在依法解救被收买的妇女，而故意聚众予以阻碍。这其中包含两重内容：其一，行为人明知对方是依法解救被收买的妇女的国家机关工作人员；其二，行为人主观上具有聚众的故意，即行为人主观上意图聚集多人，阻碍国家机关工作人员的解救工作。虽然本罪是聚众性犯罪，但并不要求各个行为人的主观故意完全相同。在聚众阻碍解救被收买的妇女的活动中，只要首要分子的主观故意符合上述要求，即可构成本罪。

（三）聚众阻碍解救被收买的妇女罪的司法认定

1. 本罪与非罪的界限

行为人是否构成聚众阻碍解救被收买的妇女罪，主要应以犯罪构成要件上加以区分和认定。

（1）本罪侵犯的对象是特定的，即负有解救职责的国家机关工作人员，既包括司法工作人员、各级行政机关人员以及其他负责解救工作的人员，也包括受解救机关委托协助执行解救公务的人员。对上述人员依法执行解救活动进行聚众阻碍的构成本罪，对上述人员以外的其他人员或者非执行解救公务的国家机关工作人员实施聚众阻碍解救行为的，则不构成本罪。如果国家机关工作人员在执行解救活动中，超越解救职责范围或滥用解救职责遭到群众阻碍的，阻碍者亦不构成本罪。

（2）客观上行为人必须以聚众方式实施阻碍行为，这是决定其是否构成本罪的关键性条件。如果行为人纠集多人，但未能实施阻碍解救行为的，或者虽有阻碍解救的行为，却不是以聚众方式实施的，均不以本罪论。如果解救工作尚未开始或者已经结束，行为人聚众对解救人员实施侵害行为的，应以相应的犯罪论处，而不构成本罪。

（3）行为人主观上是否明知侵犯的对象是正在解救被收买的妇女的国家机关工作人员，也是能否构成本罪的决定因素。如果行为人主观上没有聚众的故意，即使客观上造成了众人参与的后果，也不能以本罪论。

（4）行为人必须是本案的首要分子，本条只限于对首要分子按本罪处理，具有排他性，即除首要分子以外，其他参与者不构成本罪。

2. 此罪与彼罪的界限

（1）本罪与妨害公务罪的界限

本罪与妨害公务罪都是故意犯罪，而且都可以是以阻碍国家机关工作人员执行职务为内容，两罪极易混淆。其主要区别是：第一，侵害的对象不同。前者的犯罪对象具有特定性，范围较窄，必须是负有解救被收买妇女职责的国家机关工作人员；后者的对象具有普遍性，范围较大，可以是任何国家机关依法执行职务的工作人员，虽然其中包含着聚众阻碍解救被收买的妇女罪的对象，但根据本条的精神，如果是行为人聚众阻碍这些人员执行职务，则应将其分离出来，作为单独的犯罪来处理。当然，参加聚众阻碍解救职务的非首要分子使用暴力、威胁方法的，应以妨害公务罪定罪处罚。第二，客观行为特征不同。前者的行为特征是聚众阻碍，至于使用何种方法实施阻碍行为的在所不论，只要属于聚众阻碍，就符合构成条件。后者一般必须以暴力、威胁方法实施阻碍行为才可构成犯罪，只是故意阻碍国家安全机关、公安机关依法执行国家安全工作任务，造成严重后果的，可不要求有暴力、威胁方法。第三，处罚的行为对象不同。前者处罚的行为对象必须是首要分子，非首要分子不以本罪论，但可以成为妨害公务罪的主体。后者在处罚的行为对象范围上没有特别的限制。第四，主观故意的内容不同。前者要求明知的内容较为具体，即行为人明知是国家机关工作人员正在执行解救被收买的妇女的公务活动。后者只要求行为人明知国家工作人员的身份以及是在执行公务即可，其内容是笼统的，至于执行何种公务，行为人是否明知公务的内容，都不影响该罪的成立。

（2）本罪与阻碍解救被拐卖妇女罪的界限

《刑法》第416条第2款规定的阻碍解救被拐卖妇女罪，是指对被拐卖的妇女负有解救职责的国家机关工作人员，利用职务阻碍解救的行为。本罪与阻碍解救被拐卖妇女罪的区别在于：前者的主体为一般主体，后者的主体仅限于有解救职责的国家机关工作人员；前者的对象限于执行解救职务的国家机关人员，后者的对象则不仅限于此，对任何人解救进行阻碍，都可构成该罪；前者在客观上必须表现为聚集众人进行阻碍，后者要求的是行为人利用自己的职务便利。实践中，对于负有解救职责的国家机关工作人员，利用职务聚众阻碍其他国家机关工作人员依法执行解救被收买的妇女职务的，应按想象竞合犯的处罚原则，对行为人以较重的阻碍解救被拐卖的妇女罪一罪定罪，从重处罚。

3. 本罪的共犯问题

根据《刑法》第242条之规定，本罪的主体只能是聚众阻碍国家机关工作人员解救被收买的妇女的"首要分子"，如果首要分子为二人以上，则构成本罪的共犯；对于首要分子以外的"其他参与者"，如果他们使用暴力、威胁方法阻碍国家机关工作人员解救被收买的妇女的，则依照妨害公务罪定罪处罚，而不与首要分子构成本罪的共犯。

4.本罪的罪数问题

从司法实务中来看，在本罪中，行为人使用暴力的情节较多，实践中应根据具体案情并结合法律规定分别予以定罪处罚。（1）聚众阻碍行为，如果以暴力、威胁的方式实施，应依照《刑法》第277条规定的妨害公务罪定罪处罚。（2）如果行为人以重伤、杀害的方法来阻碍国家机关工作人员解救被收买的妇女，此情形属想象数罪，应择一重罪处罚。[①]（3）如果行为人以抢夺军警、公安司法人员枪支的手段，阻碍解救被收买的妇女的，则同时构成抢夺枪支罪与妨害公务罪，属想象数罪，亦应择一重罪处罚。[②]（4）如果行为人阻碍国家机关工作人员解救已被拐骗、中转、接送但尚未被收买的妇女的，事前与拐卖行为人有通谋的，应认定为拐卖妇女罪的帮助犯，应以拐卖妇女罪定罪处罚。（5）如果聚众阻碍解救被收买的妇女的行为人，同时又是拐卖妇女的犯罪人，则应按聚众阻碍解救被收买的妇女罪与拐卖妇女罪两罪并罚。

5.本罪的停止形态问题

本罪是行为犯，不是结果犯。根据《刑法》第242条之规定，行为人只要实施了聚众阻碍国家机关工作人员解救被收买的妇女的行为，即构成本罪。至于解救活动是否因阻碍而中止，被收买的妇女是否被解救，均不影响本罪既遂状态的成立。实践中应根据这一精神，正确认定行为人的犯罪形态，以做到罚当其罪。

（四）聚众阻碍解救被收买的妇女罪的刑罚适用

根据《刑法》第242条之规定，犯聚众阻碍解救被收买的妇女、儿童罪的，聚众阻碍国家机关工作人员解救被收买的妇女、儿童的首要分子，处5年以下有期徒刑或者拘役；其他参与者使用暴力、威胁方法的，依照妨害公

---

① 韩轶：《被害人量刑建议权探解》，载《江淮论坛》2010年第5期。
② 韩轶：《论刑罚目的与量刑原则》，载《安徽大学学报》（哲学社会科学版）2006年第4期。

务罪的规定处罚。

需要指出的是，此处的首要分子，是指在聚众阻碍解救中起组织、策划、指挥作用的犯罪分子。如果不是首要分子，而是一般参与者，不构成本罪。但是，其他参与者使用暴力、威胁的方法阻碍国家机关工作人员解救被收买的妇女的，构成妨害公务罪。

（五）聚众阻碍解救被收买的妇女罪的案例研析

1. 案情介绍

2012年3月，某县公安局应某市公安局请求，去某村解救被拐卖的妇女张某。这位大专毕业的老师张某，因思想麻痹，被一时髦的"小伙子"骗奸后，拐卖到他省，卖给一位40岁孤寡农民。经百般努力，她终于向家乡发出了求救信。父母收到女儿的信后，立即向公安机关报案，市公安局武警大队二人来到某县公安局请求支援。这个县是全国贫困县之一，由于贫穷落后，宗族观念很强，买主刘某是所在村的族主，即村长，这给解救工作带来了困难。公安厅人员经过研究决定智取。一天夜里，他们来到张某的住处，先控制住刘某，不准他乱喊乱叫。另几名民警带着张某向村口摸去。不巧的是，被正从村外回来的刘乙撞见，刘乙看见警车又发现了张某被带走，知道了事情的大概，便立即跑到被告人刘某（即村长）家。被告人经与几个人商量后，迅速用喇叭向全村喊叫："抓住人，有人被绑架了！"村民闻讯，携带锄头、铁锨、棍棒，把警车团团围住，不明真相的群众向警车挥舞着棍棒，两名警察当场被打昏死过去。张某也被抢回藏匿。第二天，县委政法委书记带领公检法的主要负责人和20多名武警赶到村里，经做工作，终于把张某解救出来。行凶者一一落入法网，村长刘某也被抓获。

2. 分歧意见

关于本案的村长刘某与行凶群众的行为如何定性，主要存在以下两种不同的观点：

第一种观点认为，村长刘某与行凶群众均构成聚众阻碍解救被收买的妇女罪。其理由是：为了阻碍解救被收买的张某，村长刘某用喇叭向全村喊叫：

"抓住人,有人被绑架了!"村民闻讯后,携带锄头、铁锹、棍棒,把警车团团围住,有人向警车挥舞着棍棒,将两名警察当场打昏死过去。因此,他们主观上有共同的犯罪故意,客观上有共同的犯罪行为,因此构成聚众阻碍解救被拐卖的妇女罪的共同犯罪。

第二种观点认为,本案中,村长刘某的行为构成聚众阻碍解救被收买的妇女罪,对于手持棍棒将两名警察当场被打昏死过去的行凶者,则构成妨害公务罪。

3. 研究结论

本书同意第二种观点。根据我国《刑法》第 242 条的规定,本罪只处罚聚众阻碍国家机关工作人员解救被收买的妇女、儿童的首要分子,其他参与者使用暴力、威胁方法的,依照妨害公务罪的规定处罚。在本案中,村长刘某已达到刑事责任年龄,具备刑事责任能力,且在阻碍解救被收买的妇女中起组织、领导、指挥作用,属于首要分子,其纠集本村村民围攻正在依法执行解救被收买的妇女张某的公务活动的人民警察,使不明真相的群众将警车围困,并将两名执行公务的警察打伤,其行为已严重阻碍了解救人员的正常活动,具备了聚众阻碍解救被收买的妇女罪的主客观要件,应构成聚众阻碍解救被收买的妇女罪。至于其他不明真相的群众挥舞棍棒将两名警察当场打昏死过去的行为,则属于"其他参与者使用暴力、威胁方法"的情形,应当按照妨害公务罪定罪处罚,而不是与村长刘某一起构成聚众阻碍解救被收买的妇女罪的共同犯罪。

第三章

侵犯妇女婚姻家庭的犯罪

一、暴力干涉婚姻自由罪

（一）暴力干涉婚姻自由罪的概念和法源

1.暴力干涉婚姻自由罪的概念

暴力干涉婚姻自由罪，是指行为人以暴力干涉他人婚姻自由的行为。婚姻自由，包括结婚自由和离婚自由。干涉婚姻自由，是指强制他人与某人结婚或者离婚，禁止他人与某人结婚或者离婚。

2.暴力干涉婚姻自由罪的法源

婚姻自由是现代婚姻和家庭制度的重要基石，也是我国公民的基本权利，亦是婚姻法的基本原则之一。我国《宪法》第49条第4款规定："禁止破坏婚姻自由……"《民法总则》第110条第1款、第112条规定："自然人享有生命权、身体权、健康权、姓名权、肖像权、名誉权、荣誉权、隐私权、婚姻自主权等权利。""自然人因婚姻、家庭关系等产生的人身权利受法律保护。"切实保障公民的婚姻自由，对巩固和发展婚姻家庭制度，维护社会的安定团结具有非常重要的作用。然而，由于受封建婚姻制度残余的影响，以及某些旧的习惯势力的存在，在新中国成立后全国许多地方还不时发生干涉婚姻自由的现象。例如，包办、买卖婚姻，非法阻挠子女的婚事，干涉寡妇再婚，子女干涉父母再婚或复婚，强制或阻止当事人离婚等。其中甚至还出现了一些采取禁闭、捆绑、殴打等暴力手段干涉他人婚姻自由的情况，其危害程度相当严重。为了同这种严重干涉他人婚姻自由的犯罪行为作斗争，我国 1979 年《刑法》设置了暴力干涉婚姻自由罪，其第 179 条第 1 款规定："以暴力干涉他人婚姻自由的，处二年以下有期徒刑或者拘役。"同时，鉴于现实生活中发生的暴力干涉他人婚姻自由，致使被害人死亡的情况大量存在，其第 2 款规定："犯前款罪，引起被害人死亡的，处二年以上七年以下有期徒刑。"第 3 款将此类案件设置成了刑事自诉案件，规定："第一款罪，告诉的才处理。"

1997 年刑法制定时，暴力干涉婚姻自由罪的内涵、外延以及社会危害程序基本上没有发生大的变化。1997 年《刑法》继续规定了此罪，其第 257 条规定："以暴力干涉他人婚姻自由的，处二年以下有期徒刑或者拘役。犯前款罪，致使被害人死亡的，处二年以上七年以下有期徒刑。第一款罪，告诉的才处理。"第 2 款将 1979 年《刑法》规定的"引起被害人死亡"改为"致使被害人死亡"，将"引起"改为"致使"更强调了行为和结果之间的直接性，实质上是缩小了处罚范围。自此之后，我国历次的刑法修正案未对此罪作出修改。

（二）暴力干涉婚姻自由罪的构成特征

1. 客体特征

本罪侵犯的客体是公民的婚姻自由权利。所谓婚姻自由，包括结婚自由和离婚自由。具体地讲，可以是用暴力干涉他人，不准其与某人恋爱、结婚或强迫其与某人（包括干涉者本人）结婚；也可以是用暴力手段，不准他人离婚或强迫他人离婚。保障结婚自由，是为了使未婚男女或丧偶、离婚的人能够根据自己的意愿，建立以爱情为基础的婚姻关系。保障离婚自由，是为了使那些感情确已破裂、无法和好的夫妻，能够通过法律规定的正当途径解除婚姻关系，并使他（她）们有可能重新建立幸福美满的家庭。结婚是一种极为普遍的行为，离婚则是在不得已的情况下发生的，它只是解决夫妻冲突的最后手段。对于全面实行婚姻自由来说，仅仅有结婚自由是不够的，还必须有离婚自由作为补充，而实践中往往忽视对于离婚自由的保护。

此外，由于干涉婚姻自由是以暴力手段实施的，因而本罪往往还同时侵犯公民的人身权利，所以本罪所侵犯的是双重客体。对于侵犯双重客体应当如何定罪，是审判实践中需要解决的一个重要问题。我们认为，对于既侵犯了公民的婚姻自由，又侵犯公民人身权利的犯罪，应该结合犯罪的动机、目的、实施的手段以及危害社会的结果等综合分析，考察其侵犯的哪个客体对社会的危害性更大。如果是以暴力干涉他人的婚姻自由，并未危及他人的生命或者重伤他人的身体，虽然对他人的人身权利有某种侵害，但由于其侵犯的客体主要是公民的婚姻自由，应以暴力干涉婚姻自由罪论处。如果以杀人、伤害、强奸等手段，干涉他人婚姻自由的，虽然也侵犯了公民的婚姻自由权利，但其侵犯公民人身权利具有更大的社会危害性，因而往往便不再以暴力干涉婚姻自由罪定罪，而以侵犯公民人身权利罪中所触犯的具体罪名论罪科刑。

2. 客观特征

本罪在客观方面表现为使用暴力手段干涉他人婚姻自由的行为。行为人必须采用了暴力是构成本罪的重要前提。所谓暴力，是指捆绑、殴打、禁闭、强抢等对人身实行强制或打击的方法。构成本罪的暴力行为，具有与其他暴力犯罪不同的特点：其一是不仅给被害人的肉体造成一定的痛苦，而且对其精神亦造成一定的压力；其二是行为不具有特别的残酷性，对人身伤害后果一般并不严重；其三是有持续性，不达目的不肯罢休。虽有干涉他人婚姻自由的行为，但未使用暴力的，则不构成犯罪。例如，女青年孙某是单位的团支部书记、共产党员，她爱上了一个曾经失足、受过劳动教养，但已经转变了的青年高某，遭到家庭的强烈反对。当二人准备结婚时，其母亲多次在她面前哭闹。周围的群众对孙某的婚事也不赞成。孙某在婚姻自由与"孝道"的矛盾中无力自拔，终于与高某一同卧轨自杀。这个事件是很悲惨的，但不能因为出现了二人自杀身死的后果，便去追究孙某母亲的刑事责任。因为孙母并没有实施暴力手段干涉女儿的婚姻自由。当然，暴力也有程度不同，对暴力也应加以具体分析。有些虽然也采取了暴力手段，但程度很轻，也不宜作犯罪处理。例如，一对男女青年谈恋爱，女方的家长不同意，劝她不要再和对方来往。女青年不听，其父一怒之下打了她一耳光，她便上吊自杀了。此案中，女方父亲的行为，确实是起了干涉婚姻自由的作用，而且也发生了自杀的后果。但他实施的暴力程度相当轻微，女儿自杀是出乎他意料之外，令他悲痛欲绝的事。因此，如果仅因为女儿自杀，就判她父亲的罪，显有不妥。

至于以暴力相威胁，干涉他人婚姻自由的行为，是否构成暴力干涉婚姻自由罪，在审判实践中也有争论。一般地说，干涉他人婚姻自由的行为有两种：一种是言词，一种是暴力。言词也有两种。一种是劝说阻止，另一种是具有威胁性的语言，即通常所说的以暴力相威胁。我们认为，这种以暴力威胁的方法干涉他人婚姻自由的行为，虽然也违背了婚姻法确立的婚姻自由原则，但只要不付诸行动，仅停留在口头上，即不构成暴力干涉婚姻自由罪。因为从我国《刑法》的规定来看，暴力和以暴力相威胁，是两个不同的概念。刑法中所规定的强奸罪、妨害公务罪、抢劫罪等，都明确规定，暴力或以暴力相威胁的行为，都构成犯罪。然而《刑法》第 257 条只规定"暴力"干涉他人婚姻自由的行为是犯罪。并没有规定以暴力相威胁干涉婚姻自由的行为也是犯罪，所以，立法的原意显然并不认为以暴力相威胁干涉他人婚姻自由的行为也能构成暴力干涉婚姻自由罪。曾经发生过这样一个案子：女青年赵某与男青年陈某自由恋爱，但赵某家人普遍不满意陈某，其父、兄即禁止陈某再跟赵某来往，并扬言如再来往，打断陈某的腿，杀死陈某全家云云。后赵某、陈某受逼不过，自杀双亡。本案中，赵某之父、兄只是以暴力相威胁，没有付诸行动。因此我们便不能因为发生了二人自杀身亡的后果便追究他们刑事责任，所以一审法院认定赵某父、兄构成暴力干涉婚姻自由罪是值得商榷的。

3. 主体特征

本罪的主体为一般主体，即年满 16 周岁，有刑事责任能力的人。当然，从司法实践中来看，主要是下列与被害人有利害关系的人：(1) 被害人的父母、祖父母、监护人；(2) 被害人的兄弟姐妹或者其他亲属；(3) 被害人所在单位的领导干部，等等。其中，又以父母干涉子女的婚姻自由更为突出。

夫妻一方用暴力阻止另一方离婚可不可以构成暴力干涉婚姻自由罪？例如，李某（女）与蒋某婚后初期感情尚好，但不久双方缺点便暴露出来，以至于逐渐发生吵骂、扭打。后李某提出离婚，蒋某却坚决不同意，反更是时常打骂李某，有时甚至当众对她加以羞辱、谩骂。李某不堪忍受向法院起诉离婚，蒋某回家对其又一顿毒打，李某遂含恨自杀身亡。此案被告人蒋某能否构成暴力干涉结婚自由罪呢？一审法院判决便是持肯定观点的。根据婚姻法的规定，妻子的确有提出离婚的权利，丈夫无权干涉，更无权用暴力干涉。但是，考虑到夫妻双方之间存在着特定的关系，妻子要求离婚涉及丈夫的切身利益，丈夫不同意，是可以理解的。因此，我们认为，丈夫使用暴力虽然不对，但一般不宜以暴力干涉婚姻自由罪论处。当然，如果丈夫经常打骂、摧残妻子，情节恶劣的，可以按虐待罪处断。[①]

4. 主观特征

本罪在主观方面只能出于故意，且只能为直接故意，其目的是为了干涉他人的结婚自由、离婚自由和复婚自由，使被害人按照行为人的意志解决婚姻问题。至于犯罪的动机则是多种多样的。有的是父母、亲属、族人为贪图财礼、高攀权贵，或为"门当户对"，为维护封建礼教；有的是为了换亲；有的是通奸者为保持奸情关系；还有的甚至是行为人为霸占他人妻女，等等。例如，女青年方某嫁给邻村男青年徐某后，感情尚好，并生有一女。某日二人因琐事发生口角，乃至扭打，方某一怒携女回了娘家。其隔壁男青年林某见状便乘势大献殷勤，并诱奸了方某。其后在林某竭力煽动下方某提出离婚，但徐某坚决不同意，并上门与方某父母一起做方某的工作，方某遂回心转意，答应跟徐某回家。林某恼羞成怒，带人将徐某毒打一顿，赶出村庄，并坚决不让方某回家，还大肆骂方某之父母多管闲事。本案中被告人林某暴力干涉他人婚姻自由的动机便是想保持与方某的奸情关系。犯罪动机不是暴力干涉婚姻自由罪的构成要件，但对案件的危害程度有一定的影响，应在量刑时予以考虑。

（三）暴力干涉婚姻自由罪的司法认定

1. 本罪与非罪的界限

（1）对"暴力"的理解

暴力干涉婚姻自由罪在客观方面表现为采取暴力方法干涉他人婚姻自由

[①] 参见王作富：《中国刑法研究》，中国人民大学出版社1992年版，第706-707页。

的行为。因此，区分罪与非罪主要是看行为人是否使用了暴力，若未使用暴力则不构成犯罪。司法实践中往往存在仅因为出现死亡结果而追究未采取暴力手段的行为人刑事责任的情况，这实际上是一种客观归罪。例如，王某经人介绍与李某恋爱，准备结婚。后李某反悔，王某为了恢复关系，多次找李某谈话，李某以干涉婚姻自由提出控告，经法院调解，双方断绝恋爱关系，并协议：今后各不相扰，如再起事端，造成后果，由挑衅者负责。但数月后王某又继续对李某进行纠缠，并去李某单位找李某谈话，遭李某拒绝。王某走后，李某自杀身亡。一审法院以暴力干涉婚姻自由罪对王某定罪处罚。本案中，审判人员显然只注意到李某的自杀是王某纠缠不休的结果。确实，王某对李某不断纠缠是错误的，但我们不能忽略暴力干涉婚姻自由罪必须以暴力手段为先决条件，否则只能导致客观归罪。事实上，王某并没有采取暴力手段，其纠缠行为引起李某自杀也是他始料未及的，这其实同死者自己不能正确处理事情，或者心胸过于狭隘有很大关系。我们不能因为发生死亡结果便追究王某的刑事责任。

此外，如果只是暴力相威胁，也只应看成一般的违反婚姻法的行为，不能以犯罪论处。法律限以暴力方法干涉，才按犯罪处理，是为了控制打击面，把犯罪行为和一般违法行为加以区别。当然，暴力也有程度差异，即使使用了暴力，但综合分析暴力行为性质、危害程度及事件起因等其他情况可知，暴力干涉程度属于比较轻微的，也不应认为构成犯罪，如前述父亲打女儿耳光致女儿上吊自杀一例。至于一些少数民族地区盛行的抢婚习俗，由于系一种自古相传的结婚方式，显然亦不能当作犯罪处理。

（2）对"婚姻自由"的理解

暴力干涉婚姻自由罪侵犯的客体是他人的婚姻自由，故正确理解"婚姻自由"，也是区分罪与非罪时应注意的问题。有这样一个案例：高女与杨某恋爱订了婚，双方家长均感满意。但其后高、杨二人常外出谈笑至深夜返回，高父很不满，批评了杨某。不久，高女与杨某发生争吵，其母追问缘由。高女说："前几天我俩发生了关系，昨晚他又叫我去，我不去，他便说不去便吹。"高父听后很生气，即到杨家问杨某："你还和我女儿谈不谈？"杨某答："那是我的自由！"高父勃然大怒，上前抽了杨某两个耳光，并说："我让你自由!"随来的人也一拥而上,对杨某拳打脚踢。打完后,高父对杨某说:"你们要么现在登纪结婚,要么在23岁之前不准来往。"并让杨某写出保证书。次日,高父见其女哭泣,便将她送至杨家。当日晚,高父到杨家看高女,与杨某又发生了口角,高父即又打了杨某几个耳光,并踢了高女两脚。高、杨二人便一起逃出,并于当夜双双自缢身亡。[①]本案中,高父的行为能否构成暴力干涉婚姻自由罪呢?我们认为,关键在于如何理解婚姻自由。否定者认为,高父是同意高女与杨某的婚姻关系的,只是对其某些做法不满意,因而不存在干涉婚姻自由的问题。而肯定者则认为,婚姻自由不仅包括结婚自由与离婚自由,还包括何时结婚的自由。我们认为,我国婚姻法所规定的婚姻自由,是指婚姻当事人有权按照法律的规定,决定自己的婚姻问题,不受任何人的强制和干涉。也就是说,婚姻自由是婚姻当事人的一项权利,这种权利是受法律保护的。我国每个公民都有决定自己婚姻问题的权利,其他任何人,包括当事人的父母、亲友等,都无权决定和干涉,对方也无权加以强迫。婚姻自由包括结婚自由和离婚自由,结婚自由,是指婚姻当事人在结婚问题上有自主的权利,有权自己选择理想的配偶;结婚时必须男女双方完全自愿,不许任何一方对他方加以强迫或任何第三者加以干涉。离婚自由,是指在夫妻感情完全破裂、婚姻关系无法维持时,当事人有提出离婚请求的权利。由此可见,婚姻自由只能从决定是否结婚或是否离婚意义上来理解。本案中,高父对高女与杨某的婚事并不是持反对态度,只是对其某些做法不满而以不恰当的方式加以管教,尚不属于干涉婚姻自由的范畴,所以我们认为,高父之行为虽不合法,但尚不能构成暴力干涉婚姻自由罪。

2. 此罪与彼罪的界限

(1) 本罪与强奸罪的界限

本罪与强奸罪的界限本来很明显,一般不易混淆,但当结合到具体案情,尤其是一些抢婚的案件时,则往往也难以区分。实践中,除了一些少数民族有抢婚的风俗外,不少地方也曾发生过抢婚案例,即强抢女方成亲,情况比较复杂,我们应当结合具体情况,具体分析。有的人向女方求婚,遭到拒绝,

---

[①] 陈兴良等:《案例刑法教程》(下),中国政法大学出版社1994年版,第486页。

于是便纠集多人，用暴力手段将女方抢到自己家中，进行打骂威逼。其情节严重或引起严重后果的，应以暴力干涉婚姻自由罪论处。对于其中为了迫使妇女就范，强行奸淫妇女的，则应以强奸罪定罪处罚。

（2）本罪与虐待罪的界限

虐待罪侵犯的客体既包括家庭成员的平等权利，又包括被害人的人身权利，客观上表现为对被害人身体和精神进行摧残迫害，这些都与暴力干涉婚姻自由罪有别，通常容易区分。但当一方提出离婚，另一方不同意时，往往出现丈夫对妻子予以殴打、摧残，以逼迫其满足自己要求的情况。此时，对丈夫之行为是否定暴力干涉婚姻自由罪，实践中存在分歧。如前所述，我们认为，由于夫妻双方之间存在特定的权利义务关系，一方要求离婚肯定涉及对方的切身利益，因而对方不同意也是可以理解的。虽然妻子提出离婚丈夫以暴力拒绝，或者妻子不同意离婚时丈夫以暴力逼迫都是错误的行为，但却不宜以暴力干涉婚姻自由罪论处。如果丈夫经常打骂、摧残妻子，情节恶劣的，我们认为可以以虐待罪处断。例如，有这样一个案例：被告人卢某与本村寡妇石某勾搭成奸后，便经常在家毒打其妻周某，逼迫周某与其离婚。有一次周某跪地苦苦哀求，要卢某看在儿女面上回心转意，但卢某竟抓住周某头发，拳打脚踢，将周某打得遍体鳞伤，其后不久卢某在提出离婚要求遭拒绝后又借故辱骂殴打周某，周某深感绝望，于当夜服毒自杀。本案中，虽然被告人卢某在其妻不同意其离婚要求时，对她经常辱骂、毒打，但不宜以暴力干涉婚姻自由罪论处。不过，由于其经常辱骂、毒打妻子，导致其妻自杀身亡，情节恶劣，故可以按虐待罪定罪处罚。

3. 本罪的共犯问题

暴力干涉婚姻自由的行为往往以共同犯罪的形式出现，因此我们有必要划清各行为人在共同暴力干涉他人婚姻自由犯罪中的作用，以便正确地予以定罪量刑。在共同以暴力干涉他人婚姻自由的犯罪中，我们只应处罚那些在犯罪中起主要作用的人，或者积极参与犯罪的人，至于其他追随人员，由于情节显著轻微，故不应以犯罪论处。根据司法实践，在共同犯罪中起主要作用的主犯，通常是指犯意的发起者、犯罪的纠集者、犯罪的指挥者、犯罪的主要责任者以及犯罪的重要实行者。① 有这样一个案子：被告人洪某的女儿小玲与男青年李某相爱，但洪某认为李某家庭经济条件差，生活困难，便对其女儿的婚事横加干涉，多次毒打小玲。某日，洪某又借口说李某的作风不好，威逼小玲不准再与李某往来，并于当晚带其儿子小辉和亲戚等6人闯到李家。李某殷勤招呼，却被洪某劈头扇了两耳光。李某说："有话慢慢说。"但在洪某示意下，小辉等人却蜂拥而上，不分青红皂白，对李某拳打脚踢，并令其跪在地上。小辉威胁说："如果今后发现你再与小玲往来，就打断你的腿，让你一辈子打光棍！"并要李某写出保证书，保证断绝与小玲的关系。李某予以拒绝，又遭一顿毒打。第二天洪某又带领其子小辉到李家，小玲怕出大事，随后便也赶至李家房后听动静。洪家父子开始大吵大闹，接着动手打李某。这时，小玲上前劝说，洪家父子更是火冒三丈，将小玲也毒打一顿。第三天晚上小玲偷偷逃出家门到李家将李某叫出，两人至村后树林里抱头痛哭，均感绝望，遂相约投水，双双身亡。② 仔细分析本案便可发现，被告人洪某是共同暴力干涉女儿婚姻自由犯罪的纠集者、指挥者以及重要实行者，是共同犯罪的主要责任者，在这起共同暴力干涉婚姻自由的犯罪中起到了主要作用，当为主犯。而洪某之子小辉则积极参与干涉其姐小玲婚姻自由的犯罪活动，并在其父授意之下，多次对李某、小玲予以毒打，当为这起共同暴力干涉婚姻自由犯罪之从犯。至于其他洪家的亲戚，虽然也参与了暴力干涉婚姻自由的犯罪活动。但情节显著轻微，不宜作为犯罪处理。

4. 本罪的罪数问题

在司法实践中，认定暴力干涉婚姻自由罪时，一罪与数罪形态也是我们应予关注的问题。前面我们曾述及以强奸手段干涉他人婚姻自由的情况，下面我们再重点谈谈关于以故意重伤、杀人手段干涉他人婚姻自由行为的法律适用问题。

暴力干涉婚姻自由罪，是以暴力干涉他人行使婚姻自由权利的行为，行为的暴力性是本罪客观方面的基本特征。行为人总是通过其暴力性行为达到

---

① 陈兴良：《共同犯罪论》，中国社会科学出版社1995年版，第203-209页。
② 高铭暄主编：《刑法学案例选编》，中国人民大学出版社2000年版，第186页。

妨害他人行使其婚姻自由权利之目的。关于暴力给被害人的身体造成何种程度的损害才能以本罪论处，理论上一般认为，暴力应当理解为达到一定严重程度，如果程度很轻微，不宜作犯罪处理，而所谓"一定严重程度"也可以包括致人轻伤害。但对于行为人以故意重伤、杀人的手段干涉他人婚姻自由的行为如何适用法律的问题，刑法实务与理论界则存在争论，主要有以下三种观点：

其一，认为行为人使用的暴力所造成的损害超过了本罪所要求的限度，发展到非法剥夺他人生命或者将他人打成重伤的，则应以故意杀人罪或者故意伤害罪论处。这是多数学者的观点。

其二，认为干涉他人婚姻自由把他人打成重伤或者重伤致死的，则同时犯了故意伤害罪，构成牵连犯，应以重罪即故意伤害罪论处。持此论者没有明确说明干涉者故意将他人打死，是否为本罪与故意杀人罪的牵连犯。

其三，少数学者认为暴力干涉他人婚姻造成重伤的，又构成了故意伤害罪，应实行数罪并罚。

我们认为，以故意重伤、杀人的手段干涉他人婚姻自由的行为，既不构成牵连犯，也不能实行数罪并罚，而构成暴力干涉婚姻自由罪和故意伤害罪或故意杀人罪的想象竞合犯，即想象的数罪、实质的一罪，应按其中重罪即故意伤害罪或故意杀人罪予以处断。

想象竞合犯，是指行为人出于一个故意或过失，实施了一个危害行为，侵害或者可能侵害数个客体，触犯数个罪名的犯罪形态。以故意杀人、重伤的方式干涉他人婚姻自由的行为完全具备了想象竞合犯的下列特征：

第一，行为人实施了一个危害行为。这是想象竞合犯的事实特征，是区分于牵连犯与实质数罪的重要标志。干涉婚姻自由的暴力行为，总是针对被害人的身体实施的，故会对其身体造成不同程度的损害。尤其是殴打，很可能给其人身造成一定伤害，甚至致人死亡。行为人出于干涉他人婚姻自由的故意而实施暴力，无论是可能致人轻伤害的一般殴打，还是故意重伤或杀人的行为，均是干涉婚姻自由的暴力行为，仍是一个危害行为。因此，不能把故意重伤或杀人行为当作干涉婚姻自由之暴力行为以外的另一行为，否则即违背刑法禁止重复评价之原则。

第二，行为人是出于一个犯意。这是想象竞合犯的主观特征。行为人的危害行为，总是在一个故意或过失支配下实施的。以暴力干涉婚姻自由的行为人在主观方面须出于直接故意，即行为人明知自己的暴力行为会导致他人损伤或死亡，进而干涉他人行使婚姻自由权利，但却希望这种结果的发生。行为人的犯罪目的可分为两个层次：一是间接目的，即通过运用暴力损害他人的身体健康乃至生命权利；二是直接目的，即禁止或强迫被害人与某人结婚或离婚。易言之，行为人实施故意重伤或杀人行为总是在这一直接目的之支配下进行的，仍出于一个直接故意，而决非仅出于一个故意重伤或杀人的故意。

第三，危害行为侵害了数个客体。这是想象竞合犯的社会特征。以故意重伤或杀人的方式干涉他人婚姻自由的行为，既侵犯了被害人的身体健康权利或生命权利，又侵害了其婚姻自由权利。

第四，一个危害行为同时触犯了数个罪名。这是想象竞合犯的法律特征。触犯数个罪名，是指一个危害行为在外观上或形式上同时符合刑法分则规定的数个不同具体犯罪构成要件的情形。触犯数个罪名，表明对同一危害行为可以分别用不同的犯罪构成加以评价，反映出同一危害行为分别作为不同犯罪构成中的客观要件的特征。简言之，即一个危害行为被数个不同的犯罪构成所共有。另外，触犯数个罪名的危害行为毕竟只有一个，"数罪名中的任何罪名都无法全面评价其犯罪行为"[1]，故不能作为数罪来处理，否则，必然有违禁止重复评价之原则。在这种意义上，可以得出想象竞合犯在罪质上是想象的数罪，实质的一罪之结论。以故意重伤或杀人的方式干涉他人婚姻自由的行为同时触犯了暴力干涉婚姻自由罪和故意伤害（重伤）罪或故意杀人罪，符合两个犯罪构成，但在所触犯的两个罪名中，用任何一个犯罪构成都不能对干涉他人婚姻自由之故意重伤或杀人的行为作出全面评价。若用暴力干涉婚姻自由罪来评价，会遗漏或忽略故意伤害致人重伤或者故意致人死亡的重要事实特征，因为就该罪罪质而言仅能包容故意伤害致人轻伤或过失致人死亡之情形；若用故意伤害（重伤）罪或杀人罪来评价，则又忽略了行为人对

---

[1] 姜伟：《犯罪形态通论》，法律出版社1994年版，第432页。

他人婚姻自由权利侵害的这一社会本质特征。

综合上述四个特征，本书认为，干涉他人婚姻自由的故意伤害或故意杀人行为构成了想象竞合犯，应根据"从一重处断"的原则，以其中的重罪即故意伤害罪或故意杀人罪定罪量刑，前述关于该行为法律适用问题的三种观点均失之偏颇，值得商榷。

第一种观点充分注意到干涉婚姻自由的故意伤害或杀人行为所造成的损害超出了暴力干涉婚姻自由罪所要求的限度，提出了以故意杀人罪或故意伤害罪论处的结论，这是可取的。但此种观点对其结论之成立欠缺具体的论证，从而显得较为空泛，立论不稳。

第二种观点主张故意致人重伤或重伤致死的干涉他人婚姻自由的行为构成牵连犯，以故意伤害罪论处，这显然不符合罪数形态理论。牵连犯，是指行为人出于某一犯罪目的，在实施犯罪的过程中，其手段行为或结果行为又触犯其他罪名的犯罪形态。行为人实施了两个以上的危害行为，这是牵连犯的重要事实特征，是成立牵连犯的前提条件。此处两个以上的危害行为中每一种行为都符合刑法分则所规定的不同具体犯罪的构成要件。危害行为是一个还是数个，是区别想象竞合犯与牵连犯的重要标志。我们认为，第二种观点的错误主要在于：

其一，混淆了犯罪手段与牵连犯的手段行为。犯罪手段是实现犯罪目的之方法。实现干涉婚姻自由目的之暴力手段包括殴打、捆绑、抢掠等，但它不能等同于手段行为。手段行为是目的行为的对称，是为实现目的行为而实行的另一行为。如果行为虽然可以作为犯罪手段，但不可能从中分离出对称的目的行为和手段行为，则实质上只是一个行为，就不能成立牵连犯。包括故意重伤在内的殴打行为，虽然可以作为实现干涉婚姻自由的犯罪目的之手段，但实质上是一个行为，我们无法从中分出目的行为（暴力干涉）和手段行为（故意重伤），因为故意重伤行为只有一个，它不可能既作为暴力干涉行为中的暴力内容，又作为故意重伤行为的内容。

其二，对故意重伤行为作了重复评价。牵连犯的目的行为和手段行为因触犯不同罪名，且均独立构成犯罪，故对任何一种行为均在其构成要件中作一次评价。持第二种观点者由于模糊了犯罪手段与手段行为的界限，将故意重伤行为既放在暴力干涉婚姻自由罪中加以评价，又作为故意伤害罪的客观要件加以评价，故得出构成牵连犯之结论，显然违背了禁止重复评价之法理。

第三种观点的错误与第二种观点的共同之处同样在于对故意重伤行为进行了重复评价，在理论上亦是缺少根据的。

5. 本罪的停止形态问题

暴力干涉婚姻自由罪从理论上来说应当属于举动犯，即只要行为人实施了以暴力方法干涉他人婚姻自由的行为，便构成暴力干涉婚姻自由罪的既遂。但是，由于暴力干涉婚姻自由罪罪质相对较轻，因而实践中往往仅对那些比较严重的暴力干涉或者多次、一贯地使用暴力干涉，或者使用暴力进行干涉造成严重后果的行为，才按该罪论处。至于偶尔采取较轻的暴力手段干涉他人婚姻自由而没有造成严重后果的，一般则认为属于情节显著轻微危害不大，不以犯罪论处，如有这样一个案子：女青年彭某在外打工时与男青年谭某相恋，彭父知悉，很是不满，即以其母病重为由将她招回，勒令不得再与谭某来往，但彭某予以拒绝，遂父女发生口角，彭父气愤之余打了女儿，并让其母看住女儿，不让擅自出门。本案中，彭父只是偶尔采取暴力手段干涉其女儿的婚姻自由，并且没有造成严重后果，其情节显著轻微危害不大，故不宜以暴力干涉婚姻自由罪论处。从这层意义上来说，暴力干涉婚姻自由罪颇近似于我国刑法理论中特有的情节犯，但我们却不能将两者混淆，因为情节犯必须以刑法分则明文规定的"情节严重"或"情节恶劣"为标志，而暴力干涉婚姻自由罪则不具备这一特点。

此外，由于暴力干涉婚姻自由罪系举动犯，犯罪行为一经着手实行即构成既遂，因而该罪没有犯罪未遂产生的余地。不过，因该罪是故意犯罪，故可能存在预备、中止等犯罪形态，而且其犯罪中止也只限于预备阶段的中止。在犯罪的实行阶段，则不可能存在中止的犯罪形态。然而，虽然依照我国刑法中的犯罪预备、犯罪中止的立法模式，从法理上来说，刑法分则所规定的任何犯罪的预备、中止形态都应受到处罚，但鉴于暴力干涉婚姻自由罪属于罪质相对较轻的犯罪，因而司法实践中一般不会处罚该罪的预备犯，更不用说预备阶段的中止犯了。例如，女青年吴某与邻村青年王某相爱，但遭其父竭力反对。吴某不顾其父反对，与王某到政府领取了结婚证，开始共同生活。

其父勃然大怒,遂带领亲朋多人来到王家,准备将王家人痛打一顿,将女儿抢回。但经有关方面及时劝阻事态得以平息,没有恶化。本案中,吴父带领多人至王家准备殴打王家人,抢回女儿的行为,显然便属于暴力干涉婚姻自由罪的预备行为。对于吴父之行为,只需给予批评教育,而不宜以暴力干涉婚姻自由罪(预备)定罪处罚。

(四)暴力干涉婚姻自由罪的刑罚适用

根据我国刑法的规定,对暴力干涉婚姻自由罪的刑罚处罚分成两种情况:

其一,犯暴力干涉婚姻自由罪的,处2年以下有期徒刑或者拘役。这里追究犯罪人的刑事责任是以"告诉"为前提条件的。因此,本罪属于亲告犯。亲告犯一般属于比较轻微的侵犯公民个人权益的犯罪及亲属之间的犯罪,一般的暴力干涉婚姻自由罪即属此种情况。在此类案件中,干涉者与被害人往往有亲属关系,有些干涉者还自认为是为被害人的所谓"幸福"着想,被害人大多只是希望干涉者改正错误,不再干涉,并不希望司法机关对干涉者定罪判刑。因此,法律明确规定司法机关不主动追究,这有利于维护人民内部的安定团结。

其二,犯暴力干涉婚姻自由罪致使被害人死亡的,处2年以上7年以下有期徒刑。此种情况,由于危害后果严重,因而已不适用"告诉才处理"的规定,不以告诉权人提起公诉为追究被害人刑事责任的前提条件。这里所谓"致使被害人死亡",只限于两种情况:一是因实施暴力干涉婚姻自由的行为而直接引起被干涉者自杀身亡。对于因暴力干涉婚姻自由致使被干涉者自杀的事件,应当查明暴力干涉行为与自杀之间是否具有刑法上的因果关系。只有二者之间存在刑法上的因果关系,即自杀是由暴力干涉行为直接引起的,暴力干涉行为是自杀直接的、真正的原因时,才能令行为人承担"致使被害人死亡"的刑事责任。例如,女青年冯某与邻村青年田某相爱,但双方家长均不同意。某日,冯某因婚事再次与其父发生争执,而遭到其父毒打、辱骂,并被其父锁在房中,不准出门。当晚,冯某乘其父不备逃至田家,不想田某不在家,他的父母亦对其大肆羞辱、谩骂。冯某不堪忍受,掩面而回。途中由于伤感绝望，冯某投水自杀身亡。本案中，冯父虽然有暴力干涉女儿婚姻自由的行为，客观上也发生了其女儿投水自杀身亡之结果，但二者之间却不具有刑法上的因果关系。因为冯某自杀并非其父暴力干涉行为所直接引起的。冯某投水自杀主要是由于田家父母羞辱、谩骂，又不被自己父亲理解，而伤感绝望，一时想不开所致。因此我们不能因为发生死亡之结果，便追究冯父"致使被害人死亡"的刑事责任。否则，只能导致客观归罪。二是在实施暴力干涉婚姻自由行为的过程中，过失致被干涉者死亡，即故意实施暴力干涉婚姻自由的行为，因过失而造成了死亡之结果，当然，此处不能包括故意重伤致死和故意杀人之情形。因为如前所述，如果行为人以故意重伤的手段干涉他人婚姻自由而致使被害人死亡，或者以故意杀人手段干涉他人婚姻自由的，已构成想象竞合犯，应当以其中重罪故意伤害罪或故意杀人罪处断。

（五）暴力干涉婚姻自由罪的案例研析

1. 案情介绍

被告人周某经人介绍认识黄某后，在黄某父母的极力赞同下，与黄某订了婚。但黄某本人坚决不同意，多次要求父母退回周某所送彩礼，解除婚约，其父母则置之不理。后黄某与同村青年高某相爱。周某获悉，恐"夜长梦多"，即"先下手为强"，背着黄某与其父母商定了日期。届时，周某强行将黄某抢到自己家中，并在其亲友的策划下拜堂成亲。当晚，黄某被周某强行推入"洞房"，周某不顾黄某之反抗，以暴力与之发生了性关系。次日，黄某逃出，并与高某一同到公安机关告发。

2. 分歧意见

在本案中，对于被告人周某实施的行为应当如何定性，主要存在以下两种不同的观点：

第一种观点认为，被告人周某为达到与黄某结婚之目的，将黄某强抢至家中拜堂成亲，并强行发生关系，其强奸行为只是暴力干涉婚姻自由的一种手段，对周某之行为应定暴力干涉婚姻自由罪。

第二种观点认为，被告人周某将黄某抢至家中拜堂成亲，并违背黄某之意志，强行与之发生关系，其行为完全符合强奸罪之构成特征，应以强奸罪论处。

3. 研究结论

对于周某之行为应当以强奸罪论处。诚然，周某是以与黄某结婚为目的的，他强行将黄某抢至自家拜堂成亲，强行发生性关系等，都是为了使"生米煮成熟饭"。其采取暴力抢亲，强行奸淫之行为严重干涉了黄某的结婚自由，表面上看符合暴力干涉婚姻自由罪的特征，但是此处的"暴力"已经超出了暴力干涉婚姻自由罪之暴力的程度，也即强奸的暴力不能被暴力干涉婚姻自由罪之暴力所能评价。此是第一种理解。第二种理解是周某的行为符合暴力干涉婚姻自由罪的同时也符合强奸罪之构成特征，这属于刑法理论中的想象竞合犯，根据想象竞合犯"从一重处断"的原则，我们应当以强奸罪对周某的行为予以定罪处罚。

二、虐待罪

（一）虐待罪的概念和法源

1. 虐待罪的概念

虐待罪，是指行为人对共同生活的家庭成员，经常以打骂、冻饿、禁闭、强迫过度劳动、有病不给治疗、限制治疗、凌辱人格等手段，从肉体上和精神上进行摧残、折磨，情节恶劣的行为。

2. 虐待罪的法源

婚姻家庭关系的稳定是维系社会稳定的前提，而共同生活的家庭成员之间的和谐相处又是婚姻家庭关系稳定的前提。为了维护婚姻家庭关系的稳定，我国1979年《刑法》以专章设置了破坏婚姻家庭犯罪，在此章中规定了虐待罪，其第182条规定："虐待家庭成员，情节恶劣的，处二年以下有期徒刑、拘役或者管制。犯前款罪，引起被害人重伤、死亡的，处二年以上七年以下有期徒刑。第一款罪,告诉的才处理。"我国1997年《刑法》将妨害婚姻家庭罪一章取消,此章中涉及的罪名被分散到侵犯公民人身权利和民主权利一章中,其第260条规定:"虐待家庭成员,情节恶劣的,处二年以下有期徒刑、拘役或者管制。犯前款罪,致使被害人重伤、死亡的,处二年以上七年以下有期徒刑。第一款罪,告诉的才处理。"新旧刑法的规定基本相同,唯一的变化是1997年《刑法》将1979年《刑法》中的"引起被害人重伤、死亡的……"修改为"致使被害人重伤、死亡的……"。

1997年《刑法》将妨害婚姻家庭罪一章取消,一方面是为了保持刑法分则体例的完整和协调,另一方面是为了淡化家庭关系作为成立犯罪的客观构成要素。但是对于虐待罪这种纯粹在法条中已然规定了家庭成员范围的罪名来说,是无论如何也不能不考虑家庭成员的,完全抛离家庭成员关系而探讨现行刑法中的虐待罪是不现实的。虐待罪不同于遗弃罪,如果说遗弃罪因为法条没有明确规定家庭成员关系而存在犯罪主体与对象之间的解释空间的话,那么虐待罪的解释空间只存在于承认家庭成员关系为大前提下如何更好地框定家庭成员关系的范围。①

(二)虐待罪的构成特征

1.客体特征

本罪的客体是复杂客体,既包括共同生活的家庭成员在家庭生活中的平等权利,也包括其人身权利。男女平等是我国《宪法》和《婚姻法》确定的一项基本原则,是社会主义婚姻家庭制度区别于其他婚姻家庭制度的根本标志。《宪法》第48条第1款和第49条第4款分别规定:"中华人民共和国妇女在政治的、经济的、文化的、社会的和家庭的生活等各方面享有同男子平等的权利。""禁止虐待老人、妇女和儿童"。《婚姻法》第2条和第3条分别规定,实行"男女平等""保护妇女、儿童和老人的合法权益""禁止家庭暴力。禁止家庭成员间的虐待和遗弃"。虐待家庭成员的犯罪行为,是家长制、男尊

---

① 邵玲、李某:《"虐童案"的刑法学分析——以虐待罪的适用为视角》,载《人民论坛》2014年第4期。

女卑、漠视子女利益的封建残余思想和利己主义思想在家庭关系中的反映。这种犯罪行为不仅破坏了家庭成员间的民主平等关系，而且直接侵犯了被害人的人身权利，使其身心健康遭受摧残，生命健康遭受严重威胁，对其他家庭成员特别是青少年子女产生恶劣的影响。因此，对虐待家庭成员，情节恶劣的行为予以刑事制裁，是完全必要的。

本罪侵害的对象是共同生活的家庭成员。所谓家庭成员，是指基于血亲关系、婚姻关系、收养关系在同一个家庭中生活的成员。不具有亲属关系，即使在一起共同生活，如同居关系，也不能成为本罪的对象。家庭成员主要由以下四个部分成员构成：

（1）由婚姻关系的形成而出现的最初的家庭成员。即丈夫和妻子。夫妻关系是一种拟制血亲关系，是最初的家庭关系，它是父母与子女间的关系产生的前提和基础。至于继父母与继子女之间的关系，如果形成一种收养关系，则就成为家庭关系，它实质既为因收养关系而发生的家庭关系，也为因婚姻而发生的家庭关系。

（2）由血缘关系而引起的家庭成员。这是由于血亲关系而产生的家庭成员，包括两类：其一，由直系血亲关系而联系起来的父母、子女、孙子女、曾孙子女以及祖父母、曾祖父母、外祖父母等，他们之间不因成家立业，及经济上的分开而解除家庭成员的法律地位；其二，由旁系血亲而联系起来的兄、弟、姐、妹、叔、伯、姑、姨、舅等家庭成员，他们之间随着成家立业且与原家庭经济上的分开，而丧失原家庭成员的法律地位。这里例外的是，原由旁系血亲抚养的（如原由兄姐抚养之弟妹），不因结婚而丧失原家庭成员的资格。

（3）由收养关系而发生的家庭成员。即养父母与养子女之间，这是一种拟制血亲关系。只有基于上述血缘关系、婚姻关系、收养关系等方面取得家庭成员的身份，方能成为虐待罪之侵害对象，这也是此种犯罪行为本身的性质所决定的。

（4）在现实生活中，还经常出现一种既区别于收养关系、血亲关系，又区别于婚姻关系而发生的家庭成员之间的关系。例如，甲是位孤寡老人，生活无着落，乙丙夫妇见状而将甲领回去，自愿履行一种绝非法律意义上的赡养义务。一经同意赡养，甲就成了乙丙家的一个家庭成员。再如，保姆与共同生活的雇主及其他家庭成员之间，徒弟与其共同生活的师父及其他家庭成员之间，已经不是简单的雇佣与被雇佣、教与学的关系，而是在比较长的时期内共同生活，相互间形成了准家庭成员之间的关系。[①]

2.客观特征

本罪在客观方面表现为经常以打骂、冻饿、侮辱、谩骂、有饭不给吃、有病不给医、强迫做超体力劳动、随意禁闭等方法，对共同生活的家庭成员从肉体上、精神上进行折磨、摧残，情节恶劣的行为。关于本罪的客观方面主要可以从以下几个方面来把握：

（1）行为必须具有经常性、一贯性

本罪是一种持续犯罪，即在一定时期内犯罪人持续不断地实施各种虐待行为。如果我们孤立地看待每一次虐待行为，可能都不构成犯罪。行为的经常性、一贯性是构成本罪虐待行为的一个必要特征，偶尔的打骂、冻饿、侮辱、赶出家门，不能认定为虐待行为，如司法实践中曾发生的阎某控告葛某虐待儿媳致死案，其基本案情是：葛某与儿媳平素关系融洽，一日，葛某在家中发现丢了10元人民币，怀疑是儿媳所为，遂说："如果你用钱告诉我一声。"儿媳为表白自己没有偷钱，让婆婆搜了自己的口袋。事后，儿媳感到受了侮辱，服毒自杀身亡。其生父阎某遂提起诉讼。人民法院审理此案后认为，葛某对儿媳并没有经常性侮辱行为，不构成虐待罪。我们认为，人民法院的判决是完全正确的，葛某的行为因不具有持续性、一贯性故而不能以本罪定罪处罚。

（2）手段的多样性

虐待行为的手段可能是多种多样的，但概括起来不外乎以下两类：

其一，肉体上的折磨，如殴打、冻饿、强迫超负荷劳作、不给吃饱饭、不让穿暖、有病不给医治、随意禁闭等，如王某虐待幼子致死案：被告人王某与妻子离婚后，法院判决其4岁的幼子由其抚养。然而，被告人嫌其子有残疾是个累赘，经常不给饭吃，不给衣穿，甚至以喂食粪便等方法对之进行

[①] 潘新哲、杨华：《关于虐待罪问题的探讨》，载《理论探索》2004年第2期。

摧残，致其子迅速瘦弱，卧床不起，王某则仍置邻居劝告于不顾，不给医治，终致其子死亡。[1] 本案中，被告人王某对其子采取的便是冻饿、有饭不给吃、有衣不给穿、有病不给医等肉体折磨方法。

其二，精神上的折磨，如侮辱、讽刺、谩骂、限制人身行动自由（限制上学或工作等）、不让参加社会活动，等等。例如，实践中曾发生过这样的案子：被告人周某，生性多疑，经人介绍与沈某结婚。结婚那天，沈某的三个姐姐、姐夫都来了，却引起周某的疑心，尔后就不许沈某与亲属及其他男性正常接触，不许她一人回娘家，并动辄辱骂沈某。后来沈某进了一家小厂，离周某很近，周某便像密探似的，一有空就监视沈某的一举一动。沈某单位不论男女，都很少有人与她说话，生怕连累了她。再后来，周某下了岗，便回家练摊卖杂货，但却整天让沈某陪着，甚至再也不许她上班。有一天，杂货摊旁的另一家店主偶尔和沈某谈了几句话，周某便大发雷霆，大肆辱骂沈某"不要脸"，乱勾引男人。沈某哭着跑回家，服毒自杀，幸发觉抢救及时得以生还。又一日，周某的弟弟来，沈某又炒菜又烙饼，热情予以款待，周某却醋意大发，把饼扔在地上，使劲用脚踩，将其弟赶出门去，并肆意谩骂、侮辱沈某。沈某不堪忍受，乘人不备再次服毒，终致身亡。本案中，被告人周某对妻子沈某采取的便是谩骂、侮辱、限制人身自由等精神折磨方法。不过，实践中，行为人往往并非单纯使用肉体或精神上的虐待方法，而是经常交替使用上述方法对被害人实施虐待。

（3）行为类型的复杂性

司法实践中常见的虐待行为主要有几下几种类型：

第一，丈夫虐待妻子。

第二，公婆虐待儿媳，岳父虐待女婿。

第三，父母虐待子女，尤其是继父母虐待继子女、养父母虐待养子女的，为司法实践中常见。

第四，子女虐待父母，包括继子女虐待继父母，在司法实践中，这类虐待行为已日益突出。

---

[1] 赵秉志主编：《新刑法全书》，中国人民公安大学出版社1997年版，第930页。

第五，儿媳虐待公婆，女婿虐待岳父母。

（4）虐待行为必须是情节恶劣的，才构成犯罪

所谓"情节恶劣"，指虐待动机卑鄙、手段残酷、持续时间较长、屡教不改的、被害人是年幼、年老、病残者、孕妇、产妇等。对于一般家庭纠纷的打骂或者曾有虐待行为，但情节轻微，后果不严重，不构成虐待罪。有的父母教育子女方法简单、粗暴，有时甚至打骂、体罚，这种行为是错误的，应当批评教育。只要不是有意对被害人在肉体上和精神上进行摧残和折磨，不应以虐待罪论处。

3. 主体特征

本罪的主体是特殊主体，必须是与被害人具有一定的血亲关系、婚姻关系或收养关系，并在一个家庭中共同生活的成员，包括祖父母、外祖父母、父母、子女、兄弟姐妹等，也包括自愿承担扶养义务的与其共同生活的其他亲友等。犯罪分子通常是利用其在家庭中经济上或亲属关系上的特殊地位来实施虐待行为的，非家庭成员不能构成本罪的主体。

4. 主观特征

本罪在主观方面只能出于故意，且为直接故意，具体表现为行为人已经预见到其行为会造成共同生活的家庭成员肉体或精神上的痛苦，但仍希望其发生。

本罪的动机则有多种多样，根据司法实践，本罪的犯罪动机主要有以下几种：

（1）出于封建夫权思想。夫权是指由丈夫专门享有的，限制妻子人身自由的一种特权。夫权思想是中国封建文化的糟粕，夫妻关系中，丈夫控制支配妻子，体现了剥削阶级和社会中男女在夫妻关系中地位的不同，在夫权统治下，夫妻之间是一种尊卑，主从关系，"夫为妻纲""妻以夫为天"，丈夫可以纳妾，出妻，而妻子不得擅自出走，家庭财产只能由丈夫管理、处分，妻子使用须秉承夫意，婚后妇女必须随夫姓，或在本姓上冠以夫姓。在这种不平等的夫权思想影响下，丈夫往往对妻子实施虐待行为。

（2）喜新厌旧，企图用虐待手段逼迫对方与其离婚。这也发生于丈夫虐待妻子的案件中。例如，被告人沃某，男，35岁，原系某铁矿工人，与当地女青年聂某结婚，两人感情很好，并生育三个儿女。之后，沃某与刘某勾搭成奸后，日益嫌弃自己的妻子。为了达到与刘某结婚的目的，就歧视、虐待

聂某，妄图迫使聂某离婚。当其无理要求遭到妻子拒绝后，沃某对妻子更加冷酷，肆无忌惮地进行虐待，在经济上卡脖子，每月的工资收入，竟分文不给家中，致使聂某和三个儿女无法生活。当妻子带着儿子找到矿里，被告竟将他们拒之门外，不给饭吃。一次，被告故意找茬，将其打昏在地，口吐白沫，不省人事，后经邻居抢救，聂某才慢慢苏醒。后来，聂某走投无路将沃某起诉到法院，人民法院开庭审理此案认定，被告沃某，喜新厌旧，为迫使妻子离婚而虐待妻子，事实清楚，证据确凿，其行为已构成虐待罪，依法判处有期徒刑1年零10个月。①

（3）因家庭成员丧失劳动能力而视为累赘。这多发生在子女虐待父母的案件中。

（4）因为家庭成员生女孩，不能"传宗接代"。这多发生在丈夫虐待妻子的案件中，有时也会发生在公婆虐待儿媳的案件中。例如，被告人王某是一个性情粗暴、大丈夫气十足的人。某年与代某结婚，从婚后3个月开始，便常常为生活琐事打骂妻子。有一天，夫妻俩为一件小事吵嘴，王某嫌妻子顶了嘴，不顾妻子8个月的身孕，提起她的双脚，从院里往外拖，一直把她拖到院外20米远的沟边。后来，代某生了个女孩，王某对她的打骂更成了家常便饭。代某娘家多次来人评理和调解，王某吼着要他们"滚"，一次还打伤了岳母。代某难以忍受这种屈辱，两次自杀均未遂。后代某又生了一个女孩，王某更加怨恨经常骂她"只会生女，不会生男"，稍不合意，张口就骂，举手就打，其妻终因不堪忍受，含恨服农药身亡。②

（三）虐待罪的司法认定

1. 本罪与非罪的界限

（1）从情节是否恶劣来区分罪与非罪的界限

情节是否恶劣是区分罪与非罪的主要标志。根据本条规定，虐待家庭成

---

①《中华人民共和国婚姻法案例选编》，中国人民大学法律系1985年编，第144-145页。
②《中华人民共和国婚姻法案例选编》，中国人民大学法律系1985年编，第144-145页。

员，只有情节恶劣的，才构成犯罪。虐待行为一般，情节较轻的，如一两次的打骂，偶尔的不给饭吃、禁闭等，不应作为虐待罪论处。

虐待情节是否恶劣，应当根据以下几个方面来认定：

第一，虐待行为持续的时间。虐待时间的长短，在相当程度上决定了对被害人身心损害的大小。虐待持续的时间长，比如几个月、几年，往往会造成被害人的身心受到较为严重的损害。相反，因家庭琐事出于一时气愤而对家庭成员实施了较短时间的虐待行为，一般也不会造成什么严重后果。

第二，虐待行为的次数。虐待时间虽然不长，但行为次数频繁的，也容易使被害人的身心遭受难以忍受的痛苦，极易出现严重后果。例如，有的丈夫在妻子生女婴后的一个月内，先后毒打妻子10余次；有的儿女对因卧床不起的老人一次又一次地不给饭吃，一个月内就达20余次；等等。

第三，虐待的手段。实践中，有的虐待手段残忍，例如，丈夫在冬天把妻子的衣服扒光推出门外受冻；儿女惨无人道地毒打年迈的父母等。使用这些残忍手段，极易造成被害人伤残和死亡，应以情节恶劣论处。至于打耳光、拧耳朵等虐待行为，便不能认为是手段残忍，一般不能认定为情节恶劣。

第四，虐待的动机和目的特别卑鄙。比如有的人因为与别的女人勾搭成奸，为了达到与原妻离婚，与第三者成婚的目的，便对妻子百般虐待。基于此种卑劣动机和目的的虐待行为，比那种仅仅由于有大男子主义、夫权思想而发生的虐待行为具有更深的主观恶性。目的与手段的一致性，决定了这种虐待行为往往很残忍、凶暴，故应以情节恶劣论处。[①]

第五，虐待特定的对象。这里的所谓特定对象，是指病残无行为能力，年幼、年老无独立生活能力，处于特殊时期（如怀孕期、分娩期、哺乳期）的妇女，等等。这些人由于自身生理上的特点和所处的特殊条件，对不法行为往往无反抗能力，极易遭受侵害，侵害的后果一般也较严重。比如对卧病不起的老人和刚生完小孩的妇女，只要中断饮食，就足以使其遭到损害甚至毙命。对于严重的精神病患者，只要采取冻饿的方法，即可产生致死的结果。因此对于虐待老人、婴幼儿、精神病患者、生理有缺陷的人、产妇和其他病

[①] 郝力挥、刘杰：《谈谈虐待罪的几个问题》，载《政法论坛》1985年第1期。

人的行为，应以情节恶劣论处。①

第六，虐待的后果是否严重。虐待行为一般都会不同程度地给被害人造成精神上、肉体上的痛苦和损害。其中有的后果严重，例如，由于虐待行为人使被害人患了精神分裂症、妇科病或者其他病症；虐待行为致使被害人身体瘫痪、肢体伤残；将被害人虐待致死；被害人因不堪虐待自杀；等等。凡发生了上述严重后果的，都应以情节恶劣论处。

（2）从犯罪的对象来区分罪与非罪的界限

虐待罪是发生在家庭成员间的犯罪，行为人与被害人之间存在一定的亲属关系和扶养关系，如夫妻、父子、兄弟姐妹等。虐待非家庭成员的，不构成虐待罪（但如果因虐待行为直接给被害人造成严重后果，社会危害严重，构成其他犯罪的，可以按其他犯罪论处）。

2. 此罪与彼罪的界限

（1）本罪与故意杀人罪的界限

虐待行为的手段，有时与故意杀人的手段十分相似，并且，虐待行为有时在客观上也可能造成被害人死亡的后果。所以，虐待罪与故意杀人罪的界限较容易混淆。我们认为，司法实践中难以认定某一行为是构成虐待罪还是故意杀人罪时，应当从主观故意上区分二者的界限。虐待罪的主观方面是故意对被害人进行肉体上和精神上的摧残和折磨；故意杀人罪的主观方面是故意剥夺他人的生命。

（2）本罪与故意伤害罪的界限

虐待行为往往会造成被害人身体伤害的后果，因为虐待犯罪中，使用暴力是行为人惯用的方法。所以，虐待罪容易与故意伤害罪混淆。虐待罪与故意伤害罪主要有以下几个方面的区别：第一，从发案范围来看，虐待行为发生在婚姻家庭领域内才构成此罪，而故意伤害行为可以发生在任何领域。第二，从实施的手段和方法来看，虐待行为既可以是暴力的，也可以是非暴力的，而故意伤害行为一般是暴力的。第三，从行为特点来看，虐待行为具有持续性的特点，而故意伤害行为往往一次行为便可构成犯罪。第四，从主观

---

① 郝力挥、刘杰：《谈谈虐待罪的几个问题》，载《政法论坛》1985年第1期。

上看，如果行为人出于对被害人进行肉体上和精神上摧残和折磨的故意，在实施虐待行为过程中，造成被害人轻伤或者重伤的，其行为构成虐待罪，不构成故意伤害罪；如果行为人在主观上具有伤害他人身体健康的故意，并且在客观上实施了伤害他人的行为，则其行为构成故意伤害罪，不构成虐待罪。

（3）本罪与遗弃罪的界限

本罪与遗弃罪同属于侵犯婚姻家庭的犯罪，犯罪主体均为年满16周岁以上具有刑事责任能力的自然人，犯罪的主观方面同为故意。它们二者之间的区别在于：第一，客体要件不同。虐待罪侵犯的客体是复杂客体，既侵犯共同生活的家庭成员在家庭生活中享有的合法权益，也侵犯了被害人的身体健康。遗弃罪侵犯的客体是家庭成员之间相互扶养的权利义务关系。第二，犯罪客观方面不同。虐待罪的客观方面表现为经常或连续折磨、摧残家庭成员身心健康的行为。遗弃罪的客观方面表现为对没有独立生活能力的家庭成员，具有扶养义务而拒绝扶养的行为。第三，主体要件不同。虐待罪的主体必须是在一个家庭内部共同生活的成员。遗弃罪的主体必须是对被遗弃者负有法律扶养义务，而且具有履行义务能力的人。第四，犯罪主观方面不同。两罪在主观方面均是故意，但其故意的内容不同。虐待罪的故意，是行为人有意识地对被害人进行肉体摧残和精神折磨。遗弃罪的故意，是行为人明知自己应当履行扶养义务，也有实际履行扶养义务能力而拒绝扶养。第五，犯罪侵犯的对象不同。虐待罪的犯罪对象可以是家庭成员中的任何人。而遗弃罪的犯罪对象，只限于年老、年幼、患病或者其他没有独立生活能力的人。

3. 本罪的共犯问题

本罪在实践中通常表现为共同犯罪的形态，也即两个以上的家庭成员共同故意虐待其他家庭成员的情形，也有的虐待犯罪是一个家庭成员唆使其他家庭成员所为。两个以上的行为人，基于共同的故意，虐待其他家庭成员，此种情形下，行为人构成虐待罪的共同实行犯。例如，夫妻二人均嫌弃年迈的父亲是个累赘，便合谋共同实施虐待行为，致其死亡，则此夫妻二人即构成共同实行犯。

问题是，不具有家庭成员身份的人，教唆具有家庭成员身份的人实施虐待行为，是否构成虐待罪的共犯？或曰不具有家庭成员身份的人与具有家庭成员身份的人实施虐待行为，是否构成虐待罪的共犯？我国《刑法》第29条第1款规定，"教唆他人犯罪的，应当按照他在共同犯罪中所起的作用处罚"，但这只是对非跨越身份犯罪处罚的规定。我国刑法总则没有规定共同犯罪与身份的关系，只是在刑法分则和有关司法解释中就个别身份犯共同犯罪问题进行了规定，这给司法实践带来了诸多不便和困难。对于第一个问题，我国刑法在教唆犯问题上采取了共犯从属性说。《刑法》第29条第2款规定："如果被教唆的人没有犯被教唆的罪，对于教唆犯，可以从轻或者减轻处罚。"可见，我国刑法采共犯从属性说，也即教唆犯的未遂以被教唆人有没有犯教唆之罪为标准，教唆犯的行为对被教唆人的行为具有从属性，由此推之，"不具有家庭成员身份的人，教唆具有家庭成员身份的人实施虐待行为的"，按照共犯从属性说，应该以虐待罪的共犯论处。对于第二个问题，我们认为"身份机能说"更有说服力。"身份机能说"以我国刑法学者王作富教授为代表，该说认为，身份的机能在于它反映了（具备该身份的）行为主体侵犯特定客体的客观可能性。在共同犯罪中，（身份客体）具有开放性，只要共犯中有一人具备身份，则全体共犯人都具备侵犯身份客体的可能性。无身份者或其他身份者可以借助有身份者本身的自然因素或法律地位而达到侵犯身份客体的结果，无身份者进而也就具备了构成该身份犯罪的主体资格。[①]因此，不具有家庭成员身份的人与具有家庭成员身份的人实施虐待行为，按照"身份机能说"，不具有家庭成员身份的人此时也"具备了构成该身份犯罪的主体资格"，因此，应按照虐待罪的共犯论处。

4.本罪的罪数问题

（1）虐待罪与其他犯罪的并罚

在司法实践中，虐待罪与故意杀人罪和故意伤害罪在客观方面存在很多相似之处，往往难以区分，这就要从行为人的主观方面来把握。理论上讲，如果行为人只是出于虐待的故意而实施虐待行为，导致被害人重伤或死亡的，则对行为人只能按虐待罪处理，并适用加重处罚的情形，不能按数罪并罚的

---

① 张本勇：《纯正身份犯的共犯问题研究》，载《政治与法律》2006年第6期。

原则处理。如果行为人在虐待过程中产生了故意杀人或故意伤害的故意，导致了被害人重伤或死亡，那就应该按照虐待罪和故意杀人与故意伤害罪数罪并罚。此时，行为人主观方面超出了虐待的故意，侵犯的客体也由原来的婚姻家庭中的平等权利和人身权利，变成了被害人的生命健康权利，因而形成了一个新的、独立的犯罪构成。[①]至于对行为人主观方面的认定，除了考虑行为人的供述外，还要结合犯罪手段、行为目的和行为动机以及案情发展的全过程等综合因素来判断。总之，在虐待案件中，我们既要防止把导致被害人重伤、死亡的案件按照故意伤害罪和故意杀人罪来处理的错误，也要防止将其过程中的故意伤害和故意杀人行为按照虐待罪来处理的错误，真正做到罚当其罪、不枉不纵。

（2）虐待罪与其他犯罪的牵连

在司法实践中常常出现这样的情形，即行为人为了达到遗弃的目的而实施虐待行为，此时就产生了虐待罪与遗弃罪相牵连的问题。如果虐待行为达到了"情节恶劣"的程度，则行为人的遗弃罪在犯罪手段上就牵连到了虐待罪。按照从一重处罚的原则，如果虐待行为致被害人重伤、死亡的，应按照《刑法》第260条处理。

5. 本罪的停止形态问题

如前所述，本罪以"情节恶劣"为犯罪构成的必备要件，属于情节犯。根据刑法理论，情节犯系一种独立的既遂状态，而既遂虽是完整的犯罪形态，但却不是未完成犯罪的对称，并不是一切既遂犯都可以表现为未完成的犯罪形态，事实上，某些犯罪是不可能发生未完成的犯罪形态的，通常说来，情节犯即属如此。情节犯一般条件下不发生未完成犯罪情形，确切地说，情节犯的预备行为、未遂行为、中止行为不宜处罚，不构成犯罪。所以，虐待罪作为情节犯亦概莫能外。因此，对于虐待罪一旦情节恶劣便构成犯罪，情节不恶劣便不成立犯罪，不存在虐待罪的预备、中止和未遂。

[①] 另有一种观点认为，根据吸收犯的原则，高度行为吸收低度行为，故意杀人和故意伤害行为自然吸收轻度的殴打虐待行为，因此对虐待罪不再另行定罪，应以故意伤害罪一罪定罪处罚。参见罗猛、蒋朝政：《虐待中故意伤害行为对虐待罪的超出与吸收》，载《中国检察官》2011年第7期。

（四）虐待罪的刑罚适用

根据《刑法》第 260 条之规定："虐待家庭成员，情节恶劣的，处二年以下有期徒刑、拘役或者管制。犯前款罪，致使被害人重伤、死亡的，处二年以上七年以下有期徒刑。第一款罪，告诉的才处理，但被害人没有能力告诉，或者因受到强制、威吓无法告诉的除外。"为了正确地适用刑法关于虐待罪的处罚规定，我们必须注意把握以下几点：

1. 正确理解"告诉才处理"

本罪属于"亲告犯"。刑法之所以如此规定，是因为行为人和被害人之间往往具有特定的亲属关系和经济关系，他们生活在同一个家庭之中，在多数场合下，被害人在经济上仍依靠被告人，这往往也是虐待行为产生的心理基础。有的被害人是年幼尚需要行为人抚养，有的是丧失劳动能力的父母仍需要行为人赡养，有的被害人还需要行为人在精神上、生活上予以照顾，这样，一旦对行为人判了刑，被害人就会失去经济来源，生活就会陷入困境。因此，只要虐待行为尚未达到不堪共同生活的程度，被告人往往仍愿意保持原来的家庭关系，即使在万般无奈、忍无可忍的情况下，被害人向司法机关告发行为人，往往也只是希望政府对行为人进行批评教育，希望行为人就此改正错误，而不希望对行为人判刑，所以法律规定，被害人不亲自告诉的，司法机关就不主动追究行为人的刑事责任。同时规定，此类案件即使告诉的，人民法院也可以进行调解，自诉人在宣告判决前，可以同被告人自行和解或撤回起诉，从而使被害人在是否追究被告人刑事责任问题上有相当大的决定权。当然，如果被害人是因为受强制、威吓而不敢告诉或无法告诉的，人民检察院可以直接受理，其他组织或公民亦有权向立法机关控告。根据法条规定，虐待致使被害人重伤、死亡的案件不属于"告诉才处理"的范围，因此，对这类案件，即使被害人不提出控告，检察机关也应提起公诉。

2. 正确理解"致使被害人重伤、死亡"

"犯前款罪，致使被害人重伤、死亡的，处二年以上七年以下有期徒刑。"行为人是故意的实施虐待行为，而过失地引起他人重伤、死亡的结果，其虐待行为和重伤、死亡之间具备刑法上的因果关系。我们认为，这里的致使被害人重伤、死亡包括以下三种情形：被害人经常受虐待而逐渐导致重伤、死亡；被害人因受虐待而自杀导致重伤、死亡；行为人在虐待中直接以暴力致人重伤、死亡。① 对于第一种情形显然是虐待罪的结果加重情形。对于第二种和第三种情形，司法实践中是存在争议的。

对于第二种情形，有人认为，被害人系自杀行为，且行为人没有直接杀人的故意，被害人的死亡与行为人的虐待行为没有直接的因果关系。基于此认识，有些地方司法人员对于被害人因虐待而自杀案件拒不受理。亦有人认为，对于被害人因被虐待而自杀的可以分为两种情形，第一种情形是，因行为人轻微的虐待行为导致被害人自杀的，行为人构成虐待罪，不适用加重情节。第二种情形是，因行为人严重的虐待行为导致被害人自杀的，行为人构成虐待罪，适用加重处罚情形。我们认为，行为人的虐待行为导致了被害人自杀的案件，要以虐待罪论处，并且要适用加重处罚情形。因为：首先，如果行为人的虐待行为不严重就导致了被害人自杀，直接适用我国《刑法》第13条但书的规定，此类行为根本就不构成犯罪，所以没有讨论的必要。此处所说的因行为人的虐待行为导致了被害人自杀的，显然虐待行为达到了情节恶劣的程度，而非用被害人的自杀来衡量行为人的行为是否情节恶劣。其次，我们承认，这种情况下，行为人只有给被害人造成精神上和肉体上痛苦的故意，没有杀人或重伤的故意，但是此主观方面只是排除了行为人故意杀人的刑事责任。相对于结果加重犯而言，行为人对于基本结果表现的是故意的罪过形式，而对于加重结果表现的则是过失的罪过形式。否则，行为人的行为不光构成虐待罪，也构成了故意杀人罪。再次，在客观方面，行为人的行为与被害人自杀的结果具有刑法上的因果关系。被害人自杀的结果是由行为人的虐待行为引起和决定的，之所以不追究行为人故意杀人的刑事责任，是由于其对结果缺乏故意的罪过。最后，行为人的行为导致被害人自杀的案件，应该适用本罪的加重处罚情形。刑罚的轻重由行为的社会危害性大小来决定，而行为造成的结果是衡量社会危害性大小的一个重要因素，对于造成

---

① 潘新哲、杨华：《关于虐待罪问题的探讨》，载《理论探索》2004年第2期。

严重后果，社会危害性大的行为，也要相应地加大刑罚。主张将导致被害人死亡的案件，按照《刑法》第260条第1款处罚的观点，混淆了把犯罪结果的严重程度作为构罪依据和处刑依据的界限。刑法中存在将严重结果作为定罪依据的规定，如交通肇事罪，只有发生了致人重伤、死亡或者公私财产重大损失的后果才能构成交通肇事罪。也存在将严重结果作为加重处罚根据的规定，如我国《刑法》第236条规定的强奸致使被害人重伤、死亡的，第263条规定的抢劫致人重伤、死亡的，第257条规定的暴力干涉婚姻自由致人重伤死亡的情形，等等。虐待导致被害人重伤、死亡的也属于此种类型。因此，作为构罪的严重犯罪结果与作为处刑的严重结果不能混淆，那种把虐待案件中被害人的自杀作为"情节恶劣"进而构罪的，是没有理论根据的。

在处理因虐待而引起被害人自杀的案件时，还应防止两种倾向性的错误：第一，只要死了人，就不问自杀的具体原因究竟是什么，是不是由行为人的虐待行为直接引起的，也不管问题的性质如何，更不问情节、动机，便进行盲目重判。第二，被害人自杀未遂，便认为后果轻微，放松了处理。

对于第三种情形，从刑法基本理论的角度讲，是虐待罪与《刑法》第234条故意伤害罪、第233条过失致人死亡罪法条竞合。然而这两个罪都规定："本法另有规定的，依照规定。"因此，从法律特殊规定的角度讲，此处排除了故意伤害罪和过失致人死亡罪的法律适用，只能适用虐待罪。

（五）虐待罪的案例研析

1. 案情介绍

被告人杨某，男，34岁，北京市人，无业。1997年12月杨某将其与前妻所生的女儿杨小某（时年7岁，中度智力低下）接回家中共同生活，后多次对杨小某牙咬、扇耳光、脚踢、让其摸暖气、将暖瓶踢过去烫伤等，致使杨小某后颈部、背部烫伤面积百分之二，左臂、双手、额骨等多处受伤。1998年1月23日晚8时许，被告人杨某在其家中酒后借故殴打杨小某，一耳光将杨小某从坐着的凳子上打倒在地，致使杨小某重型闭合性颅脑损伤，左额硬膜下血肿，左额、颞顶部、枕叶挫裂伤，头皮下血肿，经医院抢救无效，于当月 27 日死亡。①

2. 分歧意见

关于本案被告人杨某实施的行为应当如何定性处罚，主要有以下两种分歧意见：

第一种意见认为，被告人杨某最后一次的殴打行为是出于故意伤害的故意，因此，对行为人应以虐待罪和故意伤害罪进行并罚。

第二种意见认为，被告人杨某在主观方面是虐待的故意，最后一次殴打行为也是出于虐待故意，因此，对被告人的行为应以虐待罪论处。

3. 研究结论

《刑法》第 260 条规定的"致使被害人重伤、死亡"，包括三种情形：被害人因长期受虐待逐渐导致重伤、死亡；被害人因受虐待而自杀导致重伤、死亡；行为人虐待中的暴力直接导致被害人重伤、死亡。本案中杨小某的死亡即属于第三种情形。综观全案，被告人的最后一次殴打行为，并不是出于直接的伤害的故意，被害人也不是直接受打击而死，而是受到一耳光的打击后摔到头部而死，因此，属于"致使被害人重伤、死亡"的第三种情形，也即构成虐待罪的结果加重犯。另外，从法条竞合的角度分析，本案看似可以成立虐待罪和过失致人死亡罪的法条竞合。但是，如前所述，在过失致人死亡罪中规定了"本法另有规定的，依照规定"，因此，也就排除了适用过失致人死亡罪的适用。

---

① 潘新哲、杨华：《关于虐待罪问题的探讨》，载《理论探索》2004 年第 2 期。

三、遗弃罪

（一）遗弃罪的概念和法源

1. 遗弃罪的概念

遗弃罪，是指行为人对于年老、年幼、患病或者其他没有独立生活能力的人，负有扶养义务而拒绝扶养，情节恶劣的行为。

2. 遗弃罪的法源

尊老爱幼向来是中华民族的传统美德。在中国古代社会，封建伦理、三纲五常理念根深蒂固，规范着人们日常的行为生活。一种规范有序、等级分明的社会状态为历代统治者所追捧。在我国古代，统治者特别关注的是对尊者合法权益和特权的维护，对于那种忤逆尊长的行为，封建宗法都予以严惩。例如，汉代已有"不孝"等罪名，魏律规定"夫五刑之罪，莫大于不孝"[1]。晋律有不孝弃市的规定。为加强镇压危害封建专制统治和违反伦理纲常的行为，北齐的时候正式将"重罪十条"入律，将不孝列为直接危害国家根本利益的最严重的十种犯罪置于律首。《唐律》明确把对祖父母、父母"供养有阙"归入十恶之"不孝"。封建法律制度中还有留养制度，留养，亦称"存留养亲"，指犯人直系尊亲属年老应侍而家无成丁，死罪非十恶，允许上请，流刑可免发遣，徒刑可缓期，将人犯留下照料老人，老人去世后再实际执行。《北魏律·明例》规定："诸犯死，若祖父母、父母七十以上，无成人子孙，旁无期亲者，具状上请，流者鞭笞，留养其亲，终则从流，不在原赦之例。"[2]至于对年幼者及其他无独立生活能力者的保护，封建法律中则很少提及。《晋律》创制了依服制定罪，其目的也在维护尊者的权益。它是指亲属间的犯罪，

---

[1]《三国志·魏书·少帝纪三》。
[2]《魏书·刑法志》。

据五等丧服规定的亲等来定罪量刑。尊长杀伤卑幼,关系愈近则定罪愈轻,反之加重。值得我们注意的是《大元通制》中的一个规定:"诸父母在,分财异居,父母困乏,不共子职,及同系有服之亲,鳏寡孤独老弱病残不能自存,寄食养济院不行收养者,重议其罪"。这在保护尊长利益的同时,还注重保护"鳏寡孤独老弱病残疾不能自存"者之利益,在封建法律中亦属少见。清末制定的《大清新刑律》,以专章首次规定了"遗弃罪"。《大清新刑律》第339条规定:"依法令、契约担负扶助、养育、保护老幼、残疾、疾病人之义务而遗弃之者,处三等至五等有期徒刑。"第340条规定:"遗弃尊亲属者,处无期徒刑或二等以上有期徒刑。"同时,该法还对未尽保护或处分职责的有关巡警、官员给予处罚。清末变法修律中对遗弃罪的引进,对后世立法产生了深远影响,后来的国民党的刑事立法均保留了遗弃罪,在1928年和1935年的《中华民国刑法》中,均规定了遗弃罪。中国共产党领导的革命根据地时期一直到新中国成立初期,对于生活中发生的遗弃行为只是作家庭纠纷调解,并给予道德上的谴责以及党政教育。实践中不履行扶养义务而发生的遗弃行为愈演愈烈,有的甚至造成了严重的后果,运用刑法武器保护被遗弃者的合法权益越来越有必要,因此,我国1979年《刑法》在借鉴大陆法系立法经验的基础上,设置了遗弃罪。该法第183条规定:"对于年老、年幼、患病或者其他没有独立生活能力的人,负有扶养义务而拒绝扶养,情节恶劣的,处五年以下有期徒刑、拘役或者管制。"该法以情节恶劣作为构罪条件,限制了处罚范围,同时,没有要求告诉才处理,其法定刑比一般的虐待行为要重。我国1997年《刑法》承继了此罪,第261条规定:"对于年老、年幼、患病或者其他没有独立生活能力的人,负有扶养义务而拒绝扶养,情节恶劣的,处五年以下有期徒刑、拘役或者管制。"

(二)遗弃罪的构成特征

1. 客体特征

所谓犯罪客体是我国刑法所保护的、为犯罪行为所侵害的法益。大陆法系大部分国家的刑法典都把遗弃罪作为侵犯公民生命、健康权利的犯罪而与杀人罪、伤害罪规定在一起。大陆法系刑法理论界一般认为，遗弃罪保护的法益是需要扶助者的生命和身体。如德国刑法将遗弃罪规定在"侵犯他人生命的犯罪"一章中，并将遗弃行为分为两种：一是不作为的遗弃，二是作为形式的移置，即将他人移置于无援的状态下。具有保护责任的人，其遗弃行为既可以是不作为的遗弃，也可以是作为的移置；没有保护责任的人，只有在实施移置这种作为时，才成立遗弃罪。但不管是哪一种遗弃，都不要求行为人与被害人属于同一家庭成员。之所以如此，是因为德国刑法将遗弃罪视为对生命的犯罪，即刑法规定本罪是为了保护生命法益。日本刑法将遗弃罪规定在堕胎罪之后，将其作为生命、身体的犯罪，换言之，遗弃罪是使他人的生命、身体处于危险状态的犯罪，刑法规定本罪是为了保护生命与身体法益。遗弃罪分为单纯遗弃罪与保护责任遗弃罪。[①]

我国的通说认为，遗弃罪侵害的法益是家庭成员在家庭中应受扶养的权利。遗弃罪的对象限于年老、年幼、患病或者其他没有独立生活能力的家庭成员，本罪的主体限于家庭中负有扶养义务的人。对于通说的这种解释，部分观点提出了质疑，并对遗弃罪的保护法益作了新的诠释。这种观点认为，我国1979年《刑法》将遗弃罪规定在妨害婚姻、家庭罪一章中，而在修订后的1997年《刑法》中，立法者将遗弃罪纳入侵犯公民人身权利、民主权利一章中。可以说，遗弃罪的同类客体发生了变化，这一变化亦同样导致遗弃罪构成要件的变化，因此有必要对1997年《刑法》中遗弃罪的本质及其构成要件作一新的诠释。这种观点认为，遗弃罪的直接客体是公民的生命、健康权利，因此，不仅遗弃罪的范围需要扩大，其犯罪对象也应发生相应的改变，即只要是年老、年幼、患病或其他没有独立生活能力的人，都可能成为本罪的犯罪对象，不应再要求犯罪对象与犯罪主体是同一家庭的成员。[②] 我们认为，1979年《刑法》将遗弃罪的保护法益限定在家庭成员并无不当，但是，以1997年《刑法》规定该罪的内容没有变化为由，仍然将遗弃罪的保护法益

[①] 张明楷：《刑法学》，法律出版社2003年版，第730页。
[②] 张明楷：《论不作为的杀人罪——兼论遗弃罪的本质》，载陈兴良主编：《刑事法评论》（第3卷），中国政法大学出版社1999年版，第272-273页。

限定在家庭成员则大有商榷之余地。也就是说,遗弃罪保护的法益是需要扶助的生命和身体,因此,凡是对年老、年幼、患病或者其他没有独立生活能力的人,负有扶养义务而拒绝扶养、情节恶劣的,都应构成遗弃罪。

2.客观特征

本罪在客观方面表现为行为人对于年老、年幼、患病或者其他没有独立生活能力的人,负有扶养义务而拒绝扶养,情节恶劣的行为。要把握好本罪的客观方面,必须弄清以下几个方面的问题:

(1)遗弃罪的行为对象

我国1979年《刑法》将遗弃罪规定在"妨害婚姻家庭罪"一章中,因此,通说认为遗弃罪的本质在于侵害了被害人在家庭中受扶养或者平等的权利,遗弃罪的行为对象当然也就仅限于年老、年幼、患病或者其他没有独立生活能力的家庭成员。在现代亲属关系和各种社会关系的发展变迁中,遗弃罪的行为对象如果仅限于家庭成员是否符合刑法保护法益的目的和实现法律正义的要求,是一个值得反思的问题。1997年《刑法》将1979年《刑法》中的妨害婚姻家庭罪全部纳入侵犯公民人身权利、民主权利罪中。这种体系上的变化为合理阐释遗弃罪的本质和构成要件带来了契机,也为重新建构遗弃罪的内涵提供了法律依据。[①]

我国是成文法国家,因此刑法条文本身应该是确定刑法规范内涵与外延的唯一基础和前提。根据我国《刑法》第261条的规定,遗弃罪具有以下两个特点:第一,遗弃罪设置在侵犯公民的人身权利与民主权利一章中;第二,必须是对年老、年幼、患病或者其他没有独立生活能力的人负有扶养义务的行为人,实施了拒绝扶养义务并且情节恶劣的行为。这是遗弃罪的立法现实。对遗弃罪的本质以及内涵的理解离不开这两个基本的法律事实。1997年《刑法》将妨害婚姻家庭的犯罪全部置于侵犯公民的人身权利、民主权利罪中,对于遗弃罪的犯罪本质刑法理论界因此就有了两种截然不同的主张,一种主张还是坚持以前的主张,认为遗弃罪的犯罪客体仍然是公民在家庭中接受扶

---

① 吴学斌:《现行刑法体系下遗弃罪内涵的重新建构》,载《河北法学》2006年第9期。

养的权利,行为对象只能是家庭成员,这是主流观点。①另外一种主张则认为,既然遗弃罪已经归属于侵犯公民的人身权利、民主权利罪,那么就不能像1979年《刑法》那样,认为其法益是家庭成员的权利和义务关系,而应据此认定其所保护的法益发生了实质性变化。遗弃罪的犯罪本质在1997年《刑法》体系中表现为对生命、身体安全的一种侵害,因而对遗弃罪的主体要件与对象要件的解释也必须随着法益的变化而变化,即遗弃罪的主体与行为对象不需要是同一家庭成员。②

我们倾向于遗弃罪的主体和行为对象不需要是同一家庭成员的观点。按照传统的观点,遗弃罪一般仅限于家庭成员之间,遗弃罪的本质在于对家庭成员之间扶养义务的违反,但1997年《刑法》已经改变了遗弃罪的本质,即遗弃罪是对公民生命和身体安全的一种侵害,遗弃罪的对象范围应该扩大。

(2) 扶养义务

扶养义务,当然主要来自法律上的规定,不过有时也来自道德、职责和业务上的要求。这里的"扶养义务"应从广义上理解,它不仅包括夫妻和兄弟姐妹之间的扶养义务,也包括长辈对晚辈的抚养义务,还包括晚辈对长辈的赡养义务。这些人的扶养、抚养、赡养义务是婚姻法所明确规定的,因此这些义务来自法律的规定,如果行为人拒不履行扶养义务,遗弃被扶养人,情节恶劣的,无疑就要负刑事责任。另外,有的扶养义务还因道德、职责而产生。比如,实行全托制的幼儿园、精神病院、敬老院以及福利院等机构,这些机构虽然在法律上对这些对象没有扶养义务,但特定的职业道德和职责要求他们必须履行救助职责。如果这些机构有条件和能力履行这种救助职责而拒绝履行,应当认定是遗弃行为,情节恶劣的,其负责人或其直接责任人就构成了遗弃罪主体,应当追究相关刑事责任。实际上,从我国《刑法》第261条规定的精神看,该条中所指的"扶养义务"是广义的,不仅包括亲属间的法定扶养义务,也包括职业道德、职责所要求必须履行的扶养义务。因为《刑法》在这里只是明确了对于年老、年幼、患病或者没有独立生活能力的人

---

① 高铭暄、马克昌主编:《刑法学》,北京大学出版社、高等教育出版社2000年版,第502页。
② 张明楷:《法益初论》,中国政法大学出版社2000年版,第229页。

有扶养义务而拒绝扶养，情节恶劣的，即构成遗弃罪，而并没有明确必须是由法律上的扶养义务的人实施遗弃行为才构成本罪。因此，从《刑法》第261条的立法精神来看，依特定的职业道德和职责应当对特定的对象履行救助职责而拒不履行的行为人，也可以成立遗弃罪的主体。①

那么，对我国《刑法》第261条的这种理解是否符合文义解释呢？我们知道判断对法律条文含义的某种理解是否正确，首先应当看该理解是否符合法律条文的字面文义。违背法律条文字面文义的理解，当然是不允许的。在符合法律条文字面文义的前提下，再根据论理解释，看该理解是否能够得出错误的结论。单从我国《刑法》第261条的表述来看，该条并没有将本罪的犯罪对象限于家庭成员中老年、年幼、患病或者其他没有独立生活能力的人，该条文中根本没有出现"家庭成员"的字样，所谓只限于家庭成员的理解只是学者的一家之言。从文义解释的角度来看，无论如何也不能认为该条中的"年老、年幼、患病或其他没有独立生活能力的人"仅限于家庭成员。也就是说，一切年老、年幼、患病或其他没有独立生活能力的人，只要是行为人的扶养义务之对象，都有可能成为本罪的犯罪对象，而不管其是否与行为人属于同一家庭。② 这符合文义解释原理。理由如下：首先，既然1997年《刑法》将遗弃罪置于侵犯公民的人身权利、民主权利罪之中，不管这样的调整是基于立法技术上的原因，还是有某种实质蕴意，只要遗弃罪现实上归属于侵犯公民人身权利、民主权利罪之下，将其同类客体归纳为公民的人身权利、民主权利是有法律依据的。同类客体是以直接客体为基础归纳出来的，就是说遗弃罪的直接客体蕴含着侵犯公民人身权利、民主权利的实质内容。另外，根据一般人的法律观念，不论行为人采取不作为的遗弃方式拒绝给予具有扶养义务的人以扶助，或者采取作为的方式将具有扶养义务的人置于孤立无助的状态，直接受到侵害的就是被遗弃者的生命、身体健康的权利。因此，将侵害公民的生命、健康的权利作为遗弃罪的直接客体和犯罪本质事实上是刑

---

① 陈兴良：《非家庭成员间遗弃行为之定性研究——王益民等遗弃案之分析》，载《法学评论》2005年第5期，第137页。
② 苏彩霞：《遗弃罪之新诠释》，载《法律科学》2001年第1期。

法的明文规定，遗弃罪的本质主要表现在侵犯公民的人身权利，而人身权利并非家庭成员专有的法益。其次，从法律语言的角度来讲，法律用语的概念虽然明确，但其内涵和实质蕴意往往并不像文字表述那样明了，因此在推敲法律用语的含义时就存在"循名责实"之说。如果法律的适用范围仅限于机械的表述形式，这种法律不仅没有生命力，也不可能完成其使命。因此，在探究法律用语的含义时，应该打破形式主义的束缚，在具体的规范语境中追求具有法律上等价性的实质行为。另外，将遗弃罪的行为对象限定在家庭成员之中也不符合刑法的价值取向。法律的终极目标是社会福利，没有达到其目标的规则不可能永久性地证明其存在就是合理的。为了达到这种目标的途径无非立法和司法解释两种。如果法律用语能够在不违背罪刑法定原则的基础上，通过正确的诠释使刑法释放和表现出社会正义所需求的力量，无论从哪一角度来说，远比通过立法的手段达到目标要高明得多。[①]将扶养义务人不限于家庭成员之间符合社会正义的需求。据此，刑法意义上的扶养义务应有以下几种：

第一，法律规定的义务。根据2001年修正后的《婚姻法》的规定，"夫妻有互相扶养的义务"；"父母对子女有抚养教育的义务；子女对父母有赡养扶助的义务"；"不直接抚养非婚生子女的生父或生母，应当负担子女的生活费和教育费，直至子女能独立生活为止"；"养父母和养子女直接的权利和义务，适用本法对父母子女关系的有关规定"；"继父或继母和受其抚养教育的继子女间的权利和义务，适用本法对父母子女关系的有关规定"；"有负担能力的祖父母、外祖父母，对于父母已经死亡或者父母无力抚养的未成年的孙子女、外孙子女，有抚养义务。有负担能力的孙子女、外孙子女，对于子女已经死亡或者子女无力赡养的祖父母、外祖父母，有赡养的义务"；"有负担能力的兄、姐，对于父母已经死亡或父母无力抚养的未成年的弟、妹，有抚养的义务。由兄、姐扶养长大的有负担能力的弟、妹，对于缺乏劳动能力又缺乏生活来源的兄、姐，有扶养的义务"；"离婚后，父母对于子女仍有抚养和教育的权利和义务"；"离婚后，一方抚养的子女，另一方应负担必要的生

[①] 吴学斌：《现行刑法体系下遗弃罪内涵的重新建构》，载《河北法学》2006年第9期。

活费和教育费的一部或全部"；等等。2005年修订后的《中华人民共和国妇女权益保障法》第38条规定，"禁止溺、弃、残害女婴"，"禁止虐待、遗弃病、残妇女和老年妇女"。《中华人民共和国未成年人保护法》第10条第2款规定，"禁止虐待、遗弃未成年人，禁止溺婴和其他残害婴儿的行为"。《中华人民共和国残疾人保障法》第9条第1、4款规定："残疾人的扶养人必须对残疾人履行扶养义务"，"禁止虐待和遗弃残疾人"。

第二，基于法律行为以及职业道德产生的扶养义务。比如基于契约、委托等。扶养义务人与受扶养人之间本身没有亲属关系，但基于一定的法律行为，使受扶养人日常的生活以及其他的人身权利高度依赖扶养义务人。如果扶养义务人拒绝履行这种扶养义务，受扶养人的人身权利将会受到侵犯，扶养义务人与受扶养人之间形成的法律上的相互信赖与依赖关系也会不可避免地受到侵害，这种义务来源的根据也可以在民事法律上找到。比如，各种养老院、社会福利院等社会扶养机构，这种机构就负有某种扶养义务，尽管这种扶养义务不同于家庭成员间的扶养义务。

第三，基于特定的关系形成的事实上的扶养关系。对于前面两种形式的扶养义务来源，由于有明显的法律支撑，因此比较容易被司法实践所接受。但对于基于特定的关系所产生的事实上的扶养义务作为遗弃罪作为义务的来源，可能会带来某种程度的怀疑。因为他需要法官根据遗弃罪的本质和社会公序良俗的要求，在不违背罪刑法定原则的基础上将裁判的目光不断往返于刑法规范和具体案件事实之间，进行类型思维以及实质性判断。[①]

（3）拒绝扶养

"拒绝扶养"从客观方面揭示了本罪表现为不作为的犯罪行为方式，即消极地不履行所负有的扶养义务，如儿女对失去劳动能力又无经济来源的父母不承担经济供给义务，子女对生活不能自理的父母不予照料等。从这层意义上说本罪属于纯正不作为犯。所谓纯正不作为犯，就是刑法规定只能由不作为构成的犯罪。刑法学界有些学者认为本罪主要是不作为犯形式，但也可以

---

① 吴学斌：《现行刑法体系下遗弃罪内涵的重新建构》，载《河北法学》2006年第9期。

体现为作为形式,比如父母将刚生下不久的女婴丢在别家门口。[①] 我们认为,这种理解是有失偏颇的。事实上,在父母抛弃婴儿的情况下,就其拒绝扶养婴儿的实质而言,应是"应为而不为"的不作为形式。

(4)情节恶劣

本罪以情节恶劣为构成要件,因而属于情节犯。所谓情节恶劣,根据司法实践,通常是指遗弃动机卑劣、遗弃手段十分恶劣、遗弃造成了严重后果的,如因遗弃致被害人生活无着流离失所的;在遗弃过程中又对被害人施以打骂、虐待的;遗弃罪者屡教不改的;由于遗弃而引起被害人重伤、死亡或者自杀的;等等。

3. 主体特征

本罪的主体应当是年满16周岁、具有刑事责任能力的人。如前所述,"扶养义务"是广义的,不仅包括亲属间的法定扶养义务,也包括职业道德、职责所要求必须履行的扶养义务。《刑法》在这里只是明确了对于年老、年幼、患病或者没有独立生活能力的人有扶养义务而拒绝扶养,情节恶劣的,即构成遗弃罪,而并没有明确必须是由法律上的扶养义务的人实施遗弃行为才构成本罪。因此,从《刑法》第261条的立法精神来看,依特定的职业道德和职责应当对特定的对象履行救助职责而拒不履行的行为人,也可以成立遗弃罪的主体。

此外,负有扶养义务的人还必须具有扶养的能力,才能成为本罪的主体。如果确无能力去履行义务时,就不能让其承担刑事责任,如因本人收入很少或患有重病及天灾人祸等,连自己生活都困难,就不能认定是拒不履行扶养义务的人。

4. 主观特征

本罪在主观方面只能出于故意,即明知自己对于年老、年幼、患病或其他丧失独立生活能力的人负有扶养义务,并且有能力扶养,而执意拒绝扶养。行为人的动机则是多种多样的,根据司法实践主要有以下几种:

(1)为了"甩掉包袱"而加以遗弃。这种案件司法实践中常见多发,在遗弃案件中占有相当大的比例。例如,司法实践中发生过这样的案例:被告

---

① 陈兴良主编:《刑法全书》,中国人民公安大学出版社1997年版,第882页。

人刘某之母王氏早年丧夫，后历尽艰辛把刘某拉扯成人，帮助刘某建立家庭，又带大了刘某两个子女。某年，王氏因劳累过度加上年老多病而丧失生活自理能力。刘某与妻子于某便觉得王氏是一个负担，经常恶言相向，还时常带子女外出吃饭而让母亲挨饿。一次王氏高烧三四天，刘某夫妇不仅不请医生治疗，还不作任何照料，甚至未喂王氏吃一口饭。一次王氏说饭太硬，刘某即把母亲拉到街上说自个儿找好吃的去。街道居委会知道后多次做工作，刘某夫妇更是恼怒，经常冻饿、辱骂老母亲。某年除夕夜，王氏因故又被辱骂，伤心至极，遂独自出门投水身亡。[①] 此案例即为出于"甩掉包袱"的动机而加以遗弃的案例。

（2）为再婚创造条件而遗弃儿童。这种案件司法实践中也时有发生。例如，被告人韩某，原系国家机关工作人员，离婚后经人介绍又认识了沈某，但沈某提出要想结婚，必须解决其扶养的6岁儿子问题。于是韩某即泯灭天良，将儿子遗弃在外地。人民法院依法对被告人韩某以遗弃罪判处了4年有期徒刑。

（3）为了掩盖非婚性行为而遗弃婴儿。这类案件有时是被遗弃婴儿的生母为了自己的名誉等，在不得已情形下所为，具有一定的可宥情节，这在具体量刑时，应适当从宽处理。但对那种只顾寻欢作乐，乱搞男女关系，生下婴儿后，却又不尽责任的父母，必须给以必要的惩罚。

（4）为了逼迫妻子或丈夫与自己离婚而加以遗弃。这类案件多是因为配偶患病、残废丧失独立生活能力，行为人不愿履行长期扶养义务，或在另有新欢的情况下实施的。例如，王某遗弃丈夫杨某案：杨某，因工致残，丧失生活自理能力，杨某之妻王某因长期照料，渐生怨言。后王某耐不住寂寞，与本厂丧偶工人潘某勾搭成奸，便意图抛弃丈夫，多次向杨某要求离婚，杨某因离婚后家中无人照料自己，拒不同意。于是王某便经常不给饭吃，谩骂不绝于口，甚至经常跑到潘某家与潘某同居而置杨某于不顾。杨某因得不到必要的照料，身体日渐衰弱。某日，王某又至潘某家，三日后回家一看，杨某因热、饿，已死去多时。本案中，被告人王某因为丈夫杨某残废无自理能力，心生厌倦，在与他人勾搭成奸后，数次要求离婚而遭拒绝时，对丈夫加

---

① 赵秉志主编：《新刑法全书》，中国人民公安大学出版社1997年版，第932页。

以遗弃，结果致被害人死亡，当然已构成了遗弃罪。

（三）遗弃罪的司法认定

1. 本罪与非罪的界限

本罪属于情节犯，因此司法实践中认定本罪与非罪的界限时必须把一般遗弃行为和遗弃罪区分开来。根据司法实践经验，遗弃行为情节恶劣是指：由于遗弃而致被害人重伤、死亡的；被害人因遗弃而生活无着，流离失所，被迫沿街乞讨；因遗弃而使被害人走投无路被迫自杀的；行为人屡经教育，拒绝改正而使被害人的生活陷于危难境地的；遗弃手段十分恶劣的（如在遗弃中又有打骂、虐待行为的）；等等。①

2. 此罪与彼罪的界限

（1）本罪与故意杀人罪的界限

遗弃罪是给被害人的生命、身体造成危险的犯罪，不作为的故意杀人罪却是剥夺被害人生命的犯罪。不作为的故意杀人罪行为人主观上必须认识到自己的遗弃行为会导致对方死亡的结果，并对死亡持希望或放任的态度；遗弃罪则只要求行为人认识到自己对被遗弃的人负有扶养义务，认识到遗弃行为可能会对被害人的生命、健康造成一定危险，并对这种危险持希望或容忍态度即可。在大陆法系的刑法理论界，有关不作为的杀人罪与遗弃罪的区别基准有以下几种学说：第一，行为人在主观上是否有杀人的故意；第二，以主观上是否存在故意为基础，考虑是否存在客观危险；第三，以作为义务的内容和程度为区别基准。我国的主流观点倾向于大陆法系的第三种学说，即以合法权益所面临的危险是否紧迫、作为义务人与合法权益或合法权益主体之间的关系以及履行作为义务的容易程度作为区别标准。②我们认为，不作为的故意杀人罪与遗弃罪的区别基准是：行为人与被害人之间在存在具体依存关系的基础上具有排他性支配关系时，行为人不履行救助义务，就应肯定不

---

① 张军主编：《刑法分则及配套规定新释新解》（上），人民法院出版社2016年版，第995页。
② 郑泽善：《刑法争议问题探索》，人民法院出版社2009年版，第181页。

作为故意杀人罪的成立。而行为人与被害人之间并不存在具体依存关系和排他性支配关系，只存在一般扶养关系时则成立遗弃罪。依存关系可分为明显的依存关系和潜在的依存关系。所谓明显的依存关系是指已经存在法益侵害的危险，行为者已经开始对其保护而维持法益的情形；所谓潜在的依存关系是指虽然尚未开始保护处于危险状态的法益之行为，但该法益的保护不得不依存于某种特定的人，这种情况同时要求生活在社会共同体中的成员都应预料到的情形。而之所以需要排他性的支配关系的存在，是因为作为与不作为存在构造上等价性的保障，在不作为的情况下应限于不作为者掌握了整个因果流程之故。因此，对于排他性支配关系的存在而言，并不需要行为者有意的保护行为的开始和持续。也就是说，不纯正不作为犯的成立应从作为与不作为的等价性要求出发，在存在具体依存关系的前提下，针对法益保护的排他性支配作为处罚之基准。

从司法实践来看，主要是行为人对婴儿或没有任何独立生活能力的老人不予任何扶养甚至置于室外的案件，难以区分是遗弃罪还是故意杀人罪。此时，如果婴儿或者老人对于行为人具有依存关系，而行为人此时对婴儿或老人又具有排他性的支配关系时，行为人的行为便构成不作为的故意杀人罪。如将刚出生的婴儿放置于荒郊野外，将行动艰难的老人带往悬崖边上扔下不管的，应该认定为故意杀人罪。

（2）本罪与虐待罪的界限

本罪与虐待罪往往都侵害了家庭成员的合法权利，都是故意犯罪。行为人与被害人之间一般都有特定的关系，因而两者之间有很多相似之处，实践中很容易将它们混淆。两罪之间主要有以下几点区别：第一，犯罪主观目的不同。虐待罪往往以给被害人造成肉体和精神上的痛苦为目的，而虐待罪往往以逃避或转嫁扶养义务为目的。第二，犯罪客观特征不同。虐待行为往往具有一定的持续性，其既可以由作为构成，也可以由不作为构成。但实践中，以作为犯的形式为主。而遗弃罪其行为只能表现为不作为，属于纯正不作为犯。遗弃罪虽然有时也有打骂行为，但是，其目的在于让被害人不请求自己履行扶养义务，其行为不具有持续性。第三，行为对象不同。虐待罪侵犯的对象必须是同一家庭的成员，而遗弃罪侵犯的对象既可以是家庭成员，也可以是其他被扶养者，但他们必须是老、幼、病、残或其他没有独立生活能力的人。第四，犯罪结果不同。虐待罪的结果是被害人肉体上受到摧残，精神上受到折磨；而遗弃罪的结果则是致被害人完全丧失生活来源，人身处于危险之境地。第五，是否属于亲告罪不同。虐待罪属于告诉才处理的案件；遗弃罪则不属于亲告罪。

3. 本罪的共犯问题

由于本罪属于纯正不作为犯，因而认定本罪的共同犯罪形态时，需要注意不作为共犯的问题。目前刑法学界对此问题的研究很少。事实上，同作为犯一样，不作为犯罪中也存在共同犯罪的问题，不过，由于不作为与作为存在差异，所以其共同犯罪也呈现出不同的特点。具体到遗弃罪，我们认为，本罪存在如下形式的共同犯罪：

（1）两个以上的行为人，基于共同遗弃的故意，拒绝扶养自己负有扶养义务而且有能力扶养的人，此种情况下，行为人构成遗弃罪的共同实行犯。例如，有兄弟二人均嫌其年迈的父亲是个累赘，便合谋共同将其遗弃，情节恶劣，则此兄弟二人即构成遗弃罪的共同实行犯。

（2）不负有扶养义务的人可以成为具有扶养义务的人实施遗弃行为的教唆犯或帮助犯。例如，法律没有规定儿媳对公婆负有扶养义务，但是儿媳唆使丈夫遗弃公婆，或帮助丈夫遗弃公婆的，则可分别构成其丈夫的遗弃行为的教唆犯或帮助犯，因而也可以按遗弃罪定罪处罚。

4. 本罪的罪数问题

认定遗弃罪的一罪与数罪形态时，需要注意的是，行为人在遗弃被害人过程中，往往还实施了虐待行为。根据司法实践，我们通常可以把此种情况视为"情节恶劣"之遗弃行为，而不必另定虐待罪。事实上，从刑法理论上说，这属于牵连犯之情形，即行为人为了遗弃被害人，而对之实施虐待行为，遗弃被害人是目的行为，虐待被害人则属于手段行为，根据牵连犯的"从一重处断"原则，在通常情况下应依照遗弃罪定罪处罚。但当其虐待行为致使被害人重伤、死亡时，则应依虐待罪定罪处罚，这才符合罪刑相适应原则。

5. 本罪的停止形态问题

遗弃罪以"情节恶劣"为构成要件，属于情节犯。由于本罪罪质较轻，所以不发生犯罪停止形态的问题。换言之，本罪的预备行为、未遂行为、中止行为不构成犯罪，不予处罚。

（四）遗弃罪的刑罚适用

根据《刑法》第261条的规定，犯遗弃罪的，处5年以下有期徒刑、拘役或者管制。国外刑法一般规定了遗弃罪的结果加重犯，即遗弃致人伤害或者死亡的情形；我国刑法没有规定遗弃罪的结果加重犯。对于遗弃行为致人重伤或者死亡的，也只能在上述法定刑内处罚。

具体适用遗弃罪的处罚规定时，应根据情况区别对待。对于有遗弃行为，但情节不恶劣的，可以不作犯罪处理；有的遗弃情节虽然比较恶劣，但行为人确有悔改表现，愿意重新承担义务的，也可以不作为犯罪处理。例如，四川省某县人民法院处理的任某控告被四个儿子遗弃一案。法院查明：92岁的任某，有四个儿子，但均不尽赡养义务，任某只得沿街乞讨。该县人民法院对任某的四个儿子教育后，四个儿子都承认了错误，愿意履行赡养老人的义务，为此，该院对四个儿子没有按犯罪处理。这样不仅解决了此案，而且，还使旁听的四个家庭中有不赡养老人错误的人，主动承担了赡养义务，产生了良好效果。当然对于那种有遗弃行为，情节恶劣，又不思悔改的人，要坚决给予刑罚制裁；属于情节特别恶劣的，比如致使被害人自杀死亡，多次遗弃屡教不改等，应考虑在法定刑幅度内判处较高的有期徒刑；对于那种犯罪情节相对较轻的，则考虑判处拘役或管制刑。应当注意的是，法院处理这类案件时，除依法追究被告人的刑事责任外，还应当根据案件的具体情况，责令被告人负责解决被遗弃人的生活问题。

（五）遗弃罪的案例研析

1. 案情介绍

1996年至1999年，被告人刘某等人在乌鲁木齐市精神病福利院院长王某的指派下，安排该院工作人员将精神病福利院的28名"三无"公费病人遗弃在甘肃省及新疆昌吉附近。法院认为，被告人刘某等人身为福利院工作人员，对依赖福利院生存、求助的"无家可归、无依无靠、无生活来源"公费病人，负有特定的扶养义务，应当根据其各自职责，积极履行其监管、扶养义务。被告人刘某等人的行为均已触犯了我国《刑法》中关于对于年老、年幼、患病或者其他没有独立生活能力的人，负有扶养义务，而拒绝扶养，情节恶劣的处五年以下有期徒刑的规定，构成了遗弃罪，应予惩处。因此，对王某等人分别判处刑罚。二审维持了一审判决，理由与一审相同。

2. 分歧意见

关于本案的被告人刘某实施的行为究竟应当如何定性，主要有以下两种分歧意见：

第一种观点认为，扶养是赡养、扶养和抚养的统称，是指一定范围亲属间相互供养和扶助的法定权利和义务。扶养义务只有在亲属间存在，遗弃罪属于妨害婚姻家庭罪，不应包括非家庭成员间的扶养。因此，上述案例中刘某的行为不构成遗弃罪。

第二种观点认为，被告人刘某等人的行为均已触犯了我国《刑法》中关于对于年老、年幼、患病或者其他没有独立生活能力的人，负有扶养义务，而拒绝扶养，情节恶劣的规定，构成了遗弃罪，应予惩处。

3. 研究结论

从我国《刑法》第261条的规定来看，该条中所指的扶养义务是广义的，不仅包括亲属间的法定义务，也包括职业道德、职责所要求必须履行的扶养义务。因为《刑法》只是明确了对于年老、年幼、患病或者没有独立生活能力的人有扶养义务而拒绝扶养，情节恶劣的，构成遗弃罪，而并没有明确必须是由法律上有扶养义务的人实施此种的行为才构成犯罪。因此，从《刑法》第261条的立法精神来看，依特定的职业道德和职责应当对特定的对象履行救助职责而不履行的行为人，也可以构成遗弃罪的主体。本案被告人刘某等人身为福利院工作人员，对依赖福利院生存、求助的"无家可归、无依无靠、无生活来源"公费病人，负有特定的扶养义务，应当根据其各自职责，积极履行其监管、扶养义务。当其拒绝履行此种义务且情节严重时，当然构成遗弃罪。

第四章

侵犯妇女社会风化的犯罪

一、强迫卖淫罪

(一) 强迫卖淫罪的概念和法源

1. 强迫卖淫罪的概念

强迫卖淫罪,是指行为人以暴力、胁迫或者其他手段对他人进行人身或精神的强制,迫使他人违背意愿从事性行为交易活动的行为。

2. 强迫卖淫罪的法源

卖淫的性质无论合法与否,皆以卖淫主体自愿与他人进行性行为交易为前提,强迫他人卖淫不仅侵害了社会风尚,也严重侵害了他人的人身自由权利和性自由权利。春秋时代的"女闾",唐宋以后的"官妓""勾栏""瓦舍"等,都是官办合法的妓馆,清朝康熙年间则废除官妓制度,开始由私人专设妓院,民国卖淫活动尤甚,政府也开启了打击卖淫嫖娼的整顿行动。由于卖淫活动严重违背了社会良好风尚,中国共产党一直致力于打击、废除卖淫嫖娼活动,1923年6月党的"三大"通过的《妇女运动决议案》明确将"废娼运动"作为加强劳工妇女运动的任务之一,此后各革命根据地人民政权和解放战争时期地方政权都制定了严厉的废娼法规。[①]新中国成立后，新政府通过"北京模式"和"天津模式"大力开展禁娼运动。到1957年，各种娼妓终于被禁绝。[②]

但在革命根据地和新中国成立初期的刑事立法中，并没有规定强迫妇女卖淫罪。1979年7月《中华人民共和国刑法》在第四章——侵犯公民人身权利、民主权利罪中（第140条）规定："强迫妇女卖淫的，处三年以上十年以下有期徒刑。"虽然首次规定了强迫卖淫罪，但将强迫对象仅限于妇女，缩小了此罪范围，只有一个法定刑幅度，且无附加刑，难以抑制此类犯罪的贪利动机。1981年公安部发布文件，中国的禁娼进入"扫黄时代"，它的性质与新中国成立初期的思想与政策不同，不仅把性工作者视为道德上的罪人、法律上的违法者，而且将她们看作政治上的敌人，通过严厉禁娼的道德优越性来维持禁娼的政治合法性。[③]20世纪80年代后期，由于卖淫嫖娼现象开始泛滥，为了维护社会治安，提高本罪的法定刑，1983年9月2日第六届全国人民代表大会常务委员会第二次会议通过的《全国人民代表大会常务委员会关于严惩严重危害社会治安的犯罪分子的决定》第1条第6项规定：强迫妇女卖淫，情节特别严重的，可以在刑法规定的最高刑以上处刑，直至判处死刑。第3条还规定："本决定公布后审判上述犯罪案件，适用本决定。"自此开启了对强迫卖淫行为的严打模式，死刑的适用为世界各国禁娼立法上所仅见；但情节特别严重的规定过于笼统，实践中适用较为混乱；一律从新的溯及力规定，并不利于人权保障。为贯彻风化类犯罪的"严打"方针，在司法实践中特别强调该决定重法溯及既往的效力，最高人民法院研究室1983年9月15日作出《关于服刑期间发现的漏罪应否适用〈关于严惩严重危害社会治安的犯罪分子的决定〉问题的电话答复》："在判决宣告以后，刑罚还没有执行完毕以前，发现被判刑的犯罪分子在判决宣告以前还有其他罪没有判决的，对新发现的罪进行判决时，应当适用全国人大常委会《关于严惩严重危害社

[①] 张希坡：《中国的禁娼运动与惩治卖淫嫖娼罪》，载《法学家》1993年第4期，第31-34页。
[②] 储槐植主编：《"六害"治理论》，中国检察出版社1996年版，第231页。
[③] 潘绥铭、黄盈盈：《性社会学》，中国人民大学出版社2011年版，第151页。

会治安的犯罪分子的决定》，并依照刑法第六十五条的规定，按数罪并罚的原则，决定应当执行的刑罚。"

针对强迫卖淫现象的发展变化和刑法规制内容的因应变更，1991年9月4日第七届全国人民代表大会常务委员会第二十一次会议通过的《全国人民代表大会常务委员会关于严禁卖淫嫖娼的决定》第2条对原《刑法》第140条进行了修改："强迫他人卖淫的，处五年以上十年以下有期徒刑，并处一万元以下罚金；有下列情形之一的，处十年以上有期徒刑或者无期徒刑，并处一万元以下罚金或者没收财产；情节特别严重的，处死刑，并处没收财产：（一）强迫不满十四岁的幼女卖淫的；（二）强迫多人卖淫或者多次强迫他人卖淫的；（三）强奸后迫使卖淫的；（四）造成被强迫卖淫的人重伤、死亡或者其他严重后果的。"该决定第3条第2款规定，引诱不满十四岁的幼女卖淫的，依照本决定第二条关于强迫不满十四岁的幼女卖淫的规定处罚。该决定第6条还规定，旅馆业、饮食服务业、文化娱乐业、出租汽车业等单位的人员，利用本单位的条件，强迫他人卖淫的，依照该决定第二条的规定处罚。前款所列单位的主要负责人，有前款规定的行为的，从重处罚。自此，将强迫卖淫罪的犯罪对象扩大为他人，设置了四个法定刑档次，补充规定了并处罚金或没收财产的附加刑，且注重对风化类犯罪的整体打击。但对情节特别严重的情形只规定了死刑一个刑种，这种绝对法定刑模式缺乏必要的灵活性，在实践中造成重刑主义盛行，有违罪刑均衡的基本原则；将引诱不满十四岁的幼女卖淫拟制为强迫卖淫罪的加重情节，不符合强迫卖淫的本质特征。1992年2月1日最高人民法院研究室作出了《对〈关于严禁卖淫嫖娼的决定〉施行后〈关于严惩严重危害社会治安的犯罪分子的决定〉第一条第（6）项的规定是否适用问题的电话答复》："《关于严禁卖淫嫖娼的决定》施行后，《关于严惩严重危害社会治安的犯罪分子的决定》第一条第（6）项的规定不再适用。"最高人民法院和最高人民检察院针对该《决定》实施一年多来司法实践中存在的问题，在广泛调查研究、总结经验的基础上，于1992年12月11日发布《关于执行〈全国人大常委会关于严禁卖淫嫖娼的决定〉若干问题的解答》：明确指出"他人"，主要是指女人，也包括男人；《决定》第2条第1款规定的强迫他人卖淫罪中的"情节特别严重"，是指《决定》第2条所列四项情形中特别严重的情节,在具体执行中,不要在这四项情形之外再扩大范围;鉴于《决定》对《刑法》第140条和第169条以及《全国人民代表大会常务委员会关于严惩严重危害社会治安的犯罪分子的决定》第1条第6项的规定已进行修改、补充,对《决定》公布施行后依照《决定》处理的案件,在诉讼文书中不再引用上述有关条文。此后在很长一段时间内,该《解答》对侵犯社会风化类犯罪的司法适用和学术研究影响深远,直到2013年1月4日最高人民法院、最高人民检察院发布《关于废止1980年1月1日至1997年6月30日期间制发的部分司法解释和司法解释性质文件的决定》,第40条明确废止了该《解答》。

由于1979年《刑法》的粗糙性和滞后性,导致在打击风化类犯罪中出现很多问题,全国人大常委会和司法部门为了解决实务中的问题出台了上述一系列决定、解释,虽然取得了一定效果,但也导致了此类犯罪的法律体系庞杂凌乱。1997年3月14日全国人大对1979年《刑法》进行全面修订时,特意将风化类犯罪单独列为刑法分则第六章妨害社会管理秩序的一节,即第八节——组织、强迫、引诱、容留、介绍卖淫罪。第358条将强迫卖淫罪与组织卖淫罪合并规定在一起,该条第1、2款规定:"组织他人卖淫或者强迫他人卖淫的,处五年以上十年以下有期徒刑,并处罚金;有下列情形之一的,处十年以上有期徒刑或者无期徒刑,并处罚金或者没收财产:(一)组织他人卖淫,情节严重的;(二)强迫不满十四周岁的幼女卖淫的;(三)强迫多人卖淫或者多次强迫他人卖淫的;(四)强奸后迫使卖淫的;(五)造成被强迫卖淫的人重伤、死亡或者其他严重后果的。有前款所列情形之一,情节特别严重的,处无期徒刑或者死刑,并处没收财产。"该规定使强迫卖淫罪的情节加重犯成为典型的包容犯,将强奸罪、故意伤害罪、故意杀人罪都作为该罪的加重情节,"轻罪包含重罪,导致罪质轻重颠倒,无形之中提高了强迫他人卖淫罪的法定刑"[1],且强奸罪与强迫卖淫罪的对象范围并不同一,擅自包容规定不太妥当。正如有学者指出的那样,1979年刑法中规定在强奸罪之后的强迫卖淫罪就在1997年刑法中与组织卖淫罪列到同一节和同一条文了,私法益在此让位

---

[1] 陈兴良:《刑法疏议》,中国人民公安大学出版社1997年版,第580页。

给了公法益。①

2014年2月从广东省东莞市发起并推及全国各大城市的大规模扫黄行动之后，此类犯罪大量入刑，由于强迫卖淫罪的死刑规定过于严苛，加重情节的规定又有罪质轻重颠倒之嫌，2015年8月29日第十二届全国人民代表大会常务委员会第十六次会议通过的《刑法修正案（九）》将《刑法》第358条修改为："组织、强迫他人卖淫的，处五年以上十年以下有期徒刑，并处罚金；情节严重的，处十年以上有期徒刑或者无期徒刑，并处罚金或者没收财产。组织、强迫未成年人卖淫的，依照前款的规定从重处罚。犯前两款罪，并有杀害、伤害、强奸、绑架等犯罪行为的，依照数罪并罚的规定处罚……"在逐步废除死刑的大背景下，取消了强迫卖淫罪的死刑刑种，将本罪情节加重犯的内容灵活化，突出对未成年人的整体保护，且以数罪并罚取代原有的包容犯规定。

（二）强迫卖淫罪的构成特征

1. 客体特征

本罪的犯罪客体是复杂客体，但学界对主要客体的具体内容存在争议。有人认为，本罪侵犯的主要客体是他人的人身自由权利和性的不可侵犯，②或者认为强迫卖淫罪首先侵犯了被强迫妇女的人身自由和性的权利，直接侵害了她们的人格尊严。③其他学者则认为主要客体是社会（治安、风尚）管理秩序，其次才是他人性的自由权利、人身自由权利等个人权利。④但并未对社会（治安、风尚）管理秩序的具体内容进行分析，过于抽象，难以发挥本罪犯罪

---

① 金泽刚、肖中华：《有关卖淫犯罪的疑难问题新探》，载《华东政法学院学报》2005年第6期。
② 周道鸾：《论〈关于严禁卖淫嫖娼的决定〉的法律适用》，载《法学研究》1993年第3期。
③ 金泽刚、肖中华：《有关卖淫犯罪的疑难问题新探》，载《华东政法学院学报》2005年第6期。
④ 吴大华等著：《新刑法罪名通论》，中国方正出版社1997年版，第393页；肖扬主编：《中国新刑法学》，中国人民公安大学出版社1997年版，第611页；王作富：《刑法分则实务研究》（下），中国方正出版社2007年版，第1683页；高铭暄、马克昌主编：《刑法学》（第七版），北京大学出版社、高等教育出版社2016年版，第601页。

客体的应有作用。最近有个别学者认为，既然数罪并罚是数行为触犯数个罪名，侵犯数个法益，那么《刑法修正案（九）》将加重情节改为数罪并罚本身就意味着，组织卖淫罪、强迫卖淫罪所保护的法益不再包含人身权利。① 这显然是没有正确理解原情节加重犯的包容犯实质，误将犯罪客体视为罪间区分的唯一标准，倒果为因地从罪间界分逆推犯罪构成特征。

强迫卖淫罪从强迫手段和内容就可得知，本罪侵害了他人的人身自由权利和性自由权利，但作为风化类犯罪中与卖淫关联的最严重犯罪，其主要客体应是卖淫行为本身所侵害的社会关系。国务院早在1986年就曾在《关于坚决取缔卖淫活动和制止性病蔓延的通知》中指出："卖淫活动和性病的蔓延，不仅败坏我国声誉，有损社会主义精神文明建设，而且严重影响人民群众的身心健康，危及下一代的健康成长。"1992年中共中央办公厅、国务院办公厅、中央军委办公厅在《关于加强党政军机关所属旅馆管理严禁卖淫嫖娼活动的通知》中也指出："卖淫嫖娼活动严重败坏社会风气，腐蚀人们的思想，传播性病，诱发犯罪，影响国家形象，对社会主义精神文明建设和物质文明建设具有极大的破坏性。"学者们也指出，卖淫破坏了社会稳定并极易诱发其他犯罪。② 还有学者通过比较，结合法律与道德，指出卖淫是一种扭曲的可恶的社会现象，它玷污人格的尊严，贬低人的价值，危害个人与家庭的幸福，损坏正常的社会伦理道德，扰乱社会安定秩序。③ 据此，卖淫行为的危害性应体现为生理方面的传播性病，道德方面的腐蚀思想、玷污人格，社会方面的破坏婚姻家庭、危害青少年健康成长，刑事政策方面的引发其他刑事犯罪。

但是，学者们通过大量实证调研证明：人们与"小姐"发生性关系时的安全套使用率最高，④ 且卖淫组织化的程度与性病、艾滋病传播的可能性呈负相关；⑤ 卖淫嫖娼行为并不会直接严重地破坏婚姻家庭，非商业性的"包

---

① 周啸天：《"组织、强迫、引诱幼女卖淫"规定再解读》，载《华东政法大学学报》2016年第2期。
② 苏彩霞、时延安：《妨害风化犯罪疑难问题司法对策》，吉林人民出版社2001年版，第13页。
③ 赫兴旺：《国际公约及外国刑法中的惩治组织引诱他人卖淫犯罪》，载《法学杂志》1993年第6期。
④ 潘绥铭等：《当代中国人的性行为与性关系》，社会科学文献出版社2004年版，第385页。
⑤ 赵军：《卖淫刑事政策实证研究》，武汉大学法学院2005届博士学位论文，第38页。

二奶""养情人"等婚外性行为对婚姻家庭具有更强的破坏力;①而未成年人犯罪的原因依次是网络游戏成瘾、江湖义气、少年黑帮、单亲家庭、失学厌学、沉迷黄色网站和黄色音像制品、恋爱生恨,与卖淫无关,因为卖淫场所属高消费场所,未成年人没有此消费能力,而且这些场所一般也不接待未成年人;②卖淫行为并未诱发吸毒或其他毒品犯罪,而是卖淫避免或抑制了相当部分严重罪案的发生。③因此,我们不能想当然地以卖淫行为与某些现象的偶发联系就将其推定为卖淫行为客观上的危害性,而应根据卖淫的性行为交易这一实质审视其危害性。

从伦理的角度观之,性自由权利固然是我们的个人权利,但人类的性行为依附于身体,一向以感情为基础,是个人的性羞耻心的核心内容,性不应在市场经济中予以物化交易,这也是人之所以为人的基本尊严,倘若性"被当作一件东西拿走后,人类就变成了一件东西,这是一种不但侵犯人权而且破坏人的尊严的客体化,而人的尊严是人权的前提"④。市场经济也要遵循伦理的基本要求,个人的生命、身体、人格尊严和性行为都不是市场交易的对象,否则金钱又会将人置于被奴役的地位,人类伦常也会因此丧失殆尽,奴隶买卖又会死灰复燃。因此,卖淫行为侵害了性行为不可市场交易的社会风尚。

综上所述,本罪侵犯的主要客体是性行为不可市场交易的社会风尚,次要客体则是他人的人身权利和性自由权利。

2. 客观特征

本罪在客观方面表现为实施了暴力、胁迫或者其他手段,对他人进行人身或精神的强制,迫使他人违背意愿从事卖淫活动。本罪的犯罪对象是他人,本罪的实行行为是强迫卖淫,就强迫的内容而言,是从事卖淫活动;就强迫的主要手段而言,主要包括暴力、胁迫或者其他人身或精神强制的手段。因此,卖淫行为在强迫卖淫罪中的地位和作用十分重要,是确定本罪犯罪构成

---

① 赵军:《卖淫刑事政策实证研究》,武汉大学法学院 2005 届博士学位论文,第 25-32 页。
② 徐松林:《我国刑法应取消组织卖淫罪》,载《政法论坛》2014 年第 6 期。
③ 赵军:《卖淫刑事政策实证研究》,武汉大学法学院 2005 届博士学位论文,第 50 页。
④ [美] 凯瑟琳·巴里:《被奴役的性》,晓征译,江苏人民出版社 2000 年版,第 29 页。

特征、厘定罪间界分的关键所在。

关于刑法中的"卖淫"概念，通说认为是以营利为目的，与不特定的对方发生性交或者其他淫乱活动的行为。①该主张指出了卖淫活动的对象不特定性这一特点，但将其他淫乱活动纳入其中，扩大了处罚范围，以营利为目的也没有完全揭示卖淫行为的本质。目前关于"卖淫"的最狭义理解是："卖淫是指收受或约定收受报酬而与不特定的人进行性交的行为"；②而关于"卖淫"的最广义解释则是："凡是以获取金钱为目的而提供色情服务的行为均是卖淫，包括有身体接触的性服务以及无身体接触的远程性爱。"③最广义的理解显然不是刑法中的"卖淫"概念，在当下各种按摩、理疗、经络养生、黄段子、网聊等盛行的情况下，甚至难以成为行政法上的"卖淫"概念。而最狭义的"卖淫"概念能够最大程度地保持刑法的谦抑性，也指出了卖淫行为的实质，应将其作为刑法中的卖淫概念。因此，刑法中的卖淫是指自愿与不特定的对象进行性行为交易的活动，其性行为过程具有自愿性和交易性特征，在对象上则具有不特定性特征。

就犯罪对象而言，根据《刑法》第358条之规定，本罪中的卖淫主体和卖淫对象都包括女人和男人（包括变性人和两性人），具体表现为四种情形：强迫女人向男人卖淫、强迫女人向女人卖淫、强迫男人向女人卖淫、强迫男人向男人卖淫，且年龄不限。刑法中的卖淫概念不等于生活中的卖淫概念，不能以生活中的常见情况来理解刑法中的卖淫概念。在日常生活中，所谓卖淫是指"女子出卖肉体"的行为。④《说文解字》中并无娼字，而是以"倡"代之，"从人，昌声"，但释义者往往以今日常见情形仅将其理解为"指妓女"⑤。也有学者认为，"在1997年新刑法中已经将流氓罪取消，这无疑表明现行刑法对男男性行为'无明文规定'……无论在汉语中还是在刑事司法实

---

① 高铭暄、马克昌主编：《刑法学》，北京大学出版社、高等教育出版社2016年版，第600页。
② 储槐植主编：《"六害"治理论》，中国检察出版社1996年版，第239页。
③ 徐松林：《我国刑法应取消组织卖淫罪》，载《政法论坛》2014年第6期。
④ 中国社会科学院语言研究所词典编辑室：《现代汉语词典》（第6版），商务印书馆2012年版，第868页。
⑤ 李恩江、贾玉民主编：《〈说文解字〉译注》，中原农民出版社2000年版，第725页。

践中,'他人'的含义是非常清楚的:只是女人"①。该观点忽视了本罪的演变历程,1991年9月4日《全国人民代表大会常务委员会关于严禁卖淫嫖娼的决定》第2条特别将原刑法第140条中的"强迫妇女卖淫"修改为"强迫他人卖淫",显然不能将他人理解为女人。1992年12月11日最高人民法院、最高人民检察院发布的《关于执行〈全国人民代表大会常务委员会关于严禁卖淫嫖娼的决定〉的若干问题的解答》第9条还专门指出:组织、协助组织、强迫、引诱、容留、介绍他人卖淫中的"他人",主要是指女人,也包括男人。还有学者从常见性的角度出发,认为同性卖淫并非常态,将卖淫行为的对象仅限于女性(妇女和幼女),更能发挥刑法功能,有利于惩治此类犯罪。②但同性恋早已不是个别现象,"到明清两代尤其是明代中晚期至清代的四百年间,同性恋作为一种性爱的形式在这四百年的时间里几乎与异性恋并驾齐驱"。③在卖淫现象日益增多的形势下,有同性恋,就会有同性卖淫,近年来同性卖淫案件频发,故只有将卖淫的主体和对象都理解为包括男人和女人,才能全面规制此类犯罪,这也是罪刑法定的基本要求。需要注意的是,本罪中的卖淫对象不能包括强迫卖淫的行为人本人,因为行为人明知对方不愿意与自己进行性行为交易,还强迫对方违背意愿与自己发生性行为,应根据具体案情以强奸罪、强制猥亵、侮辱罪或猥亵儿童罪论处。

关于卖淫活动的具体表现形式也存在争议。广义的观点认为,卖淫不仅包括性交、口交、肛交等,还应包括手淫等变态性行为以及抠摸等变态行为和猥亵行为。④有观点进一步论述,以提供手淫服务为方式的卖淫,对社会管理秩序的妨害程度并不一定比其他方式的卖淫低,因此,将提供手淫服务认定为卖淫方式之一,对其进行刑法意义上的否定评价,符合刑事政策严而不厉的价值取向。⑤该观点与我国相关性质指示和司法解释有关,1995年8月

---

① 周永坤:《对"组织'男男卖淫'案"的法理分析》,载《法学》2005年第1期。
② 苗有水:《组织他人卖淫罪若干问题研究》,载《中外法学》1996年第3期。
③ 崔荣华:《明清社会"男风"盛行的历史透视》,载《河北学刊》2004年第3期。
④ 韩轶:《侵犯女性人身权利犯罪研究》,安徽大学出版社2003年版,第179页;类似观点参见于志刚主编:《案例刑法学各论》,中国法制出版社2010年版,第487-488页。
⑤ 万建成、张云波:《提供手淫服务能否认定为卖淫》,载《中国检察官》2012年第9期。

10 日《公安部关于对以营利为目的的手淫、口淫等行为定性处理问题的批复》（公复字〔1995〕6 号）明确将手淫、口淫、性交行为及与此有关的行为都视为卖淫行为。2000 年 2 月 29 日最高人民法院作出的《关于如何适用〈治安管理处罚条例〉第三十条规定的答复》（行他字〔1999〕第 27 号）规定："《治安管理处罚条例》第三十条规定的'卖淫嫖娼'，一般是指异性之间通过金钱交易，一方向另一方提供性服务以满足对方性欲的行为。至于具体性行为采用什么方式，不影响对卖淫嫖娼行为的认定。"公安部在 2001 年 2 月 28 日作出的《关于对同性之间以钱财为媒介的性行为定性处理问题的批复》（公复〔2001〕4 号）规定："根据《中华人民共和国治安管理处罚条例》和全国人大常委会《关于严禁卖淫嫖娼的决定》的规定，不特定的异性之间或同性之间以金钱、财物为媒介发生不正当性关系的行为，包括口淫、手淫、鸡奸等行为，都属于卖淫嫖娼行为，对行为人应当依法处理。"很显然，这些行政指示或司法解释都是针对行政违法中的卖淫行为而言的，并非对刑法中的卖淫行为进行解释，刑法的谦抑性决定后者的外延必然要小于前者，将手淫、胸推等色情服务纳入卖淫行为，与刑法中卖淫行为的性行为交易的本质不符。在司法实践中，2000 年浙江省高级人民法院在《关于执行刑法若干问题的具体意见（三）》的审判指导意见中，明确指出刑法分则第八章第八节组织、强迫、引诱、容留、介绍卖淫罪规定的"卖淫"，不包括性交以外的手淫、口淫等其他行为。[①] 狭义的观点却认为，卖淫是指"接受或者约定接受报酬，而与不特定的对方进行性交的行为"，将卖淫的方式限于性交。[②] 由于本罪中的卖淫主体和对象都包括男人和女人，故不宜将卖淫行为仅限于异性之间的性交行为，否则无法将同性之间的卖淫行为涵摄其中。

　　折中的观点则是扩大卖淫中的性交范围，"既包括女性异性生殖器的结合，也包括口交以及其他反自然的性交行为"[③]，亦即卖淫方式不限于传统性

[①] 陈洋根、朱寅：《浙江高院：刑法意义上的"卖淫"不包括手淫、口淫》，载 http://news.ifeng.com/mainland/detail_2013_06/27/26843202_0.shtml。
[②] 王作富主编：《刑法分则实务研究》（下），中国方正出版社 2010 年版，第 1097 页。
[③] 鲍遂献主编：《妨害风化犯罪》，中国人民公安大学出版社 2003 年版，第 36 页。

交，还包括实施类似性交行为（如口交、肛交），[①]但应排除手淫、用乳房摩擦男性生殖器等方式。这种观点既符合现有的刑法规定，也能有效应对当下的卖淫态势，但概念较为混乱，没有明确性行为与性交的关系。作为卖淫的核心内容，卖淫中的性行为是指与卖淫主体或卖淫对象一方的性器官有关的身体插入行为，性器官交媾是常态，口交、肛交、指交亦在其中，但手淫、胸推、足交等行为应排除在外。此处严格区分卖淫中的性行为与性交行为，旨在区分强迫卖淫与强奸罪，否则会发生"承认强迫男性向男性卖淫犯罪，就可能引起男奸男的'禁区'之争"[②]这种无谓的担忧。而我国台湾地区则直接扩大了"性交"的范围，其"刑法典"第10条规定："称性交者，谓非基于正当目的所为之下列性侵入行为：一、以性器进入他人之性器、肛门或口腔，或使之接合之行为。二、以性器以外之其他身体部位或器物进入他人之性器、肛门，或使之接合之行为。"这与我国大陆地区强奸罪中的性交行为差异太大，但接近风化犯罪中的卖淫行为，因器物不是身体部位，不宜纳入其中。

至于强迫的手段，主要包括暴力、胁迫或者其他人身或精神强制的手段，这些手段旨在迫使他人参与卖淫活动，但在卖淫的具体过程中不再强迫其实施性行为，否则涉嫌构成强奸罪和强制猥亵罪。第一种手段是暴力，是指行为人直接对被强迫人身体实施殴打、捆绑、体罚、拘禁、强拉硬拽等危及其人身安全和人身自由的行为，对被害人实施身体强制，以迫使其违背意愿进行卖淫。但这里的暴力仅以促使他人同意从事卖淫活动为限，不包括杀人、伤害（致人重伤）、强奸、绑架等严重程度的暴力行为。第二种手段是胁迫，是指行为人以杀害、伤害、揭发隐私、损害财产、利用优势地位等方法对他人进行威胁、恐吓，对其进行精神上的强制，迫使其由于恐惧不敢反抗而违背意愿去卖淫。第三种手段是其他强制方法，是指利用他人患病或者将被害人灌醉、用药物麻痹等方法，使其处于不知或不能反抗的情况下，违背其意愿进行卖淫。就具体情形而言，无论他人是否为卖淫女或男妓，也无论其是否还在从事卖淫活动，只要在他人因为卖淫时间、卖淫地点、卖淫对象、卖

[①] 张明楷：《刑法学》（第五版），法律出版社2016年版，第1160页。
[②] 金泽刚、肖中华：《有关卖淫犯罪的疑难问题新探》，载《华东政法学院学报》2005年第6期。

淫方式不愿意进行卖淫时,通过前述三种手段迫使其卖淫的,即使他人在卖淫过程中很主动,都是强迫卖淫行为。

3. 主体特征

本罪的主体是一般主体。凡是达到刑事责任年龄,即已满16周岁,且具有刑事责任能力的自然人均可构成本罪,与其性别、地位、身份无关。已满14周岁、不满16周岁的人通过杀害、故意伤害致人重伤、强奸等方式强迫他人卖淫的,虽然不构成本罪,根据《刑法》第17条第2款的规定,则可能构成故意杀人罪、故意伤害罪、强奸罪。

需要说明的是,在现实生活中,旅馆业、饮食服务业、文化娱乐业、出租汽车业出于扩大规模、追求营利等目的,往往参与强迫卖淫活动。根据《刑法》第361条的规定,旅馆业、饮食服务业、文化娱乐业、出租汽车业等单位的人员,若利用本单位的条件,强迫他人卖淫的,应依法对其以强迫卖淫罪定罪处罚,且这些单位的主要负责人强迫他人卖淫的,还应从重处罚。由于单位不能构成本罪,对单位决定实施的强迫卖淫罪应以共同犯罪论处,并对主要负责人从重处罚。

4. 主观特征

本罪在主观方面为故意,而且只能由直接故意构成。就其具体内容而言,是指行为人明知自己的暴力、胁迫等强迫行为会违背他人意愿,迫使其进行卖淫活动,依然积极追求该卖淫活动的发生。

由于卖淫活动本身是性行为交易行为,并以营利为目的,故有学者主张卖淫的关联犯罪也必须具有这一目的,认为本罪是"违背他人意志,以暴力、威胁等方法,强迫他人出卖肉体进行营利的行为"[1]。尽管客观上本罪的行为人也往往具有营利的目的,但本罪的犯罪客体并非财产法益,行为人是否具有营利的目的并不影响本罪的成立。但本罪的主观故意是直接故意,是在特定目的的支配下进行的,故有学者又认为本罪是"为了达到某种个人目的,以暴力、威胁或者其他手段,强迫妇女出卖肉体,与他人发生不正当性关系

---

[1] 赵秉志等主编:《刑法学通论》,高等教育出版社1993年版,第620页。

的行为"①。事实上,在不少司法案例中行为人强迫他人卖淫是出于泄愤、报复或其他因素,但这些情况其实是更深层次的犯罪动机,也与本罪的犯罪客体没有直接关联,并非本罪的犯罪目的。

本罪的犯罪目的应结合犯罪客体进行厘定。本罪的主要客体是卖淫行为所侵害的社会风尚:性行为的不可交易性,故行为人的目的应是追求对这一社会风尚的破坏,而这一社会风尚被破坏的表现就是卖淫行为的发生,因此"本罪主观方面是故意,并且具有迫使他人卖淫的目的"②。复杂客体中的次要客体只是特定犯罪必然侵犯的社会关系而已,如果次要客体与主要客体不具有同向性,对次要客体的损害并不一定是行为人同时追求的犯罪目的。在本罪中,由于强迫行为与卖淫行为之间在客观上呈现同向的因果关系,行为人的犯罪目的在层次上体现为通过侵害他人的人身自由权利和性自由权利,进而实现对社会性风尚的侵害。

(三)强迫卖淫罪的司法认定

1. 本罪与非罪的界限

由于我国《治安管理处罚法》中并无对强迫卖淫行为进行处罚的相关内容,就说明强迫卖淫行为的社会危害性十分严重,需要直接用刑法予以规制。因此,在司法实践中只要行为人基于迫使他人卖淫的目的实施了强迫他人卖淫的行为,原则上都应入罪。

但是,司法实践中也需要结合案件的具体情况,判断特定行为是否为应受刑罚处罚的强迫卖淫行为。有时候即使行为人主观上具有促使他人违背意愿进行卖淫的目的,若其行为在客观上没有达到强迫的程度,仅仅是一种诉求或恳求,如亲友利用特定感情恳求他人卖淫,以获取卖淫所得来解决实际困难,此时他人并非因为恐惧,而是基于同情或牺牲精神违心卖淫的,该行为没有侵犯他人的身体自由和性自由等个人权利,不宜以强迫卖淫罪论处,

---

① 宣炳昭等主编:《特别刑法罪行论》,中国政法大学出版社1993年版,第180页。
② 陈忠林主编:《刑法分论》,高等教育出版社2007年版,第310页。

因为他人在主观上尚有自我决定是否卖淫的意志自由和身体自由。此种行为严重侵犯社会风尚的，可对行为人以引诱卖淫罪论处。

2.此罪与彼罪的界限

（1）本罪与组织卖淫罪的界限

在组织卖淫过程中，也可能采用强迫的手段，迫使他人违背意愿卖淫，但本罪与组织卖淫罪在犯罪构成方面的区别较为明显。在犯罪客体上，组织卖淫罪只侵犯了社会管理秩序中的社会风尚，虽然有时也会侵犯他人的人身权利和性权利，但这只是随机客体，并不是该罪的次要客体；而本罪不但侵犯了社会风尚，还必然侵犯他人的人身自由和性自由权利，因为行为人正是通过对后者的侵犯来实现对前者的侵犯。在犯罪客观方面，组织卖淫罪强调对卖淫活动的控制、指挥和策划，不论手段和具体环节，包括招募、雇佣、强迫、引诱、容留等多种手段和环节，卖淫活动具有组织性和长期性，犯罪对象一般较多；而本罪则旨在对他人卖淫意志的强迫，强调的是对他人身体和精神的强制，对犯罪对象的人数没有要求，也无须卖淫活动具有组织性和长期性。从犯罪主观方面看，组织卖淫罪通常以自愿卖淫为主，把卖淫的人员组织起来，从事卖淫活动，不要求主观上有迫使他人卖淫的目的；而强迫卖淫罪主观上则是在明知他人不愿意卖淫而通过强制手段迫使其卖淫。

最高人民法院、最高人民检察院《关于执行〈全国人民代表大会常务委员会关于严禁卖淫嫖娼的决定〉的若干问题的解答》曾规定，在组织他人卖淫的犯罪活动中，对被组织卖淫的人有强迫、引诱、容留、介绍卖淫行为的，应当作为组织他人卖淫罪的量刑情节予以考虑，不实行数罪并罚。这实际上是将强迫卖淫行为视为组织卖淫的手段之一，二者具有手段与目的的牵连关系，对牵连犯一般从一重处，由于组织卖淫罪对社会风尚的危害更大，故仍需以组织卖淫罪论处。但是，如果组织卖淫的人针对被组织者以外的其他人实施强迫卖淫行为的，则应当分别以组织卖淫罪和强迫卖淫罪论处，并实行数罪并罚。

（2）本罪与强奸罪的界限

本罪的行为人明知他人不愿意卖淫而迫使其卖淫，必然侵犯了他人的性自由权利，而强奸罪的犯罪客体恰好是妇女的性自由权利，故本罪客体"包含了强奸罪所保护的法益"[①]。如果行为人强迫卖淫的对象为妇女，在卖淫活动中发生的是性交行为，则强迫卖淫罪与强奸罪较为接近，易于混淆。由于强奸行为曾经包容规定在本罪的加重犯之中，在立法与司法解释的影响下，长期以来，人们往往认为强迫卖淫罪包含了强奸罪，[②]甚至还有学者认为"强迫卖淫罪与强奸罪更为接近，是强奸的'变种'，而且，它比强奸罪对社会管理秩序的破坏更加直接和严重"[③]。

但现行刑法修改以后，两罪在构成要件整体上并不存在重合的部分。在犯罪客体上，强奸罪侵犯的仅是妇女的性自由权利，而本罪的主要客体则是社会风尚，次要客体虽也包括了性自由权利，但这里的性自由权利比强奸罪的客体外延更宽，包括男性或女性与异性或同性发生性交或其他类似性交行为的权利。在犯罪客观方面，强奸罪的犯罪对象只能是女人，而本罪的犯罪对象不仅包括女人，还包括男人；强奸罪的实行行为表现为男性违背女性意愿，将男性生殖器插入妇女生殖器或接触幼女生殖器的行为，而本罪的实行行为则表现为强迫他人违背意愿从事卖淫活动（包括性交、口交、肛交、指交等性行为），但他人在具体的卖淫活动过程中则表现为"自愿"。在犯罪主体方面，强奸罪的犯罪主体只要年满14周岁，具备刑事能力即可，在单独犯的情况下还必须是男性，而本罪则必须要求行为人年满16周岁，方可构成犯罪，性别不论。在犯罪主观方面，两罪的认识因素和意志因素都不相同，强奸罪是明知自己强行插入妇女生殖器的行为违背了该妇女的意愿，或明知自己接触幼女生殖器的行为侵害了该幼女的性权利，依然积极实施该行为，以满足自己的性欲；本罪则是明知自己强迫他人卖淫的行为违背了其真实意愿，依然积极实施该行为，以谋取非法利益或泄愤报复，进而破坏社会风尚。

需要说明的是，如果男性行为人强迫女性向自己性交卖淫或者当着嫖客的面强迫女性向其性交卖淫，其行为不再是强迫卖淫罪，而应以强奸罪论处。如前所述，卖淫活动不仅具有交易性特征，还必须具有自愿性特征。虽然本

[①] 王作富主编：《刑法分则实务研究》（下），中国方正出版社2013年版，第1490页。
[②] 尹晓静：《论强迫卖淫罪与强奸罪的关系》，载陈兴良主编：《刑事法判解》（第14卷），人民法院出版社2013年版，第30-32页。
[③] 金泽刚、肖中华：《有关卖淫犯罪的疑难问题新探》，载《华东政法学院学报》2005年第6期。

罪的实行行为是强迫他人卖淫的行为,但强迫的内容是迫使他人产生卖淫的意愿,使他人在卖淫活动表现出自愿特征,并非直接强迫他人发生性交等性行为。如果行为人强迫女性向自己性交卖淫,由于其主观上明知性交行为违背该女性意愿,即使给付了物质利益,也符合强奸罪的构成要件,应以强奸罪论处。若行为人当着嫖客的面强迫女性进行性交卖淫,由于嫖客明知性交行为违背了该女性的意愿,即使付了嫖资,嫖客也构成强奸罪,强迫行为人则构成了帮助犯或次要实行犯(如按住女性身体,防止其反抗)。若将这两种情况定性为强迫卖淫罪,则会出现强奸后给付金钱等物质利益就是强迫卖淫罪的荒谬现象。

3. 本罪的共犯问题

本罪的主要特征是迫使他人违背意愿从事卖淫行为,侵害社会风尚,与行为人对卖淫活动是否实际控制无关。因此,二人以上具有强迫卖淫的共同故意并实施强迫卖淫行为的,应成立本罪的共同犯罪,但行为人若将强迫卖淫作为组织卖淫的手段,对卖淫活动达到了控制的程度,则同时构成了组织卖淫罪,由于后者对社会风尚的危害性更大,应以组织卖淫罪论处。

特别需要说明的是,本罪对社会风尚的侵犯需要嫖客等买春人介入卖淫活动中才能实现。但是,本罪行为人与买春人的关系并不是共同犯罪的关系,因为买春人是在不知情的情形下介入卖淫活动的,与本罪行为人没有形成共同犯罪的故意,故其只是需要行政处罚的违法行为。但行为人如果当着买春人的面强迫他人卖淫,或者与买春人达成了强迫他人向买春人卖淫的共同意志,则彼此在主观上形成了迫使他人向买春人卖淫的共同故意,客观上也发生了明知违背他人意愿而强制发生性行为的犯罪行为,不能再以本罪论处,而应根据不同情况分别以强奸罪、强制猥亵、侮辱罪、猥亵儿童罪等犯罪的共同犯罪论处。

另有学者认为,"如果从强奸罪间接正犯的表现形式上进行分析,可以认为强迫卖淫罪是以获得财物为目的的强奸罪的间接正犯"[①]。但在强迫卖淫活动中,对买春人而言,性行为都是在卖淫者自愿的情况下发生的,客观上并

---

① 张东、樊洪:《未成年人实行强迫卖淫行为的刑事责任》,载《中国检察官》2007年第9期。

不存在强制性交的行为，且强迫卖淫行为本身可直接纳入强迫卖淫罪中予以处罚，无须借用兜底补充性质的间接正犯理论。

4. 本罪的罪数问题

由于在《刑法修正案（九）》之前，强迫卖淫罪将强奸、故意伤害致人重伤、故意杀人等行为规定为该罪的加重犯情形，只需直接以强迫卖淫罪论处即可。但现行《刑法》第358条第3款在取消死刑的同时规定，犯前两款罪（组织卖淫罪与强迫卖淫罪），并有杀害、伤害、强奸、绑架等犯罪行为的，依照数罪并罚的规定处罚。有学者认为，刑法第358条第3款所规定的"并有"表明其后的"杀害、伤害、强奸、绑架等犯罪行为"与组织、强迫卖淫行为之间是相互独立的并列关系，而并非一行为同时触犯两者。[①] 既然是数罪并罚，理应在客观上存在数行为，但数行为之间并非毫无关联。行为人往往是将杀害、伤害、强奸、绑架等行为作为手段行为，再迫使他人从事卖淫活动，二者之间是手段与目的的牵连行为，构成牵连犯，现已明确规定为数罪并罚，不得对其从一重处。但是，如果行为人使用暴力迫使他人从事卖淫活动时，致人重伤或死亡，由于客观上只有一个行为，同时构成强迫卖淫罪和故意伤害罪或故意杀人罪，构成想象竞合犯，应从一重处。

根据《刑法》第240条第1款第4项之规定，强迫被拐卖的妇女卖淫或者将被拐卖的妇女卖给他人迫使其卖淫的行为为拐卖妇女罪的加重犯情形。据此，虽然拐卖妇女的行为人强迫被拐卖的妇女卖淫，分别构成了拐卖妇女罪和强迫卖淫罪，但不得进行数罪并罚，只能以拐卖妇女罪的加重犯论处。但拐卖妇女罪的行为人将被拐卖的妇女卖给他人迫使其卖淫的，只是加重处罚拐卖妇女罪的行为人，对于收买被拐卖的妇女并强迫该妇女卖淫的行为人而言，分别构成收买被拐卖的妇女罪和强迫卖淫罪，应进行数罪并罚。因此，拐卖妇女罪的加重情形只针对拐卖妇女罪的行为人本人，且只限于其拐卖的妇女。换言之，其他行为人强迫他人拐卖的妇女卖淫的，或者拐卖妇女罪的行为人强迫自己拐卖的妇女之外的其他人卖淫的都应以强迫卖淫罪论处。行为人先强迫妇女卖淫，然后再拐卖该妇女的，分别构成强迫卖淫罪和拐卖妇

---

① 周啸天:《"组织、强迫、引诱幼女卖淫"规定再解读》，载《华东政法大学学报》2016年第2期。

女罪，应数罪并罚。如果行为人拐卖幼女过程中强迫幼女卖淫的，则应分别以拐卖儿童罪和强迫卖淫罪论处，并对其数罪并罚。①

由于组织卖淫罪的规模较大，层次较高，往往包含了强迫卖淫这一手段，对社会风尚的侵犯更为严重，故组织卖淫活动中的强迫卖淫行为一般为组织卖淫罪所吸收。这也是司法实践中的常见做法，如2014年10月14日浙江省高级人民法院、浙江省人民检察院《关于办理组织卖淫及相关刑事适用法律问题的纪要》第2条规定，组织卖淫罪的重点在控制多人卖淫，强迫卖淫罪没有"多人"的要求，只要以暴力、胁迫等手段，迫使他人卖淫，即可构成。控制2人以下卖淫，既有招募、雇佣、引诱、容留行为，又有强迫行为的，只定强迫卖淫一罪；只有招募、雇佣、引诱、容留行为的，定引诱、容留卖淫罪。控制3人以上卖淫，既有招募、雇佣、引诱、容留行为，又有强迫行为的，只定组织卖淫一罪。

组织卖淫活动中的保镖或打手身份特殊，要根据具体案情予以定性。最高人民法院和最高人民检察院在《关于执行〈全国人民代表大会常务委员会关于严禁卖淫嫖娼的决定〉的若干问题的解答》中曾将"保镖"行为列举为协助组织卖淫行为，但这里的"保镖"应理解为在卖淫过程中提供安全保障的人，不包括强迫他人卖淫的情形。据此，如果保镖或打手在组织卖淫活动中只是维护卖淫秩序，如抗拒治安检查、制止买春人闹事、恐吓同行竞争者、保护组织者或卖淫人的安全等，应认定为协助组织卖淫罪；如果保镖或打手在组织者的授意下，对不愿卖淫的人进行殴打、胁迫，以迫使其卖淫，应以组织卖淫罪论处，若无组织者的授意，擅自强迫他人卖淫的，则应以强迫卖淫罪论处，与协助组织卖淫罪数罪并罚。

5. 本罪的停止形态问题

本罪的着手几乎一致认为是行为人基于强迫他人卖淫的意思开始实施迫使他人卖淫的强迫行为之时，但关于本罪的既遂标志却争议颇多。大多数学者认为，强迫卖淫罪是行为犯，只要强迫他人卖淫的强迫行为实施完毕，就成立既遂，被害人是否卖淫只能作为量刑因素予以考虑，并不影响犯罪的

---

① 由于引诱幼女卖淫罪的存在，不宜将强迫幼女卖淫认定为强奸罪，否则风化犯罪的体系不协调。

成立。①司法实践中也认为,只要行为人实施了以强制手段逼迫他人卖淫的行为,即构成本罪,至于被强迫卖淫者是否实际实施了卖淫行为,不影响本罪的构成。②但也有学者认为本罪是结果犯,应以客观上造成他人卖淫的事实情况作为既遂的标志。③对此主张,有学者通过对该罪直接客体遭受侵害程度进行具体分析,认为只有强迫行为而没有被迫卖淫的行为,只是直接侵犯了被强迫者的人身自由权利和一定程度的性权利,对社会管理秩序和社会良好风尚客体的侵害还需要被强迫者的卖淫行为来完成。④但另有学者提出了折中观点,认为前一种主张的既遂标准过于提前,后一种观点的既遂标准过于推后,应抓住强迫卖淫罪中"强迫"的实质,只要被害人的人身和精神受到强制,以至于意志陷入不自主的状态并进而着手去实施不自愿的卖淫行为,本罪即为既遂。⑤

犯罪的既遂标志理应结合犯罪的客体进行分析,只有该罪的犯罪客体受到了现实侵害才是该罪的既遂标志,尤其是复杂客体的犯罪,只有主要客体和次要客体都为犯罪行为所侵害时,才能将这个状态视为既遂。如前所述,强迫卖淫罪的犯罪客体是复杂客体,主要客体是性行为不可交易的社会风尚,次要客体是他人的人身自由和性决定权。只有卖淫行为发生后,主要客体才会遭受现实的侵犯,行为人摧毁他人意志,强迫他人着手实施卖淫行为只是侵犯了他人的人身自由权和性决定权,这只是对次要客体的侵犯。因此,无论本罪是行为犯还是结果犯,其既遂的标志都应当是他人被迫实施了卖淫行为,在强迫行为实施完毕后,若行为人所强迫的他人的卖淫被动停止,应成立犯罪未遂,若行为人主动阻止自己所强迫的他人的卖淫行为,则应成立犯罪中止。同理,如果行为人误以为他人不愿意从事卖淫活动,强迫本来就愿意从事卖淫活动的人去卖淫,虽然侵犯了本罪的主要客体——社会风尚,但未侵犯本罪的次要客体,只构成本罪的未遂。

---

① 王作富主编:《刑法分则实务研究》(下),中国方正出版社2013年版,第1843页。
②《人民司法》研究组:《强迫卖淫罪是行为犯还是结果犯》,载《人民司法》2000年第4期。
③ 赵秉志主编:《中国特别刑法研究》,中国人民公安大学出版社1997年版,第656-662页。
④ 王玮:《强迫卖淫罪的完成形态探析》,载《山东审判》2010年第1期。
⑤ 鲍遂献主编:《妨害风化犯罪》,中国人民公安大学出版社2003年版,第98-99页。

（四）强迫卖淫罪的刑罚适用

本罪经过《刑法修正案（九）》修改以后，虽然仍有基本犯和加重犯的结构，但已由相对具体的加重犯转变为抽象的加重犯。本罪基本犯的处罚为处五年以上十年以下有期徒刑，并处罚金；本罪加重犯的处罚为处十年以上有期徒刑或者无期徒刑，并处罚金或者没收财产。但加重犯的"情节严重"较为抽象，根据强迫卖淫罪的基本特点，在不与现行规定冲突的情况下，可以参考原有规定或相关司法解释予以确定。多次强迫他人卖淫，强迫多人卖淫，纠集多人强迫他人卖淫，强迫卖淫持续时间较长，强迫卖淫手段恶劣，造成严重社会影响，强迫幼女卖淫等情形，均可视为本罪加重犯中的"情节严重"。同时，强迫未成年人卖淫的，旅馆业、饮食服务业、文化娱乐业、出租汽车业等单位的主要负责人利用本单位的条件强迫他人卖淫的，还应予以从重处罚。

（五）强迫卖淫罪的案例研析

1. 案情介绍

2010年6月，杨某（另案处理）在河北某地开了一间洗浴中心，因缺少卖淫小姐而找朋友孙某帮忙。孙某随后联系王某、马某、蔡某三人，商定在北京"抢"几个小姐带回河北从事卖淫活动。18日晚，孙某四人租借一辆捷达车至北京某区一足疗店，付给老板600元，以包夜为名将该店李某、蒋某两名小姐骗出。车辆行驶过程中，李某、蒋某发现渐渐远离北京，遂要求下车。马某拿出刀威胁说："敢不老实，我就扎你们！"并将两名小姐的手机和手包抢了过来，从包中翻出三部手机、少量现金及化妆品。随后孙某说："我哥们儿开了间洗浴中心，缺小姐，带你们去他那里干，你们挣的钱咱们三七分账，你们七。一两个月后你们要是不想干了，东西还你们，再把你们送回去。"二被害人说："只要你不伤害我们，我们都听你的。"后孙某四人将二被害人送至杨某的洗浴中心，并将手机等物放在洗浴中心的吧台。洗浴中心有专人负责看守，防止李某、蒋某二人逃跑。当晚该洗浴中心没有客人前来，蒋某被迫与王某发生了性关系。李某因自称患有传染病，被送至长途汽车站回京。李某回京后即报警，警察遂将蒋某解救。①

2.分歧意见

本案中孙某、王某、马某、蔡某四位犯罪嫌疑人的共同行为是构成非法拘禁罪、协助组织卖淫罪，还是强迫卖淫罪，王某与蒋某发生性关系的行为如何定性，主要存在以下不同主张。②

第一种观点认为，虽然孙某、王某、马某、蔡某四位犯罪嫌疑人挟持李某、蒋某两名小姐的目的是让其到河北卖淫，但李某、蒋某在京本已是卖淫小姐，具有卖淫的意愿，且李某、蒋某二人被及时解救，并未在孙某、王某、马某、蔡某四位犯罪嫌疑人的要求下真正从事卖淫活动，不能认定为强迫卖淫罪，但被害人在孙某、王某、马某、蔡某四位嫌疑人的诱骗、威胁、挟持等暴力手段下失去人身自由，应定性为非法拘禁罪。从侵害的法益来看，孙某、王某、马某、蔡某四犯罪嫌疑人只侵害了单一法益，故意剥夺他人人身自由的行为属于非法拘禁罪。同时认为，王某是先行使用暴力将蒋某带到河北某洗浴中心，并派专人看守，防止其逃跑，在这种情况下，强行与蒋某发生性行为是违背蒋某意愿的，应构成强奸罪。

第二种观点认为，杨某开办的洗浴中心是变相卖淫场所，其招募、雇佣、强迫、控制卖淫人员进行有组织卖淫活动的行为，应构成组织卖淫罪。孙某等人受其委托，负责"招收"小姐进行卖淫活动，而客观上实施了帮助行为，骗取卖淫小姐进行卖淫活动，是为他人组织卖淫提供帮助、创造条件，是协助组织卖淫的一种手段，应当认定为协助组织卖淫罪。同时认为，王某在北京某区将蒋某和李某带出时明确以"包夜"为名，蒋某和李某并无异议，因此，王某和卖淫女蒋某之间是一种卖淫和嫖娼的关系，二人对与王某发生性行为是认可的，王某与蒋某发生性关系的行为不构成犯罪。

第三种观点认为，本案中孙某、王某、马某、蔡某四位犯罪嫌疑人主观上有迫使被害人卖淫的故意，客观上将妇女强行带到洗浴中心，并为了防止

---

① 郭冰：《强迫卖淫女进行卖淫行为的法益分析》，载《中国检察官》2010年第6期。
② 郭冰：《强迫卖淫女进行卖淫行为的法益分析》，载《中国检察官》2010年第6期。

被害人的反抗而实施了用刀威胁、限制人身自由等方法，违背被害人的意愿，迫使其卖淫。因此，四人的行为应当构成强迫卖淫罪。王某在强迫卖淫过程中强行与蒋某发生性关系，属于《刑法》第358条第1款第4项（原条文）明确规定的"强奸后迫使卖淫的"加重情节，对其应"处十年以上有期徒刑或者无期徒刑，并处罚金或者没收财产"①。

3. 研究结论

本案中孙某、王某、马某、蔡某四位犯罪嫌疑人的共同行为构成强迫卖淫罪（未遂），王某与蒋某发生性关系的行为单独构成强奸罪，应与强迫卖淫罪（未遂）数罪并罚。

强迫卖淫罪的犯罪客体是复杂客体，非法拘禁往往是强迫卖淫的手段行为，故本罪必然侵犯他人的人身自由权利，故该罪包含了非法拘禁的犯罪构成。本案虽因杨某提议孙某帮忙解决缺乏卖淫小姐问题引起的，但杨某在本案中客观上并无组织卖淫的行为，对整个犯罪过程也未达到控制程度，卖淫人数并非多人，故孙某、王某、马某、蔡某四人并没有协助杨某进行所谓的组织卖淫活动，不宜认定为协助组织卖淫罪。孙某、王某、马某、蔡某基于迫使他人卖淫的目的，骗出卖淫女李某和蒋某，并威胁两人从事卖淫活动，虽然侵犯了两人的人身自愿权和性决定权，但由于当晚没有客人，李某和蒋某并没有从事卖淫活动，故未实际侵害本罪的主要客体——社会风尚，只构成强迫卖淫罪（未遂）。

至于王某强行与蒋某发生性关系的行为，不能因为蒋某是卖淫女，王某等人已经支付了嫖资为由，认为这只是一般的卖淫嫖娼行为。王某等人支付嫖资只是为了骗出李某和蒋某，蒋某在身处异地且被威胁和看管的情况下并

---

① 根据1997年《刑法》第358条的规定，强奸后迫使卖淫的，只定强迫卖淫罪一罪，而不另定强奸罪，不实行数罪并罚。由于这一立法规定不科学，将应当实行数罪并罚的两罪只定为一罪，因此，2015年8月29日全国人民代表大会常务委员会颁布的《刑法修正案（九）》第42条第3款对这一规定进行了修订，对犯有强迫卖淫罪的行为人又实行强奸犯罪行为的，依照数罪并罚的规定处罚。因此，自2015年11月1日起，对于行为人在强迫卖淫的过程中又实行强奸行为的，应当实行数罪并罚，而不再按强迫卖淫罪一罪从重处罚。对于此前实施的行为，按照《刑法》第12条关于溯及力的规定，依"从旧兼从轻"的原则处理。

不愿意与王某发生性关系，王某也明知蒋某是其强迫卖淫的对象，此时与蒋某发生的性行为是违背蒋某真实意愿的，故应将王某强行与蒋某发生性关系的行为定性为强奸行为。但是，无论是适用《刑法修正案（九）》修改之前或之后的《刑法》第358条，王某与蒋某发生性关系的行为也不宜认定为强迫卖淫罪的加重情形。首先，这不是修改前的"强奸后迫使卖淫"的加重犯情节，因为在马某等人的威胁下，李某和蒋某二人已经"同意"从事卖淫活动，不需要再用强奸行为摧毁其抵抗卖淫的意志，即王某的强奸行为与强迫卖淫无关。其次，这也不是修改后的"情节严重"，因为该条第3款明确规定，犯强迫卖淫罪，并有强奸行为的，依照数罪并罚的规定处罚。因此，王某强行与蒋某发生性关系的行为是其超出四人共同犯罪故意的实行过限行为，应由其独立承担强奸罪的刑事责任，与强迫卖淫罪数罪并罚。

二、组织卖淫罪

（一）组织卖淫罪的概念和法源

1. 组织卖淫罪的概念

组织卖淫罪，是指行为人以招募、雇佣、强迫、引诱、容留等手段，控制多人从事卖淫的行为。

2. 组织卖淫罪的法源

新中国成立初期通过轰轰烈烈的禁娼运动，于1957年在我国大陆地区将各种娼妓消灭殆尽。[①] 到20世纪70年代后，卖淫嫖娼现象在我国大陆地区又开始死灰复燃，逐渐从对外开放的东南沿海向内陆地区蔓延。但鉴于当时的卖淫嫖娼情况并不十分严重，尤其是组织卖淫现象更不多见，因而在1979年刑法典中只在侵犯公民人身权利、民主权利罪一章中规定了强迫卖淫罪和引

---

① 储槐植主编：《"六害"治理论》，中国检察出版社1996年版，第231页。

诱、容留妇女卖淫罪，并未规定组织卖淫罪。随着改革开放的进一步发展，卖淫嫖娼现象日益泛滥，一些人为牟取暴利开始组织卖淫活动，严重侵犯了性行为不可交易的社会风尚。为积极应对这种严重犯罪，1991年9月4日第七届全国人民代表大会常务委员会第二十一次会议通过的《全国人民代表大会常务委员会关于严禁卖淫嫖娼的决定》第1条第1款专门规定了该罪："组织他人卖淫的，处十年以上有期徒刑或者无期徒刑，并处一万元以下罚金或者没收财产；情节特别严重的，处死刑，并处没收财产。"第6条还规定：旅馆业、饮食服务业、文化娱乐业、出租汽车业等单位的人员，利用本单位的条件，组织他人卖淫的，依照上述规定处罚，其主要负责人有上述行为的，从重处罚。但在司法实践中对组织卖淫罪的理解分歧较大，且起点刑过高，刑罚适用不统一，情节特别严重的内容不明确。1992年12月11日发布的《关于执行〈全国人民代表大会常务委员会关于严禁卖淫嫖娼的决定〉的若干问题的解答》专门对本罪进行了规定："组织他人卖淫罪，是指以招募、雇佣、强迫、引诱、容留等手段，控制多人从事卖淫的行为。本罪的主体必须是卖淫的组织者，可以是几个人，也可以是一个人，关键要看其在卖淫活动中是否起组织者的作用。在组织他人卖淫的犯罪活动中，对被组织卖淫的人有强迫、引诱、容留、介绍卖淫行为的，应当作为组织他人卖淫罪的量刑情节予以考虑，不实行数罪并罚。如果这些行为是对被组织者以外的其他人实施的，仍应当分别定罪，实行数罪并罚……组织他人卖淫罪中的'情节特别严重'，主要是指组织他人卖淫的首要分子情节特别严重的；组织他人卖淫手段特别恶劣的；对被组织卖淫者造成特别严重后果的；组织多人多次卖淫具有极大的社会危害性的，等等。"

随后在总结司法实践经验的基础上，第八届全国人民代表大会第五次会议于1997年3月14日修订通过的刑法典在妨害社会管理秩序罪一章中正式规定了本罪，第358条第1、2款规定："组织他人卖淫或者强迫他人卖淫的，处五年以上十年以下有期徒刑，并处罚金；有下列情形之一的，处十年以上有期徒刑或者无期徒刑，并处罚金或者没收财产：（一）组织他人卖淫，情节严重的；（二）强迫不满十四周岁的幼女卖淫的；（三）强迫多人卖淫或者多次强迫他人卖淫的；（四）强奸后迫使卖淫的；（五）造成被强迫卖淫的人重伤、死亡或者其他严重后果的。有前款所列情形之一，情节特别严重的，处无期徒刑或者死刑，并处没收财产。"第361条还规定：旅馆业、饮食服务业、文化娱乐业、出租汽车业等单位的人员，利用本单位的条件，组织他人卖淫的，依照强迫卖淫罪定罪处罚，前述单位的主要负责人，犯前款罪的，从重处罚。最高人民法院《关于执行〈中华人民共和国刑法〉确定罪名的规定》（法释〔1997〕9号）将该罪的罪名正式确定为"组织卖淫罪"。

2014年2月从东莞发起并推及全国的大规模扫黄行动之后，此类犯罪大量入刑，由于组织卖淫罪的死刑规定过于严苛，加重情节的规定有罪质轻重颠倒之嫌，2015年8月29日第十二届全国人民代表大会常务委员会第十六次会议通过的《刑法修正案（九）》对第358条进行了修改：在逐步废除死刑的大背景下，取消了组织卖淫罪的死刑刑种，将本罪情节加重犯的内容灵活化；同时规定组织未成年人卖淫的，予以从重处罚，突出对未成年人的整体保护；还规定并有杀害、伤害、强奸、绑架等犯罪行为的，依照数罪并罚的规定处罚，取消了原有加重情节的包容犯规定。

（二）组织卖淫罪的构成特征

1. 客体特征

本罪本质上只是卖淫活动的组织行为，其刑事不法性依然依附于卖淫活动的危害性。如前所述，卖淫行为的危害性并不是生理方面的传播性病，道德方面的腐蚀思想，社会方面的破坏婚姻家庭、危害青少年健康成长以及刑事政策方面的引发其他刑事犯罪。卖淫行为的真正危害在于其将人的身体作为商品在性行为活动中进行交易，侵犯了性行为不可交易这一人类基本的社会风尚。而组织卖淫行为因其对卖淫活动的控制和操纵，最大程度地扩大卖淫活动的规模和影响，具有极强的辐射、扩散效果，需用刑法予以规制，"正因为将人作为满足淫欲的手段违背了应当将人作为目的而非手段对待的道德律令，有损人的尊严，所以组织卖淫等行为也违背了社会主义核心价值观，从而应当严厉禁止"①。因此，本罪侵犯的直接客体是社会管理秩序中的性行为不可市场交易的社会风尚。不能因为卖淫行为的非罪化动辄质疑组织卖淫行为入罪的合理性，这与组织传销活动罪、组织残疾人、儿童乞讨罪、组织未成年人进行违反治安管理活动罪、组织播放淫秽音像制品罪、组织淫秽表演罪的入罪机制一样，组织行为提高了其对象活动的危害性程度，需要刑法予以规制。

虽然强迫卖淫往往也是组织卖淫的手段之一，即组织卖淫行为有时候也会侵犯他人的人身权利和性决定权利，但并不是每一个组织卖淫罪都必须侵犯这些客体，故这些客体只是本罪的随机客体，而非次要客体，"至于其他法益如健康、人身自由、性自由等权利，则是有时可能侵害，有时可能不侵害，因而本罪是否侵害这些法益也不影响本罪的成立"②。因此，本罪的犯罪客体是单一客体，而非复杂客体。

但长期以来，卖淫罪合法化的声音此起彼伏。迟夙生等人主张卖淫合法化，进而取消组织卖淫罪等相关犯罪，其主要理由为：（1）因卖淫嫖娼而引发的敲诈勒索、杀人灭口等刑事案件频发；（2）因卖淫嫖娼而导致的性病、艾滋病日益增多；（3）当局一直严打，但却仍不能阻遏此类活动，甚至日益泛滥；（4）从社会反响来看，2012年两会时，新浪微博发起的"人大代表迟夙生提议卖淫合法化，你支持还是反对？"调查问卷，至同年3月11日有43693名网友参与投票，其中68%的网友表示支持，有21.7%的网友反对，还有10.2%的网友表示不在乎或者其他。③但这些主张无法成为卖淫合法化的正当理由：因卖淫嫖娼引发的刑事案件增多的根本原因不是卖淫嫖娼的存在，而是犯罪人的主观恶性，减少卖淫嫖娼活动也会减少此类刑事案件；据调查，卖淫嫖娼人员几乎都有性病防范意识，传播性病概率很低；任何法律规制都不可能完全禁绝特定犯罪活动，更不能因为法律规制效果不好而将特定犯罪合法化；较高的网络支持率反映的是网友的不良诉求，难以在法律上得到支

---

① 周啸天：《"组织、强迫、引诱幼女卖淫"规定再解读》，载《华东政法大学学报》2016年第2期。
② 魏东、王炜：《论组织卖淫罪》，载《四川省公安管理干部学院学报》1999年第2期。
③ 王功：《25年前的黑龙江暗娼和嫖客被杀特大案，引发"卖淫合法化"激辩》，载 http://finance.ifeng.com/a/20160706/14568018_0.shtml。

持。还有学者认为,"以《刑法》第358条的5到10年的有期徒刑来对付一个没有受害人的,或没有真正意义上的社会危害性的行为,刑罚所带来的痛苦与它制止的'罪恶'所产生的'利'就明显不相称。用功利主义的标准来看,刑罚非但没有增加社会幸福总量,反而增加了社会痛苦总量,不具有正当性"[1]。这种主张显然将被害人理解为特定的个人,将关涉不特定多数人的社会风尚排除在刑法保护的范围之外,但社会风尚的沦陷会给安宁的生活秩序带来更大的灾难。还有学者在考察卖淫现象的历史后认为,婚姻制度确定后性的关系渐受限制,女子变为男子的一种奴隶或一种财产,社会中渐有产生娼妓之可能性。[2]但当下卖淫嫖娼活动已不限于女性向男性卖淫,且未婚者和白领兼职者不在少数,大部分是为了金钱,也有的是为了刺激,故不宜将卖淫嫖娼视为婚姻制度和男女不平等的必然产物。

但也有一些学者认为卖淫嫖娼行为的社会危害性十分严重,提议设立卖淫、嫖娼罪,主张区分累犯、职业犯及初犯和被动型行为人的司法处遇,对累犯和职业犯应予以犯罪化处置,而对初犯和被动型卖淫嫖娼行为给予治安化处置。[3]如前所述,调查表明卖淫嫖娼行为对身体健康、家庭关系以及青少年健康成长的危害不大,其危害性主要体现在对社会风尚的危害,但个别化的卖淫嫖娼对社会风尚的危害程度较轻,不需要用刑法规制,对其直接行政处罚即可。因此,真正需要用刑法予以规制的是卖淫活动的助推行为:组织、强迫、引诱、容留、介绍卖淫等行为。

2.客观特征

本罪在客观方面表现为通过实施招募、雇佣、强迫、引诱、容留等手段,控制多人从事卖淫活动。从本质上看,组织卖淫行为依然是卖淫的关联行为,但对卖淫活动达到了控制的程度,实为卖淫活动的组织行为,使卖淫活动朝着产业化和规模化的方向发展,给社会风尚带来极大的冲击力和破坏力,对社会风尚的侵犯也达到了最严重的程度。

---

[1] 周永坤:《对"组织'男男卖淫'案"的法理分析》,载《法学》2005年第1期。
[2] 王书奴:《中国娼妓史》,团结出版社2004年版,第10页。
[3] 岳平:《卖淫嫖娼行为应有限犯罪化》,载《人民检察》2007年第19期。

这里的"组织"并非要求存在犯罪组织,而是作为犯罪实行行为的组织行为,"刑法分则中组织犯罪行为都是实行行为,是在'组织'的本意上使用的"[①]。"组织"的本义是指按照一定的目的、任务和形式加以编制。[②] 刑法中的组织行为是指对犯罪活动进行控制和支配,使该犯罪活动具有系统性和整体性,最大程度地实现犯罪目的,常常表现为决策、领导、指挥、管理等形式。因此,本罪的实行行为是指行为人通过招募、雇佣、强迫、引诱、容留等手段,决策、指挥、管理卖淫活动的控制行为。

就组织卖淫行为的具体表现形式而言,包括决策、指挥、管理等形式。所谓决策,是指谋划卖淫活动、制定卖淫制度、拟订卖淫方案、寻求卖淫保护等行为,这是组织卖淫行为的核心表现,是从意志上支配卖淫活动的关键,其他表现形式均需以决策行为的存在为前提。所谓指挥,是指根据决策意志对卖淫活动进行指挥、调度的行为,协调相关人员将卖淫的决策内容付诸实施为卖淫活动,包括指挥卖淫人员的招募和培训、买春人的招徕和分流、组织相关人员建立并维护卖淫秩序等行为。所谓管理,是指具体开展卖淫活动的管理人员,如对卖淫人员进行编号管理,租赁卖淫场所或网络服务器,负责培训、运送卖淫人员,安排对外宣传等。决策行为逐渐形成、强化并细化组织卖淫的犯罪意志,指挥行为则不断为组织卖淫提供条件和保障,管理行为则直接操纵卖淫人员有序开展卖淫活动。

就组织卖淫行为实际控制的具体环节而言,主要包括招募卖淫人员、雇用卖淫人员、强迫他人卖淫、引诱他人卖淫和容留他人卖淫等情形。所谓招募,是指物色卖淫人员,通过与卖淫人员分成的方式招收、募集已有卖淫意愿者,统一调度其从事卖淫活动。所谓雇佣,是指以定期支付报酬的方式将已有卖淫意愿者纳入卖淫组织内进行管理,统一安排其从事卖淫活动。雇佣与招募的形式可以是公开的,也可以是秘密的。所谓强迫,是指采用暴力、胁迫或者其他方法,迫使不愿卖淫者进入卖淫组织内进行卖淫活动,此行为往往同时构成了强迫卖淫罪。所谓引诱,是指以金钱、财物、色相、娱乐为

---

① 陈兴良:《刑法哲学》,中国政法大学出版社1991年版,第249页。
②《辞海》,上海辞书出版社1989年版,第1305页。

诱饵，对原本不知或不愿从事卖淫活动者从精神上、心理上进行诱惑和劝说，使其在价值观上产生变化，从而心甘情愿地进入卖淫组织内进行卖淫活动，此行为往往同时构成了引诱卖淫罪或引诱幼女卖淫罪。所谓容留，是指为已有卖淫意愿者提供一定的场所或者条件，容纳、收留其在卖淫组织内进行卖淫活动，此行为往往同时构成了容留卖淫罪。

无论组织卖淫的行为表现形式是决策、指挥还是管理，只要行为人实施了其中一种或数种行为，就可认定其实施了组织卖淫行为。无论在招募、雇佣、强迫、引诱、容留的哪一个环节，都要求行为人对卖淫活动达到控制的程度，这种"控制"主要表现在对卖淫人员的人身和财产的控制，如为卖淫人员提供卖淫处所或卖淫机会、统一管理卖淫人员的食宿、制定卖淫费用收取与分成制度等，卖淫人员也在客观上依赖、服从于组织卖淫者的组织行为。

本罪的犯罪对象是"他人"，与强迫卖淫罪的犯罪对象一样，既包括女人，也包括男人。本罪中卖淫的含义与强迫卖淫罪中的卖淫相一致，都是指行为人自愿与不特定的对象进行性行为交易的活动，其性行为过程具有自愿性和交易性特征，在对象上则具有不特定性特征。此外，组织卖淫罪的对象在人数上还有一定的要求，即被组织卖淫者必须是"多人"，所谓"多人"，有学者认为是指二人以上（包括2人）[①]，也有学者认为是指三人或三人以上。[②] 由于我国司法解释中对"多人""多次"中"多"的一贯解释标准均为数量"三"以上（包括本数），这也与生活中的通常理解一致，且本罪旨在强调组织行为扩大了卖淫行为对社会风尚的侵犯，宜将犯罪对象的多数理解为三人或是三人以上。

本罪的犯罪地点没有特别要求，但需要特定场所组织卖淫人员与买春人员现场进行性交易活动。通常以酒店、会所、休闲屋、出租房、咖啡厅、发廊、按摩店等为"据点"，或者采取组织卖淫人员提供"上门服务"，到买春人员所住的酒店或住处进行卖淫。但需要说明的是，如果行为人只是组织相关人员通过网络进行远程性爱展示，并未促成卖淫人员和买春人员的现场性

---

① 魏东、王炜：《论组织卖淫罪》，载《四川省公安管理干部学院学报》1999年第2期。
② 储槐植主编：《"六害"治理论》，中国检察出版社1996年版，第247页。

行为，仅借远程展示收取观看人员的财物，则不是组织卖淫行为，而是组织淫秽表演行为。

3. 主体特征

本罪的主体是一般主体。凡是达到刑事责任年龄，即年满16周岁，且具有刑事责任能力的自然人均可构成本罪，与其性别、地位、身份无关。本罪主体是卖淫活动的组织者，在卖淫活动中，起组织、领导、策划、指挥作用，可能是卖淫集团等犯罪组织的首要分子和骨干分子，也可能是松散的卖淫团伙，还可能只是个人组织他人卖淫。有学者根据本罪行为人的"卖淫（嫖娼）的组织者"身份认定本罪主体是特殊主体，[①]但本罪行为人的组织者身份是在本罪实施过程中必然形成的，并非在组织卖淫罪着手前行为人具有的资格和状态等能够实施本罪的身份内容，故不宜将其认定为本罪的特殊身份。否则，将实行行为本身产生的身份认定为犯罪主体的特殊身份，则会得出任何犯罪的犯罪主体都是特殊主体的不当结论。被组织卖淫的人不构成本罪主体，但被组织的卖淫者同时又积极参与组织他人卖淫活动，则其符合本罪的主体要件。

还需要说明的是，在现实生活中，旅馆业、饮食服务业、文化娱乐业、出租汽车业出于扩大规模、追求营利等目的，往往参与组织卖淫活动。根据《刑法》第361条的规定，旅馆业、饮食服务业、文化娱乐业、出租汽车业等单位的人员，若利用本单位的条件，组织他人卖淫的，应依法对其以组织卖淫罪定罪处罚，且这些单位的主要负责人组织他人卖淫的，还应从重处罚。由于单位不能构成本罪，对单位决定实施的组织卖淫罪的，应以共同犯罪论处，并对主要负责人从重处罚。

4. 主观特征

本罪在主观方面只能是故意，而且只能由直接故意构成。就其具体内容而言，是指行为人明知自己在招募、雇佣、强迫、引诱、容留卖淫过程中决策、指挥、管理他人卖淫活动，仍积极希望控制多人从事卖淫活动。

由于卖淫活动本身是性行为交易行为，要求以营利为目的，故有学者主

---

① 何秉松主编：《刑法教科书》（第二次修订版），中国法制出版社1995年版，第810页。

张作为卖淫的关联犯罪的组织卖淫罪在主观上也必然具有营利目的,并提出以下理由:第一,所谓卖淫,并非指所有的非法性行为,而是指以收受或约定收受报酬而与不特定的人进行性交的行为,即通常所说的"出卖肉体",其本质是金钱与性服务的交换,牟利目的是认定卖淫行为的必要条件,既然说卖淫行为具有牟利目的,而又说对这种行为的组织行为可以不具有牟利目的,未免脱离实际;第二,组织卖淫罪往往具有多重目的,除了营利目的之外,可以有其他多种目的,如为了吸引游客、繁荣当地的旅游业等,但对本罪来说,营利目的是不可少的,这种行为的性质决定其必然具有营利目的,有些大宾馆为了招徕生意组织卖淫,最终目的还是促进赢利;第三,即便是能设想个别组织者本人不牟利,但卖淫者必牟利,"为他人牟利"也属于牟利目的;第四,目的与动机是研究犯罪主观方面应当区分的两个范畴,实际生活中有些组织者并不是在牟利动机驱使下实施组织他人卖淫行为的,如出于低级下流动机或报复社会动机而组织他人卖淫者不乏其例,但其他各种不同的动机并不能排斥组织者的营利目的。[1]但将卖淫者的营利目的等同于组织卖淫者的行为目的,并不妥当,因为二者之间并非共同犯罪,不存在一致的犯罪目的,组织卖淫者的主观目的并不隶属于卖淫者的主观目的;也不宜将组织卖淫行为可能带来的间接利益作为其犯罪目的,因间接利益具有或然性,是犯罪行为随机侵犯客体的结果,并不在行为人积极追求的范围之内。

与此相对应,也有学者主张本罪主观方面并不以具有营利目的为必要条件,具体理由是:(1)立法上没有明确要求本罪主观上必须具有营利目的,因而在研究本罪的构成要件时我们不能主观臆断想当然地随意增加目的要件;(2)组织卖淫罪是一种社会危害性极大的犯罪,应该予以严厉禁止和打击,在理论上、在立法和司法实践中,对一些严重犯罪不以具有营利目的为必要构成条件,更有利于有效打击该种犯罪,提高司法机关办案效率;(3)现实生活中确实存在不以营利为目的组织卖淫行为,这些行为社会危害性同样很大,必须予以犯罪化并严厉制裁,这也是不能把"以营利为目的"或"牟利目的"

---

[1] 储槐植主编:《"六害"治理论》,中国检察出版社1996年版,第249-250页;苗有水:《组织他人卖淫罪若干问题研究》,载《中外法学》1996年第3期。

作为本罪构成要件之一的重要根据。[①]此种主张认为犯罪目的的形式和内容仅限于法律条文的明确规定，并不妥当，盗窃罪的犯罪目的虽无明文规定，但非法占有依然为其目的内容；更不能因为严打需要，就从功利的角度任意变更犯罪构成的基本内容，否则将有违人权保障的要义。

如前所述，应结合本罪的犯罪客体厘定其主观要件内容。尽管在客观上本罪的行为人往往具有营利的目的，但本罪的犯罪客体并非财产法益，营利只是组织卖淫行为附带的随机结果，行为人是否具有营利的目的并不影响本罪的成立。本罪的主要客体是卖淫行为所侵害的性行为不可交易的社会风尚，故行为人的犯罪目的应是追求对卖淫活动的非法控制，以最大程度地破坏这一社会风尚。在不少司法案例中，本罪行为人组织他人卖淫是出于腐蚀、拉拢、泄愤、报复或其他因素，但这些情况与牟利动机一样，其实是更深层次的犯罪动机，与本罪的犯罪客体没有直接关联，并非本罪的犯罪目的。

（三）组织卖淫罪的司法认定

1. 本罪与非罪的界限

在现实生活中，时常发生电影《一路向西》中出现的组团嫖娼的场景，但现行刑法并没有规定组织他人嫖娼罪。有学者认为，组织嫖娼系组织卖淫的对向行为，具有与组织卖淫罪同等的社会危害性，应受刑法处罚，或者主张适用类推对其以组织卖淫罪定罪处罚，或者将组织嫖娼行为视为组织卖淫行为的有机组成部分，进而以组织卖淫罪论处。[②]对此，也有学者提出，应坚守罪刑法定基本原则，对单纯的组织他人嫖娼行为，除其中部分确实触犯刑法并构成其他犯罪（如聚众淫乱罪、组织淫秽表演罪等）外，一律应作无罪化处理，可对其予以治安管理处罚，后续入罪有待刑事立法的进一步完善。[③]

[①] 魏东、王炜：《论组织卖淫罪》，载《四川省公安管理干部学院学报》1999年第2期；鲍遂献：《妨害风化犯罪》，中国人民公安大学出版社2003年版，第65-67页。

[②] 赵秉志主编：《中国特别刑法研究》，中国人民公安大学出版社1997年版，第642页；储槐植主编：《"六害"治理论》，中国检察出版社1996年版，第248-249页。

[③] 鲍遂献：《妨害风化犯罪》，中国人民公安大学出版社2003年版，第68-69页。

组织嫖娼行为并非组织卖淫罪的严格对向行为,组织卖淫罪的对向行为应是被组织从事卖淫的人员,即使将组织卖淫者与被组织卖淫人员视为一方,大多数情况下参与卖淫活动的相对方也是零散的买春人员,而非被组织的买春群体。况且,对向犯本身也并不要求彼此同时入罪,一方入罪者不在少数。至于组织卖淫与组织嫖娼行为的危害性程度,虽然《治安管理处罚法》第66条第1款对二者同等处罚,但该条第2款又单独规定了在公共场所拉客招嫖行为的处罚,这就说明卖淫活动实际上是一个卖方市场,卖淫一方更容易促成性交易活动的发生,因此组织卖淫行为在客观上更容易侵犯性行为不可交易的社会风尚。事实上,组织卖淫行为发生的次数远胜于组织嫖娼行为,已成职业化、专业化、集团化趋势,刑法对二者的处理理应有别。因此,在刑法没有明文规定处罚组织嫖娼行为前,理应坚守罪刑法定的基本原则,不得通过类推或扩张解释将其解释为组织卖淫行为,应对其作无罪化处理。当然,在行政规制的层面可以将其视为嫖娼行为的组织行为,对其予以行政处罚。

2. 此罪与彼罪的界限

本罪与协助组织卖淫罪同规定于《刑法》第358条之中,协助组织卖淫行为实际上是组织卖淫行为的帮助行为,刑法将其独立成罪,就不应再适用刑法总则关于共同犯罪的相关规定。故最高人民法院、最高人民检察院《关于执行〈全国人民代表大会常务委员会关于严禁卖淫嫖娼的决定〉的若干问题的解答》第3条第2款规定:"协助组织他人卖淫的行为,有具体的罪状和单独的法定刑,应当确定为独立的罪名,适用单独的法定刑处罚,不适用刑法总则第二十四条(新刑法第二十七条——笔者注)关于从犯的处罚原则。"但有学者认为,"组织"与"协助组织",本无截然界限,多一分便为组织,少一分则成协助组织,两罪之间最多只存在量的差异,却没有任何质的区别,因此可归为异名同质共同犯罪。[①] 在刑法另有规定的情况下,组织卖淫罪与协助组织卖淫罪的共同关系仅具有现象学的意义,不具有刑法学的意义,即不能将协助组织卖淫罪作为组织卖淫罪的从犯论处。这实际上反映了立法者严

---

① 郑伟:《就这样动摇了共同犯罪的根基——论组织卖淫罪与协助组织卖淫罪的怪异切分》,载《法学》2009年第12期。

厉打击组织卖淫行为的意向，因为单独入罪不但明示刑法对协助组织卖淫行为的严厉禁止，且无法享受免于处罚的处遇。

本罪与协助组织卖淫罪具有诸多相同之处，二者犯罪客体相同，即都侵犯了性行为不可交易的社会风尚；犯罪主体相同，即都为年满 16 周岁的具有刑事责任能力的自然人；犯罪主观方面相同，即都明知自己的行为会强化对卖淫活动的控制，依然积极追求。但是两罪在犯罪客观方面表现出较大的差异，协助组织卖淫罪客观方面表现为招募、运送等具体环节的协助他人组织卖淫的行为，对控制卖淫活动仅起帮助作用，而组织卖淫罪的客观方面则是在招募、雇佣、运送、强迫、引诱、容留环节对卖淫活动进行策划、指挥和管理，直接控制多人从事卖淫活动。就行为人的地位而言，在卖淫集团或其他卖淫组织中，组织卖淫者一般居于首领、头目、负责人等领导地位，而协助组织卖淫者多为保镖、打手、管账人、管工、领班等被组织者安排的身份。一般情况下，协助组织卖淫罪成立时，其所协助的人往往也成立组织卖淫罪，协助组织卖淫罪较少单独存在，但由于其已经通过帮助犯正犯化的方式独立入罪，并不以其所协助的组织者成立组织卖淫罪为前提。

3. 本罪的共犯问题

组织卖淫行为是对卖淫活动的控制行为，在刑法中行为的层面上必然存在被控制的他人卖淫行为，因此组织卖淫罪应是必要共犯。我国不少学者从犯罪成立的层面上认为，卖淫行为及卖淫者本身都不构成犯罪，组织卖淫罪可以是由单个人实施，也可以由多人共同实施，所以组织卖淫罪不属于必要共同犯罪。[1] 如果仅从犯罪成立层面探讨必要共犯，则即使是需要多人才能实施的聚众犯罪（如聚众冲击国家机关罪），也可能因为其他人员未达到刑事责任年龄或不具备刑事责任能力而造成一个人构成犯罪的情形，此时也会出现一个人构成共同犯罪的情形。大陆法系刑法学理论是在该当性层面上的广义的共同犯罪中使用必要共犯和任意共犯这一分类概念的，由于我国刑法总则定义了共同犯罪，学者们往往是在犯罪成立意义上的狭义的共同犯罪中进行

---

[1] 苗有水：《组织他人卖淫罪若干问题研究》，载《中外法学》1996 年第 3 期；魏东、王炜：《论组织卖淫罪》，载《四川省公安管理干部学院学报》1999 年第 2 期。

分类。从现象学的层面界定必要共犯与任意共犯更具有刑法学意义，既能明晰犯罪行为的生成机制以求罚当其罪，又能为刑事立法提供事实根据以利科学立法。必要共犯包括聚众犯、对向犯和聚众对向犯，本罪虽然不是聚众犯，但需要被组织的卖淫人员的存在，实属必要共犯中的对向犯。

由于刑法单独规定了协助组织卖淫罪，这是典型的从犯正犯化的立法例，于是组织卖淫罪构成狭义的共同犯罪时是否划分主从犯便成为一个问题。对此主要有三种不同的看法：所有共犯都是主犯；多名主体共同组织他人卖淫时，各犯罪人之间无所谓主犯，也无所谓从犯，即不可能有主从犯之分；多名主体共同组织他人卖淫时，各犯罪人之间可以有主从犯之分。[1]大多数学者赞同第三种主张，多名主体共同组织他人卖淫时，各犯罪人之间可以有主从犯之分，因为本罪的"组织"不仅指对卖淫集团的组织，也包括对一般的卖淫活动的组织，组织他人卖淫的组织者不一定就是首要分子，不能当然地全部视为主犯；本罪的帮助犯应认定为协助组织卖淫罪，在本罪中虽起策划、控制作用，但在多名组织卖淫者中处于从属地位，发挥次要作用或听命于人的行为人，属于次要实行犯，应定为组织他人卖淫罪的从犯。[2]但有学者对第三种主张提出实践效用的疑虑，认为组织卖淫罪在理论层面上当然不能绝对排除从犯的存在，但在司法实践中，几乎不再有从犯立足的余地。[3]但这并不符合事实，实际上学界的此种主张在司法实践中近来也得到了明确有力的支持，如2014年10月14日浙江省高级人民法院、浙江省人民检察院《关于办理组织卖淫及相关刑事适用法律问题的纪要》第4条规定，组织卖淫罪、强迫卖淫罪、协助组织卖淫罪，如果可以明显区分共同犯罪中的主从犯的，可以按照各行为人在共同犯罪中地位和作用的大小，予以区分主从犯。

---

[1] 储槐植主编：《"六害"治理论》，中国检察出版社1996年版，第251-252页。

[2] 苗有水：《组织他人卖淫罪若干问题研究》，载《中外法学》1996年第3期；魏东、王炜：《论组织卖淫罪》，载《四川省公安管理干部学院学报》1999年第2期；鲍遂献：《妨害风化犯罪》，中国人民公安大学出版社1999年版，第134-135页；苏彩霞、时延安：《妨害风化犯罪疑难问题司法对策》，吉林人民出版社2001年版，第108-109页。

[3] 郑伟：《就这样动摇了共同犯罪的根基——论组织卖淫罪与协助组织卖淫罪的怪异切分》，载《法学》2009年第12期。

4. 本罪的罪数问题

如前所述，由于组织卖淫罪的策划、指挥、管理等组织行为发生在卖淫活动的强迫、引诱、容留、介绍等具体环节，有时组织卖淫的行为人甚至在组织他人卖淫的同时直接参与实施了强迫、引诱、容留、介绍他人卖淫的行为，故行为人往往同时触犯了组织卖淫罪和强迫卖淫罪、引诱、容留、介绍卖淫罪，是否对其进行数罪并罚是一个需要探讨的问题。最高人民法院、最高人民检察院《关于执行〈全国人民代表大会常务委员会关于严禁卖淫嫖娼的决定〉的若干问题的解答》第2条第3款对此进行了规定："在组织他人卖淫的犯罪活动中，对被组织卖淫的人有强迫、引诱、容留、介绍卖淫行为的，应当作为组织他人卖淫罪的量刑情节予以考虑，不实行数罪并罚。如果这些行为是对被组织者以外的其他人实施的，仍应分别定罪，实行数罪并罚。"

据此，有学者认为，强迫、引诱、容留他人卖淫的行为本身，在刑法典中都是可以单独成罪的行为，同时，这些行为又可以作为组织卖淫罪的具体行为手段，为组织卖淫罪所包容。[1]但两者之间并非包容竞合的关系，因为组织卖淫罪不仅要求策划、指挥和管理卖淫活动中的强迫、引诱、容留、介绍等环节，还要求被组织的对象必须达到三人以上，即组织卖淫罪的内涵更为丰富，其外延必然更小，无法包容未达控制程度或被组织人员未达三人以上的情形。另有学者认为，组织、协助组织他人卖淫中的"组织"行为概念被广义地解释为包括招募、雇佣、强迫、引诱、容留等多种行为方式时，组织卖淫罪与强迫卖淫罪和引诱、容留、介绍卖淫罪之间在所规定的犯罪构成要件上存在着交叉关系，从而出现法条竞合现象，但又认为规定强迫卖淫罪、引诱、容留卖淫罪的条文为普通法，规定组织卖淫罪的条文为特别法，因为前者适用于所有的强迫、引诱、容留卖淫行为发生的场合，而后者只适用于强迫、引诱、容留三人以上并控制其卖淫的场合，二者竞合时应适用特别法优于普通法的原则。[2]但特别法优于普通法原则是独立竞合特有的适用原则，

---

[1] 魏东、王炜：《论组织卖淫罪》，载《四川省公安管理干部学院学报》1999年第2期。
[2] 苗有水：《组织他人卖淫罪若干问题研究》，载《中外法学》1996年第3期。

交叉竞合的适用原则应为重法优于轻法。[①]此种观点一方面认为二者之间是平等的交叉关系，另一方面又适用普通法优于特别法的原则，前后不一，不合逻辑。如前所述，组织卖淫罪旨在打击行为人通过实施策划、指挥、管理等领导行为对卖淫活动的整体控制，但卖淫活动往往具有强迫、引诱、容留、介绍等具体环节，这些环节上的行为往往涉嫌构成强迫卖淫罪和引诱、容留、介绍卖淫罪，因此两者之间实际上是吸收关系，理应对其以整体上的刑事评价吸收具体环节的刑事评价，进而对其直接以组织卖淫罪论处即可。

同时，由于在《刑法修正案（九）》取消本罪的死刑之前，组织卖淫罪与强迫卖淫罪一样，都是包容犯，将强奸、故意伤害致人重伤、故意杀人等行为规定为该罪的加重犯情形，只需直接以组织卖淫罪论处即可。但现行《刑法》第358条第3款特别规定：犯前两款罪（组织卖淫罪与强迫卖淫罪），并有杀害、伤害、强奸、绑架等犯罪行为的，依照数罪并罚的规定处罚。有学者认为，《刑法》第358条第3款所规定的"并有"表明其后的"杀害、伤害、强奸、绑架等犯罪行为"与组织、强迫卖淫行为之间是相互独立的并列关系，而并非一行为同时触犯两者。[②]既然是数罪并罚，理应在客观上存在数行为，但数行为之间并非毫无关联。行为人往往是将杀害、伤害、强奸、绑架等行为作为组织卖淫的手段行为，二者之间是手段与目的的牵连行为，构成牵连犯，现已明确规定为数罪并罚，不得对其从一重处。

5. 本罪的停止形态问题

如前所述，犯罪的既遂标志理应结合犯罪的客体进行分析，只有该罪的犯罪客体受到了现实侵害才是该罪的既遂标志。组织卖淫罪的犯罪客体是性行为不可交易的社会风尚，只有卖淫行为发生后，本罪客体才会遭受现实的侵犯。因此，本罪的既遂标志应当是：在行为人的组织下，多名被组织的卖淫人员实施了卖淫行为。在组织卖淫的策划、指挥、管理等领导行为实施完毕后，若被组织的多名卖淫人员的卖淫行为被动停止或者违背组织者的意愿主动停止，组织者都应成立犯罪未遂；若组织者主动阻止了自己所组织的多

---

① 陈兴良：《刑法适用总论》，中国人民大学出版社2006年版，第715-717页。
② 周啸天：《"组织、强迫、引诱幼女卖淫"规定再解读》，载《华东政法大学学报》2016年第2期。

名卖淫人员的卖淫行为，则应成立犯罪中止；若组织者所组织的部分卖淫人员实施了卖淫行为，部分卖淫人员没有实施卖淫行为，组织者只成立犯罪既遂，其未遂行为只须作为量刑情节予以考量，无须再成立犯罪未遂。

由于本罪的成立需被组织的卖淫人员达三人以上，故有学者认为，如果行为人虽然已经着手实施组织他人卖淫行为，如正在进行招募、雇佣、引诱、容留等行为，但尚未组织到三人之数的，即属于未完成实行行为，设若此时是因犯罪人意志以外的原因而停止组织行为的，即应以本罪的未遂论处。[①] 我们认为，此时由于组织对象不足三人以上，根本没有达到组织卖淫罪的入罪处刑标准，对卖淫活动的组织者不应以组织卖淫罪论处，但如果触犯其他卖淫犯罪的，则应以其他卖淫犯罪论处。

（四）组织卖淫罪的刑罚适用

本罪经过《刑法修正案（九）》修改以后，虽然仍有基本犯和加重犯的罪刑结构，但已由相对具体的加重犯转变为抽象的加重犯。本罪基本犯的处罚为处5年以上10年以下有期徒刑，并处罚金；本罪加重犯的处罚为处10年以上有期徒刑或者无期徒刑，并处罚金或者没收财产。但加重犯的"情节严重"较为抽象，根据组织卖淫罪的基本特点，在不与现行规定冲突的情况下，可以参考原有规定或相关司法解释予以确定。最高人民法院、最高人民检察院发布的《关于执行〈全国人民代表大会常务委员会关于严禁卖淫嫖娼的决定〉的若干问题的解答》第5条规定：组织他人卖淫罪中的"情节特别严重"，主要是指组织他人卖淫的首要分子情节特别严重的；组织他人卖淫手段特别恶劣的；对被组织卖淫者造成特别严重后果的；组织多人多次卖淫具有极大的社会危害性的；等等。我们认为，组织卖淫持续时间较长、组织卖淫手段恶劣、组织程度严密、造成严重社会影响、组织幼女卖淫等情形，均可视为本罪加重犯中的"情节严重"。同时，组织未成年人卖淫的，旅馆业、饮

[①] 于志刚主编：《热点犯罪法律疑难问题解析》（第2集），中国人民公安大学出版社2001年版，第166页。

食服务业、文化娱乐业、出租汽车业等单位的主要负责人利用本单位的条件强迫他人卖淫的,还应在对应的法定刑范围内予以从重处罚。

同时,与刑法中其他组织类犯罪相比,尽管单纯的卖淫活动本身不是犯罪行为,但组织卖淫罪的5年起点刑相对较高。只有组织恐怖组织罪的起点刑(10年)和组织黑社会性质的组织罪的起点刑(7年)比本罪高,组织越狱罪的起点刑为5年,组织他人偷越国(边)境罪的起点刑为2年,其他诸如组织传销活动罪、组织残疾人、儿童乞讨罪、组织未成年人进行违反治安管理活动罪、组织播放淫秽音像制品罪、组织淫秽表演罪等罪的起点刑与本罪相比明显更低。故对组织卖淫罪的"组织"一词理应作出更为严格的理解,不能以组织对象的人数多寡的直观性认定是否存在组织卖淫行为,而要结合行为人的相关行为是否对卖淫活动达到了控制和支配的程度,否则有违罪责刑相适应的基本原则。

(五)组织卖淫罪的案例研析

1.案情介绍

1970年出生于南京的李某20多岁时便开设酒吧,但生意不太理想。2003年年初,李某到外地酒吧"取经",随后邀请在武汉一酒吧里从事同性色情服务的男子刘某到南京"帮"自己。刘某应邀来到李某的酒吧,找来一些坐台的男公关,陪客人喝酒、聊天,陪客人出台吃宵夜以及开房间睡觉、提供性服务。刘某将在武汉的一套管理制度引用过来,将男公关分成A、B两队,A队主要是形象好的男公关,B队主要是形象一般及刚来的男公关。每个男公关上岗时,要先交300元押金,然后还要每个月交200元的管理费;每天要准时上班,男公关服务时,客人给小费,需交给酒吧一部分;刘某还和李某约定,坐台费一人一半。2003年5月,李某成立耀身公关礼仪公司,开始广招"靓仔"。但这些"靓仔"们基本都不是同性恋者,当得知老板让他们为同性恋者提供性服务时,少部分人在半威胁半利诱下开始了同性卖淫。2003年7月,刘某因南京打击卖淫活动而不辞而别,李某便将酒吧里的一个工作时间较长、熟悉内幕的冷某提为副领班,按照以前的制度管理男公关,在李某经营的"金麒麟""廊桥"及"正麒"酒吧内将男公关介绍给同性嫖客,由同性嫖客带至南京市"新富城"大酒店等处从事同性卖淫活动。男公关的服务内容大致分为平台和出台,平台就是在酒吧里陪喝酒拿小费,出台就是出去为同性提供性服务。客人点名要陪喝酒或出台,公关先生必须要去,否则就会遭到酒吧里保安的殴打以及开罚单。同性卖淫为酒吧带来不小的收益,李某短短几个月就获利12.4万元。2003年8月17日,南京市公安治安支队、秦淮公安分局接到举报,反映在中山南路"正麒"演艺吧里有同性恋卖淫。随后,警方一举捣毁了这个罕见的涉嫌组织男人向同性恋者卖淫的团伙,抓获涉案人员11人。

2. 分歧意见

2003年8月18日,李某等人归案。警方根据李某等人的口供及先期掌握的其他证据,以涉嫌犯有组织卖淫罪将李某等人刑事拘留。但检察机关认为《刑法》对组织同性卖淫行为没有明确界定,按照"法无明文规定不为罪"的刑事法律原则,李某等人的行为难以定罪,而将其释放。后在江苏省政法委的召集下,省级政法部门召开了案件协调会,会议决定由江苏省高级法院向最高人民法院请示。最高人民法院接到请示后,随即向立法机关全国人大常委会汇报。同年10月下旬,全国人大常委会作出答复:组织、协助组织、强迫、引诱、容留、介绍他人卖淫中的"他人",主要是指女人,也包括男人。[①]据此,立即对李某等2名组织同性卖淫者采取刑事强制措施。2004年2月17日下午,江苏省南京市秦淮区人民法院对此案作出一审判决:被告人李某犯组织卖淫罪,判处有期徒刑八年,罚金人民币6万元。一审判决后,李某不服,以"组织同性卖淫不构成犯罪及量刑过重"为由,向南京市终中级人民法院提起上诉。该院经审理认定一审判决事实清楚,遂于2004年4月20日作出终审裁定,驳回上诉,维持原判。

该案轰动一时,在法学界引起了学者质疑。有学者认为,无论在汉语中还是在刑事司法实践中,"他人"的含义非常清楚地表明只能是女人;1984年

[①]《江苏首例同性卖淫案惊动全国人大》,载 http://www.yznews.com.cn/zhxw/2008-12/04/content_2312645.htm。

最高人民法院和最高人民检察院《关于当前办理流氓案中具体应用法律问题的若干问题的解答》表明自愿的男性性行为已不是刑法规制的对象；男性性行为发生概率很低，没有被害人，社会危害性程度很低，对其关联行为处罚有违刑法的谦抑性；如果自愿的男男性行为本身不具有可罚性，在当代动用刑事手段处罚这一行为的商业化行为不具有正当性。[1]

3. 研究结论

同性卖淫与异性卖淫一样，都是利用身体进行性行为交易的人格物化活动，都侵害了性行为不可交易的社会风尚。根据《刑法》第358条之规定，本罪中的卖淫主体和卖淫对象都包括女人和男人（包括变性人和两性人），具体表现为四种情形：组织女人向男人卖淫、组织女人向女人卖淫、组织男人向女人卖淫、组织男人向男人卖淫，且年龄不限。

我们不能因为日常生活常见的卖淫形式是异性卖淫，就否认同性卖淫存在的客观事实；《全国人民代表大会常务委员会关于严禁卖淫嫖娼的决定》增设本罪时，本罪的犯罪对象就是"他人"，当然包括了男人和女人，最高人民法院、最高人民检察院发布的《关于执行〈全国人民代表大会常务委员会关于严禁卖淫嫖娼的决定〉的若干问题的解答》专门指出，组织、协助组织、强迫、引诱、容留、介绍他人卖淫中的"他人"，主要是指女人，也包括男人；同性恋早已不是个别现象，在卖淫现象日益增多的形势下，有同性恋，就会有同性卖淫，只有将卖淫的主体和对象都理解为包括男人和女人，才能全面规制此类犯罪；同性卖淫和异性卖淫都不是刑法直接规制的对象，组织卖淫罪的刑事可罚性源于其极大地扩大了卖淫行为的不法性。1998年11月26日成都市公安局查处了"红蝙蝠茶屋"老板黄某涉嫌组织、容留男性进行同性性交易案件，最终却因"找不到适用法律的依据"而作罢。[2] 其实，处罚同性卖淫的关联犯罪此前已有相关判决，如2003年7月上海市长宁区人民法院就判处组织同性卖淫的王某有期徒刑3年，并处罚金3000元；2004年1月

---

[1] 周永坤：《对"组织'男男卖淫'案"的法理分析》，载《法学》2005年第1期。
[2] 刘耀彬：《"卖淫"的刑法解释——以南京某演艺吧"组织男青年向同性提供性服务"案为例》，载《河北法学》2004年第7期。

12日上海市一法院判决介绍同性卖淫的邵某有期徒刑1年。[1]

在本案中李某伙同刘某招募男性卖淫人员，收取押金和管理费，利诱或强迫不愿参加卖淫活动的男公关从事卖淫活动，多次组织其到自己设立的酒吧进行男男同性卖淫活动，建立系列制度进行严格管理，且人数较多、次数多次，对卖淫活动达到了控制和支配的程度，后又指使冷某接替刘某工作，对李某等三人均应以组织卖淫罪论处。同时需要说明的是，在刘某不辞而别后，冷某本是一般工作人员，被提升为副领班后虽然按照以前的制度进行管理，但只是按照李某的指示被动安排卖淫人员从事卖淫活动，对其应以组织卖淫罪的从犯论处。

三、协助组织卖淫罪

（一）协助组织卖淫罪的概念和法源

1. 协助组织卖淫罪的概念

协助组织卖淫罪，是指行为人在组织他人卖淫活动中，为组织卖淫的人招募、运送人员或者有其他提供方便、创造条件、排除障碍等协助组织他人卖淫的行为。

2. 协助组织卖淫罪的法源

新中国成立初期通过轰轰烈烈的禁娼运动，很快将我国大陆地区的各种娼妓消灭殆尽。到20世纪70年代后期，卖淫嫖娼现象在我国大陆地区又开始死灰复燃。但鉴于当时的卖淫嫖娼情况并不十分严重，尤其是组织卖淫现象更不多见，因而在1979年《刑法》中只在侵犯公民人身权利、民主权利罪一章中规定了强迫卖淫罪和引诱、容留妇女卖淫罪，并未规定组织卖淫罪和协助组织卖淫罪，对司法实践中发生的协助组织卖淫罪一般类推适用《刑法》

---

[1]《三起同性恋者卖淫案》，载《人民法院报》2004年2月7日，第4版。

第 169 条，对其以引诱、容留妇女卖淫罪论处。随着改革开放的进一步发展，卖淫嫖娼现象日趋泛滥，一些人为牟取暴利开始组织卖淫活动，严重侵犯了性行为不可交易的社会风尚。为积极应对这种严重犯罪，突出刑法打击重点，同时避免对协助组织卖淫人员适用组织卖淫罪的较重刑罚，采用了帮助犯正犯化的独特规定方式，1991 年 9 月 4 日第七届全国人民代表大会常务委员会第二十一次会议通过的《关于严禁卖淫嫖娼的决定》把组织卖淫罪的帮助犯单独规定为一个罪名，并设定了独立的法定刑。[1] 该决定第 1 条第 2 款专门增设了本罪："协助组织他人卖淫的，处三年以上十年以下有期徒刑，并处一万元以下罚金；情节严重的，处十年以上有期徒刑，并处一万元以下罚金或者没收财产。"

但在司法实践中对协助组织卖淫罪的具体行为内容、是否为独立的罪名等问题争议较大。有学者认为，上述决定第 1 条第 1 款、第 2 款规定的是"组织他人卖淫和协助组织他人卖淫罪"一个罪名，[2] 1992 年 12 月 11 日两高发布的《关于执行〈全国人民代表大会常务委员会关于严禁卖淫嫖娼的决定〉的若干问题的解答》专门对本罪进行了规定："根据《决定》第一条第二款的规定，协助组织他人卖淫罪，是指在组织他人卖淫的共同犯罪中起帮助作用的行为。如充当保镖、打手、管帐人等。依照《决定》第一条第二款的规定，协助组织他人卖淫的行为，有具体的罪状和单独的法定刑，应当确定为独立的罪名，适用单独的法定刑处罚，不适用刑法总则第二十四条关于从犯的处罚原则。"

随后在总结司法实践经验的基础上，1997 年《刑法》在妨害社会管理秩序罪一章中正式规定了本罪，第 358 条第 3 款规定：协助组织他人卖淫的，处五年以下有期徒刑，并处罚金；情节严重的，处五年以上十年以下有期徒刑，并处罚金。最高人民法院《关于执行〈中华人民共和国刑法〉确定罪名的规定》（法释〔1997〕9 号）将本罪的罪名正式确定为"协助组织卖淫罪"。

---

[1] 但也有学者认为，立法者设置本罪，不可能是为了防止处刑过重，而是为了防止处刑过轻，打击不力，具体参见郑伟：《就这样动摇了共同犯罪的根基——论组织卖淫罪与协助组织卖淫罪的怪异切分》，载《法学》2009 年第 12 期。
[2] 李恩慈主编：《特别刑法论》，中国人民公安大学出版社 1993 年版，第 341 页。

为进一步厘定协助组织卖淫罪与组织卖淫罪的界限，定型协助组织卖淫罪的实行行为类型，2011年2月25日第十一届全国人民代表大会常务委员会第十九次会议通过的《刑法修正案（八）》将《刑法》第358条第3款修改为："为组织卖淫的人招募、运送人员或者有其他协助组织他人卖淫行为的，处五年以下有期徒刑，并处罚金；情节严重的，处五年以上十年以下有期徒刑，并处罚金。"后因《刑法修正案（九）》修改组织卖淫罪和强迫卖淫罪的需要，原第358条第3款变更为第358条第4款。

（二）协助组织卖淫罪的构成特征

1. 客体特征

由于本罪实际上是组织卖淫罪的帮助犯，故其与组织卖淫罪的犯罪客体相同，即性行为不可交易的社会风尚。卖淫行为的真正危害在于其将人的身体作为商品在性行为活动中进行交易，侵犯了性行为不可交易这一人类基本的伦理道德和社会风尚，必然严重冲击平静安宁的社会赖以维系的基本价值观念和良好道德风尚。协助组织卖淫行为在组织卖淫活动中加强了组织者对卖淫活动的控制和操纵，最大程度地扩散了卖淫活动的社会危害性，具有刑事可罚性。

本罪的犯罪对象不是其协助的对象，而是其协助组织的对象，即本罪的犯罪对象是实施卖淫活动的人员，而非卖淫活动的组织者。具言之，本罪的犯罪对象为组织卖淫活动各环节中的卖淫人员，既包括卖淫的组织者已经组织起来的正在实施卖淫的人员，也包括组织者拟招募、雇佣、运送、看管、强迫、引诱、容留以参加其有组织的卖淫活动人员。

2. 客观特征

本罪在客观方面表现为行为人实施了从物质上、精神上帮助卖淫的组织者组织他人卖淫的行为。具体而言，本罪客观方面的实行行为包括了为组织卖淫者招募、运送人员及其他协助行为。

所谓"招募"，是指行为人在卖淫组织者的指示或安排下，行为人通过平面广告、互联网、微信、QQ或熟人传带等方式对不特定人进行宣传、招聘、募集，以使其加入卖淫组织，以组建卖淫人员的行为。一般情况下，本罪中的招募行为针对的对象往往是原本已经产生卖淫意愿的人员，但在实践中却存在另一种情况，即行为人采用欺骗、虚构事实的方法，以高额报酬为诱饵，假借合法名目招揽人员并交由组织卖淫者，由组织卖淫者采取其他诸如教唆、诱惑、威胁、强迫等手段迫使他人从事卖淫活动。这种行为也应当认定为本罪的招募行为，从主观心理上看，行为对象的原本意愿并不影响行为人意图将其招募进而从事卖淫活动的意志内容，尤其是行为人专门对原本未产生卖淫念头的面容姣好的人员下手时，必然会采取隐瞒、欺骗等手段掩饰其招募卖淫的本意；从行为性质上看，行为人在卖淫组织者的指挥下，采用欺骗方法招揽本性善良的人，导致其在组织卖淫人员的引诱、威胁、暴力下从事了卖淫活动，为卖淫活动输送了卖淫人员，理应认定为卖淫活动的招募行为。事实上，由于卖淫的非法性及公安机关的严厉打击，行为人在招募卖淫人员也不敢明目张胆地进行，往往假借"按摩技师""洗浴技师""公关"等名义利用欺骗手段将本无卖淫意愿的人员裹挟其中。

所谓"运送"，是指行为人为组织卖淫者提供交通工具运输、接送卖淫人员。[1]通常情况下，行为人提供交通工具实施运送行为，若利用公共交通工具运送卖淫人员，也应视为协助组织卖淫罪的运送行为，因为在按照组织者的指示将卖淫人员带至指定地方这一点上是一致的。需要注意的是，如果客运的经营者知道了自己运送的是卖淫人员是否属于本罪中的"运送"？我们认为，这种运送只是客观上的运送而已，在主观上并没有接受组织者的指示与安排，不应将其纳入组织卖淫活动之中进行刑事评价，况且客运的经营者也没有权利或义务去盘问乘客是否为卖淫人员，但如果客运的经营者同时受雇于卖淫活动的组织者，兼职为其运送卖淫人员，则应纳入本罪之中进行评价。

所谓"其他协助组织他人卖淫行为"，是指除了上述两种行为之外的帮助组织卖淫活动的行为，主要包括但不限于以下行为：

（1）考核管理。从事该行为的人常被称为"皮条客""妈咪"，是指在组

---

[1] 全国人大常委会法制工作委员会刑法室编：《中华人民共和国刑法修正案（八）条文说明、立法理由及相关规定》，北京大学出版社2011年版，第189页。

织卖淫者的指挥下，联系卖淫人员与嫖娼人员并在其中起着牵线搭桥作用，同时协助组织卖淫者对卖淫活动进行日常管理的行为人，如在会所、酒店、洗浴室、发廊、娱乐城等场所专门负责卖淫活动的经理或类似职务的人员，其对卖淫活动的考核管理内容为：1）给卖淫人员编排工号，并对卖淫活动进行排班管理；2）统计卖淫人员出勤情况、卖淫活动次数；3）对卖淫人员进行评估考核、违规处理，这些管理者只是听命于组织者，其与卖淫人员之间并非控制与被控制、支配与被支配的关系，故不应将其认定为组织卖淫行为。

（2）维护秩序。主要是指在卖淫活动中起保卫作用的保镖、打手，主要职责是维持卖淫活动的秩序，抗拒卖淫治安检查，防止嫖客闹事或外部卖淫人员抢占顾客，有时候也会使用暴力管理违法卖淫制度的卖淫人员，以保障卖淫活动顺利进行。但在迫使没有卖淫意愿的卖淫人员卖淫或决定不再卖淫的人员卖淫时，保镖或打手不能使用暴力手段严重危及卖淫人员的人身安全，否则，根据《刑法》第358条第3款之规定，不但构成了协助组织卖淫罪，还会构成故意伤害罪或故意杀人罪，并实行数罪并罚。

（3）接待服务或发布信息。前者对应的职位为"领位"，是指专门向有嫖娼意向的人员介绍卖淫活动项目，并进行展示卖淫人员供其选择的工作人员，其行为类似于商场导购、餐馆服务生；后者对应的职位为"服务员"，主要从事卖淫活动中各种细节方面的帮助行为，例如，借助各类信息传播渠道发布卖淫信息；将嫖娼人员指引至卖淫场所接受性服务；按规定从专门管理卖淫工具的人员手中领取卖淫工具，将其发放给卖淫人员；协助"妈咪"统计卖淫人员提供卖淫服务的次数、时间、出勤率等数据；等等。

（4）管理财务账目。主要包括收银员与管账人，不要认为收银员作用甚小就不是协助组织卖淫的行为，也不要认为管账人掌握卖淫经济所得，在卖淫活动中所起作用甚大，就将其认定为组织卖淫行为。现代卖淫活动早已不同以往的作坊式结构，组织卖淫行为必须借助公司等现代先进的组织结构才能最大程度地发挥作用，大量收银员的存在维系了其财务秩序；而管账人虽然负责管理卖淫活动利润所得，但并不是利润的所有者，其仅仅是为组织卖淫者提供帮助、协助，仍然是协助组织卖淫的行为。

（5）看门望风。该类行为是各故意犯罪都存在的典型帮助犯，在协助组织卖淫罪中表现为卖淫嫖娼人员观察情况，当公安机关开展打击卖淫嫖娼活动时进行预警，为卖淫活动的相关人员活动的开展提供外部保障。该行为作为典型的协助组织卖淫罪的行为，广泛存在于不同规模的组织卖淫活动中。

（6）专职培训。在当前卖淫活动产业化的社会背景下，卖淫人员的需求量巨大，专职培训卖淫技巧的人员随即产生，其主要活跃于众多卖淫场所之中，对刚入行的卖淫人员提供卖淫技巧的培训。当然，在一些规模较小的组织卖淫活动中，出于节省成本、精简人员的需要，"妈咪"往往兼任了专职培训员的职务为卖淫活动不间断的培训卖淫人员，但在大部分有一定规模的组织卖淫活动中，专职培训员的存在已然成为一种趋势。

3. 主体特征

本罪的主体是一般主体。凡是达到刑事责任年龄，即年满16周岁，且具有刑事责任能力的自然人均可构成本罪，与其性别、地位、身份无关。本罪主体是卖淫活动的帮助者，在组织卖淫活动中，具有妈咪、保镖、打手、领班、会计、出纳、服务生、看门人等身份。但不能据此认定本罪主体就是特殊主体。但本罪行为人的这些身份都是在本罪实施过程中形成的，并非在组织卖淫罪着手前行为人具有的资格和状态等能够实施本罪的身份内容，故不宜将其认定为本罪的特殊身份。否则，将实行行为本身产生的身份认定为犯罪主体的特殊身份，则会得出任何犯罪的犯罪主体都是特殊主体的不当结论。在现实生活中，旅馆业、饮食服务业、文化娱乐业、出租汽车业出于扩大规模、追求营利等目的，往往参与组织卖淫活动。《刑法》第361条中虽然没有规定协助组织卖淫的行为，但实际上将其作为组织卖淫的帮助行为纳入了组织卖淫行为之中，旅馆业、饮食服务业、文化娱乐业、出租汽车业等单位的人员，若利用本单位的条件，协助组织他人卖淫的，应依法对其以协助组织卖淫罪定罪处罚，且这些单位的主要负责人组织他人卖淫的，还应从重处罚。由于单位不能构成本罪，对单位决定实施的组织卖淫罪的，应以共同犯罪论处，并对主要负责人从重处罚。

由于本罪的犯罪主体是组织卖淫罪的犯罪主体的帮助犯，根据帮助犯在共犯中的从属地位，往往需要实行犯入罪后才具有可罚性，但特定犯罪的帮助犯若已然独立入罪，就不再需要以实行犯入罪为前提。因此，如果行为人协助不满16周岁的组织卖淫者多次组织多人从事卖淫活动，社会影响恶劣，尽管对方不构成组织卖淫罪，但刑法已将协助组织卖淫罪单独入罪，其行为已经是刑法中协助组织卖淫罪的实行行为，而非组织卖淫罪的帮助行为，当然应对其以协助组织卖淫罪论处。

4. 主观特征

本罪在主观方面只能是故意，可以由直接故意构成，也可以由间接故意构成。就其具体内容而言，是指行为人明知自己在招募、雇佣、强迫、引诱、容留卖淫过程中协助组织者决策、指挥、管理他人卖淫活动，仍然积极希望或放任自己的行为帮助组织者控制多人从事卖淫活动。

如前所述，应结合本罪的犯罪客体厘定其主观要件内容。尽管在客观上本罪的行为人往往也具有营利的目的，客观上也会分得部分犯罪所得，但本罪的犯罪客体并非财产法益，营利只是组织卖淫行为附带的随机结果，行为人是否具有营利的目的并不影响本罪的成立。本罪的主要客体依然是卖淫行为所侵害的性行为不可交易的社会风尚，故行为人的犯罪目的应是帮助组织对卖淫活动的非法控制，以最大程度地破坏这一社会风尚。本罪的犯罪动机多样，可能是基于哥们儿义气，也可能是寻求性方面的刺激，还可能是出于找工作谋生的需要，但无论动机如何，都不影响其主观罪过的认定。

（三）协助组织卖淫罪的司法认定

1. 本罪与非罪的界限

认定本罪时既要行为人客观上实施了有利于帮助组织者实施组织他人卖淫的行为，还要主观上具有协助组织者组织他人卖淫的犯罪故意，但要区分组织卖淫的帮助者和组织对象，不要将被组织的卖淫人员视为组织卖淫的协助者，即被组织的卖淫人员并不构成本罪，无论其是否顺从组织者的组织卖淫活动。卖淫行为本身不是协助组织卖淫的实行行为，参加卖淫活动的意愿也不是协助组织卖淫的犯罪故意，只有当卖淫人员一边参与被组织的卖淫活动，一边兼职从事"妈咪"、领班等协助工作时，才能将其兼职从事的行为认定为协助组织卖淫罪。

根据《刑法》第 13 条"但书"的规定，如果协助组织卖淫行为的社会危害性显著轻微，危害不大的，应认定为无罪。如果组织卖淫中还没有实施卖淫行为，即组织卖淫罪没有既遂，仅在预备阶段或实行阶段就停了下来；或者组织卖淫的次数较少、人数不多，社会影响不大；或者行为人实施的协助行为对组织卖淫活动所起作用较小，微不足道，如服务生导引客人或端茶送水的协助行为；或者行为人是被胁迫从事协助他人组织卖淫行为的，均可根据《刑法》第 13 条"但书"认定其不构成本罪。另需注意的是，如果社会工作者或爱心人士为卖淫组织提供帮助，实施有利于卖淫人员身心健康的行为，如医务人员知道对方是卖淫活动的组织者仍然为其组织来的卖淫人员诊疗治病，或者爱心人士为卖淫人员排解心理压力，都不是协助组织卖淫的行为，而是增进卖淫人员健康的行为，不能以协助组织卖淫罪论处。

2. 此罪与彼罪的界限

（1）本罪与组织卖淫罪（从犯）的界限

在组织卖淫罪的共同犯罪中，起次要作用的组织者是从犯，如果存在协助组织卖淫的行为人，则存在如何区分协助组织卖淫罪与次要组织者构成的组织卖淫罪的问题。协助组织卖淫罪的核心在于"协助"，而组织卖淫罪从犯的核心在于"组织"，二者本质区别在于行为是否具有"组织性"、是否对卖淫活动具有"控制力"：首先，从主观方面看，行为人是否具有组织卖淫活动的犯罪故意是区分两罪的关键，虽然仅仅是组织卖淫罪的从犯，但是以组织者的身份和意图希望达到组织卖淫活动的效果，而协助组织卖淫的行为人仅以帮助者的身份持帮助组织者组织卖淫的故意，并不具有组织卖淫活动的意志。其次，从客观方面看，主要的区分点在于行为人对于卖淫活动是否具有控制力，组织卖淫罪的从犯往往是以小头目或经理等领导身份统一安排、集中管理、调度协调等方式控制卖淫人员，而协助组织卖淫者只是以"妈咪"、保镖、打手、领班、会计、出纳、服务生等协助身份实施组织卖淫罪实行行为之外的帮助行为，故行为人身份、行为形式和内容都不相同。最后，从两者的关系来看，组织卖淫罪的从犯往往是协助组织卖淫者的领导或上司，前者控制或支配着后者，后者隶属或服从于前者。因此，不能因为协助组织卖淫行为与组织卖淫的从犯行为对组织卖淫罪的主犯都起到了一定的助推作用，就将两者混为一谈，或者将组织卖淫者的从犯认定为协助组织卖淫罪，或者将协助组织卖淫者认定为组织卖淫罪的从犯。

（2）本罪与引诱、容留、介绍卖淫罪的界限

由于组织卖淫罪存在招募、运送、看护、引诱、容留、介绍卖淫等环节，协助组织卖淫的行为人可以在以上任何环节对其予以物质或精神上的协助，而引诱、容留、介绍卖淫罪在客观上也帮助了组织卖淫行为，协助组织卖淫罪与刑法规定的引诱、容留、介绍卖淫罪极易混同，因此对二者的区分存在一定的难度，刑法学界对此存在两种不同的观点。第一种观点认为，区分协助组织卖淫罪与引诱、容留、介绍卖淫罪的关键在于行为人的身份情况及主观方面，若行为人为卖淫团伙内部组成人员，基于团伙意志或称组织者意志而介绍他人从事卖淫活动，应当将该行为定性为协助组织卖淫罪；若行为并不具有卖淫团伙内部成员身份，基于个人意志而介绍他人从事卖淫活动，则应当将该行为定性为引诱、容留、介绍卖淫罪。[1] 第二种观点认为，区分协助组织卖淫罪与引诱、容留、介绍卖淫罪的关键在于行为本质，由于协助组织卖淫行为本质上从属于组织卖淫罪，要想区分协助组织卖淫罪与介绍卖淫罪，首先应当区分组织卖淫罪与引诱、容留、介绍卖淫罪，进而根据行为人协助的对象属性判断到底是协助组织卖淫罪，还是引诱、容留、介绍卖淫罪的共犯。[2] 其实这两种观点的实质是一样的，将组织卖淫罪与协助组织卖淫罪合在一起，通过组织卖淫罪与引诱、容留、介绍卖淫罪的甄别，进而区分协助组织卖淫罪与引诱、容留、介绍卖淫罪及其共犯。因此，区别二者的关键在于行为人是否与组织卖淫者形成了共同的犯罪故意，若只是作为独立于组织者的犯罪故意之外，根据自己的意志实施引诱、容留、介绍卖淫行为，则是引诱、容留、介绍卖淫罪；若与组织卖淫者形成了共同的犯罪故意，接受组织者的指示或安排从事引诱、容留、介绍卖淫行为，则是协助组织卖淫罪。

---

[1] 时延安：《妨害风化犯罪——立案追诉标准与司法认定实务》，中国人民公安大学出版社2010年版，第112-113页。

[2] 鲍遂献主编：《妨害风化犯罪》，中国人民公安大学出版社2003年版，第113页。

据此，凡是没有与组织卖淫者形成共同犯罪故意的，尽管客观上实施了帮助组织卖淫行为的相关行为，都不应认定为协助组织卖淫罪。如介绍卖淫罪，其不属于帮助型犯罪，而是一种独立于帮助犯的犯罪形态，即居间介绍型犯罪。居间介绍型犯罪，该中间人虽然为他人提供的是进行违法犯罪活动所需的信息，以促成他人之间违法犯罪活动的顺利实现，但其实质上从事的也是一种在双方当事人之间牵线搭桥、沟通撮合、平稳促成的行为，其主体资格也具有独立性，并不隶属于任何一方当事人。由于居间介绍人并不实质上参与实施被居间介绍人之间的实行行为，其只是为了促使被居间介绍人之间的违法犯罪活动得以顺利实现，为被居间介绍人提供进行违法犯罪活动所需的必要信息，其在整个违法犯罪活动中充当牵线搭桥、沟通、撮合、媒介的角色。所以，并不能把居间介绍型犯罪的居间介绍行为与广义上帮助犯的帮助行为画等号，二者之间具有明显区别：帮助犯帮助行为的加功对象仅限于正犯，即帮助力只可能是单向的；反之，居间介绍人的居间介绍行为加功于被居间介绍的双方当事人，即居间介绍人的帮助力是双向的。被居间介绍当事人之间的实行行为是否构成犯罪，不影响居间介绍型犯罪的成立。因此，作为协助组织卖淫的介绍卖淫行为与单独的介绍卖淫行为应区分开来。

有学者认为，如果行为人在事后知道其经营场所内有组织卖淫活动而未制止，并仍然主动提供帮助行为的，应当构成协助组织卖淫罪；但对于行为人不继续主动提供帮助行为，只是其原来提供的帮助行为的效果仍发挥作用的，如房东、不参与管理的法定代表人等，由于我国没有设定知情不举的法律责任，因此不能追究其刑事责任。[①] 即使经营者或房东主动提供场所供其卖淫，如一些酒店长将一些客房长期租给卖淫组织进行卖淫活动，或者将房屋出租给组织卖淫者，如果没有与组织卖淫者形成共同的犯罪故意，也只能对其以容留卖淫罪论处；相反，即使经营者、房东或名义法定代表人在不知情的情况下提供了便利条件供卖淫组织者进行卖淫活动，但知情后不及时阻止或退出，则其以不作为的方式构成了容留卖淫罪，这与一般情况下第三人的知情不举不同。

---

① 赵秉志：《中国刑法案例与学理研究》（第5卷），法律出版社2004年版，第454页。

（3）本罪与强迫卖淫罪的界限

强迫卖淫罪是指以暴力、胁迫等手段迫使他人从事卖淫活动的行为，而协助组织卖淫行为也可能在强迫卖淫环节发生，从外部特征上看二者存在较多的相似之处，二者都会使用系列手段违背他人意志，迫使其从事卖淫活动。但二者也有着明显的区别。两罪区别的关键依然在犯罪的主观方面，即要考察行为人施加暴力迫使他人卖淫时的犯罪意志是否具有独立性。协助组织卖淫者隶属于组织卖淫者，其强迫行为中均带有组织卖淫者的意志，迫使他人卖淫的意志不具有独立性；而强迫卖淫者的犯罪故意结构单一，不隶属于他人犯罪意志，就是单纯的将自身的犯罪意志付诸实施，其对迫使他人从事卖淫活动的犯罪意志具有独立性。当然，如果协助组织卖淫者超出组织卖淫者的意志，对卖淫人员施加暴力，这是典型的实行过限行为，其行为应当构成协助组织卖淫罪与强迫卖淫罪的想象竞合犯，对其应从一重处，以强迫卖淫罪论处。

3. 本罪的共犯问题

在协助组织卖淫罪中是否需要再次划分主从犯的问题存在不同主张，协助组织卖淫罪本由组织卖淫罪的帮助犯独立而来，旨在否定其从犯的身份，再在本罪划分主从犯似乎不太妥当。有学者就认为，"协助组织卖淫罪的共同犯罪中，不存在主犯。连协助组织卖淫罪本身是否存在共同犯罪，都变成了问题。对此，刑法总则无从遵循，刑法理论亦难以解释，只能称之为无解的难题"[①]。

但是，既然本罪已经是单独的罪名，在构成共同犯罪的情况下，否定刑法总则划分主从犯的规定更不妥当。刑法以明文规定的形式将协助组织卖淫罪从组织卖淫罪中独立出来，无论是从严打击，还是避免处罚过重，都说明意识到组织卖淫行为与协助组织卖淫行为的社会危害性存在较大差距，故通过帮助犯正犯化的方式独立入罪，配置单独的法定刑，以在本罪中实现罪责刑相适应的基本原则。《刑法》第27条规定，在共同犯罪中起次要、辅助作

---

① 郑伟：《就这样动摇了共同犯罪的根基——论组织卖淫罪与协助组织卖淫罪的怪异切分》，载《法学》2009年第12期。

用的为从犯，对于从犯，应当从轻、减轻处罚或者免除处罚。该规定应当适用于刑法分则所有没有特殊规定的罪名，协助组织卖淫罪已然成为独立罪名，当然属于该条的适用范围，应当根据行为人在犯罪中所起帮助作用的大小、所担任职位的不同、所处地位的差异进一步区分主犯与从犯。事实上，在司法实践中往往也秉持了这一做法，如 2014 年 10 月 14 日浙江省高级人民法院、浙江省人民检察院《关于办理组织卖淫及相关刑事适用法律问题的纪要》第 4 条就规定：组织卖淫罪、强迫卖淫罪、协助组织卖淫罪，如果可以明显区分共同犯罪中的主从犯的，可以按照各行为人在共同犯罪中地位和作用的大小，予以区分主从犯。

4. 本罪的罪数问题

看门望风、通风报信本是协助组织卖淫罪的实行行为之一，但《刑法》第 362 条规定，旅馆业、饮食服务业、文化娱乐业、出租汽车业等单位的人员，在公安机关查处卖淫、嫖娼活动时，为违法犯罪分子通风报信，情节严重的，依照本法第 310 条的规定定罪处罚。如果行为人身为旅馆业、饮食服务业、文化娱乐业、出租汽车业等单位的人员，同时接受了卖淫组织者的指示或安排，在卖淫活动遭到查处时，为其看门望风、通风报信，如酒店前台的工作人员在见到公安机关查处时，按照事先与卖淫组织者的约定通风报信，使得卖淫类犯罪分子逃脱，既构成了协助组织卖淫罪，又构成了包庇罪。有学者认为，此现象为法条竞合，协助组织卖淫罪的规定为普通法条，包庇罪的规定为特殊法条，故应以包庇罪论处。[①]

实际上《刑法》第 310 条须以行为人主观上明知包庇的对象是犯罪的人为前提才能适用，但《刑法》第 362 条却规定，即使是为卖淫嫖娼活动中的违法分子通风报信，旅馆业、饮食服务业、文化娱乐业、出租汽车业等单位的人员也要以包庇罪论处。这显然是为了严密惩罚卖淫类犯罪的法网，加大对旅馆业、饮食服务业、文化娱乐业、出租汽车业等单位的人员的打击力度，特别扩大了包庇罪的处罚范围，但包庇罪的基本刑为三年以下有期徒刑、拘

---

① 时延安著：《妨害风化犯罪——立案追诉标准与司法认定实务》，中国人民公安大学出版社 2010 年版，第 88 页。

役或者管制，比协助组织卖淫罪五年以下有期徒刑的基本刑还低，刑法没必要对同时构成协助组织卖淫罪的行为从轻处罚。同时，《刑法》第362条是指要求按照《刑法》第310条的规定定罪处罚，而第310条第2款明确规定，事前通谋的，以共同犯罪论处。因此，《刑法》第362条规定的包庇罪，是指没有与卖淫组织者形成共同犯罪故意的旅馆业、饮食服务业、文化娱乐业、出租汽车业等单位的通风报信者，或者是这些人针对没有组织者的零散卖淫嫖娼活动通风报信的情况，并不包括与卖淫组织者形成了共同犯罪故意的情形，对后者应直接以更重的协助组织卖淫罪论处。

同理，负责查处卖淫嫖娼活动的公安机关工作人员若与卖淫组织者形成共同的犯罪故意，为组织者的卖淫活动通风报信、提供便利的，也应按照协助组织卖淫罪论处。因为《刑法》第417条规定的帮助犯罪分子逃避处罚罪的基本法定刑，也低于协助组织卖淫罪的基本法定刑。因此，只有没有参与组织卖淫活动，只是从外部单纯违反职责，为组织者的卖淫活动通风报信、提供便利的，才能以帮助犯罪分子逃避处罚罪论处。

5. 本罪的停止形态问题

本罪与其他卖淫类犯罪一样，其既遂标志也要结合犯罪的客体进行分析，只有该罪的犯罪客体受到了现实侵害才是该罪的既遂标志。协助组织卖淫罪的犯罪客体仍然是性行为不可交易的社会风尚，故只有卖淫行为发生后，本罪客体才会遭受现实的侵犯。因此，本罪的既遂标志应当是：在行为人对组织者组织的卖淫活动进行协助的情况下，多名被组织的卖淫人员实施了卖淫行为。

本罪的既遂标志是确定的，不能因行为人与卖淫组织者的关系紧密程度而有所不同。即使行为人以"妈咪"、保镖、打手、领班、服务生、出纳、会计、望风人等身份实施完了协助他人组织卖淫的行为，但被组织的多名卖淫人员的卖淫行为被动停止或者违背组织者的意愿主动停止，协助组织者都应成立犯罪未遂；若协助组织者说服组织者停止了或主动阻止了自己曾协助的卖淫活动，则应成立犯罪中止；若协助组织者所协助组织的部分卖淫人员实施了卖淫行为，部分卖淫人员没有实施卖淫行为，行为人只成立犯罪既遂，其未遂行为只须作为量刑情节予以考量，无须再成立犯罪未遂。

由于本罪的成立需组织者组织的卖淫人员达三人以上，不能将尚未组织到三人之数的协助组织卖淫行为认定为未完成的实行行为,错误将其认定为本罪的未遂。我们认为,此时由于组织对象不足三人以上,根本没有达到协助组织卖淫罪的入罪处刑标准,对卖淫活动的协助组织者不应以协助组织卖淫罪论处,但如果行为人触犯了其他卖淫犯罪的刑法规定,则应以其他卖淫犯罪论处。

(四)协助组织卖淫罪的刑罚适用

根据《刑法》第358条第4款的规定,协助组织他人卖淫行为的,处5年以下有期徒刑,并处罚金;情节严重的,处5年以上10年以下有期徒刑,并处罚金。由于协助组织卖淫罪与组织卖淫罪的特殊关系,在特定的卖淫活动中,协助者承担的刑事责任应与组织者承担的刑事责任在量刑上应保持对应关系,只有组织卖淫者构成了组织卖淫罪的"情节严重"时,协助组织者才可能构成协助组织卖淫罪的"情节严重"。值得注意的是,地方司法机关开始总结本罪"情节严重"的常见情形,如2014年10月14日浙江省高级人民法院、浙江省人民检察院《关于办理组织卖淫及相关刑事适用法律问题的纪要》第7条规定:协助组织卖淫,具有下列情形之一的,可以认定为情节严重,处五年以上十年以下有期徒刑,并处罚金:(1)协助组织10人以上卖淫的;(2)协助组织多人卖淫300次以上的;(3)协助组织3名以上不满10名不满十四周岁的未成年人、孕妇或者患有艾滋病、严重性病的人卖淫的;(4)使用暴力、胁迫或者其他威胁手段协助组织他人卖淫,造成被组织卖淫的人轻微伤以上后果的;(5)造成被组织卖淫的人重伤、死亡或者其他严重后果的;(6)情节严重的其他情形。

但需要说明的是,行为人协助组织的卖淫活动进行的次数不应成为协助组织罪量刑的标准,因为卖淫活动并不在协助者的控制之下,甚至超出了预期。如姚某、李某、程某协助组织卖淫案中,其协助他人组织卖淫次数多达2000多次,法院并没有认定其行为属于"情节严重"。[1]

---

[1] 具体参见河南省三门峡市中级人民法院(2011)三刑终字第127号刑事判决书。

（五）协助组织卖淫罪的案例研析

1. 案情介绍

被告人马某为某市公安局某地派出所所长，与地方上的黑恶势力相互勾结。一日，赵某对马某说其准备开一家夜总会，组织一批妇女卖淫，希望得到马某的关照，并塞给马某5万元红包。马某收到红包喜笑颜开，鼓励赵某尽管按照自己的思路做，以后赵某的事他会帮忙处理的。后赵某经营的夜总会开张进行组织卖淫活动。同时，赵某定期向马某行贿，少则数千元，多则上万元。而马某则每逢上级公安机关要开展"扫黄打黑"活动时，都会向赵某等人及时通风报信，故赵某能够在"扫黄打黑"期间迅速转移卖淫女，使公安机关未能及时取得该夜总会的犯罪证据。直至案发，赵某已组织卖淫活动数千次，获利几十万元，马某收受赵某的贿赂则达数万余元。①

2. 分歧意见

本案在审理过程中，对被告人马某的行为构成受贿罪和帮助犯罪分子逃避处罚罪没有争议，但是对马某是否还构成协助组织卖淫罪，有以下两种不同的观点：

第一种观点认为，被告人马某不构成协助组织卖淫罪。理由是，根据两高1992年的《关于执行〈全国人大常委会关于严禁卖淫嫖娼的决定〉若干问题的解答》，"协助他人卖淫罪，是指在组织他人卖淫的共同犯罪中起帮助作用的行为。如充当保镖、打手、管账人等"。而在本案中，马某既不是保镖打手，也不是管账人，只有通风报信的行为。由于马某是拥有查处犯罪活动职责的国家工作人员，故意向犯罪分子通风报信，帮助犯罪分子逃避处罚的行为，构成我国《刑法》第417条规定的帮助犯罪分子逃避处罚罪。

第二种观点认为，被告人马某还犯有协助组织卖淫罪。理由是，虽然被告人马某的行为中没有典型的协助组织卖淫的行为，但是当赵某向被告人马某通告自己准备开一家夜总会从事组织卖淫活动时，被告人马某身为国家工

---

① 李邦友：《性犯罪定罪量刑案例评析》，中国民主法制出版社2003年版，第340-343页。下述的分歧意见与此同一出处。

作人员，不仅没有加以劝阻，反而为组织卖淫者"打气"壮胆，使组织卖淫者肆无忌惮地实施了犯罪活动，因此被告人马某构成了协助组织卖淫罪。

3. 研究结论

如前所述，负责查处卖淫嫖娼活动的公安机关工作人员若与卖淫组织者形成共同的犯罪故意，为组织者的卖淫活动通风报信、提供便利的，应按照协助组织卖淫罪论处。因为《刑法》第417条规定的帮助犯罪分子逃避处罚罪的三年以下有期徒刑的基本法定刑，明显低于协助组织卖淫罪的五年以下有期徒刑的基本法定刑。但是，如果负责查处卖淫嫖娼活动的公安机关工作人员没有参与组织卖淫活动，只是在外部单纯违反职责，为组织者的卖淫活动打气壮胆、通风报信、提供便利的，则应以帮助犯罪分子逃避处罚罪论处。还需说明的是，如果该公安机关工作人员收受了组织者的贿赂，利用职权为组织谋取利益，使卖淫活动中的犯罪分子逃避处罚的，虽然要将受贿罪与其谋取利益的行为处罚的犯罪进行数罪并罚，但不能将其谋取利益的行为进行重复评价。

本案中马某作为负责查处卖淫嫖娼活动的公安机关工作人员，虽然收受了赵某所送款项，也积极为赵某谋取了利益——保护赵某逃避打击，但该谋取利益的行为不能应受到重复评价。本案中无论是第一种观点，还是第二种观点，都是以马某已经构成了受贿罪和帮助犯罪分子逃避处罚罪为前提，再讨论是否还构成协助组织卖淫罪。我们认为，本案中尽管赵某事先向马某行贿，需求卖淫活动的保护伞，马某也欣然应允，但不能据此就认为赵某与马某形成了共同实施组织卖淫罪的犯罪故意，进而将其认定为协助组织卖淫罪。事实上，这是典型的收受贿赂后，利用职务便利为请托人谋取利益的行为，该行为尽管客观上为赵某的组织卖淫活动提供了帮助，但马某并未隶属于赵某，更未参与到具体的组织卖淫活动中去，故只能对马某为赵某谋取利益的行为以帮助犯罪分子逃避处罚罪论处，将帮助犯罪分子逃避处罚罪与受贿罪数罪并罚。

四、引诱、容留、介绍卖淫罪

(一) 引诱、容留、介绍卖淫罪的概念和法源

1. 引诱、容留、介绍卖淫罪的概念

引诱、容留、介绍卖淫罪,是指行为人用金钱、物质或者其他利益为手段,诱使他人卖淫,或者为他人卖淫提供场所、创造其他便利条件,或者在卖淫人员与嫖客之间居间进行沟通、撮合、牵线搭桥的行为。

2. 引诱、容留、介绍卖淫罪的法源

引诱、容留、介绍卖淫是卖淫活动中较为常见的淫媒行为,1979 年《刑法》在第六章妨害社会管理秩序罪中的第 169 条规定:以营利为目的,引诱、容留妇女卖淫的,处 5 年以下有期徒刑、拘役或者管制;情节严重的,处 5 年以上有期徒刑,可以并处罚金或者没收财产。但此时立法粗疏,遗漏了介绍卖淫行为,同时该罪法定刑设置过重,在刑法典中与强迫妇女卖淫罪的法定刑轻重失衡,强迫妇女卖淫的社会危害性明显重于引诱、容留妇女卖淫的行为,但前者的法定刑为"处三年以上十年以下有期徒刑",而后者则是"处五年以下有期徒刑、拘役或者管制,情节严重的,处五年以上有期徒刑,可以并处罚金或者没收财产"。出现了同类犯罪之间法定刑配置失衡,轻重倒置的不合理现象,也不利于对此类犯罪的控制。

20 世纪 80 年代后期,由于卖淫嫖娼现象呈现出严重化趋势,已经严重危害到社会风尚和社会治安,1983 年 9 月 2 日《全国人民代表大会常务委员会关于严惩严重危害社会治安的犯罪分子的决定》提高了本罪的法定刑,凡引诱、容留妇女卖淫,情节特别严重的,可以在刑法规定的最高刑以上处刑,直至判处死刑。该决定第 3 条还规定:"本决定公布后审判上述犯罪案件,适用本决定。"对于不以营利为目的的引诱、容留妇女卖淫的行为,根据 1984 年 11 月 2 日最高人民法院、最高人民检察院公布的《关于当前办理流氓案件

中具体应用法律的若干问题的解答》的规定，根据 1979 年《刑法》第 160 条之规定，直接以流氓罪论处。自此开启了对强迫卖淫行为的严打模式，但用死刑处罚引诱、容留卖淫的行为，过于严苛，也备受诟病，严打带来的效果只是昙花一现，三年后此类犯罪的犯罪率急剧上升。

实际生活中，虽然大多数人是为了营利才从事卖淫类行业，但随着社会生活的变化，也存在为追求非物质利益而实施的卖淫类犯罪行为，如为寻求刺激、招揽生意、职务升迁等情形。同时，针对卖淫活动中"皮条客"的不断增加，为了严密打击对象范围，衔接刑法与行政法在打击此类犯罪中的关系，并协调相关犯罪的刑罚程度，1991 年 9 月 4 日《全国人民代表大会常务委员会关于严禁卖淫嫖娼的决定》对 1979 年《刑法》第 169 条规定的引诱、容留卖淫罪进行了较多修改：（1）去掉了"以营利为目的"的主观要件，不再适用流氓罪规定；（2）将"妇女"改为"他人"；（3）增设了"介绍他人卖淫"这一实行行为；（4）明确了罚金刑的上限，扩大罚金刑的适用范围，即基本刑并处 5000 元以下罚金，情节严重的，并处 1 万元以下罚金；（5）强调与行政法规的衔接，规定情节较轻的，依照《治安管理处罚条例》第 30 条的规定处罚，即处 15 日以下拘留、警告或实行劳动教养；（6）注重对幼女的保护，规定引诱不满 14 周岁的幼女卖淫的，按强迫不满 14 周岁幼女卖淫罪论处，处十年以上有期徒刑或者无期徒刑，并处 1 万元以下罚金或者没收财产，情节特别严重的，处死刑，并处没收财产；（7）废止了本罪的无期徒刑和死刑；（8）与其他同类犯罪一样，旅馆业、饮食服务业、文化娱乐业、出租汽车业等单位的人员，利用本单位的条件，引诱、容留卖淫的，依照上述规定处罚，主要负责人有上述行为的，从重处罚。

上述决定实施一段时间后，1992 年 12 月 11 日"两高"又下发《关于执行〈全国人大常委会关于严禁卖淫嫖娼的决定〉若干问题的解答》第 6 条、第 7 条对该罪进行了进一步的解释："引诱、容留、介绍他人卖淫罪是一个选择性罪名。引诱、容留、介绍他人卖淫这三种行为，不论是同时实施还是只实施其中一种行为，均构成本罪。如：介绍他人卖淫的，定介绍他人卖淫罪；兼有引诱、容留、介绍他人卖淫三种行为的，定引诱、容留、介绍他人卖淫罪，不实行数罪并罚。引诱、容留、介绍他人卖淫是否以营利为目的，不影响本罪的成立。根据《决定》第三条第二款的规定，引诱不满十四岁的幼女卖淫的，依照《决定》第二条第一款关于强迫不满十四岁的幼女卖淫的规定处罚，定强迫他人卖淫罪。引诱、容留、介绍他人卖淫，情节严重的，一般有以下几种情形：（一）多次引诱、容留、介绍他人卖淫的；（二）引诱、容留、介绍多人卖淫的；（三）引诱、容留、介绍明知是有严重性病的人卖淫的；（四）容留、介绍不满十四岁的幼女卖淫的；（五）引诱、容留、介绍他人卖淫具有其他严重情节的。"

1997年全面修订刑法时，基本上继承了原决定的内容，但将限额罚金制改为无限额罚金制，将引诱幼女卖淫的行为独立成罪，即在第六章——妨害社会管理秩序罪一章中第359条规定："引诱、容留、介绍他人卖淫的，处五年以下有期徒刑、拘役或者管制，并处罚金；情节严重的，处五年以上有期徒刑，并处罚金。"同时第361条规定："旅馆业、饮食服务业、文化娱乐业、出租汽车业等单位的人员，利用本单位的条件，组织、强迫、引诱、容留、介绍他人卖淫的，依照本法第三百五十八条、第三百五十九条的规定定罪处罚。前款所列单位的主要负责人，犯前款罪的，从重处罚。"最高人民法院《关于执行〈中华人民共和国刑法〉确定罪名的规定》（法释〔1997〕9号）将本罪的罪名正式确定为"引诱、容留、介绍卖淫罪"。

（二）引诱、容留、介绍卖淫罪的构成特征

1. 客体特征

本罪的前身引诱、容留妇女卖淫罪的设置先于组织卖淫罪和协助组织卖淫罪，曾与强迫妇女卖淫罪一起出现在1979年《刑法》之中，但两罪在该刑法典中所处的位置不同，强迫卖淫罪规定在第四章侵犯公民人身权利、民主权利罪之中，此时其主要客体当然是女性的性权利和身心健康，次要客体才是社会风尚，而引诱、容留妇女卖淫罪则规定在第六章妨害社会管理秩序罪之中，其犯罪客体理应是社会风尚。随着组织行为对卖淫不法性的几何级数的扩散，《全国人民代表大会常务委员会关于严禁卖淫嫖娼的决定》将有组织行为的强迫卖淫罪、引诱、容留、介绍卖淫罪分离出去，新增了组织卖淫罪

和协助组织卖淫罪,但没有组织行为人的强迫卖淫行为和引诱、容留、介绍卖淫行为依然具有刑事可罚性,故继续保留强迫卖淫罪和引诱、容留、介绍卖淫罪,但将此类犯罪的客体概括表述为良好的社会风气。有学者认为,本罪侵犯的客体是复杂客体,即社会风尚和他人的身心健康。[1]但本罪中的卖淫行为都是自愿的,并不包括强迫他人从事卖淫的情况,不会侵犯他人的身心健康权利。

因此,本罪的犯罪客体与卖淫类犯罪的犯罪客体一样,都是性行为不可交易的社会风尚。卖淫行为本有危害,表现在其将人的身体作为商品在性行为活动中进行交易,侵犯了性行为不可交易这一人类基本的伦理道德和社会风尚,必然严重冲击平静安宁的社会赖以维系的基本价值观念和良好道德风尚。引诱、容留、介绍卖淫行为在卖淫活动中激发了他人的卖淫意愿、提供了卖淫所需的场所等便利条件、撮合了性行为交易双方,极大地扩散了卖淫活动的社会危害性,严重侵犯了性行为不可交易的社会风尚。

2.客观特征

本罪在客观方面表现为实施了引诱、容留、介绍他人卖淫的行为。这里的卖淫是指自己引诱、容留、介绍的卖淫人员与其他人进行卖淫活动,不包括与自己进行卖淫活动,否则引诱幼女卖淫与强奸幼女无法区分。事实上,引诱、容留或介绍他人向自己卖淫本是卖淫嫖娼活动的应有之义,不应单独列出予以犯罪化。

所谓"引诱",是指用物质利益或非物质性利益为诱饵,或者采用其他蛊惑手段,勾引、劝导、诱惑、唆使、拉拢、怂恿他人本无卖淫意图或卖淫意图不坚定者自愿从事卖淫活动的行为。如果行为人通过胁迫、要挟、麻醉等方式使他人从事卖淫活动,则是强迫他人卖淫的行为。有学者认为,引诱的对象既包括尚无卖淫经历的人,也包括原本就以卖淫为业或已习于淫业者,因为法律并未明确将这类对象排除在引诱行为之外,且也会助长淫风,败坏善良风化。[2]但我们认为,这里的引诱行为,旨在通过各种形式让他人产生从

---

[1] 周其华主编:《全国人大常委会修改和补充的犯罪》,中国检察出版社1992年版,第388页。
[2] 鲍遂献主编:《妨害风化犯罪》,中国人民公安大学出版社2003年版,第120-121页。

事卖淫活动的意愿，如果明知他人已有从事卖淫的意愿或已经从事卖淫活动，即使行为人以高额利益或其他优势条件诱使卖淫人员改变卖淫场所、卖淫时间、卖淫对象或卖淫方式，都不是引诱卖淫罪的引诱行为，可能是招募、雇佣或介绍卖淫的行为。还需注意的是，引诱他人从事卖淫是指引诱他人与不特定的其他人从事卖淫活动，而非与其他人发生非交易性的性行为或者发展成为特定的人的情人或二奶；引诱他人向自己卖淫，一般情况下只需作为嫖娼行为进行行政处罚，如果情节严重，多次引诱多人向自己卖淫，则应以本罪论处。

所谓"容留"，是指为他人卖淫提供场所或其他便利条件的行为。提供场所容留卖淫的，应以行为人对该场所有使用权，而所容留的卖淫人员则因其容留而获得使用权，如果行为人与卖淫人员合租房屋，即使知道对方从事卖淫活动而未搬离或举报，也不构成容留卖淫罪，因卖淫场所并非由与卖淫人员合租的行为人提供。容留行为既可以是积极提供场所或便利条件的作为行为，也可以是明知他人利用自己的场所或便利条件从事卖淫活动而拒不阻止的不作为行为，如房屋出租者虽然是在出租房后才知道租客利用其房屋从事卖淫活动，但为了获得高额租金，不及时停止出租房屋。这里的场所，是指行为人安排专供他人卖淫的处所和其他指定的地方，如房屋、汽车、轮船等。这里的其他"便利条件"，是指行为人向卖淫者提供所需要的物质用品、住店客人信息以及为卖淫者望风守候等。

所谓"介绍"，是指行为人在卖淫者与嫖客之间居间引见、沟通、撮合，使卖淫嫖娼行为得以实现的行为，即通常所说的"拉皮条"。如出租车司机将嫖客送至卖淫场所，酒店服务人员向嫖客提供卖淫人员的联系方式，或者将卖淫者和嫖客约至特定地点见面等，都是在明知双方均有卖淫嫖娼意愿的情况下，实施各种撮合行为，积极促成双方的性行为交易活动，但行为人并没有对卖淫人员形成控制或支配，否则应以组织卖淫罪论处。

在实践中，有的行为人只引诱他人卖淫，有的行为人只容留他人卖淫，有的行为人只介绍他人卖淫，还有的行为人则两种或者三种行为兼而有之。有学者认为，容留卖淫的社会危害性大于介绍卖淫和引诱卖淫，因为行为人提供给他人卖淫的场所往往是性交易完成最关键的条件。[①]事实上，同等情况下，这三种行为的社会危害性具有同质性，也具有等量性，引诱行为旨在教唆他人产生卖淫的故意，是卖淫活动的罪恶之源，极易使那些思想堕落、爱慕虚荣、好逸恶劳的人从事卖淫活动；容留行为为卖淫者提供了卖淫赖以进行的场所或得以顺利进行的便利条件；介绍行为则促使互不认识的卖淫、嫖娼双方行为人顺利进行卖淫嫖娼活动，故三种行为之间不宜区分社会危害性的大小轻重。

就本罪的犯罪对象而言，前述《决定》特意将1979年《刑法》规定的引诱、容留妇女卖淫罪中的"妇女"改为了引诱、容留、介绍卖淫罪中的"他人"，显然扩大了本罪犯罪对象的适用范围，将男人也纳入引诱、容留、介绍罪的犯罪对象。但引诱卖淫行为的对象只能是男人和年满14周岁以上的女人，不包括14周岁以下的幼女，后者是引诱幼女卖淫罪的犯罪对象。这里显然又认为引诱行为的危害性比容留、介绍行为更严重，且引诱行为本身也排除了14周岁以下的幼男。有学者认为，"刑法只规定了引诱幼女卖淫罪，却在对象上排除了男童……由于年龄因素，男童自然不能成为卖淫的主体，刑法也就没有必要规定引诱男童卖淫罪，只规定引诱幼女卖淫罪便顺理成章"[②]。但卖淫活动中的性行为不仅包括性交行为，还包括口交、肛交、指交等类似性行为，在猎奇的买春需求下，幼男完全可能成为卖淫人员。引诱幼女卖淫罪的刑罚是5年以上有期徒刑，而强奸罪的最高刑是死刑，因此从刑罚上来看，也很难认为引诱幼女卖淫罪所保护的法益包含强奸罪所保护的法益。[③]在已经取消了嫖宿幼女罪的情况下，还认可幼女的性决定权和卖淫意志，并不利于对幼女人身权利的保护，也必然导致强迫卖淫罪、组织卖淫罪、协助组织卖淫罪和容留、介绍卖淫罪的犯罪对象也包括幼女，无法将强迫幼女卖淫等行为作为强奸罪论处。

---

① 金泽刚、肖中华：《有关卖淫犯罪的疑难问题新探》，载《华东政法学院学报》2005年第6期。
② 房培志：《论卖淫嫖娼类犯罪的立法完善——从一起组织同性卖淫案谈起》，载《人民司法》2005年第2期。
③ 周啸天：《"组织、强迫、引诱幼女卖淫"规定再解读》，载《华东政法大学学报》2016年第2期。

3. 主体特征

本罪的主体是一般主体，凡是达到刑事责任年龄，即年满 16 周岁，且具有刑事责任能力的自然人均可构成本罪，与其性别、地位、身份无关。本罪主体实际上是卖淫活动的教唆者和帮助者。但不能据此认定本罪主体就是特殊主体。因为本罪行为人的这些身份都是在本罪实施过程中形成的，并非在犯罪着手前行为人具有的资格和状态等能够实施本罪的身份内容，故不宜将其认定为本罪的特殊身份。否则，将实行行为本身产生的身份认定为犯罪主体的特殊身份，则会得出任何犯罪的犯罪主体都是特殊主体的不当结论。

在现实生活中，旅馆业、饮食服务业、文化娱乐业、出租汽车业出于扩大规模、追求营利等目的，往往引诱、容留或介绍他人从事卖淫活动。《刑法》第 361 条明确规定，旅馆业、饮食服务业、文化娱乐业、出租汽车业等单位的人员，若利用本单位的条件，协助组织他人卖淫的，应依法对其以协助组织卖淫罪定罪处罚，且这些单位的主要负责人组织他人卖淫的，还应从重处罚。由于单位不能构成本罪，对单位决定实施的组织卖淫罪的，应以共同犯罪论处，并对主要负责人从重处罚。有学者认为该条规定实属多余，徒增赘文。[1] 但强调这类行为的刑法属性，且对其主要负责人规定从重处罚，本有切实的现实意义。

4. 主观特征

本罪在主观方面只能由故意构成。虽然大部分情况下，引诱、容留、介绍卖淫的目的都是为了营利，但前述《决定》删去了 1979 年《刑法》第 169 条关于引诱、容留妇女卖淫必须"以营利为目的"的规定，因为有些引诱、容留妇女卖淫的行为并非都是以营利为目的的，有的是为了玩弄妇女，有的是为了招揽生意，有的是为了推销商品，有的是为了获批项目，还有的是为了晋升职务等。在《决定》之前，对这类不是以营利为目的的引诱、容留妇女卖淫的行为，构成犯罪的，一般以流氓罪论处，但这种行为又不完全具备流氓罪的特征，《决定》对引诱、容留、介绍他人卖淫的行为未规定"以营利为目的"作为构成本罪的必备要件，从而更有利于打击具有不同目的的引诱、

---

[1] 侯国云、白岫云：《新刑法疑难问题解析与适用》，中国检察出版社 1998 年版，第 375 页。

容留、介绍他人卖淫的犯罪行为。① 具体而言，行为人明知自己实施的引诱、容留或介绍他人卖淫的行为会促成他人的卖淫活动，但仍然希望或放任他人实施卖淫活动。现实中如果行为人主观上不存在对本罪行为的"明知"，即使客观上其行为产生了引诱、容留、介绍卖淫的实际效果，也不能认定为本罪。

（三）引诱、容留、介绍卖淫罪的司法认定

1. 本罪与非罪的界限

引诱、容留、介绍卖淫的行为并非直接入罪的危害行为，在刑法对其调整之前，应依据行政法律法规对其予以规制。《全国人民代表大会常务委员会关于严禁卖淫嫖娼的决定》修改1979年《刑法》新增本罪时就曾规定：情节较轻的，依照《治安管理处罚条例》第30条的规定处罚，即处15日以下拘留、警告或实行劳动教养。我国《治安管理处罚法》第67条规定：引诱、容留、介绍他人卖淫的，处10日以上15日以下拘留，可以并处5000元以下罚款；情节较轻的，处5日以下拘留或者500元以下罚款。该处罚力度与对卖淫嫖娼的处罚力度相同，故不能因行为人的行为可以评价为引诱、容留、介绍卖淫行为就直接以本罪论处，而要坚守刑法的谦抑性原则，根据《刑法》第13条"但书"的规定，将情节显著轻微的引诱、容留、卖淫行为排除在本罪的罪刑圈之外。由于最高人民法院、最高人民检察院《关于执行〈全国人民代表大会常务委员会关于严禁卖淫嫖娼的决定〉的若干问题的解答》第7条曾将多次引诱、容留、介绍他人卖淫和引诱、容留、介绍多人卖淫的情形规定为引诱、容留、介绍卖淫罪中"情节严重"，结合行政处罚的相关规定，以致很多人认为引诱、容留、介绍他人卖淫的入罪标准就是"2人或2次"。如此理解无疑脱离了当下社会现实，改革开放至今近40年了，我国社会政治、经济、文化以及民众的伦理道德观念等均发生了较重大的变化，在众多地区的宾馆、饭店等娱乐服务场所普遍存在"引诱、容留、介绍他人卖淫"的现象，这已是不争的事实，有的甚至还出现一些或明或暗的所谓"红

---

① 周道鸾：《论〈关于严禁卖淫嫖娼的决定〉的法律适用》，载《法学研究》1993年第3期。

灯区"。引诱、容留、介绍他人卖淫与强迫卖淫罪和（协助）组织卖淫罪不同，既没有强迫他人违背意愿从事卖淫，也没有将卖淫活动组织化、规模化，只是在一定程度上助长了卖淫活动的扩散而已，故"三人"或"三次"不能再作为本罪的"情节严重"的标志。除了人数和次数之外，还应当综合考虑作案手段、犯罪后果和社会影响、是否作为主要经济来源等其他因素。①

本罪中的介绍卖淫行为是指致力于撮合卖淫嫖娼双方人员的居间介绍行为，当然也包括了为卖淫人员介绍嫖客和为嫖客介绍卖淫人员的行为，但行为人的介绍行为要具备促使卖淫人员与嫖娼人员直接联系的特征，卖淫人员与嫖娼人员是否特定则在所不论。如果行为人只是单纯地告诉卖淫人员或嫖娼人员，在某个地方有嫖娼人员或卖淫人员，但并未提供具体联系信息的，不能认为该行为是本罪中的介绍卖淫行为。因为卖淫活动与嫖娼活动是合二为一的，介绍卖淫的行为实际上也是介绍嫖娼的行为，反之亦然，不能仅将为卖淫人员介绍嫖娼人员的行为纳入介绍卖淫行为，而将为嫖娼人员介绍卖淫排除在外，二者无论是行为属性，还是危害性程度，都是具有同质性与等量性，不宜作出入罪的区别化处理。同时，介绍卖淫行为既可以是在卖淫人员与嫖娼人员之间积极主动撮合的行为，也可以是仅仅提供联络信息的行为，如2014年10月14日浙江省高级人民法院、浙江省人民检察院《关于办理组织卖淫及相关刑事案件适用法律问题的纪要》第5条规定："明知他人系卖淫活动而在自己经营的场所内放置名片、标签、传单等进行广告宣传的，可以构成介绍卖淫罪。网站、移动通讯终端等的建立者、管理人员，明知他人系卖淫活动而在自己管理、经营的平台上发布广告宣传的，可以构成介绍卖淫罪。"

但是，行为人如果仅仅是将卖淫人员介绍到洗浴中心等卖淫场所，并未与嫖娼人员联系，则不属于介绍卖淫行为，因为这些卖淫人员后来从事的卖淫活动是由卖淫场所的管理者促使完成的，并非由介绍行为撮合完成，不能认为"在意欲卖淫者与卖淫场所的管理者之间进行介绍的属于介绍他人

---

① 金泽刚、肖中华：《有关卖淫犯罪的疑难问题新探》，载《华东政法学院学报》2005年第6期。

卖淫"①。如果介绍人事先与卖淫场所的管理者有共谋，则涉嫌构成协助组织卖淫罪，如无此共谋，则应将其行为视为为卖淫活动提供其他便利条件的容留卖淫行为，对其以容留卖淫罪论处。

2. 此罪与彼罪的界限

本罪与组织卖淫罪都属于妨害风化的犯罪，在构成特征上有较多的相似之处：在犯罪主观方面，两罪都为促使卖淫活动顺利进行的犯罪故意；在犯罪客体方面，两罪都侵犯了性行为不可交易的社会风尚；在犯罪客观方面，两罪都可表现出引诱、容留、介绍卖淫等手段。事实上，在刑法规定组织卖淫罪之前，一般将组织卖淫行为作为引诱、容留卖淫罪或者强迫卖淫罪的组织者进行定罪量刑。据此，有学者认为，"组织"只是一种手段与方法，刑法条文又明确将"强迫、引诱、容留、介绍"他人卖淫规定为相对应的专门罪名，出现了组织卖淫罪和其他相关罪名全方位竞合的情况，进而主张取消组织卖淫罪。②

但组织卖淫罪旨在强调对卖淫活动的有序组织和强力控制，其行为人实为卖淫活动的组织者，使卖淫活动朝着产业化和规模化的方向发展，给社会风尚带来极大的冲击力和破坏力，虽然组织卖淫罪的大部分手段会与其他卖淫关联犯罪竞合，但强迫、引诱、容留、介绍他人卖淫的行为人只是卖淫活动的教唆者或帮助者，其对社会风尚的危害程度远不及组织者，故不能据此否定组织卖淫罪独立存在的价值，否则有轻纵组织卖淫行为人之嫌。因此，就本罪与卖淫其他相关犯罪的区别而言，其他相关犯罪都只是卖淫活动的引诱、容留、介绍等具体环节，规模较小，并不控制卖淫活动，而组织卖淫罪则是卖淫活动的整体策划、指挥和管理等核心行为，渗透到卖淫活动的各个环节，达到了控制卖淫活动的程度。

具言之，由于组织卖淫罪的实行行为是一种组织行为，只是在引诱、容留、介绍卖淫等环节实施，必须有控制他人进行有组织的卖淫活动的目的，如果行为人只是单纯实施了引诱、容留、介绍的行为，并未对他人的卖淫活

---

① 张明楷：《刑法学》（第五版），法律出版社 2016 年版，第 1163 页。
② 徐松林：《我国刑法应取消组织卖淫罪》，载《政法论坛》2014 年第 6 期。

动进行控制，就应当认定为引诱、容留、介绍卖淫罪。从犯罪主体的结构上看，组织卖淫罪的组织者对卖淫人员的卖淫活动加以管理、控制和支配，他人实施的卖淫活动在一定程度上依赖、服从于组织者的组织行为；而在容留、介绍卖淫罪中，卖淫人员的卖淫活动没有受容留者或介绍者管理和支配，卖淫人员来去自由和行动自如，并不受制于卖淫活动的引诱者、容留者或介绍者。通常情况下，组织卖淫罪中往往通过招募、雇佣形成相对稳定的卖淫团体，有固定的卖淫场所，保持有一定规模的卖淫人员，长期从事卖淫活动；而容留、介绍卖淫仅是提供从事卖淫活动的场所，或者在嫖客与卖淫人员之间进行引见、撮合或提供其他形式的便利条件，地点较为分散，人数、次数亦相对较少，谈不上形成了卖淫团体。从实行行为的具体手段观之，组织卖淫罪的具体手段较为广泛，除了引诱、容留、介绍等手段外，组织者还会策划方案、招募卖淫人员、设立管理制度、建立运转部门、招揽嫖客，凸显出犯罪的组织性。但引诱、容留、介绍卖淫罪的手段方法较为单一，只是单纯地引发他人的卖淫意愿、为他人卖淫提供场所或其他便利条件、撮合他人的卖淫活动，并不对卖淫人员进行管理和控制，表现出对卖淫活动的从属性。

3. 本罪的共犯问题

本罪的行为人不能与卖淫活动的组织者形成共犯，否则应对其以协助组织卖淫罪论处。但是，引诱、容留、介绍卖淫行为可以分别或共同由多名行为人实施，此时存在本罪的共同犯罪。如用以出租的某栋房屋的多名房主发现当地卖淫女较多，便共同商议一起将房屋租给卖淫女，收取高额房租，然后分工协作，共同将多套房屋出租给卖淫女进行卖淫活动，则各房主均构成了容留卖淫罪，且系共犯。如果前述多名房主想将房屋出租给卖淫女，但找不到卖淫女，便到工厂或工地搜寻姿色较好的女子进行攀谈，引诱其从事卖淫，并表示会主动提供房屋出租，然后将房屋出租给引诱成功的女子进行卖淫活动，此时则构成引诱、容留卖淫罪，亦系共犯。如果前述多名房主出租房屋后无所事事，便主动与卖淫女等人进行联系，表示愿意为卖淫女发送卖淫小卡片，赚取广告费，然后分区域、分时段一起发送卖淫卡片，该多名房主则构成了引诱、容留、介绍卖淫罪，亦系共犯。

因此，在卖淫活动的引诱、容留、介绍环节中，完全可能由数人共同参与其中，在共同的犯罪故意支配下，分工协作、互相配合，实施引诱、容留、介绍卖淫等行为，甚至形成引诱、容留、介绍卖淫的犯罪集团。但只要未实施控制、支配卖淫活动的组织行为或协助组织行为，就不构成组织卖淫罪或协助组织卖淫罪，而应对其以引诱、容留、介绍卖淫罪的共同犯罪论处。既然是共同犯罪，理应根据刑法总则关于共同犯罪的规定，在引诱、容留、介绍卖淫罪的共同犯罪人中划分主犯、从犯、胁从犯，以准确定罪量刑。

4. 本罪的罪数问题

本罪是选择性罪名，无论犯罪对象是否同一，即使行为人实施了引诱、容留、介绍卖淫行为的，也只定引诱、容留、介绍卖淫罪，不能以引诱卖淫罪、容留卖淫罪和介绍卖淫罪对其进行数罪并罚。行为人多次实施引诱、容留、介绍卖淫的，构成本罪的连续犯，应从一重处，只定引诱、容留、介绍卖淫罪，但将次数作为其量刑考虑因素，无须进行数罪并罚。对此，最高人民法院、最高人民检察院《关于执行〈全国人民代表大会常务委员会关于严禁卖淫嫖娼的决定〉的若干问题的解答》也将"多次引诱、容留、介绍他人卖淫"视为引诱、容留、介绍他人卖淫罪中"情节严重"的行为。

由于引诱、容留、介绍卖淫是组织卖淫罪的具体手段之一，故在组织他人卖淫的过程中，组织者或协助组织者对被组织从事卖淫的其他人员使用了引诱、容留、介绍卖淫行为的，同时构成组织卖淫罪、协助组织卖淫罪和引诱、容留、介绍卖淫罪，此系法条竞合，而非想象竞合犯，应以完整法条予以评价，即直接对其以组织卖淫罪或协助组织卖淫罪论处。但是，如果行为人引诱、容留、介绍卖淫的对象与其所组织卖淫或协助组织卖淫的对象不同，则应分别定罪，以引诱、容留、介绍卖淫罪与组织卖淫罪或协助组织卖淫罪进行数罪并罚。最高人民法院、最高人民检察院《关于执行〈全国人民代表大会常务委员会关于严禁卖淫嫖娼的决定〉的若干问题的解答》也规定，在组织他人卖淫的犯罪活动中，对被组织卖淫的人有强迫、引诱、容留、介绍卖淫行为的，应当作为组织他人卖淫罪的量刑情节予以考虑，不实行数罪并罚；如果这些行为是对被组织者以外的其他人实施的，仍应当分别定罪，实行数罪并罚。

5.本罪的停止形态问题

本罪与其他卖淫类犯罪一样,其既遂标志也要结合犯罪的客体进行分析,只有该罪的犯罪客体受到了现实侵害才是该罪的既遂标志。引诱、容留、介绍卖淫罪的犯罪客体仍然是性行为不可交易的社会风尚,故只有引诱、容留、介绍卖淫行为实施完毕后,客观上发生了与此相关的卖淫活动,本罪客体才会遭受现实的侵犯。因此,本罪的既遂标志应当是:在行为人引诱、容留、介绍卖淫等行为予以帮助的情况下,被引诱、容留、介绍卖淫的卖淫人员实施了卖淫行为。因此,不能抛开本罪的犯罪客体,直接认为"作为行为犯,只要行为人实施的引诱、容留、介绍他人卖淫的行为实施完毕即构成本罪的既遂"。[1]

有学者认为,从犯罪客体的角度考察,行为人引诱、容留、介绍的他人现实地开始从事卖淫活动,就意味着对社会风尚造成了侵害,据此主张他人是否着手实行卖淫行为是引诱、容留、介绍卖淫罪的既遂标志。[2] 但是,卖淫行为中的性交易只限于性行为,不包括抚摸、亲吻、胸部摩擦、手淫等行为,将开始实施的非性行为部分视为破坏了社会风尚并不符合客观实际。因此,本罪的既遂标志是被引诱、容留、介绍卖淫的卖淫人员已经实施完毕卖淫行为。据此,在被引诱、容留、介绍卖淫的卖淫人员卖淫行为实施完毕前,引诱、容留、介绍卖淫者存在犯罪未遂、犯罪中止的可能性。

(四)引诱、容留、介绍卖淫罪的刑罚适用

根据《刑法》第359条第1款之规定,引诱、容留、介绍他人卖淫的,处5年以下有期徒刑、拘役或者管制,并处罚金;情节严重的,处5年以上有期徒刑,并处罚金。据此,本罪既有基本刑情形,又有加重刑情形,应谨慎区分。

---

[1] 时延安:《妨害风化犯罪——立案追诉标准与司法认定实务》,中国人民公安大学出版社2010年版,第108页。

[2] 鲍遂献主编:《妨害风化犯罪》,中国人民公安大学出版社2003年版,第135页。

就本罪的基本刑情形而言，需要与行政处罚处理好衔接关系。如前所述，由于《治安管理处罚法》第 67 条规定，引诱、容留、介绍他人卖淫的，处 10 日以上 15 日以下拘留，可以并处 5000 元以下罚款；情节较轻的，处 5 日以下拘留或者 500 元以下罚款。这说明引诱、容留、介绍他人卖淫的行为首先由行政法调整，只有当行政法无法调整时才由刑法对其予以规制，这也符合刑法谦抑性的基本品格。但对引诱、容留、介绍他人卖淫行为进行行政处罚和刑法规制的界限一直较为模糊。2008 年最高人民检察院、公安部制定的《关于公安机关管辖的刑事案件立案追诉标准的规定（一）》第 78 条规定："引诱、容留、介绍他人卖淫，涉嫌下列情形之一的，应予立案追诉：（1）引诱、容留、介绍二人次以上卖淫的；（2）引诱、容留、介绍已满十四周岁未满十八周岁的未成年人卖淫的；（3）被引诱、容留、介绍卖淫的人患有艾滋病或者患有梅毒、淋病等严重性病；（4）其他引诱、容留、介绍卖淫应予追究刑事责任的情形。"据此，就一般情形的引诱、容留、介绍他人卖淫行为而言，达到 2 人次的就需刑法予以规制，与行政法中"情节较轻"和基本情形的处罚规定相矛盾，以如此低频次的人次数作为入罪标准显得过于机械。

就本罪的加重刑情形而言，1992 年最高人民法院和最高人民检察院《关于执行〈全国人民代表大会常务委员会关于严禁卖淫嫖娼的决定〉的若干问题的解答》第 7 条曾规定："引诱、容留、介绍他人卖淫，情节严重的，一般有以下几种情形：（1）多次引诱、容留、介绍他人卖淫的；（2）引诱、容留、介绍多人卖淫的；（3）引诱、容留、介绍明知是有严重性病的人卖淫的；（4）容留、介绍不满十四岁的幼女卖淫的；（5）引诱、容留、介绍他人卖淫具有其他严重情节的。"该《解答》第 9 条第 2 项还规定，"'多人'、'多次'的'多'，是指'三'以上的数（含本数）"。该《解答》在 1997 年《刑法》施行以后基本上仍被遵守，但该规定已经与当下社会现实严重不符，最高人民法院、最高人民检察院于 2013 年 1 月 4 日联合颁布，并于 2013 年 1 月 18 日起实施的《关于废止 1980 年 1 月 1 日至 1997 年 6 月 30 日间制发的部分司法解释和司法解释性文件的决定》，明文废止了包括该《解答》在内的若干司法解释及司法解释性文件。

在司法实务中，有人主张应以不考虑介绍卖淫情节严重为原则，以考量情节严重为例外,当且仅当适用《刑法》第359条第1款第一个量刑幅度无法做到罪刑相适应时,才应考虑第二量刑幅度,也即情节严重的情形。[①]事实上,在司法实践中不少司法机关已经对原司法解释作出了变更规定,如北京市高级人民法院于2012年2月15日在《关于正确适用刑法第三百五十九条第一款引诱、容留、介绍卖淫罪定罪量刑标准的通知》中指出,"在'入罪标准'和'情节严重'认定标准的把握上,应当综合考虑案件的整体情况,包括行为次数、行为对象、行为主动性、被告人有无前科劣迹等因素,单纯的引诱、容留、介绍卖淫三人次不宜再作为'情节严重'的认定标准"。随后,2014年10月14日浙江省高级人民法院、浙江省人民检察院《关于办理组织卖淫及相关刑事适用法律问题的纪要》第8条规定,本罪的基本刑情形为:(1)引诱、容留、介绍卖淫2人次以上不满20人次的;(2)引诱、容留、介绍已满14周岁不满18周岁的未成年人卖淫的;(3)容留、介绍不满14周岁的幼女卖淫的;(4)引诱、容留、介绍孕妇卖淫的;(5)引诱、容留、介绍患有艾滋病、严重性病的人卖淫的;(6)利用网络发布招嫖信息、散发小广告等介绍卖淫的;(7)引诱、容留、介绍卖淫构成犯罪的其他情形。同时,将本罪的加重刑情形规定为:(1)引诱、容留、介绍卖淫20人次以上的;(2)引诱、容留、介绍卖淫3人次以上,且其中1次具有前款第2项至第5项规定情形之一的;(3)引诱、介绍他人到境外卖淫或者引诱、容留、介绍境外人员到境内卖淫的;(4)情节严重的其他情形。我们认为,上述地方司法机关的相关规定更适应社会的现实情况,值得借鉴和推广。

(五)引诱、容留、介绍卖淫罪的案例研析

1. 案情介绍

朱某为了牟取非法利益,伙同两名姓江的广西籍男子和一名姓罗的香港籍男子(以上三人均另案处理),于2003年4月开始在东莞市塘厦镇宏业南路以经营"天士缘"发廊为名,介绍、容留妇女为他人提供手淫服务活动。

[①] 胡胜:《介绍卖淫罪情节严重的认定》,载《人民司法》2015年第24期。

自 2006 年 7 月开始，两名姓江的广西籍男子退股离开该发廊后，朱某与姓罗的男子继续经营该发廊。其间，该发廊的卖淫女每次为嫖客提供手淫服务后，收取客人 40 元人民币，其中卖淫女从中提成 18 元，发廊可获得 22 元。每月该发廊从中可获得 5000 元至 6000 元的收入。2007 年 5 月 10 晚，公安机关根据群众举报线索突击检查该发廊，并当场将正在进行手淫服务交易的三男三女（以上六人均另案处理）抓获，将被告人朱某抓获归案。被告人朱某因涉嫌犯介绍、容留卖淫罪于 2007 年 5 月 11 日被刑事拘留，同年 6 月 15 日被逮捕。[1]

2. 分歧意见

在本案审理过程中，审理该案的人民法院认为，被告人朱某介绍、容留他人进行手淫服务，情节轻微、危害不大，不构成犯罪。依照《刑事诉讼法》第 162 条第 2 项和《刑法》第 13 条的规定，判决被告人朱某无罪，2007 年 12 月 24 日被告人朱某被该人民法院无罪释放。

支持本案公诉的人民检察院认为，根据本案的事实及证据，被告人朱某以营利为目的，实施了为多名卖淫者提供卖淫场所，并通过引见等方式在卖淫者和嫖客之间进行撮合介绍的行为，其行为已经严重地侵犯了社会治安管理秩序和社会风尚，具有严重的社会危害性；且根据最高人民法院、最高人民检察院《关于执行〈全国人大常委会关于严禁卖淫嫖娼的决定〉的若干问题的解答》第 7 条第 2 项的规定，被告人朱某介绍、容留 3 人以上卖淫的犯罪行为已经达到"情节严重"，依法应判处 5 年以上有期徒刑，并处罚金，故原判确有错误，适用法律不当，向东莞市中级人民法院提出抗诉。

东莞市中级人民法院在二审期间，就此类问题向广东省高级人民法院请示。2008 年 1 月 28 日广东省高级人民法院作出批复："被告人朱某以营利为目的，介绍、容留妇女为他人提供手淫服务的行为，刑法未明文规定为犯罪行为，不宜以介绍、容留妇女卖淫罪论。建议由公安机关适用《治安管理处罚法》进行处理。"据此，东莞市中级人民法院依照最高人民法院《关于执行〈中华人民共和国刑事诉讼法〉若干问题的解释》第 117 条第 1 项的规定，裁

---

[1] 陈旭均、蒋小美：《提供手淫"服务"不构成介绍、容留卖淫罪》，载《人民司法》2008 年第 16 期。

决对广东省东莞市市区人民检察院就本案提起的刑事抗诉不予受理。

3. 研究结论

本案中被告人朱某伙同他人以开办发廊为名，容留、介绍多名女子多次在其发廊为他人提供手淫服务，牟取非法利益。就其行为方式而言，因未对色情服务的女子进行控制和支配，仅是提供场所，帮助招来嫖客，然后平等参与所得分成，符合容留和介绍卖淫罪中卖淫行为的特征，对此人民检察院与人民法院并无争议。本案争议的焦点在于提供手淫服务是否属于容留、介绍卖淫罪中的卖淫行为？

引诱、容留、介绍卖淫罪中的卖淫行为与其他卖淫相关犯罪的卖淫行为应作一致的理解。但关于卖淫活动的具体表现形式向来存在争议。狭义的观点却认为，卖淫是指"接受或者约定接受报酬，而与不特定的对方进行性交的行为"，将卖淫的方式限于性交。① 由于本罪中的卖淫主体和对象都包括男人和女人，故不宜将卖淫行为仅限于异性之间的性交行为，否则无法将同性之间的卖淫行为涵摄其中。

广义的观点认为，卖淫不仅包括性交、口交、肛交等，还应包括手淫等变态性行为以及抠摸等变态行为和猥亵行为。② 长期以来，相关行政批复和司法解释都将手淫纳入卖淫活动之中，视其为卖淫的具体方式之一。1995年8月10日《公安部关于对以营利为目的的手淫、口淫等行为定性处理问题的批复》（公复字〔1995〕6号）明确将手淫、口淫、性交行为及与此有关的行为都视为卖淫行为。2000年2月29日最高人民法院作出的《关于如何适用〈治安管理处罚条例〉第三十条规定的答复》（行他字〔1999〕第27号）规定："《治安管理处罚条例》第三十条规定的'卖淫嫖娼'，一般是指异性之间通过金钱交易，一方向另一方提供性服务以满足对方性欲的行为。至于具体性行为采用什么方式，不影响对卖淫嫖娼行为的认定。"公安部于2001年2月28日作出的《关于对同性之间以金钱为媒介的性行为定性处理问题的批复》（公

---

① 王作富主编：《刑法分则实务研究》（下），中国方正出版社2010年版，第1097页。
② 韩轶：《侵犯女性人身权利犯罪研究》，安徽大学出版社2003年版，第179页；类似观点参见于志刚主编：《案例刑法学各论》，中国法制出版社2010年版，第487-488页。

复〔2001〕4号）规定："根据《中华人民共和国治安管理处罚条例》和全国人大常委会《关于严禁卖淫嫖娼的决定》的规定，不特定的异性之间或同性之间以金钱、财物为媒介发生不正当性关系的行为，包括口淫、手淫、鸡奸等行为，都属于卖淫嫖娼行为，对行为人应当依法处理。"但是，这些行政指示或司法解释的对象行政违法中的卖淫行为，并非对刑法中卖淫相关犯罪的卖淫行为进行解释。根据刑法的谦抑性原则，后者的外延必然要小于前者，将手淫、胸推等色情服务纳入卖淫行为，与刑法中卖淫行为的性行为交易的本质不符。

折中的观点则是扩大卖淫中的性交范围，"即包括女性异性生殖器的结合，也包括口交以及其他反自然的性交行为"，[1] 亦即卖淫方式不限于传统性交，还包括实施类似性交行为（如口交、肛交），[2] 但应排除手淫、用乳房摩擦男性生殖器等方式。这种观点既符合现有的刑法规定，也能有效应对当下的卖淫态势，但概念较为混乱，没有明确性行为与性交的关系。

作为卖淫的核心内容，卖淫中的性行为是指与卖淫主体或卖淫对象一方的性器官有关的身体插入行为，性器官交媾是常态，口交、肛交、指交亦在其中，但手淫、胸推、足交等行为应排除在外。刑法中应严格区分卖淫中的性行为与性交行为，旨在区分强迫卖淫与强奸罪，否则会发生"承认强迫男性向男性卖淫犯罪，就可能引起男奸男的'禁区'之争"[3] 这种无谓的担忧。更需注意的是，在当下的市场经济社会中，不少洗浴沐足中心和养生按摩会所都存在手淫、胸推的服务项目，将手淫、胸推视为卖淫行为会极大地扩大卖淫类犯罪的适用范围，与刑法的谦抑性不符。事实上，这些违法行为只要严格执行《治安管理处罚法》的相关规定就可禁止，但现实中太多的利益纠缠使规制这些行为的行政法规形同虚设。

在司法实践中，2000年浙江省高级人民法院在《关于执行刑法若干问题的具体意见（三）》的审判指导意见中，明确指出刑法分则第八章第八节组

---

[1] 鲍遂献主编：《妨害风化犯罪》，中国人民公安大学出版社2003年版，第36页。
[2] 张明楷：《刑法学》（第五版），法律出版社2016年版，第1160页。
[3] 金泽刚、肖中华：《有关卖淫犯罪的疑难问题新探》，载《华东政法学院学报》2005年第6期。

织、强迫、引诱、容留、介绍卖淫罪规定的"卖淫",不包括性交以外的手淫、口淫等其他行为。①就新近的案例而言,2011年7月,佛山市南海警方查获一家发廊雇请十多名按摩女向客人提供"波推""打飞机"等色情服务,一审法院以"组织卖淫罪"对发廊老板及两名管理人员判处5至8年不等刑期;二审法院认为卖淫是指以营利为目的,与不特定的对方发生性交和实施类似性交的行为,不包括单纯为异性手淫和女性用乳房摩擦男性生殖器的行为;二审期间,检察院撤诉,3名被告无罪释放;其他类似案例如2008年重庆市黔江区人民法院审理的庞某涉嫌会所色情按摩的协助组织卖淫罪未获认定。②据此,本案中被告人朱某的容留、介绍行为因其行为内容不是卖淫行为,故不构成容留、介绍卖淫罪。

五、组织淫秽表演罪

(一)组织淫秽表演罪的概念和法源

1.组织淫秽表演罪的概念

组织淫秽表演罪,是指行为人为刺激他人性欲,组织向不特定或多数人表演淫秽内容的行为。

2.组织淫秽表演罪的法源

我国1979年《刑法》和1990年12月28日全国人民代表大会常务委员会《关于惩治走私、制作、贩卖、传播淫秽物品的犯罪分子决定》中,都没有明确规定本罪。但该《决定》第4条第1款规定:"利用淫秽物品进行流氓犯罪的,依照刑法第一百六十条的规定处罚;流氓犯罪集团的首要分子,或

---

① 陈洋根、朱寅:《浙江高院:刑法意义上的"卖淫"不包括手淫、口淫》,载http://news.ifeng.com/mainland/detail_2013_06/27/26843202_0.shtml。

② 《发廊提供色情服务老板无罪 广东高院:手淫不算卖淫》,载http://news.xinhuanet.com/legal/2013-06/26/c_124911393.htm。

者进行流氓犯罪活动危害特别严重的,依照关于严惩严重危害社会治安的犯罪分子的决定第一条的规定,可以在刑法规定的最高刑以上处刑,直至判处死刑。"故对组织淫秽表演行为一般以流氓罪定罪处罚,且最高刑为死刑。

1997年《刑法》将"流氓罪"分解为多个罪名后,为了规制社会上产生的新的有伤风化、破坏社会管理秩序的行为,特增加了组织淫秽表演罪,根据1997年《刑法》第365条的规定,"组织进行淫秽表演的,处三年以下有期徒刑、拘役或者管制,并处罚金;情节严重的,处三年以上十年以下有期徒刑,并处罚金"。结束了以往司法机关处理此类案件依据不明的局面,也使"罪刑法定原则"得以在风化犯罪案件中得以贯彻。全国人民代表大会2005年8月28日颁布的《治安管理处罚法》又将该类危害社会的行为纳入了治安处罚的范畴,第69条第1款规定,组织或者进行淫秽表演的,处十日以上十五日以下拘留,并处五百元以上一千元以下罚款。这样,我国对组织淫秽表演行为形成了立体的法律规制体系。

(二)组织淫秽表演罪的构成特征

1. 客体特征

由于本罪被规定在刑法分则第六章妨害社会管理秩序罪下的第九节制作、贩卖、传播淫秽物品罪之中,故一般认为本罪的犯罪客体是社会(风化)管理秩序即社会风尚,[1]也有学者认为本罪的犯罪客体是国家对文艺演出或文化市场的管理秩序和社会风尚。[2]但文化市场(演出)管理秩序本身是社会管理秩序的一部分,文化市场管理秩序的内容就是指在文化市场的管理过程中形成良好的社会风尚。因此,本罪的犯罪客体仍然是社会风尚,属于风化类犯罪。但是,现有观点均未对本罪侵犯的社会风尚做详细的说明,使得本罪的犯罪客体过于模糊,不能发挥应有的机能。

---

[1] 赵秉志主编:《新刑法教程》,中国人民大学出版社1997年版,第760页;鲍遂献主编:《妨害风化犯罪》,中国人民公安大学出版社2003年版,第326-327页。

[2] 时延安:《妨害风化犯罪——立案追诉标准与司法认定实务》,中国人民公安大学出版社2010年版,第261页。

本书认为，组织淫秽表演的危害性根植于淫秽表演之中，而淫秽表演的危害性则在于该行为侵害了人们关于性的私密性的社会风尚。在人类社会中，性器官或与性器官密切联系的私密部位（如女性的乳房、臀部）的静态显露和动态互动都是私密进行的，这是性道德中性的羞耻心的主要内容。淫秽表演行为是人与人、人与动物、动物与动物展示性器官或与性器官密切联系的私密部位（如女性的乳房、臀部）的静态显露和动态互动，并将这一过程向不特定的人或多数人公开，刺激他人的性欲，无疑侵犯了性的私密性社会风尚，伤害了人们性的羞耻心，违背了人们的性道德。虽然分散的没有组织的淫秽表演不需要刑罚处罚，但淫秽表演的组织行为强调对淫秽表演活动的控制和操纵，最大程度地扩大淫秽表演活动的规模和影响，具有极强的辐射、扩散效果，需用刑法予以规制。因此，本罪的犯罪客体是性的私密性社会风尚。

2.客观特征

本罪在客观上表现为策划、指挥、安排人与人、人与动物、动物与动物、人或动物与器物之间展示性器官或与性器官密切联系的私密部位（如女性的乳房、臀部）的静态显露和动态展示过程，当场向不特定的人或多数人予以公开，并对该过程进行管理和控制的行为。

本罪的实行行为是组织行为，具体表现为拟订表演计划、招聘、雇佣、强迫人或动物进行淫秽表演、联系演出场所或网络直播、宣传演出信息、组织多人观看淫秽表演、维持现场秩序等多种形式。由于没有强迫淫秽表演罪、协助组织淫秽表演罪及引诱、容留、介绍淫秽表演罪，而组织淫秽表演的组织行为旨在强调对淫秽表演活动的控制和支配，事实上也包括了强迫、协助组织、引诱、容留、介绍淫秽表演的行为，故应将强迫、协助组织、引诱、容留、介绍淫秽表演的行为纳入本罪之中直接予以整体评价。组织可以是前述单一的行为形式，也可以是多种行为形式，但本罪行为的本质特征则在于其组织的内容是淫秽表演。关于淫秽表演，一般认为是指"以上演舞蹈、戏剧等形式，通过表演者直接的语言、动作等进行淫秽的形体展示、描绘性行为或宣扬色情淫荡形象，从而达到刺激观众性欲，但却伤害普通善良人正常的性道德的诲淫性效果的演出活动。"[1] 淫秽表演之所以具有刺激观众性欲的诲淫性效果，并不一定源自表演者的淫秽性，而是性器官或私密部位的公开即时展露或性行为过程的公开即时展示，结合本罪的犯罪客体，我们认为本罪中的淫秽表演具有以下特征：

其一，淫秽表演具有即时性或当场性特征。淫秽表演针对观看表演的观众而言，具有及时性和当场性，表演者的逼真表演，使观看者有身临其境的参与感，能最大程度地感知表演者传递的淫秽信息，与其形成淫秽共鸣。故观看淫秽表演的实际效果远大于观看录制完成的音像制品或淫秽书籍，即使淫秽表演的淫秽性程度较低，也极易刺激在场观众的性欲，引起人们的性羞耻心，最大程度地伤害了性的私密性社会风尚。淫秽表演的即时性或当场性使得淫秽表演无法进行鉴定（除非有淫秽表演的同步录音录像），往往只能靠犯罪嫌疑人的供述和观众的证言进行判断。

其二，淫秽表演具有公开性。组织者组织淫秽表演的目的就是要让不特定的人或多数人观看淫秽表演，以现场激起最大多数人的性欲，故组织者会千方百计地散布淫秽表演的信息，吸引更多的观众前来观看，在现实生活中组织者往往还向观众收取观看演出费，以牟取非法利益。但这里的公开性是针对观看淫秽表演的观众而言的，并不要求表演者明知表演是公开的，即使组织者组织观众观看安置了单向透视玻璃[2]的房间内不知情的人显露私密部位或发生的性行为，或者暗自通过摄像头将不知情的人的私密部位或性行为在网络上直播，都具有淫秽表演的公开性。如果淫秽表演只是发生在私密空间或特定的少数人能够看到，如艺术影视拍摄过程中的情色画面制作，或者淫秽视频在私密空间的制作，淫秽表演的事先排练等，因缺乏现场公开的观众，其行为性质都不是淫秽表演。网络为淫秽表演的公开性提供了最为便利的条件，组织者、表演者、广告者、观看者不需要见面即可各取所需，网络技术

---

[1] 鲍遂献主编：《妨害风化犯罪》，中国人民公安大学出版社 2003 年版，第 333-334 页。
[2] 单向透视玻璃又称为原子镜、单面镜、单反玻璃、双面镜、单向玻璃，是一种对可见光具有很高反射比的玻璃。在使用时反射面（镜面）必须是迎光面，当室内比室外明亮时，单向透视玻璃与普通镜子相似，室内看不到室外的景物，但室外可以看清室内的景物，具体的清晰程度取决于室内光照度的强弱。

被利用成为淫秽表演的传送、观赏、发布广告的平台，还为资金结算提供了渠道。与传统组织淫秽表演行为相比，利用网络视频聊天室组织淫秽表演行为隐蔽性更强、影响范围更广、传播速度更快、社会危害性更大。此外，网络空间的虚拟性、跨地域等特征还加剧了查处此类犯罪的难度。

其三，淫秽表演具有淫秽性。根据《刑法》第367条之规定，淫秽物品，是指具体描绘性行为或者露骨宣扬色情的诲淫性的书刊、影片、录像带、录音带、图片及其他淫秽物品。据此，淫秽的本质是具体描绘性行为或者露骨宣扬色情的诲淫性内容。由于淫秽表演能最大程度地宣扬诲淫性内容，故其诲淫性程度更低。淫秽表演的淫秽性往往来自组织者要求表演者进行的色情淫荡的现场表演，包括人或动物的性器官及私密部位的静态展露，还包括人与人之间（异性之间或同性之间）、人与动物之间、动物与动物之间、人或动物与器物之间的性行为（包括性交、口交、肛交、指交、器物交、手淫、胸推等广义的性行为）的动态展示。性的私密性一旦被现场淫秽表演的方式侵害，极易刺激观看者的性欲，侵害性的社会风尚。但是，因为动物的器官不存在私密性，且本有自发发生性行为的过程，该过程没有人为控制因素的参与，其淫秽性程度最低，故组织者只是组织观看动物的自然性交过程的行为不是组织淫秽表演的行为，只有当组织者组织人与动物淫秽互动或采取措施促使动物与动物性交的行为才能视为组织淫秽表演的行为。

就本罪的犯罪对象而言，不少学者将其限定为"他人"，[1]也有学者将其限定为青年妇女和儿童。[2]但规定本罪的《刑法》第365条明确规定"组织进行淫秽表演"，并无"他人"一词，说明本罪的淫秽表演并不限于青年妇女和儿童，甚至不限于人类，只要能够通过侵犯性的私密性社会风尚，能够刺激他人性欲，都可成为本罪的犯罪对象。人与动物之间的性行为，由于有人的性器官参与，表现出人对该淫秽表演过程的控制性，同样会刺激观看者的性欲。即使是动物之间的性行为，如果是在人为的组织或操纵下（如喂食或涂抹催

---

[1] 陈兴良：《刑法疏议》，中国人民公安大学出版社1997年版，第592页；郎胜主编《〈中华人民共和国刑法〉释解》，群众出版社1997年版，第490页。
[2] 苏惠渔主编：《刑法学》（修订版），中国政法大学出版社1997年版，第820页。

情药物）进行的，同样体现出了人对这一过程的控制，亦有淫秽的性质，会刺激他人的性欲。

观众不是本罪的组织对象，但本罪只有在有观众能够参与的情况下，才具有公开性的淫秽表演行为特征，否则就不是组织淫秽表演的行为。如果组织者只是在私密的空间或特定的少数人之间组织进行性器官等私密部位的展露或性行为的展示，并不对外开放，不允许观众观看，则不可能侵犯性的私密性这一社会风尚，故不应该是组织淫秽表演行为。

3. 主体特征

本罪的主体为一般主体，自然人和单位均可构成本罪的犯罪主体。就自然人主体而言，只要年满16周岁、具有刑事责任能力就可实施本罪的犯罪行为，一般情况下，构成本罪的行为人，是组织淫秽表演的老板、制片、导演、剧务等处于策划、指挥、安排的组织者，至于那些从事淫秽表演的人员，则不构成本罪，除非表演人员同时是本罪的组织者。但根据《治安管理处罚法》第69条之规定，组织或者进行淫秽表演的，均处10日以上15日以下拘留，并处500元以上1000元以下罚款。依据《刑法》第366条的规定，单位犯本罪的，对单位判处罚金，并对其直接负责的主管人员和其他直接责任人员，依照《刑法》第365条的规定处罚。

4. 主观特征

本罪在主观上表现为故意，并具有刺激他人性欲的目的。具体而言，在认识因素方面表现为明知自己组织的行为是淫秽表演行为，会侵犯性的私密性社会风尚；在意志因素方面则表现为行为人为了刺激他人的性欲，积极组织淫秽表演，追求淫秽表演的诲淫效果。实践中大多数组织淫秽表演的组织者都会收取观众价格不等的门票或演出费，但组织者主观上是否有以此营利目的不是本罪主观罪过的内容。因此，如果组织者组织的表演行为本无淫秽演出的计划和安排，但因现场观众起哄要求演艺人员当场增加表演脱衣舞等淫秽节目，演艺人员未经组织者同意擅自表演淫秽节目的，尽管客观上确实存在淫秽表演，但组织者对此并不明知，且无法控制，对组织者不应以组织淫秽表演罪论处。同时，由于话剧演出情节的需要或人体艺术、绘画艺术创作的需要，裸露人体私密部位，演出类似性行为戏份或作出性行为造型的，尽管有组织者组织相关活动，但因为组织者主观上的目的是传播艺术思想，不存在刺激他人性欲的淫秽目的，表演者也不是进行露骨的色情表演，故不构成组织淫秽表演罪。还需注意的是，只要组织者具有组织淫秽表演的犯罪故意即可，至于演出人员是否认识到自己的行为是否属于淫秽演出则在所不论，即使演出人员对自己私密部位被展露或自己的性行为被展示毫不知情，或者表演者为精神病人对自己的行为性质无法正确认识，都不影响组织者主观上的组织淫秽表演这一犯罪故意的认定。

（三）组织淫秽表演罪的司法认定

1. 本罪与非罪的界限

由于人体，尤其是女性的人体，被视为美的艺术载体，人体艺术的绘画和拍摄活动方兴未艾，不少人积极组织拍摄人体艺术或观看人体艺术现场绘画活动，有的人体是半裸现场展露，有的则是全裸现场展示，参加演出的人员甚至摆出各种性感姿势。此时，要对活动的性质谨慎认定，尽管其具有公开性，也展示了人体的私密部位，在一定程度上也会刺激人的性欲，如果确属艺术创作的需要，则不宜认定为组织卖淫罪。相反，如果组织者只是以艺术创作为噱头，旨在以人体私密部位和淫秽动作吸引更多的观众前来观看，以壮大活动规模或营造爆棚人气，听任所组织的活动对性的私密性社会风尚的侵犯，则应对其以组织淫秽表演罪论处。

还需注意的是，关于性的艺术创作不宜过份侵犯性的私密性社会风尚，否则会达到需要刑罚处罚的程度，应以组织淫秽表演罪论处。如2011年3月20日下午，职业艺术家成力与任某某（成年女性）在北京市通州区宋庄镇北京当代艺术馆楼顶、地下室等公共场所，裸体进行《艺术卖比》的性行为表演，想通过这个行为艺术来讽刺当代艺术圈里，艺术被过度商业化的文化现实：很多艺术大腕在短时间内聘请大量的助手大量生产作品，在作品上签上自己的名字，然后进行商业化运作销售，即"艺术如同卖比"。但整个活动只邀请了两百多名艺术圈内的专业观众，并未对外开放。由于组织者成立的主观目的不是刺激他人性欲，侵犯性的私密性这一社会风尚，只是讽刺艺术被过度商业化以致如同卖比的行为，是在家庭和艺术信仰之间作出的抉择，获得了妻子的理解与支持，且观众仅限于特定的艺术专业观众，并不追求淫秽表演的诲淫效果，对性的私密性社会风尚的侵害尚未达到需要刑罚处罚的程度，故不宜对其以组织淫秽表演罪论处。但因其引发多人围观，造成现场秩序混乱，被认定为寻衅滋事行为，被北京市人民政府劳动教养管理委员会以"京劳审字〔2011〕第834号"《劳动教养决定书》处以劳动教养一年。

2. 此罪与彼罪的界限

（1）本罪与组织卖淫罪的界限

由于组织淫秽表演罪中的淫秽表演包括性交、肛交、口交等组织卖淫罪中的性行为，且组织者也往往会向观众收取费用，而观众在某些淫秽表演中也有互动，尤其是网络裸聊中互动更为明显，观众通过淫秽互动得到的性愉悦感受度大致与进行性行为相当，此时极易将组织淫秽表演罪与组织卖淫罪混同。但二者的区别还是较为明显的：在犯罪客体上，尽管两罪都侵犯了社会管理秩序中的社会风尚，但组织淫秽表演罪的犯罪客体是性的私密性这一社会风尚，组织卖淫罪的犯罪客体则是性行为不可交易这一社会风尚，后者的法益重要性甚于前者；在犯罪客观方面，尽管两罪都表现为组织行为，也强调对活动的支配和控制，但二者的组织行为内容和具体环节不同，组织淫秽表演罪是组织人或动物进行淫秽表演，并不需要表演者与观众进行身体接触，观众也不一定要支付对价，其组织行为的表现形式主要包括拟订表演计划、招聘、雇佣、强迫人或动物进行淫秽表演、联系演出场所或网络直播、宣传演出信息、组织多人观看淫秽表演，而组织卖淫罪的组织行为是指对卖淫活动组织，不包括组织人与动物发生性行为，其组织对象必须与嫖客发生身体接触，且至少与一方的性器官发生类似性交行为的性行为，并收取嫖资，该组织行为主要体现在招募、雇佣、强迫、引诱、容留他人进行卖淫的活动中；在犯罪主观方面，组织淫秽表演罪要求组织者必须具有刺激他人性欲的淫秽目的，而组织卖淫罪的组织者的主观目的则在所不论。

需要特别注意的是，如果组织淫秽表演的组织者在控制演艺人员进行淫秽表演的现场，组织竞价高的多名观众当场与多名演艺人员发生性交、口交、肛交等性行为的，该组织者同时构成了组织淫秽表演罪、组织卖淫罪和聚众淫乱罪，此时属于想象竞合犯，应对其从一重处，直接以组织卖淫罪论处，同时将组织淫秽表演和聚众淫乱视为该罪从重处罚的情节，此时被组织者则构成了聚众淫乱罪。但如果组织者不仅组织淫秽表演，还主动参与聚众淫乱，则应对其数罪并罚。还有学者扩张理解组织卖淫罪中的性行为，认为没有身体接触的网络裸聊行为亦是卖淫中的性行为，即"凡是以获取金钱为目的而提供色情服务的行为均是卖淫，包括有身体接触的性服务以及无身体接触的远程性爱"。[①] 我们认为，卖淫行为必须要有身体的接触，将无身体接触的远程性爱也视为卖淫行为的观点实际上将淫秽表演和卖淫行为混为一谈，殊不妥当。虽然组织远程性爱时，客观上可能仅存在一对一的裸聊，表现为一定的私密性，但该名裸聊观众是不特定的，同样符合淫秽表演的公开性特征。

（2）本罪与传播淫秽物品牟利罪的界限

在互联网时代，组织者充分利用网络技术组织淫秽表演，如在视频聊天室中组织裸聊行为，这种行为在刑法上可能涉嫌构成组织淫秽表演罪或传播淫秽物品牟利罪两罪。两罪均属于妨害社会管理秩序的淫媒犯罪，均涉及淫秽方面的内容。两罪相较，组织淫秽表演的特殊性表现在组织者组织的淫秽表演具有及时性或当场性特征，承担刑事责任的也只是组织者；而传播淫秽物品牟利罪的特殊性在于传播者传播的淫秽物品是物品，而非正在进行的现场活动，承担刑事责任的是传播者，并且以牟利作为其主观的构成要件。利用网络聊天室组织淫秽表演行为的，从根本上讲是一种表演行为，而不是物化的淫秽物品，因为所谓的"淫秽物品"是指淫秽信息的载体，如书刊、影片、录像带、图片、光盘、电子数据等，可以随时随地观看，也能够反复播放，但不具有即时性或当场性，观看者与表演者无法互动。因此，组织者利用视频聊天网站来组织淫秽表演，虽然传播的是淫秽信息，但却因其具有即时性，正在当场进行，不是已经录制或制作完成的物质载体，且随着淫秽表演的结束而告终，无法反复进行，因此应对其以组织淫秽表演罪论处。

3. 本罪的共犯问题

虽然本罪的淫秽表演者本身不构成犯罪，也不是本罪的共犯，但在传统

---

① 徐松林：《我国刑法应取消组织卖淫罪》，载《政法论坛》2014年第6期。

的组织淫秽表演过程中，单个的组织者往往难以完成组织淫秽表演犯罪，需要找寻场所、招募演员、彩排训练、推广宣传、卖票收钱、维持秩序等，故组织者会组织相关人员一起商议后，分工协作，共同确保淫秽表演的顺利进行。有时候甚至会形成组织淫秽表演的犯罪集团，内部层级有序，分工明确，招募并控制多名色情演艺人员，排练名目繁多的淫秽节目，找寻安全的演出场地，通过多种途径进行快速宣传，维护演出现场秩序，赚取高额的非法利益。对此，应根据刑法总则的相关规定，对共同犯罪人区分主犯、从犯、胁从犯，从而准确定罪量刑。通常情况下，对提供基础服务的工作人员一般不以犯罪论处。

在互联网背景下，网络化的组织淫秽表演罪的共同犯罪开始挑战传统的主从犯刑事责任的承担方式。一方面，淫秽表演的组织者所起的作用逐渐减小。网络信息交流高效便捷，一旦被用于组织淫秽表演罪，便大大降低了组织犯在传统空间中所必须付出的精力和成本。如利用网络聊天室组织淫秽表演的犯罪，组织者只需提供一个聊天室平台发布招募广告，利用现有的第三方支付渠道完成资金结算，而上述工作完全可以直接在电脑前轻点鼠标完成，其与表演者、观看者等无须会面。网络提供的虚拟平台，自动分担了传统空间共同犯罪中组织犯所要指挥、安排的多项任务。组织犯的角色开始虚化，作用开始弱化，更多的作用是提供了犯罪的契机，后续对淫秽表演的支配和控制可直接通过网络程序按部就班地实现。另一方面，组织淫秽表演罪的某些帮助犯所起的作用不断增大，尤其是具有网络和计算机知识的技术人员已经成为组织淫秽表演罪得以完成不可或缺的角色，甚至是最为关键的一环。如利用网络聊天室组织淫秽表演的案件中，聊天软件的设计和运行、代理人员的推广、第三方支付渠道等技术是此类犯罪得以进行的决定性因素。尽管提供了这些技术支持，但这些人员在组织淫秽表演犯罪过程中往往处于从属的地位，对其应以共同犯罪中的从犯论处，但其所起作用已经远远大于传统组织淫秽表演罪中的帮助犯了，故对其从宽幅度应该更小。

4.本罪的罪数问题

在组织卖淫过程中，如果组织者先组织人员进行淫秽表演为嫖客助兴，挑逗刺激嫖客的性欲，以顺利进行卖淫行为，然后再组织卖淫人员供嫖客挑选的，组织者先后构成了组织淫秽表演罪和组织卖淫罪，两罪之间是手段与目的的牵连犯，即使嫖客挑选的卖淫人员不是进行淫秽表演的人员，也应从一重处，对行为人直接以组织卖淫罪定罪处罚。与此相应，组织者在组织淫秽表演过程中，如果发现观看人员性欲高涨，产生组织卖淫的念头，并积极组织表演人员向观众卖淫，此时组织者是在构成组织淫秽表演罪之后才产生了更为严重的组织卖淫的犯罪故意，两罪之间存在一定的关联性，组织者由侵犯性的私密性风尚转向侵犯性的不可交易风尚，但并无法律条文明确规定此时的组织淫秽表演罪可以按照组织卖淫罪论处，故应对组织者以组织淫秽表演罪和组织卖淫罪论处，并进行数罪并罚。

如果组织者不但组织进行了淫秽表演活动，现场收取观众的观看费用，还将该淫秽表演的活动过程全程录像，制成可以反复播放的音像制品，大量出售牟利，并进行有偿播放。此时行为人先后构成了组织淫秽表演罪和制作、复制、贩卖、传播淫秽物品牟利罪，两罪之间并无从一重处的关系，理应对其进行数罪并罚。

5. 本罪的停止形态问题

犯罪的既遂标志应结合犯罪的客体进行分析，只有该罪的犯罪客体受到了现实侵害才是该罪的既遂标志。本罪的犯罪客体是性的私密性这一社会风尚，淫秽表演的组织行为并不能现实侵犯这一风尚，只有组织者组织的针对不特定或多数人的淫秽表演完成时，才能现实地侵犯性的私密性这一社会风尚。因此，本罪的既遂标准是淫秽表演的完成。

有学者认为，本罪的实行行为是复合的危害行为，包括组织行为和淫秽表演行为，进而认为本罪的既遂标志是淫秽表演行为的着手。[1] 既然认为本罪是复合行为犯，其实行行为的完成理应以第二个行为完成为标准，第二个行为没有实行完毕，意味着本罪的实行行为尚未实行完毕，实行行为没有实行完毕的行为犯理应是犯罪未遂，而非犯罪既遂，除非是一着手就既遂的即成犯，但即成犯向来不包括复合行为犯。还有学者认为，本罪的组织性行为过程是从行为人着手进行组织到淫秽表演的开始，故本罪的既遂标志是本罪组

---

[1] 鲍遂献主编：《妨害风化犯罪》，中国人民公安大学出版社2003年版，第340页。

织行为的完成之时：淫秽表演开始。[①]本罪的组织行为包括拟订表演计划、招聘、雇佣、强迫人或动物进行淫秽表演、联系演出场所或网络直播、宣传演出信息、组织多人观看淫秽表演、维持现场秩序等多个环节，既有发生在淫秽表演之前的情形，也有发生在淫秽表演行为之后的情形，但并不是每一个组织淫秽表演的行为都必须包括这些环节，即本罪的实行行为有时在淫秽表演前结束，有时则在淫秽表演后结束，究其原因，淫秽表演本不是本罪的组织行为，而是组织行为的对象性内容。因此，本罪的犯罪客体只有在淫秽表演结束后才能现实地遭受侵害，本罪的既遂标志理应是淫秽表演结束。

（四）组织淫秽表演罪的刑罚适用

根据《刑法》第365条之规定，组织进行淫秽表演的，处3年以下有期徒刑、拘役或者管制，并处罚金；情节严重的，处3年以上10年以下有期徒刑，并处罚金。据此，本罪既有基本刑情形，也有加重刑情形。

就基本刑情形而言，应注意与行政处罚的衔接。根据《治安管理处罚法》第69条之规定，组织或者进行淫秽表演的，或者明知他人组织或者进行淫秽表演而为其提供条件的，处10日以上15日以下拘留，并处500元以上1000元以下罚款。因此，本罪的入罪标准应高于行政处罚的组织淫秽表演行为。《最高人民检察院、公安部关于公安机关管辖的刑事案件立案追诉标准的规定（一）》（公通字〔2008〕36号）第86条规定，〔组织淫秽表演案（刑法第三百六十五条）〕以策划、招募、强迫、雇佣、引诱、提供场地、提供资金等手段，组织进行淫秽表演，涉嫌下列情形之一的，应予立案追诉：（1）组织表演者进行裸体表演的；（2）组织表演者利用性器官进行诲淫性表演的；（3）组织表演者半裸体或者变相裸体表演并通过语言、动作具体描绘性行为的；（4）其他组织进行淫秽表演应予追究刑事责任的情形。应将组织人与动物或动物与动物进行淫秽表演的情形纳入该司法解释"其他情形"

[①] 时延安：《妨害风化犯罪——立案追诉标准与司法认定实务》，中国人民公安大学出版社2010年版，第271-272页。

之中。

就本罪的加重刑情形而言，并无相关司法解释，应根据组织淫秽表演行为对性的私密性社会风尚的侵害程度决定"情节严重"的具体范围。通常情况下，以下情形应视为本罪的"情节严重"：组织淫秽表演多人多次；以暴力、胁迫或者其他手段强迫他人进行淫秽表演的；组织未成年人进行淫秽表演，或向未成年人进行淫秽表演的；淫秽表演内容特别诲淫的；观看淫秽表演人数众多的；因淫秽表演现场引发性侵犯罪的；组织淫秽表演时间长、范围广的；其他社会影响极为恶劣的情形等。

（五）组织淫秽表演罪的案例研析

1. 案情介绍

2011年5月，被告人李某、孙某二人商定开设一个互联网淫秽表演聊天室，李某负责租借服务器、软件，构建聊天室等事项；孙某负责联系落实网站代理及招募"宝贝"（淫秽表演者）。5月底，聊天室正式运行，命名为"酷爱吧"（后更名为零度娱乐、聊天在线等），该聊天室主要分公演区与密聊区，公演区可免费观看，每天表演三场，观看密聊区裸体表演则须用现金购买点数，用点数购买虚拟礼物给"宝贝"才能进行密聊。聊天室获利方式为由网站代理发展会员购买点数，"宝贝"收入的点数系统则会自动设置扣除26%归李某和孙某。其间，李某、孙某二人先后发展何某、徐某、李某某、汤某、任某、陈某等人为网站代理，由其利用在绿色网站及QQ聊天工具等发布广告的手法为该网站发展会员，从中牟利。[①]

2. 分歧意见

在本案中，对于被告人李某、孙某所实施的行为应当如何定性，主要有以下几种不同的观点：

第一种观点认为，网络裸聊构成传播淫秽物品牟利罪。这种观点认为，网络裸体聊天比静态的图片更能刺激他人的性兴奋，具备淫秽物品的淫秽性。

---

① 吴加明、季爱华：《利用网络聊天室组织淫秽表演的定罪与量刑》，载《中国检察官》2012年第11期。

而这种淫秽性的画面信息属于淫秽性电子信息，和传统上的淫秽物品在物质的表现形态上确实有很大的不同，但是根据2004年9月3日最高人民法院、最高人民检察院《关于办理利用互联网、移动通讯终端、声讯台制作、复制、出版、贩卖、传播淫秽电子信息刑事案件具体应用法律若干问题的解释》的规定，此类淫秽性电子信息，也应当认定为刑法上的淫秽物品，因而，通过"裸聊"在用户电脑界面上形成的画面信息也具备了刑法上淫秽物品的"物品性"。涉及传播淫秽物品罪的裸聊行为的有"点对点"式单人对单人的网络裸聊、"点对面"式单人对多人的网络裸聊以及"面对面"式多人对多人的网络裸聊。如果造成严重后果，引发恶劣社会影响或者有其他严重情节的，应当以传播淫秽物品罪论处。[1]

第二种观点认为，网络裸聊构成组织淫秽表演罪。这种观点认为，虽然在表演的空间场所上与现实空间中的淫秽表演有所不同，但场所的不同并不影响组织行为的实施和裸体表演的淫秽性质，即只要同时满足了犯罪构成四个方面的要件，就应该可以认定为组织淫秽表演罪。涉及组织淫秽表演罪的裸聊行为主要表现为以下几种：（1）策划、组织、唆使多人通过"点对点"方式为他人进行淫秽表演；（2）策划、组织、唆使多人相互手淫、进行真实或者虚拟性行为，供参与者观看，或者为他人的类似行为提供空间、平台的，为不特定多人进行"面对面"式淫秽表演。[2]

第三种观点认为，网络裸聊构成聚众淫乱罪和组织淫秽表演罪的想象竞合。这种观点认为，"裸聊"同样侵犯了社会主义道德风尚和良好的社会风化，与聚众淫乱罪所侵犯的客体没有实质区别。对于"裸聊"的参与者，对"多次参加的"，应按照刑法关于聚众淫乱罪的处罚原则处理。对于组织者，还构成了组织淫秽表演罪。结合网络空间应当和物理空间一样归属空间，组织多人在聊天室"裸聊"显然符合组织淫秽表演罪的客观特征。[3]

第四种观点认为，网络裸聊不构成犯罪。这种观点的理由是行为人的活

---

[1] 王海涛、马江领：《网络裸聊刑法规制探究》，载《人民检察》2010年第16期。
[2] 栾娟：《网络裸聊的刑法学分析》，载《武汉大学学报》2010年第1期。
[3] 俞小海：《"裸聊"行为犯罪化：能与不能——基于犯罪学和刑法学的双重视角》，载《广西政法管理干部学院院报》2007年第5期。

动是在一个相对封闭的空间内进行,网上裸聊纯粹属于个人行为,个人之间基于互相认同,利用网络进行性娱乐,只要不是公开的,就不构成犯罪。[①]根据罪刑法定原则,将网络裸聊行为定性为聚众淫乱罪或传播淫秽物品罪都是一种类推解释,与法治国家理念存在冲突。因此从罪刑法定原则的立场出发,网络裸聊行为不应该构成犯罪。[②]

3.研究结论

所谓网络裸聊,是指行为人裸体通过聊天工具实时视频的方式进行含有性刺激内容的对话或用身体进行淫秽表演。网络裸聊是正在进行的动态交流过程,并非固定下来以后进行播放的视频文件,故其不具有物品的性质特征,不应将其视为静态的淫秽物品。《关于办理利用互联网、移动通讯终端、声讯台制作、复制、出版、贩卖、传播淫秽电子信息刑事案件具体应用法律若干问题的解释》中虽然规定利用聊天室、论坛、即时通信软件、电子邮件等方式,制作、复制、出版、贩卖、传播淫秽电影、表演、动画等视频文件20个以上的,以制作、复制、出版、贩卖、传播淫秽物品牟利罪定罪处罚。但本案中李某、孙某等人组织的行为不是制作、复制、出版、贩卖、传播淫秽表演视频文件的过程,而是通过网络对不特定或多数人直接进行裸体淫秽表演的过程,故不应对其以传播淫秽物品牟利罪论处。

网络裸聊过程当中性行为表演的互动性与性爱行为有很大的一致性,其通过对人感官和心理上的刺激来满足人的性欲望,本质上能带来与性行为类似的性刺激。无人组织的向不特定的人或多数人进行的网络裸聊行为虽为淫秽表演行为,但不构成犯罪。同时,因网络裸聊双方之间缺少身体接触这一根本特征,故其与聚众淫乱行为和卖淫行为并不相同,不能将组织网络裸聊的行为视为聚众淫乱罪或组织卖淫罪。

本案中组织网络裸聊的行为符合组织淫秽表演罪的犯罪构成特征,应以本罪进行论处。首先,本案中的网络聊天实质上就是淫秽表演:这是一个即

---

① 杨新京:《管理网络聊天室并进行"裸聊"如何处理》,载《人民检察》2007年第7期。
② 高巍:《论"网络裸聊"的司法认定——以罪刑法定原则为边界》,载《中国刑事法杂志》2007年第5期。

时的、实时的交流，具有淫秽表演的当场性或即时性特征；其交流的对象具有不特定性或为多数人，符合淫秽表演的公开性特征；行为人赤身裸体进行色情语言挑逗或进行淫秽动作表演，符合淫秽表演的淫秽性特征。其次，被告人李某、孙某二人共谋设立互联网淫秽表演聊天室，且租借服务器、软件，联系落实网站代理，招募表演人员，指定分成方案、四处发布广告，这是典型的利用网络技术组织进行淫秽表演的行为。再次，李某、孙某等人组织淫秽表演的目的就是刺激网络观众的性欲，并无艺术创作的任何设想，符合组织淫秽表演罪的主观要件。最后，从客观上考量，利用网络技术组织进行淫秽表演，不但节约了表演成本，还赢得更多的时间进行淫秽表演，并能在短时间之内迅速扩散，严重侵犯了性的私密性这一社会风尚。因此，应对李某、孙某等人的行为以组织淫秽表演罪论处，其中李某、孙某二人为主犯，协助其进行淫秽表演管理的何某、徐某、李某某、汤某、任某、陈某等网站代理为帮助犯，应对其以从犯论处。

第五章

侵犯妇女权益的职务犯罪

一、不解救被拐卖、绑架的妇女罪

（一）不解救被拐卖、绑架的妇女罪的概念和法源

1. 不解救被拐卖、绑架的妇女罪的概念

不解救被拐卖、绑架的妇女罪，是指对被拐卖、绑架的妇女负有解救职责的国家机关工作人员，接到被拐卖、绑架的妇女及其家属的解救要求或者接到其他人的举报，而对被拐卖、绑架的妇女不进行解救，造成严重后果的行为。

2. 不解救被拐卖、绑架的妇女罪的法源

解救被拐卖的妇女，是各级人民政府和国家机关工作人员义不容辞的职责。近几年来，我国拐卖、绑架妇女的犯罪活动颇为猖獗，国家颁布法律严惩拐卖、绑架妇女的犯罪分子，虽然我国大多数地方的政府和国家机关工作人员都能认真履行解救职责，及时解救被拐卖、绑架的妇女，使其恢复人身自由。然而，也确有一些负有解救职责的国家机关工作人员不履行法律规定的职责，对解救工作相互扯皮、推诿、拖延，对被害人及其家属的求救或他人的举报检举置若罔闻，有的则对拐卖、绑架妇女的犯罪活动采取无原则的默许、纵容态度。这就必然影响解救被拐卖、绑架的妇女工作的顺利进行，使被拐卖、绑架的妇女继续忍受身处异乡、骨肉分离、失去自由、任人役使

或折磨的痛苦，同时也必然助长拐卖、绑架、收买妇女的犯罪人的嚣张气焰。针对这种情况，1991年9月4日第七届全国人民代表大会常务委员会第21次会议通过的《关于严惩拐卖、绑架妇女、儿童的犯罪分子的决定》规定，负有解救职责的国家工作人员接到被拐卖、绑架的妇女及其家属的解救要求或者接到其他人的举报，而对被拐卖、绑架的妇女不进行解救，造成严重后果的，以玩忽职守罪论处，情节较轻的，予以行政处分。1997年《刑法》将不解救被拐卖、绑架的妇女行为规定为独立的罪名，并对之规定了对被拐卖、绑架的妇女负有解救职责的国家机关工作人员，接到被拐卖、绑架的妇女、儿童及其家属的解救要求或者接到其他人的举报，而对被拐卖、绑架的妇女、儿童不进行解救，造成严重后果的，处五年以下有期徒刑或拘役。1979年《刑法》没有规定此罪名。

（二）不解救被拐卖、绑架的妇女罪的构成特征

1. 客体特征

本罪的客体是国家机关及其工作人员依法解救被拐卖、绑架妇女的公务活动以及国家机关及其工作人员的信誉，同时，也侵犯了被拐卖的妇女的合法权益。作为负有解救职责的国家机关工作人员，应正确认识拐卖、绑架妇女和收买被拐卖、绑架妇女犯罪行为的社会危害性，并设法使被拐卖、绑架的妇女及早摆脱控制、拘禁和折磨的处境。但在司法实践中，一些国家机关的工作人员不积极解救被拐卖、绑架的妇女或者利用主管、参与解救职务的便利，为解救工作设置种种障碍，严重地妨碍了正常的解救被拐卖、绑架妇女的工作，侵害了国家机关工作人员依法解救被拐卖、绑架的妇女的公务活动，也严重影响了国家机关及其工作人员的信誉，同时还侵害了被犯罪分子拐卖、绑架的妇女的合法权益。

2. 客观特征

本罪在客观方面表现为对被拐卖、绑架的妇女负有解救职责的国家机关工作人员接到被拐卖、绑架的妇女及其家属的解救要求或者接到其他人的举报，而不进行解救，造成严重后果的行为。行为人负有解救被拐卖、绑架

的妇女的职责，并接到"解救要求"或"举报"。这是履行解救义务的前提条件。被拐卖的妇女是指为拐卖妇女、儿童的犯罪分子所控制、出卖的妇女，包括出于出卖目的，而为犯罪分子所绑架的妇女。被拐卖的妇女如已被他人收买的，也应属于被拐卖的妇女，从而可以成为本罪对象。被绑架的妇女，是指实施绑架的犯罪分子所控制的妇女，如出于勒索财物的目的而绑架妇女以及除出卖目的之外的其他目的而进行绑架并把被绑架人作为人质的妇女。不属于上述情形的妇女，即使为犯罪分子所控制，如进行非法剥夺人身自由、强奸、强制猥亵妇女、暴力干涉婚姻自由等暂时或较长时间控制的妇女，也不可能成为本罪的对象。对于后者这种妇女，置之不顾，不进行解救的，不可能构成本罪。必须具有不进行解救的行为，即行为人接到解救要求或者举报后，不履行解救职责。所谓不进行解救，是指接到解救要求或者举报后，不采取任何解救措施，或者推诿、拖延解救工作。如不向主管负责解救的部门汇报情况；不制订解救方案、计划；不安排布置解救行动等。必须是因为不解救造成严重后果。虽有不解救的行为，但未造成严重后果的，不构成本罪。

所谓造成严重后果，主要是指造成被拐卖、绑架的妇女或者其亲属重伤、死亡等后果以及引起其他犯罪案件发生，等等。根据2006年7月26日《最高人检察院关于渎职侵权犯罪案件立案标准的规定》（以下简称《立案标准》），涉嫌下列情形之一的，可以构成本罪：

（1）导致被拐卖、绑架的妇女或者其家属重伤、死亡或者精神失常的。

根据1999年最高人民检察院《关于人民检察院直接受理立案侦查案件立案标准的规定（试行）》的规定，不解救被拐卖、绑架妇女、儿童案，"……涉嫌下列情形之一的，应予立案：1.因不进行解救，导致被拐卖、绑架的妇女、儿童及其亲属伤残、死亡、精神失常的……"而《立案标准》取消了"因不进行解救"的限定词，将"亲属重伤、死亡、精神失常的"改为"家属重伤、死亡、精神失常的"。有论者认为，之所以作此修改是因为实践中致使被害人重伤、死亡或精神失常的情形比较复杂，因不解救而导致被害人重伤、死亡或精神失常的很难认定，容易导致打击不力的后果。[①] 我们认为，行为人的行为与家属重伤、死亡或精神失常的结果之间必须具有刑法上的因果关系。如果无论行为人是否实施解救行为都会导致家属重伤、死亡或精神失常的结果，那么负有解救职责的国家机关工作人员则就不应该对此负刑事责任。而《立案标准》将"亲属"修改为"家属"其原因无非在于亲属的范围太宽，确定为亲属可能会不合理地扩大处罚范围，而且不解救被拐卖、绑架妇女的行为一般只会对家属具有较大影响，而对其他亲属的影响较小。对此，司法实践中应当予以区分，不能将家属之外的亲属重伤、死亡或者精神失常也归责于行为人。[②]

（2）导致被拐卖、绑架的妇女被转移、隐匿、转卖，不能及时解救的。这是指由于负有解救职责的国家机关工作人员的不解救行为，导致被拐卖、绑架的妇女被转移到其他地方或者被隐匿起来或者被转卖给他人，从而失去了解救的时机和线索导致解救无法进行或解救更加困难。

（3）对被拐卖、绑架的妇女不进行解救3人次以上的。此处包含两层意思：第一是对被拐卖的妇女不进行解救3人以上的；第二是对被拐卖、绑架的妇女不进行解救3次以上的。

（4）对被拐卖、绑架的妇女不进行解救，造成恶劣社会影响的。这是指因不进行解救，而直接或间接造成恶劣的国内或国际影响，例如，严重损害国家或国家机关的形象，在社会上引发的民愤很大，或者影响范围很广，等等。

（5）其他造成严重后果的情形。

3. 主体特征

本罪的主体是特殊主体，只限于负有解救责任的国家机关工作人员，即依照职责分工主管或从事解救被拐卖、绑架妇女的国家机关工作人员。因此，确定本罪的主体要分两步走：首先要确定国家机关工作人员的范围；其次要

[①] 杨书文、韩耀元：《职务犯罪立案标准与司法适用》，法律出版社2009年版，第380页。
[②] 王志祥、黄云波：《论与拐卖妇女、儿童犯罪相关联的渎职犯罪构成要件的司法认定》，载《山东警察学院学报》2014年第2期。

确定"负有解救职责的国家机关工作人员"的范围。

2002年全国人民代表大会常务委员会《关于〈中华人民共和国刑法〉第九章渎职罪主体适用问题的解释》将国家机关工作人员规定为："在依照法律、法规规定行使国家行政管理职权的组织中从事公务的人员，或者在受国家机关委托代表国家机关行使职权的组织中从事公务的人员，或者虽未列入国家机关人员编制但在国家机关中从事公务的人员，在代表国家机关行使职权时，有渎职行为，构成犯罪的，依照刑法关于渎职罪的规定追究刑事责任。"由于现代国家、社会事务涉及范围广、专业性强，国家机关的具体工作纷繁复杂，仅凭国家机关一己之力难以完成，而在很多方面都需要非国家机关工作人员的协助。当这些非国家机关工作人员参与其中，行使国家权力之时，也就具有了相应的职责。因此，我国刑法对渎职罪主体的判断采用的是实质标准，即不论形式上是否具有国家机关工作人员的身份，只要实质上代表国家机关行使职权，即可成为渎职罪的主体。①

根据《全国人民代表大会常务委员会关于严惩拐卖、绑架妇女、儿童犯罪分子的决定》的规定，各级人民政府对拐卖、绑架的妇女、儿童负有解救职责。解救工作由公安机关会同有关部门负责执行。该《决定》之所以强调各级人民政府负有解救职责，并规定公安机关为主体解救机构，其立法精神主要是，这种跨部门组合的解救机关，需要政府出面组织协调，对所需投入的人力、物力、财力统筹安排。《最高人民检察院关于渎职侵权犯罪案件立案标准的规定》将本罪的主体限定为负有解救职责的公安、司法等国家机关工作人员。这些规定，虽然结束了长期解救工作职责范围不明，单位之间相互推诿、扯皮等不正常现象，但是该规定只是原则性的规定，对负有解救职责的国家机关工作人员的具体范围没有界定。从近年来打击拐卖、收买妇女犯罪的实践来看，负有解救职责的国家机关工作人员大都是从各级人民政府及其职能部门中抽出来专门从事该项工作的人员。比如，有的地方成立了"打拐"解救办公室、"打拐"领导小组等，在这些部门工作的人员当然可以成为

---

① 王志祥、黄云波：《论与拐卖妇女、儿童犯罪相关联的渎职犯罪构成要件的司法认定》，载《山东警察学院学报》2014年第2期。

本罪的主体。公安机关是履行解救被拐卖、绑架的妇女的法定机关，公安民警应列入负有解救职责的国家机关工作人员内。我们同意这样的观点：其他有关部门的国家机关工作人员，应当只限于依据具体分工，履行解救公务的国家机关工作人员，不能认为检察、法院、司法、民政、妇联部门的所有国家机关工作人员都是负有解救职责的国家机关工作人员，因而都可以成为本罪的主体。因此，对"负有解救职责的国家机关工作人员"的判断也应采用实质标准，即除各级人民政府中主管解救工作的工作人员、公安机关工作人员在日常工作中负有解救职责之外，其他国家机关和非国家机关工作人员，只有当会同公安机关参加"打拐"工作，实质上代表国家机关行使解救被拐卖的妇女职权时，才属于"负有解救职责的国家机关工作人员"，否则就不负有解救职责，也不能成为本罪的主体。[①] 当然，这些没有具体分工参加解救工作的检察、法院、民政、妇联部门的国家机关工作人员阻碍解救构成犯罪的，应按照其主客观方面，分别以妨害公务罪、聚众阻碍解救被收买妇女罪论处。[②] 有这样一个案例，可以更直观地了解本罪的主体问题：被告人林某，男，35岁，系某市市政府办公室工作人员。某日，林某到该市某镇某村进行扶贫调研，当其来到应某家了解情况时，突然一女子从屋内跑出向林某求救，说其是被拐卖来的妇女。事后调查情况是，该女子系被应某买来做老婆的王某，由于王某始终没有同意应某结婚的要求，一直被关在屋里。当日，听到林某与应某的交谈，知道林某系政府干部，因此向其求救。但是，林某对王某的求救置之不理，应某见状，又把王某关进房屋。唯恐夜长梦多，应某当天再次找到人贩子，将王某转卖他人，导致王某长时间得不到解救。本案中，林某虽系国家机关工作人员，但是其并非负责"打拐"部门的工作人员，此时也并非市政府办公室会同公安机关参与"打拐"时期，因此，林某此时不是负有解救被拐卖妇女职责的国家机关工作人员，其不符合不解救被拐卖妇女罪的主体。鉴于其行为，可以给予其党纪处分。

[①] 王志祥、黄云波：《论与拐卖妇女、儿童犯罪相关联的渎职犯罪构成要件的司法认定》，载《山东警察学院学报》2014年第2期。
[②] 陈兴良主编：《刑法全书》，中国人民公安大学出版社1997年版，第1417-1418页。

4. 主观特征

关于本罪的主观方面，主要存在以下三种观点：第一种观点认为，不解救被拐卖、绑架的妇女罪主观方面为间接故意，但也不排除直接故意存在的可能。[1] 第二种观点认为，本罪的主观方面具有特殊性，对于行为而言，行为人对不解救被拐卖、绑架的妇女表现为故意，对于结果而言，行为人可能已经预测到结果的发生但轻信能够避免，也可能应该预见到结果的发生，而没有预见到，也可能对结果表现为放任的态度。[2] 第三种观点认为，本罪的主观方面主要表现为过失，但有时也表现为直接故意或间接故意。[3] 我们认为，第三种观点是比较合理的。

分析某一罪的主观方面，首先要明确的是主观方面的判断基准是什么。理论界主要有行为标准说、结果标准说和双重标准说之争。我们认为，社会危害性是犯罪的本质特征，如果某一行为客观上不能产生危害社会的结果，那么就没有必要对其动用刑罚。因此，以结果为标准来衡量主观罪过具有合理性。我国现行《刑法》在定义犯罪主观方面时也采取了"结果说"的标准，其第14条规定："明知自己的行为会发生危害社会的结果，并且希望或者放任这种结果发生，因而构成犯罪的，是故意犯罪。"第15条规定："应当预见自己的行为可能发生危害社会的结果，因为疏忽大意而没有预见，或者已经预见而轻信能够避免，以致发生这种结果的，是过失犯罪。"因此，认识因素中的"明知"和"预见"是针对危害结果而言的，意志因素中的"希望""放任"或"轻信能够避免"也是针对危害结果而言的。罪过的核心是危害社会的结果而不是危害社会的行为。据此，我们认为，罪过的判断标准应采取"结果说"。

因此，对不解救被拐卖、绑架妇女罪罪过的判断也应该采取"结果说"。我国《刑法》第416条第1款并没有明确规定本罪的罪过形式。从行为人在接到被拐卖、绑架妇女及其家属的解救要求或者接到他人的举报而不予解救

---

[1] 周道鸾、张军主编：《刑法罪名精释》（下），人民法院出版社2013年版，第1163页。
[2] 陈斌等：《渎职犯罪司法适用》，法律出版社2006年版，第579页。
[3] 敬大力：《渎职罪》，中国人民公安大学出版社1999年版，第478页。

来看，行为人对违反解救职责是明知的，实施不予解救行为也是故意的，但是我们不能据此认为本罪的罪过形式表现为故意。按照"结果说"的标准，在行为人明知自己违背解救职责的情况下，对危害结果的发生可能持有希望的态度，也可能持有无所谓的态度，即危害结果的发生与否均不违背行为人的主观意愿，也可能持完全否认的态度。因此，本罪的主观方面可能是故意，包括直接故意和间接故意，也可能是过失，包括过于自信的过失和疏忽大意的过失。具体而言就是，行为人明知自己的不解救行为会造成严重后果，而希望或放任这种结果的发生，或行为人应该预见到自己的不解救行为会发生严重后果而没有预见到或行为人已经预见到了自己的行为会发生严重后果而轻信能够避免。

将本罪的罪过形式界定为故意和过失，需要澄清的两个问题是：第一，是否违反了罪刑法定原则。第二，是否违背了刑法基本理论。我国《刑法》第15条第2款规定，过失犯罪法律有规定的才负刑事责任。那么，将本罪的罪过形式界定为故意和过失，是否违反了罪刑法定原则？也正如有论者认为的，《刑法》第416条规定的都是故意犯罪，因为故意犯罪在分则条文中可以省略，过失犯罪应当明确规定，既然条文中没有明确规定过失可以构成本罪，就不是过失犯罪。[1]我们认为，此种观点是片面的，因为在我国现行《刑法》中，有的明确规定了罪过形式，如决水罪和过失决水罪，而有的没有明确规定罪过形式，如交通肇事罪。当刑法没有明确规定罪过形式时，我们对罪过的判断只能从刑法理论的角度并结合罪状来分析。因此，我们不能以《刑法》第416条没有规定此罪的罪过形式而否认其过失的存在。因此，将本罪认定为过失犯罪并不违反罪刑法定原则。对于第二个问题，我国传统的刑法理论认为，一个罪名的罪过形式要么是故意，要么是过失，只能有一个罪过形式。但是，现行的《刑法》中确实存在两种罪过形式的犯罪。现行《刑法》中所有的有关罪过形式的犯罪可以分为三类：第一类是只能有故意构成的犯罪，如颠覆国家政权罪；第二类是只能有过失构成的犯罪，如玩忽职守罪；第三类是既可以由故意构成也可以由过失构成的犯罪。对于第三类犯罪，《刑法》

---

[1] 周其华：《刑法典问题之全景揭示》，法律出版社2003年版，第489页。

一般分为两种处理方式，一种方式是"一分为二式"，如决水罪、过失决水罪；另一种方式是"合二为一式"，即在刑法条文中既不写明是故意也不写明是过失，这种犯罪表现为复合罪过形式，既可以由故意构成，也可以由过失构成。对于复合罪过犯罪，不论行为人主观方面是故意，还是过失，都认定为同一个罪名、适用同一法条的法定刑。[1]其实在我国《刑法修正案（八）》中也增设了一个复合罪过形式的犯罪——食品监管渎职罪。《刑法》第408条之一第1款规定："负有食品安全监督管理职责的国家机关工作人员，滥用职权或者玩忽职守，导致发生重大食品安全事故或者造成其他严重后果的，处五年以下有期徒刑或者拘役；造成特别严重后果的，处五年以上十年以下有期徒刑。"滥用职权犯本罪的表现为故意的罪过形式，玩忽职守犯本罪的表现为过失的罪过形式。因此，将不解救被拐卖、绑架的妇女罪的罪过形式认定为复合罪过符合现行《刑法》罪过设置方面的基本形式要求。

（三）不解救被拐卖、绑架的妇女罪的司法认定

1. 本罪与非罪的界限

把握本罪与非罪的界限需要注意以下两个方面：第一，是否存在解救要求或举报。本罪在客观方面表现为一种不作为的形式，即行为人在接到被拐卖的妇女及其家属的解救要求或者接到其他人的举报后，对被拐卖的妇女不进行解救，造成严重后果的行为。有关人员的解救要求或者他人的举报，是成立本罪客观行为的前提条件，如果行为人没有接到解救要求或者他人的举报，从而没有解救被拐卖、绑架的妇女的，就不能构成本罪。第二，是否造成了严重的后果。构成本罪还要求对被拐卖、绑架的妇女不进行解救造成了严重后果。造成严重后果的，可构成本罪；没有造成后果或者虽然造成一定后果但不严重的，则不构成本罪。根据1999年8月6日最高人民检察院《关于人民检察院直接受理立案侦查案件立案标准的规定（试行）》，具有下列情形之一的，可以构成本罪：因不进行解救，导致被拐卖、绑架的妇女及其亲

---

[1] 储槐植：《刑事一体化论要》，北京大学出版社2007年版，第129-141页。

属伤残、死亡、精神失常的；因不进行解救，导致被拐卖、绑架的妇女被转移、隐匿、转卖，不能及时解救的；3次以上或者对3名以上被拐卖、绑架的妇女不进行解救的；对被拐卖、绑架的妇女不进行解救，造成恶劣社会影响的；其他造成严重后果的情形。此外，如果行为人在接到被拐卖、绑架的妇女及其家属的解救要求或者接到其他人的举报后去做解救准备，但由于工作繁忙、警力不足或路途遥远等原因最终未能解救；或在解救途中遇到阻碍而退却，则属于工作不负责任而造成一定的后果，应由主管部门给予必要的行政处分。

2. 此罪与彼罪的界限

（1）本罪与阻碍解救被拐卖、绑架妇女罪的界限

本罪与阻碍解救被拐卖、绑架妇女罪在犯罪的客体与犯罪对象方面均具有相似之处。它们二者的区别在于：第一，犯罪客观方面不同。不解救被拐卖、绑架妇女罪表现为接到被拐卖、绑架的妇女及其家属的解救要求或者接到其他人的举报，而不进行解救，造成严重后果的行为。该行为只能是不作为，且构成要以发生严重后果为条件。而阻碍解救被拐卖、绑架妇女罪表现为利用职务阻碍解救被拐卖、绑架的妇女的行为。该行为可以是作为，也可以是不作为，但主要表现为作为形式，且构成该罪不以发生严重后果为条件。第二，犯罪主观方面不同。阻碍解救被拐卖、绑架妇女罪必须是出于直接故意，不管是明知自己行为必然会发生还是可能会发生阻碍解救活动的结果，但意志因素上均是希望发生阻碍解救活动的后果，不解救被拐卖、绑架妇女罪，主观上只能是不希望发生阻碍解救妇女的活动，或对不履行解救职责所导致的严重后果没预见到必然发生，或不期望其发生。

（2）本罪与玩忽职守罪的界限

玩忽职守罪，是指国家机关工作人员严重不负责任、不履行或不正确履行职责，致使公共财产、国家和人民的利益遭受重大损失的行为。虽然玩忽职守罪与本罪在犯罪主观方面、主体和客观方面均有相同或相似之处，尤其是当本罪主观方面表现为过失时，和玩忽职守罪更容易混淆。两罪的主要区别如下：第一，犯罪主观方面不同。本罪的主观方面既可以是故意，也可以是过失，而玩忽职守罪的主观方面表现为过失，故意不构成玩忽职守罪。第

二，犯罪主体不同。本罪的主体仅限于对被拐卖、绑架的妇女负有解救职责的国家机关工作人员，而玩忽职守罪的主体是国家机关工作人员，本罪的主体范围明显小于玩忽职守罪。第三，犯罪客体不同。本罪的客体是复杂客体，行为人的行为既侵犯了国家机关的正常活动，也侵犯了被拐卖妇女的合法权益；玩忽职守罪客体是简单客体，即国家机关的正常活动。第四，犯罪客观方面不同。本罪的客观方面限于接到被拐卖、绑架的妇女及其家属的解救要求或者接到其他人的举报，而对被拐卖、绑架的妇女不进行解救，造成严重后果的行为。玩忽职守罪的客观方面表现为国家机关工作人员，玩忽职守，致使公共财产、国家和人民利益遭受重大损失。

3.本罪的共犯问题

由于本罪属于纯正不作为犯，因而认定本罪的共同犯罪形态时，需要注意不作为共犯的问题。目前刑法学界对此问题的研究很少。事实上，同作为犯一样，不作为犯罪中也存在共同犯罪的问题，不过，由于不作为与作为存在差异，所以其共同犯罪也呈现出不同的特点。具体到不解救被拐卖、绑架的妇女罪，我们认为，本罪存在如下形式的共同犯罪：

（1）两个以上的负有解救职责的国家机关工作人员，基于共同不解救被拐卖、绑架的妇女的故意，拒绝解救被拐卖、绑架的妇女的，此种情况下，行为人构成不解救被拐卖、绑架的妇女的共同实行犯。

（2）不负有解救职责的人可以成为具有解救职责的人实施不解救行为的教唆犯或帮助犯。例如，没有解救职责的其他国家机关工作人员教唆或帮助具有解救职责的国家机关工作人员实施不解救行为的，构成不解救被拐卖、绑架妇女的教唆犯或帮助犯。

有关国家机关工作人员事前与拐卖、绑架妇女的犯罪人通谋，然后对被拐卖、绑架的妇女故意不予解救的，应按拐卖妇女罪或者绑架罪的共同犯罪处理。

4.本罪的罪数问题

（1）受贿后实施不解救被拐卖、绑架妇女的罪数问题

行为人因受贿而拒不解救被拐卖、绑架的妇女，同时构成受贿罪和拐卖妇女罪的，应当如何定罪，理论界存在争议。

我国《刑法》第399条第4款规定："司法工作人员收受贿赂，有前三款行为的，同时又构成本法第三百八十五条规定之罪的，依照处罚较重的规定定罪处罚。"那么是否据此可以认为，行为人因受贿而拒不解救被拐卖、绑架的妇女的，同时构成受贿罪和不解救被拐卖、绑架妇女罪的，也依照处罚较重的规定定罪处罚？我们认为，我国《刑法》第399条第4款的规定是例外性规定而非注意性规定，因此其不具有普遍适用之意义。理由如下：

受贿罪侵犯的法益是职务行为的不可收买性，具体包括两个方面：第一是职务行为不可收买性本身；第二是公众对职务行为不可收买性的信赖。[①] 在受贿犯罪中，犯罪行为是否侵犯了上述法益，关键在于职务行为和国家工作人员所索取或收受的财物是否具有对价关系？在国家工作人员收受财物之前或收受财物之后，只是许诺了为他人谋取利益，则不仅客观上形成了职务行为和财物相互交换的约定，而且也使一般人认为职务行为具有可收买性。据此就可以认为职务行为的不可收买性受到了侵犯，行为人的行为构成受贿罪。这也为司法解释所确认，2003年11月13日最高人民法院《全国法院审理经济犯罪案件工作座谈会纪要》就受贿罪的法律适用问题指出：为他人谋取利益包括承诺、实施和实现三个阶段的行为。只要具有其中一个阶段的行为，如国家工作人员收受他人财物时，根据他人提出的具体请托事项，承诺为他人谋取利益的，就具备了为他人谋取利益的要件。明知他人有具体请托事项而收受其财物的，视为承诺为他人谋取利益。

因此，受贿罪的实行行为是收受贿赂的行为，其不包含为他人谋取利益的行为。为他人谋取利益的行为只是一种伴随行为，是受贿罪成立之后的一种自然延伸。有论者提出"复合行为"的观点，认为受贿罪是复行为犯，受贿罪的实行行为包括"收受他人财物"的行为和"为他人谋取利益"的行为。这种行为形式就如同抢劫行为一样，既有手段行为也有结果行为。[②] 我们认为，受贿罪是"复合行为"的观点值得商榷，不可否认，我国《刑法》规定的犯罪中确实有"复合行为"的存在，如抢劫过程中将被害人杀害的，强奸

---

① 于志刚：《受贿后滥用职权的罪数》，载《国家检察官学院学报》2009年第5期。
② 冯亚东：《受贿罪与渎职罪竞合问题》，载《法学研究》2000年第1期。

过程中由于被害人反抗将其杀害的，等等。但是此类犯罪往往都是双重客体，两种法益往往具有不可分割性，所以立法上把复合行为概括地规定在这些犯罪之中。而受贿犯罪侵犯的是单一客体，客体的单一性决定了实行行为的单一性，而且这一行为只能是"收受他人财物"的行为。至于谋利行为，受贿罪所能承载的评价只是一般的谋利行为，如果谋利行为又构成了新的犯罪，则说明谋利行为已经超出了本罪的评价范围，如果再按受贿罪一罪来处理，则有违刑法中的禁止重合评价原则。① 因此，如果行为人因受贿而拒不解救被拐卖、绑架的妇女的，同时构成受贿罪和不解救被拐卖、绑架的妇女罪的，应该按照数罪并罚的原则处理。此结论在《最高人民法院、最高人民检察院关于办理贪污贿赂刑事案件适用法律若干问题的解释》②中也得到了确认，其第17条规定："国家工作人员利用职务上的便利，收受他人财物，为他人谋取利益，同时构成受贿罪和刑法分则第三章第三节、第九章规定的渎职犯罪的，除刑法另有规定外，以受贿罪和渎职犯罪数罪并罚。"

（2）本罪与玩忽职守罪的罪数问题

我们可以这样提取我国《刑法》第397条规定的玩忽职守罪的罪状：国家机关工作人员玩忽职守，致使人民利益遭受重大损失的。由此可见，本罪的主观方面只能是过失，故意不构成本罪。不解救被拐卖、绑架的妇女罪与玩忽职守罪同属于渎职犯罪，当不解救被拐卖、绑架的妇女罪的主观方面表现为过失时，此时玩忽职守罪与不解救被拐卖、绑架的妇女罪是包容与被包容的关系，玩忽职守罪的犯罪主体、客体和客观方面均包容了不解救被拐卖、绑架的妇女罪的主体、客体和客观方面。两个罪此时是法条竞合的关系，按照法条竞合中特殊规定优于一般规定的适用原则，此时应该适用不解救被拐卖、绑架的妇女罪。另外，我国《刑法》第397条也明确规定了这一原则，即"本法另有规定的，依照规定"。

---

① 刑法中的重合评价原则是与重复评价原则相对而言的，重复评价是对一行为进行多次评价，而重合评价是对多个行为进行一次评价。
②《最高人民法院、最高人民检察院关于办理贪污贿赂刑事案件适用法律若干问题的解释》于2016年3月28日由最高人民法院审判委员会第1680次会议、2016年3月25日由最高人民检察院第十二届检察委员会第50次会议通过，自2016年4月18日起施行。

5.本罪的停止形态问题

本罪以发生"严重后果"为犯罪的构成要件,也即"严重后果"发生了即构成犯罪,也成立犯罪既遂,没有"严重后果"的发生便不构成犯罪,也不成立犯罪的预备、中止和未遂。

(四)不解救被拐卖、绑架的妇女罪的刑罚适用

依照我国《刑法》第416条第1款的规定:犯不解救被拐卖、绑架妇女罪的,处5年以下有期徒刑或者拘役。如前所述,本罪的主观方面表现为复合罪过形式,所以,在量刑过程中,对主观罪过为故意的犯罪嫌疑人和主观罪过为过失的犯罪嫌疑人应有所区别。我们认为,对主观罪过为故意的犯罪嫌疑人可以考虑处3年以上5年以下有期徒刑,主观罪过为过失的犯罪嫌疑人可以考虑处3年以下有期徒刑或者拘役。

(五)不解救被拐卖、绑架的妇女罪的案例研析

1.案情介绍

被告人孙某,男,40岁,某县民政局财务科副科长。1998年1月13日,孙某到某县某村扶贫。当孙某到村民黎某家了解情况时,突然有一女子从内屋冲出来向其求救,说自己是被拐卖来的妇女。原来,此女子就是被黎某买来做妻子的章某,由于没有答应黎某结婚的要求而一直被锁在家中。章某听到孙某与黎某的谈话,知道其是民政干部,因此趁着看管较为放松而冲出来向其求救。对于章某的求救,孙某无动于衷,章某重新被关进屋内。黎某见章某始终不从,惟恐夜长梦多,于当天夜里找到人贩子,将章某转卖,致使章某长期得不到解救。

2.分歧意见

在本案审理过程中,对孙某的行为是否构成不解救被拐卖、绑架的妇女、儿童罪存在以下两种不同的观点:

第一种观点认为,孙某的行为构成不解救被拐卖、绑架的妇女、儿童罪。

理由是：孙某身为民政干部，负有解救被拐卖妇女的职责，在被拐卖妇女向其提出解救要求时，孙某没有实施解救行为，造成了被拐卖妇女被转卖、长期不能得到解救的严重后果，因此，孙某的行为构成本罪。

第二种观点认为，孙某的行为不构成不解救被拐卖、绑架的妇女、儿童罪。理由是：孙某只是民政局财务科的干部，并不负有解救被拐卖妇女的职责，因此犯罪主体不符合，行为不构成犯罪。

3. 研究结论

全国人民代表大会常务委员会于1991年9月4日通过的《关于严惩拐卖、绑架妇女、儿童的犯罪分子的决定》第5条规定，"各级人民政府对被拐卖、绑架的妇女、儿童负有解救职责，解救工作由公安机关会同有关部门负责执行"。从条文的表述上来看，具体哪些国家机关工作人员对被拐卖、绑架的妇女、儿童负有解救的职责并不明确。犯罪主体不明确，必然影响到对不解救被拐卖、绑架妇女、儿童犯罪行为的依法、有效追究。

在司法实践中，有的地方专门抽调国家机关工作人员成立诸如"打拐解救办公室""打拐领导小组"等机构。如果这些人员在接到被拐卖、绑架妇女、儿童或其家属的解救要求或其他人的举报后拒不解救的，无疑可以成为本罪的主体。公安机关是履行解救职责的法定机关，公安民警当然可以成为本罪的主体。然而，除了这些机构以外的国家机关工作人员，特别是没有直接参与解救工作，但是，在习惯上或职责上纳入这一系列的检察、司法、民政、妇联等单位的国家机关工作人员，能否认为是"负有解救职责的国家机关工作人员"呢？有观点认为，既然这些国家工作人员属于这些特定国家机关，就应负有解救被拐卖、绑架妇女、儿童的职责；另有观点认为，只有这些特定国家机关负有主管、分管或者直接参与解救活动的国家工作人员才负有解救被拐卖、绑架妇女、儿童的职责。

本书认为，并不是检察、司法、民政、妇联等负有解救被拐卖、绑架妇女、儿童的机关的所有国家工作人员都负有解救职责，都能成为本罪的主体，而应当只限于依据具体分工，履行解救任务的国家机关工作人员。不解救被拐卖、绑架妇女、儿童罪是身份犯。刑法之所以规定一部分具有特定身份的人才成为犯罪主体，是因为具有身份的人以其在社会上或法律上的关系，取得了特殊地位或资格，而负有特定义务。就不解救被拐卖、绑架妇女、儿童罪而言，这些特定国家机关除了负有解救被拐卖、绑架妇女、儿童的职责以外，还有其他法律所规定的职责，不同的职责按照具体的分工由不同国家机关工作人员履行，因此，即使在这些特定国家机关的工作人员，如果不是具体负责解救工作，那么，就可以认为没有取得相应的地位和资格，不具有这种身份，不能成为本罪的主体。另外，以私自开拆、隐匿、毁弃邮件、电报罪为例，此罪只有国家邮电部门从事邮递业务的营业人员、分拣员、接发员、投递员、押运员以及有关的主管干部，才负有与信件、电报、邮袋、包裹有直接联系责任，才能成为本罪的主体，非邮电工作人员或虽在邮电部门工作但不与邮电、电报接触的人员，则不能成为本罪的主体。[1]同理，在这些特定机关不从事解救被拐卖、绑架妇女、儿童的工作人员也不能成为不解救被拐卖、绑架妇女、儿童罪的主体。

从不作为犯的角度来论证，不解救被拐卖、绑架妇女、儿童罪是纯正不作为犯，即刑法明文规定只能由不作为构成的犯罪。在不作为犯中，不作为者同所保护的社会关系之间的紧密性是在其与所维持的某种社会关系的方向上来把握的，即不作为者如果不为一定作为的话，就会发生危害社会的后果。这种事实上的依存关系并非完全基于不作为者和被害人之间的关系而产生，还由于存在不作为与结果之间的事实上的依存性。在这些特定机关中不从事解救被拐卖、绑架妇女、儿童的国家机关工作人员无疑不具有此种紧密性。

综上所述，并不是在这些具有解救被拐卖、绑架妇女、儿童的特定国家机关的所有工作人员都能成为不解救被拐卖、绑架妇女、儿童罪的主体，而只有那些依据具体分工，履行解救任务的国家机关工作人员才能成为本罪的主体。就本案而言，被告人孙某虽然是民政局的干部，并且民政局依法负有解救被拐卖、绑架妇女、儿童的职责，但其具体从事财务工作，并不是依据分工而履行解救任务的国家机关工作人员，因此，其接到章某的解救请求而没有对章某进行解救的行为，由于其不符合不解救被拐卖、绑架妇女、儿童罪的主体，而不构成本罪。

---

[1] 高铭暄、马克昌主编：《刑法学》，北京大学出版社、高等教育出版社2000年版，第496页。

二、阻碍解救被拐卖、绑架的妇女罪

（一）阻碍解救被拐卖、绑架的妇女罪的概念和法源

1. 阻碍解救被拐卖、绑架的妇女罪的概念

阻碍解救被拐卖、绑架的妇女罪，是指负有解救职责的国家机关工作人员利用职务阻碍解救被拐卖、绑架的妇女的行为。

2. 阻碍解救被拐卖、绑架的妇女罪的法源

妇女被拐卖、绑架，应当及时进行解救，解救被害妇女是国家机关应当履行且能够履行的职责。然而，在司法实践中，有些国家机关工作人员由于种种原因，利用职务之便，不但自己不履行解救的职责，而且还利用职务之便阻碍他人进行解救，不但给解救工作造成困难，使被害妇女的人身自由不能及时恢复，而且社会影响非常恶劣。阻碍解救被拐卖、绑架的妇女罪是在1991年9月4日通过的《全国人民代表大会常务委员会关于严惩拐卖、绑架妇女、儿童的犯罪分子的决定》（以下简称《决定》）中设立的罪名，该《决定》第5条第2款规定："负有解救职责的国家工作人员利用职务阻碍解救的，处二年以上七年以下有期徒刑；情节较轻的，处二年以下有期徒刑或者拘役。"现行《刑法》吸纳了这一内容，在第416条第2款对之作了规定，不同之处是将"国家工作人员"修改为"国家机关工作人员"。有的学者认为，该罪名应当界定为"利用职务阻碍解救被拐卖、绑架的妇女、儿童罪"。但根据1997年12月11日最高人民法院《关于执行〈中华人民共和国刑法〉确定罪名的规定》，《刑法》第416条第2款确立的罪名应为"阻碍解救被拐卖、绑架妇女、儿童罪"。据此，在司法实践中，对于阻碍解救被拐卖、绑架妇女的，应以阻碍解救被拐卖、绑架的妇女罪处罚。

（二）阻碍解救被拐卖、绑架的妇女罪的构成特征

1. 客体特征

本罪侵犯的客体是复杂客体，既侵害了国家机关工作人员依法解救被拐卖、绑架的妇女的公务活动，也损害了国家机关及其工作人员的信誉，同时还侵害了被拐卖、绑架的妇女的合法权益。负有解救职责的国家机关工作人员应当认真履行解救的职责，及时解救被拐卖、绑架的妇女，但阻碍解救被拐卖、绑架的妇女的行为人，却违背职责，利用职权阻碍解救被拐卖、绑架的妇女，这种行为必然在客观上影响了对被拐卖、绑架的妇女的解救工作的进行，使被拐卖、绑架的妇女继续生活在失去自由、任人蹂躏的痛苦中，实质上，这种阻碍解救被拐卖、绑架的妇女的渎职行为也必然侵害被拐卖、绑架妇女的合法权益。

2. 客观特征

本罪在客观方面表现为行为人利用职务阻碍解救被拐卖、绑架的妇女的行为。要正确地把握本罪的客观方面，必须弄清以下几个方面的问题：

首先，需要明确的是行为人所阻碍的"解救"是从广义上来理解还是从"狭义"上来理解。广义上的"解救"不仅包括负有解救职责的国家机关工作人员的解救，还包括被拐卖、绑架妇女的亲属的解救，亦包括普通群众等不具有解救职责和亲属关系的解救。[①] 狭义上的"解救"仅仅包括负有解救职责的国家机关工作人员的解救，被拐卖、绑架妇女的亲属和无关群众的解救不在此列。[②] 针对狭义上的理解，有论者认为，只要行为人利用职务阻碍解救被拐卖、绑架的妇女均构成本罪，狭义的理解不仅于法无据，而且有害于司法实践，是不可取的。[③] 我们认为，将阻碍解救的对象作扩大解释，包括负有解救职责的国家机关工作人员以外的解救行为，虽然更好地保护了被拐卖、绑架的妇女的权益，但是，阻碍解救被拐卖、绑架的妇女罪是一种渎职犯罪，

[①] 王作富主编：《刑法分则实务研究》（下），中国方正出版社2013年版，第2192页。
[②] 陈兴良：《刑法全书》，中国人民公安大学出版社1997年版，第1419页。
[③] 韩轶：《侵犯女性人身权利犯罪研究》，安徽大学出版社2003年版，第167-168页。

其侵犯的主要客体是国家机关工作人员解救被拐卖、绑架妇女的活动,由此决定了行为人所阻碍的对象只能限于负有解救职责的国家机关工作人员的解救行为。对负有解救职责的国家机关工作人员以外的人的解救行为的阻碍不会造成国家机关公务活动受到阻碍的后果,而且国家机关工作人员以外的人的解救行为与国家机关工作人员的解救行为相比,解救效果、重要程度、社会公信相差甚远,这也决定了对普通人员解救行为的阻碍的社会危害性远远小于对国家机关工作人员解救行为的阻碍。因此,从狭义上来理解行为人所阻碍的"解救"具有合理性。

其次,"利用职务阻碍解救"既包括利用自身职务所产生的便利条件也包括利用自身的职务行为。有论者认为,本罪中的利用职务并非指总体上的国家机关工作人员身份和职务的便利,而是指具体的利用职权范围主管、负责解救被拐卖妇女工作的便利。[①]我们认为,所谓的利用职务,不仅仅包括职务行为,也包括职务的便利,也就是说利用职务既包括利用主管、负责、执行解救工作的职权,也包括利用负有解救职责的国家机关工作人职务便利的情形。此观点符合 2006 年 7 月 26 日公布的最高人民检察院《关于渎职侵权犯罪案件立案标准的规定》,其第 32 条规定:"阻碍解救被拐卖、绑架妇女、儿童罪是指对被拐卖、绑架的妇女、儿童负有解救职责的公安、司法等国家机关工作人员利用职务阻碍解救被拐卖、绑架的妇女、儿童的行为。涉嫌下列情形之一的,应予立案:①利用职权,禁止、阻止或者妨碍有关部门、人员解救被拐卖、绑架的妇女、儿童的;②利用职务上的便利,向拐卖、绑架者或者收买者通风报信,妨碍解救工作正常进行的;③其他利用职务阻碍解救被拐卖、绑架的妇女、儿童应予追究刑事责任的情形。""利用职权"就是指负有解救职责的国家机关工作人员,利用领导、组织、执行等与解救工作相关的权力。"禁止"是指利用领导权力直接命令有关部门、人员不许解救。"阻止"是指对解救工作设置障碍。"妨碍"是指故意消极、懈怠,使解救工作不能如期、如愿进行。"利用职务便利"是指行为人没有利用领导、组织、执行等与解救工作相关的权力,而是利用在实施上述工作中,掌握、知悉进

---

① 王作富主编:《刑法分则实务研究》(下),中国方正出版社 2013 年版,第 1835 页。

行解救工作的部署、计划等便利条件。①

最后，成立本罪不需要造成严重后果。根据我国《刑法》第416条第2款的规定，本罪的成立并不要求造成严重后果，即只要行为人利用职权实施了阻碍解救的行为，不管是否造成严重后果，不管是否使解救行动失败，均不影响本罪的成立。需要注意的是，虽然本罪不要求造成严重后果，但并非行为人利用职权实施了阻碍解救的行为就构成本罪，因为犯罪的成立还要受我国《刑法》第13条但书规定的限制，即"情节显著轻微危害不大的，不认为是犯罪"。

3. 主体特征

本罪是在1991年全国人民代表大会常务委员会《关于严惩拐卖、绑架妇女、儿童的犯罪分子的决定》（以下简称《决定》）中规定的，该《决定》第5条第1款规定，"各级人民政府对被拐卖、绑架的妇女、儿童负有解救职责，解救工作由公安机关会同有关部门负责执行"。由此认定，各级人民政府是解救工作的领导机关，公安机关和其他部门是解救工作的执行机关，三者都负有解救职责。然而，根据法律②规定，我国各级人民政府对各项职权都有着明确的分工，如果要求每一位人民政府工作人员对被拐卖、绑架的妇女负有解救职责，在不履行该职责时负渎职罪的刑事责任，则对不负有此项分工职责的政府工作人员无疑是不公平的。因此，我们认为，应该对《决定》中的责任主体做限制解释，即负有解救职责的人民政府中的工作人员应限于人民政府中主管解救工作的人员，具体包括人民政府中的主管、分管领导和执行解救工作的普通人员。最高人民检察院2006年7月26日公布的《关于渎职侵权犯罪案件立案标准的规定》第32条将负有解救职责的国家机关工作人员细化为"负有解救职责的公安、司法等国家机关工作人员"。这里的"司法等国家机关工作人员"也应只限于职责分工或会同公安机关负责解救被拐卖、绑架妇女的国家工作人员。《公安机关组织管理条例》规定，人民警察是武装性

---

① 王志祥、黄云波：《论与拐卖妇女、儿童犯罪相关联的渎职犯罪构成要件的司法认定》，载《山东警察学院学报》2014年第2期。
② 主要是《中华人民共和国地方各级人民代表大会和地方各级人民政府组织法》。

质的国家治安行政力量和刑事司法力量，承担依法预防、制止和惩治违法犯罪活动，保护人民，服务经济社会发展，维护国家安全，维护社会治安秩序的职责。《中华人民共和国人民警察法》规定，人民警察的任务是维护国家安全，维护社会治安秩序，保护公民的人身安全、人身自由和合法财产，保护公共财产，预防、制止和惩治违法犯罪活动。公安机关的人民警察按照职责分工，依法履行下列职责：预防、制止和侦查违法犯罪活动；维护社会治安秩序，制止危害社会治安秩序的行为……由此可见，公安机关工作人员应当负有解救被拐卖、绑架妇女的职责。

因此，本罪的主体同《刑法》第416条规定的不解救被拐卖、绑架的妇女罪的主体相同，具体来说可以分为三部分：第一部分是公安机关工作人员；第二部分是各级人民政府中主管解救工作的工作人员；第三部分是负有会同公安机关解救被拐卖、绑架妇女职责的其他机关或单位中的工作人员。

4. 主观特征

本罪在主观方面只能是故意，而且只能是直接故意，因为在积极实施该行为并认识到行为性质的时候必定对该行为的发生持一种积极地追求的态度。对此，理论界和实务界争议不大。但是对于行为人的认识内容存在一定的争议。如有论者认为，阻碍解救被拐卖、绑架的妇女罪的认识内容包括自身身份、行为对象和行为性质的认识。对自身身份的认识就是要行为人认识到自己是负有解救职责的国家机关工作人员；对行为对象的认识就是要行为人认识到其行为所阻碍的是国家机关工作人员解救被拐卖、绑架妇女的公务活动；对行为性质的认识就是要行为人认识到自己的行为是妨害公务的渎职犯罪。[①]还有论者认为，阻碍解救被拐卖、绑架的妇女罪的认识内容包括对自身职责的认识，对阻碍解救被拐卖、绑架妇女的行动的认识以及对利用职务实施阻碍的认识。[②] 此两种观点都具有合理性，但并不全面。我们认为解决本罪的认识内容，必须从刑法的基本理论入手。通说认为，犯罪故意的认识因素是明知自己的行为会发生危害社会的结果，由此，犯罪故意的认识内容就必须

---

① 赵秉志：《中国刑法案例与学理研究》（第6卷），法律出版社2004年版，第547页。
② 陈斌等：《渎职犯罪司法适用》，法律出版社2006年版，第599页。

包含以下三个要素：主体要素、客体要素和客观方面要素。下面将具体进行讨论：

第一，对主体要素的认识。对主体要素的认识即对自己身份、责任能力和年龄等的认识。有论者认为，在犯罪构成中，对责任能力和年龄的认识不是犯罪故意的认识内容，对自己身份的认识不会影响到其对行为的社会危害性的认识，只会影响其对此罪与彼罪的认识，由此得出犯罪主体要素不是犯罪故意认识内容的结论。[1] 我们认为，对行为人对自身责任能力和年龄等因素的认识固然不是犯罪故意的认识内容，但是行为人对自己身份的认识应该属于犯罪故意的认识内容。因为当刑法规定特殊身份为犯罪的构成要件时，也即行为人人身方面特定的资格、地位和状态已经成为影响刑事责任的因素。行为人的这种身份必定与特定法益之间有着必然的联系，要么能够侵害特定的法益，要么能够保护特定的法益或是对特定法益产生其他影响。当行为人基于某种理由没有认识到自身特定身份时，则说明行为人对其特殊身份和特定法益之间的联系尚无认识，此种情况下就不能追究行为人的刑事责任。有这样一个案例：吴某系某乡镇计划生育委员会的工作人员，该乡镇在开展"打拐"行动时，领导确定吴某为计生委配合公安机关实施"打拐"行动的工作人员。但由于种种原因，吴某没有收到通知，对自己此时的特色身份毫不知情。某日，吴某下村指导计划生育工作时，遇到前来求救被村民吴某收买来做老婆的妇女柴某，当时吴某以自己不负责此工作为由，告知柴某可以向当地派出所求救。事后，柴某求救的事情败露，被吴某打成重伤。本案中，被告人的职责是负责计划生育工作，其下村指导计生工作时并未认识到其负有解救被拐卖妇女的职责，因此，其不对自己的行为承担刑事责任。

第二，对客观方面要素的认识。犯罪的客观方面主要包括犯罪行为、危害结果、犯罪行为和危害结果之间的因果关系等方面。刑法处罚的对象是行为，犯罪行为是犯罪构成的必备要件，犯罪就是行为人在主观意识的支配下实施的危害社会的行为，因此，行为理所当然地成为犯罪故意的认识内容。危害结果的情况比较复杂，从分类上来看，其可以分为广义的危害结果和狭

---

[1] 高铭暄：《刑法专论》（第二版），高等教育出版社2006年版，第257页。

义的危害结果。广义的危害结果是指犯罪行为所造成的一切危害社会的事实，既包括犯罪构成要件的结果也包括非犯罪构成要件的结果，既包括直接结果也包括间接结果。狭义的危害结果是指为犯罪行为所造成的构成要件事实内的结果，也即行为所造成的侵犯直接客体的结果。危害结果还可以进一步分为结果犯的危害结果和行为犯的危害结果，结果犯的危害结果是一种有型的、可以测量的结果，而行为犯的危害结果是一种无形的、不可以测量的结果。作为犯罪故意认识内容的危害结果是从狭义的意义上来讲的，也即认识到作为犯罪构成要件的结果即可。但是，结果犯和行为犯在认识内容上是不一样的，结果犯必须认识到犯罪行为和可能导致的结果，以及二者之间的因果关系，而行为犯，由于行为和结果发生时间上的同一性，所以行为人只要认识到自己的犯罪行为，也就应该认识到了危害结果。据此，我们认定，阻碍被拐卖、绑架的妇女罪系行为犯，其犯罪故意的认识内容在客观方面表现为对犯罪行为的认识。

第三，对客体要素的认识。犯罪客体是我国刑法所保护的、为犯罪行为所侵害的社会关系。犯罪客体是构成犯罪的必备条件之一。行为之所以构成犯罪，首先就在于侵犯了一定的社会关系，而且侵犯的社会关系越重要，其对社会的危害性就越大。如果某一行为并未危害刑法所保护的社会关系，就不可能构成犯罪。但是，犯罪客体是一种理论上抽象出来的概念，司法实践中，只能通过对犯罪主体、危害行为、危害结果和犯罪对象等犯罪客观事实的考察来判断行为人是否认识到了犯罪客体。如前所述，犯罪主体中的特殊身份是犯罪故意的认识内容，危害行为和危害后果也是犯罪故意的认识内容，因此，此处我们只需探讨犯罪对象是否是犯罪故意的认识内容即可。从实质上讲，犯罪对象其实是犯罪客观方面的要素，但是，由于犯罪对象一般能直接反映犯罪所侵犯的客体，所以在理论上往往是在犯罪客体部分对犯罪对象进行探讨。犯罪对象是刑法分则条文规定的犯罪行为所作用的客观存在的具体人或者具体物。大多数具体的犯罪行为，都直接作用于一定的标的，使之发生损毁灭失或归属、位置、状态、行为方式等的改变，使刑法保护的社会关系受到危害。人们对行为是否构成犯罪的认定过程，往往开始于对犯罪对象的感知，进而认识到犯罪对象所代表的、受刑法保护的社会关系受危害的情况，确定该行为是否构成犯罪和构成犯罪的性质。作为犯罪对象的具体物是具体社会关系的物质表现；作为犯罪对象的具体人是具体社会关系的主体和参加者。犯罪分子的行为作用于犯罪对象，就是通过犯罪对象及具体物或者具体人来侵害一定的社会关系。既然犯罪行为是犯罪故意必要的认识内容，那么犯罪对象当然也是犯罪故意的认识内容。阻碍解救被拐卖、绑架的妇女罪犯罪故意的成立要求行为人认识到其所阻碍解救的对象是被拐卖、绑架的妇女。

（三）阻碍解救被拐卖、绑架的妇女罪的司法认定

1. 本罪与非罪的界限

认定本罪与非罪的界限，应注意以下两点：第一，行为人是否利用了职务之便。行为人针对解救被拐卖、绑架的妇女的阻碍行为，是否利用了他所负有的解救被拐卖、绑架妇女的职责所形成的便利条件。如果没有利用这种便利条件，而是利用其他方式，如威胁、谩骂等，则不构成本罪。第二，"阻碍解救"是一种意图还是一种客观行为。如果"阻碍解救"只是表现为一种不支持、不配合或不希望解救的主观意图，并未实际实施阻碍解救被拐卖、绑架的妇女的行为的，不能成立本罪。根据1999年8月6日最高人民检察院《关于人民检察院直接受理立案侦查案件立案标准的规定（试行）》，具有以下情形之一的，可以构成本罪：（1）利用职权禁止、阻止或者妨碍有关部门、人员解救被拐卖、绑架的妇女；（2）利用职务上的便利，向拐卖、绑架或者收买者通风报信，妨碍解救工作正常进行的；（3）其他利用职务阻碍解救被拐卖、绑架的妇女的行为。

2. 此罪与彼罪的界限

（1）本罪与聚众阻碍解救被收买的妇女罪的界限

本罪与聚众阻碍解救被收买的妇女罪，都是从妨害公务罪中分离出来的妨害特定公务的独立犯罪，其立法旨意都是为了保护被拐卖、绑架或收买的妇女的合法权益以及正常的国家机关工作人员对被害妇女的解救工作。两罪的主要区别是：第一，犯罪的客体不同。阻碍解救被拐卖、绑架的妇女罪不

仅侵害了国家机关工作人员依法解救被拐卖、绑架的妇女的公务活动，同时还侵犯了国家机关及其工作人员的信誉。而聚众阻碍解救被收买的妇女罪侵犯的主要是国家机关工作人员正常的解救被收买的妇女的公务活动。第二，犯罪客观方面的表现不同。阻碍解救被拐卖、绑架的妇女罪，客观上表现为利用职务之便阻碍解救被拐卖、绑架的妇女的行为，"利用职务之便"是本罪的本质特征。而聚众阻碍解救被收买的妇女罪，客观上表现为聚众阻碍国家机关工作人员解救被收买的妇女的行为，"聚众"是本罪的必备条件。第三，犯罪对象不同。阻碍解救被拐卖、绑架的妇女罪的对象是被拐卖、绑架的妇女，也包括被收买的妇女。聚众阻碍解救被收买的妇女罪的对象是被收买的妇女。第四，犯罪的主体不同。阻碍解救被拐卖、绑架的妇女罪的主体是特殊主体，即必须是国家机关工作人员，而且必须是负有解救职责的国家机关工作人员；聚众阻碍解救被收买的妇女罪的主体是一般主体，而且只有阻碍解救的首要分子才能构成本罪。

（2）本罪与妨害公务罪的界限

阻碍解救被拐卖、绑架妇女的行为也是妨害公务行为的一种，而且妨害公务范围本身就包括了解救被拐卖、绑架妇女的公务。但是，现行《刑法》将阻碍解救被拐卖、绑架的妇女罪规定为独立的犯罪，所以这种公务的特定性和行为人阻碍公务方式的特殊性，成为阻碍解救被拐卖、绑架妇女罪与妨害公务罪区别的关键。具体地讲，两罪的区别主要有三点：第一，犯罪客体不同。妨害公务罪侵犯的客体是简单客体，即国家机关工作人员正常的公务活动，其中包括国家机关工作人员解救被拐卖、绑架的妇女的公务活动。而阻碍解救被拐卖、绑架的妇女罪所侵犯的客体是复杂客体，不仅侵犯了国家机关工作人员解救被拐卖、绑架的妇女的公务活动，同时还侵犯了国家机关及其工作人员的信誉以及被拐卖、绑架妇女的权益。第二，客观方面的表现不同。妨害公务罪的客观方面一般表现为使用暴力、威胁的方法阻碍公务，只有故意阻碍国家安全机关、公安机关依法执行国家安全工作任务，造成严重后果的，可不要求使用暴力、威胁方法。而阻碍解救被拐卖、绑架的妇女罪客观方面表现为利用职务阻碍解救被拐卖、绑架的妇女的行为。行为人客观上所实施的阻碍解救的行为与行为人所担负的解救职务密切相关。第三，犯罪主体不同。妨害公务罪的主体是一般主体。而阻碍解救被拐卖、绑架的妇女罪的主体是特殊主体，即法律规定的负有解救职责的国家机关工作人员。

（3）本罪与不解救被拐卖、绑架的妇女罪的界限

两罪的主体相同，且都是发生在解救被拐卖、绑架的妇女过程之中，其主要区别在于犯罪行为表现不同。本罪是作为的犯罪，表现为行为人利用职务之便，积极实施对被拐卖、绑架的妇女的解救工作予以阻碍的行为；而不解救被拐卖、绑架的妇女罪是不作为的犯罪，具体表现为行为人应当履行并且能够履行而没有履行法定的解救被拐卖、绑架的妇女职责的行为。如果行为人不是实施积极的阻碍行为，而是接到解救要求或者他人的举报而不进行解救，则应以不解救被拐卖、绑架的妇女罪论处。

3. 本罪的共犯问题

不具有国家工作人员身份的人帮助或教唆具有国家工作人员身份的人利用职务阻碍解救被拐卖、绑架的妇女的，构成阻碍解救被拐卖、绑架的妇女罪的共犯。因为，首先，刑法分则所规定的国家工作人员等特殊主体仅就实行犯而言；至于教唆犯与帮助犯，则完全不需要特殊身份。其次，虽然我国刑法没有像日本刑法第65条那样就身份犯的共犯作出规定，但我国刑法有关共犯人的规定已经指明了这一点。例如，《刑法》第29条第1款前段的规定："教唆他人犯罪的，应当按照他在共同犯罪中所起的作用处罚。"其中的"犯罪"与"共同犯罪"当然包括以特殊身份为主体要件的故意犯罪。因此，只要被教唆的人犯被教唆的罪，教唆犯与被教唆犯就构成共同犯罪。根据《刑法》第27条第1款的规定，从犯只能存在于共同犯罪之中；这表明，起帮助作用的人，也与被帮助的人成立共犯。当然，帮助犯也可能是从犯，但第28条的规定说明，胁从犯也只存在于共犯之中。这三条足以表达以下含义：一般主体教唆、帮助特殊主体实施以特殊身份为构成要件的犯罪的，以共犯论处。最后，如果认为无身份者与有身份者共同故意实施以特殊身份为要件的犯罪时，一概不成立共犯，刑法总则关于共同犯罪的规定几近一纸空文，总则也不能起到指导分则的作用。因此，不具有国家工作人员身份的人帮助或教唆具有国家工作人员身份的人利用职务阻碍解救被拐卖、绑架的妇女的，

构成阻碍解救被拐卖、绑架的妇女罪的共犯。①

　　问题是不具有国家工作人员身份的人或不具有解救职责的国家工作人员与具有解救职责的国家工作人员共同实施阻碍解救被拐卖、绑架的妇女，单独来分析，普通人员的行为构成妨害公务罪，具有解救职责的国家机关工作人员的行为构成阻碍解救被拐卖、绑架的妇女罪时，应该按照谁的行为性质来定罪？《最高人民法院关于审理贪污、职务侵占案件如何认定共同犯罪几个问题的解释》规定："行为人与国家工作人员勾结，利用国家工作人员的职务便利，共同侵吞、窃取、骗取或者以其他手段非法占有公共财物的，以贪污罪共犯论处。行为人与公司、企业或者其他单位的人员勾结，利用公司、企业或者其他单位人员的职务便利，共同将该单位财物非法占为己有，数额较大的，以职务侵占罪共犯论处。公司、企业或者其他单位中，不具有国家工作人员身份的人与国家工作人员勾结，分别利用各自的职务便利，共同将本单位财物非法占为己有的，按照主犯的犯罪性质定罪。"在前两种情况中，利用谁的职务便利决定了行为的定性，按照此司法解释的精神，我们可以认为，不具有国家工作人员身份的人或不具有解救职责的国家工作人员与具有解救职责的国家工作人员共同实施阻碍解救被拐卖、绑架的妇女，如果利用了具有解救职责的国家工作人员职务之便，则可以定阻碍解救被拐卖、绑架的妇女罪；如果没有利用具有解救职责的国家工作人员职务之便，则可以定妨害公务罪。问题是第三种情况如何定罪。因为，上述司法解释不具有合理性，理由是：行为人在共同犯罪中所起作用的大小，是确定共犯人种类的依据，而不是定罪依据；主从犯是在确定了共同犯罪性质的前提下认定的，而不宜相反。正因如此，有学者主张应当按照实行犯的犯罪性质决定共同犯罪的性质。②但是，实行行为具有相对性，甲罪中的帮助行为可能是乙罪中的实行行为，再者，按照实行犯的犯罪性质来定罪难以保证罪刑相适应，即如果以一般主体的行为性质定罪法定刑更重时，上述观点就暴露出明显的弊端。我们赞同张明楷教授的观点，以正犯的行为性质决定共同犯罪的性质。在从

---

① 张明楷：《刑法学》，法律出版社 2007 年版，第 352 页。
② 马克昌主编：《犯罪通论》，武汉大学出版社 1999 年版，第 584 页以下。

不同角度观察存在不同的实行行为的情况下，可以根据犯罪事实支配理论确定共同犯罪性质，即以共同犯罪的核心角色为标准确定共同犯罪的性质。如果一般国家工作人员为核心角色，则可以定妨害公务罪；如果具有解救职责的国家工作人员为核心角色，则可以定阻碍解救被拐卖、绑架的妇女罪。至于核心角色的确定，则必须综合主体身份、主观内容、客观行为以及主要的被害法益等方面来考察。[①]

4.本罪的罪数问题

在处理阻碍解救被拐卖、绑架的妇女罪时应注意行为人在实施阻碍解救被拐卖、绑架的妇女犯罪过程中兼犯有其他犯罪的定罪和处罚问题。从司法实践中来看，主要有两种情形：

第一，对负有解救职责的国家机关工作人员利用职务聚众阻碍其他国家机关工作人员依法执行解救被收买的妇女职务的。此时，行为人实施了一个行为，即聚众阻碍国家机关工作人员依法执行解救被收买的妇女，却触犯了两个罪名，即阻碍解救被拐卖、绑架的妇女罪和聚众阻碍解救被收买的妇女罪，成立想象竞合犯，从一重处罚。

第二，因受贿而利用职务阻碍解救被拐卖、绑架的妇女的。如前所述，受贿罪的实行行为是收受贿赂的行为，不包括为他人谋利益的行为，因为，收受贿赂的行为已经侵犯了职务行为的廉洁性，为他人谋利益的行为只是一个伴随行为。因此，为他人谋利的行为一旦构成犯罪，就超出了受贿罪所能评价的范围。为了不违反刑法中的"禁止重合评价"原则，只能适用数罪并罚原则。因受贿而利用职务阻碍解救被拐卖、绑架的妇女的，当受贿和阻碍被拐卖、绑架的妇女均构成犯罪时，应该按照数罪并罚的原则处罚。在2016年3月28日由最高人民法院审判委员会第1680次会议、2016年3月25日由最高人民检察院第十二届检察委员会第50次会议通过的《最高人民法院、最高人民检察院关于办理贪污贿赂刑事案件适用法律若干问题的解释》第17条中也规定："国家工作人员利用职务上的便利，收受他人财物，为他人谋取利益，同时构成受贿罪和刑法分则第三章第三节、第九章规定的渎职犯罪的，

---

① 张明楷：《刑法学》（第三版），法律出版社2007年版，第354页。

除刑法另有规定外,以受贿罪和渎职犯罪数罪并罚。"

5. 本罪的停止形态问题

阻碍解救被拐卖、绑架的妇女罪从理论上说应当属于举动犯,即只要行为人利用职务实施了阻碍解救被拐卖、绑架妇女的行为,便构成阻碍解救被拐卖、绑架妇女罪的既遂。由于阻碍解救被拐卖、绑架的妇女罪系举动犯,犯罪行为一经着手实行即构成既遂,因而该罪没有犯罪未遂产生的余地。不过,因该罪是故意犯罪,故可能存在预备、中止等犯罪形态,然而,虽然依照我国刑法中的犯罪预备、犯罪中止的立法模式,从法理上说,刑法分则所规定的任何犯罪的预备、中止形态都应受到处罚,但鉴于阻碍解救被拐卖、绑架的妇女罪属于罪质相对较轻的犯罪,因而在司法实践中一般不会处罚该罪的预备犯和中止犯。

(四)阻碍解救被拐卖、绑架的妇女罪的刑罚适用

根据我国《刑法》第416条第2款的规定,负有解救职责的国家机关工作人员利用职务阻碍解救的,处2年以上7年以下有期徒刑;情节较轻的,处2年以下有期徒刑或者拘役。

关于情节较轻的认定,相关司法解释并未给出明确意见,根据司法实践经验,可以从以下几个方面考虑:(1)未造成被拐卖、绑架的妇女及其亲属的伤害、死亡后果;(2)行为人事后积极采取相关措施挽救的;(3)行为人悔罪态度较好的,等等。

(五)阻碍解救被拐卖、绑架的妇女罪的案例研析

1. 案情介绍

被告人王某,男,35岁,原系河南某乡乡长。1998年3月,王某的堂兄从人贩子手中收买了一名年仅17岁的贵州少女李某,强迫其与自己的聋哑儿子结婚。王某得知后,非但没有及时劝阻堂兄的行为,反而参加婚宴并告诉堂兄应该严加看管。1998年11月,李某的家人得知了李某的情况,去原籍

公安机关报警求救，原籍公安机关接到报案后派人前来解救，并到王某所在县公安局请求协助。当两地公安人员到王某堂兄家执行解救任务带走李某后，王某的堂兄向王某"求援"，王某即指使其堂兄煽动不明真相的群众追赶，并提供乡政府的两辆面包车供其堂兄追赶之用。在王某的支持下，其堂兄聚集家族和同村村民60余人追赶李某，砸坏一辆警车，殴打李某原籍所在地两名公安人员致轻伤。王某不仅赶到现场，还以其乡长身份公然指责、威胁公安人员，令其堂兄带回李某，使违法犯罪分子气焰更为嚣张，造成极为恶劣的社会影响。

人民检察院以阻碍解救被拐卖、绑架的妇女、儿童罪对被告人王某提起公诉。被告人王某的辩护人辩称：被告人王某虽然是乡长，但其不是解救人员，不负解救被拐卖、绑架的妇女、儿童的职责，其不能成为阻碍解救被拐卖、绑架的妇女、儿童罪的主体，所以，王某的行为不构成阻碍解救被拐卖、绑架妇女、儿童罪。一审法院经审理认为：被告人王某身为国家机关工作人员却指使其堂兄聚众阻碍公安人员解救被收买的妇女，其行为已触犯《中华人民共和国刑法》第242条第2款的规定，构成聚众阻碍解救被收买的妇女、儿童罪。一审法院判决王某犯聚众阻碍解救被收买的妇女、儿童罪，判处有期徒刑4年。一审判决后，被告人王某不服，提起上诉。其辩护人辩称：被告人王某没有聚众，也没有参与其堂兄所组织的打砸活动，其后来去现场是去调解纠纷，被告人王某不是首要分子，根本谈不上构成聚众阻碍解救被收买的妇女、儿童罪。二审人民法院经审理认为：被告人王某身为乡人民政府乡长，依法负有解救被收买的妇女的职责，不仅不履行其职责，反而利用职权阻碍国家机关工作人员解救被收买的妇女，情节恶劣，其行为构成阻碍解救被拐卖、绑架的妇女、儿童罪。原审人民法院适用法律错误，定罪不准，应予改判。二审人民法院作出如下判决：撤销一审人民法院对王某的刑事判决；王某犯阻碍解救被拐卖、绑架的妇女、儿童罪，判处有期徒刑4年。

2. 分歧意见

关于本案被告人王某所实施的行为应当如何定性，有以下两种不同的观点：

第一种观点认为，王某不具有解救被拐卖的妇女的职责，其行为应该构成聚众阻碍解救被收买的妇女罪。

第二种观点认为，王某身为乡长具有解救被拐卖的妇女的职责，其不仅不履行解救职责，反而利用职务阻碍解救，其行为构成阻碍解救被拐卖、绑架的妇女罪。

3. 研究结论

王某的堂兄不具有国家机关工作人员的身份，而王某系乡长，是国家机关工作人员。单独分析二人的行为，王某堂兄的行为显然构成聚众阻碍解救被拐卖的妇女罪，而王某身为乡长，按照《地方各级人民代表大会和地方各级人民政府组织法》的规定，乡人民政府具有管理本行政区域内的经济、教育、科学、文化、卫生、体育事业和财政、民政、公安、司法行政、计划生育等行政工作，以及保护公民私人所有的合法财产，维护社会秩序，保障公民的人身权利、民主权利和其他权利的权力和职责。乡人民政府实行乡长负责制，乡长主持地方各级人民政府的工作。由此观之，王某当然具有解救被拐卖的妇女的职责，其利用职务阻碍解救被拐卖的妇女，单独来看，其行为构成阻碍解救被拐卖的妇女罪。而本案中，王某和其堂兄系共同犯罪，此处涉及如何定罪问题。综观本案，王某的堂兄向王某"求援"时，王某即指使其堂兄煽动不明真相的群众追赶，并提供乡政府的两辆面包车供其堂兄追赶之用。在王某的支持下，其堂兄聚集家族和同村村民60余人追赶李某，砸坏一辆警车，殴打李某原籍所在地两名公安人员致轻伤。王某不仅赶到现场，还以其乡长身份公然指责、威胁公安人员，令其堂兄带回李某，使违法犯罪分子气焰更为嚣张，造成极为恶劣的社会影响。这些情况说明，王某在整个行为过程中起到了一个核心角色的作用，也即王某的行为支配了整个犯罪事实。如果没有王某的上述行为，被害人李某就可能被成功解救，王某以上各种行为，都是利用职权，禁止、阻止或者妨碍解救被拐卖的妇女的表现。因此，应该按照王某行为的性质来确定共同犯罪的性质，王某及其堂兄构成阻碍解救被拐卖的妇女罪。

后　记

　　侵犯妇女权益的犯罪，在我们的现实生活中是一种常见、多发的犯罪，为了更好地加强对这一问题的研究，我们历经一年多的时间对于这一问题中的个罪的概念、法源、构成特征以及司法适用等方面的问题进行了较为深入的研究。本书的作者不仅具有丰富的刑法教学工作经验，而且具有十分扎实的刑法理论功底，所以，本书的出版，不仅具有非常重要的理论意义，同时也具有十分重要的实践意义。它不仅为刑法理论工作者提供了一个极好的研究平台，而且为司法工作者如何正确地认定犯罪提供了重要的理论指导。因此，相信本书的出版，不仅会受到理论工作者和司法实务工作者的欢迎，同时也会受到广大高等学校、科研院所专家与学者的欢迎。

　　本书由李永升教授拟定写作大纲，然后由各位作者亲自完成了各自的写作任务，最后由李永升教授对本书进行了最后的统稿工作。可以说本书的研究成果凝聚了所有作者的智慧，也是我们这一研究集体综合力量的体现。

　　关于本书的写作分工，依据写作章节先后分别为：

　　李永升（西南政法大学法学院教授、博士生导师、博士后合作导师）撰写本书第一章。

　　龚义年（河南科技大学法学院副教授、硕士生导师）撰写本书第二章。

张飞飞（宁波市人民检察院检察官）撰写本书第三章、第五章。

苏雄华（江西理工大学文法学院副教授，硕士生导师）撰写本书第四章。

特别需要说明的是，本书的出版，首先感谢西南政法大学特殊群体权利保护与犯罪预防研究中心以及中心主任袁林教授，正是由于中心提供的交流平台和袁老师的学术点拨才使本书能够顺利、按时完成。与此同时，我们还要向西南政法大学刑法学科的所有老师表示崇高的敬意。希望今后在你们的关爱和指导下，我们能够在学术的道路上取得更多的成果，以便作为我们向各位老师的回报。

最后，对于中国法制出版社的大力帮助也表示衷心的感谢，如果没有你们卓有成效的工作，恐怕本书也难以这么快与社会见面。感谢各位领导与编辑的大力支持和帮助，向你们道一声辛苦了！

李永升谨识

2017年1月20日

图书在版编目（CIP）数据

侵犯妇女权益的犯罪研究 / 李永升等著 . —北京：中国法制出版社，2017.6
ISBN 978-7-5093-8534-0

Ⅰ.①侵… Ⅱ.①李… Ⅲ.①妇女—侵犯人身权利罪—研究—中国 Ⅳ.① D924.344

中国版本图书馆 CIP 数据核字（2017）第 100376 号

责任编辑　侯　鹏　　　　　　　　　　　　　　　封面设计　杨鑫宇

侵犯妇女权益的犯罪研究
QINFAN FUNÜ QUANYI DE FANZUI YANJIU

著者 / 李永升等
经销 / 新华书店
印刷 / 北京京华虎彩印刷有限公司
开本 / 710 毫米 ×1000 毫米　16 开　　　　印张 / 20　字数 / 306 千
版次 / 2017 年 8 月第 1 版　　　　　　　　　2017 年 8 月第 1 次印刷

中国法制出版社出版
书号 ISBN 978-7-5093-8534-0　　　　　　　　　　　　　定价：59.00 元

北京西单横二条 2 号　　　　　　　　　　　值班电话：66026508
邮政编码：100031　　　　　　　　　　　　　传真：66031119
网址：http://www.zgfzs.com　　　　　　　　编辑部电话：66060794
市场营销部电话：66033393　　　　　　　　邮购部电话：66033288

（如有印装质量问题，请与本社编务印务管理部联系调换。电话：010-66032926）